KB202599

WMU 통전적 영성 시리즈 1

오늘 우리에게, 영성이란 무엇인가

WMU 통전적 영성 시리즈 1

오늘 우리에게, 영성이란 무엇인가
— 임동선 목사 탄생 100주년 기념 논문집

2023년 7월 27일 처음 찍음

지은이 | 남종성 송경화 송인서 윤임상 이현아 정재현
엮은이 | 월드미션대학교
펴낸이 | 김영호
펴낸곳 | 도서출판 동연
등   록 | 제1-1383호(1992년 6월 12일)
주   소 | 서울시 마포구 월드컵로 163-3
전   화 | (02) 335-2630
팩   스 | (02) 335-2640
이메일 | yh4321@gmail.com

ISBN 978-89-6447-923-0 94230
ISBN 978-89-6447-922-3 (WMU 통전적 영성 시리즈)

WMU 통전적 영성 시리즈 1

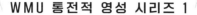

오늘 우리에게, 영성이란 무엇인가

-임동선 목사 탄생 100주년 기념 논문집

남종성 송경화 송인서 윤임상 이현아 정재현 지음

월드미션대학교 엮음

동연

| 추천사 |

어둠 속에서 들리는 외침
: 나는 너를 믿었다

김운용

장로회신학대학교 총장, 예배/설교학

우리는 세우는 역사를 위해 부름을 받은 존재들입니다. 누군가가 우뚝 서 있을 때, 세워지는 역사가 가능하다는 사실을 알고 있습니다. 갈보리 언덕에 주님이 우뚝 서 계셔서 오고 가는 시대의 영혼들이 하나님의 보좌 앞에 세워지게 되었고, 돌이켜보면 오늘의 나도 인생길에 누군가가 우뚝 서 있어서 가능한 일이었습니다. 범죄한 백성들을 벌하시려는 하나님 앞에서 저들의 죄를 사해달라고 눈물로 간구했던 사람이 있어서 그들은 다시 세움 받을 수 있었습니다. 하나님의 사람 모세는 눈물 젖은 기도를 이렇게 올렸습니다. "그들의 죄를 용서하여 주십시오. 그렇게 하지 않으시려면, 주님께서 기록하신 책에서 저의 이름을 지워주십시오"(출 32:32, 새번역). 목숨을 건 기도, 생명을 내놓는 사역자가 우뚝 서 있을 때 세워지는 역사는 이어졌습니다.

100년 전에 하나님께서 한 사람을 보내셨고, 그의 발걸음을 힘겨운 이민 생활을 하는 곳으로 보내셔서 말씀으로 고단한 그들의 삶 속에 하늘을 펼쳐 보이게 하셨습니다. 그의 설교를 들으며 이민자들은 나그네 인생길의 외로움과 고단함을 달랠 수 있었습니다. 임동선 목사, 그분은 이민자들에게 하늘 생명과 위로를 증거하는 사역자였습니다. 월드미션대학교에서 초대 총장이셨던 임 목사님의 탄생 100주년을 맞아 '영성 형성'(spiritual formation)에 대한 귀한 저서를 출간하게 되었습니다. 코로나19 이후 오늘의 위기를 극복하고 미래의 대안을 제시하기 위하여 기획된 프로젝트의 첫 번째 열매입니다. 귀한 논문이 성도들과 교회들에 큰 위로와 격려가 될 수 있기를 빕니다.

2천 년의 역사 동안 주님의 교회는 위기에 둘러싸여 달려왔습니다. 지혜로운 히브리인들은 위기를 뜻하는 말로 '출산대'라는 의미의 단어를 사용했습니다. 고대 시대의 출산대는 새 생명을 잉태하는 기쁨의 자리이기도 했지만 산모가 신생아와 함께 죽음을 맞기도 하는 위기의 자리이기도 했습니다. 오늘 삶의 자리가 생명을 출산하는 자리가 되기 위해 우리는 어느 때보다 따뜻하고 섬세한 리더십과 깊고 맑은 영성이 절실하게 요구되는 때를 살고 있습니다.

사역의 영적 원리를 잘 아는 목사인 시인의 외침과 시어들이 잔잔한 감동과 여운으로 다가옵니다. "네가 어린 싹으로 터서 땅속 어둠을 뚫고 / 태양을 향해 마침내 위로 오를 때 / 나는 오직 아래로 아래로 / 눈먼 손 뻗어 어둠 헤치며 내려만 갔다 // 네가 줄기로 솟아 봄날 푸른 잎을 낼 때 / 나는 여전히 아래로 / 더욱 아래로 막힌 어둠을 더듬었다 // 네가 드디어 꽃을 피우고 / 춤추는 나비 벌과 삶을 희롱할 때에도 / 나는 거대한 바위와 맞서 몸살을 하며 / 보이지 않는 눈으로 바늘 끝 같은 틈을 찾아야 했다 // 어느 날 네가 사나운 비바람 맞으며 /

가지가 찢어지고 뒤틀려 신음할 때 / 나는 너를 위하여 오직 안타까운 마음일 뿐이었으나 / 나는 믿었다 // 내가 이 어둠을 온몸으로 부둥켜안고 있는 한 / 너는 쓰러지지 않으리라고…"(이현주, 〈뿌리가 나무에게〉, 일부).

시인의 외침이 가슴 저리게 와 닿으면서 어김없이 내 인생의 주춧돌이셨고 마중물이셨던 내 어머니가 떠올랐습니다. 가난하고 배고팠던 시절, 그 어머니가 우뚝 서 있는 곳에 가정도 자녀도 세워졌습니다. 누군가를 세우는 사역을 위해 부름 받은 리더들이 다시 일어서야 할 때입니다. 거대한 폭풍 앞에서도 하늘을 바라보며 우뚝 서 있었던 리더가 있었을 때 사람들이 일어섰던 역사를 기억합니다(행 27장). 어둠 속에서 들려오는 세미한 음성이 있었습니다. '나는 너를 믿는다.' 칠흑 같은 그 밤에 눈을 들어 하늘을 바라보았던 사람, 하늘의 음성을 들을 수 있었던 깊은 영성의 사람이 필요한 때입니다. 맑은 영성의 사람이 우뚝 서 있을 때 죽음의 위기 앞에 서 있던 사람들이 함께 일어서게 됩니다.

그 음성을 전하기 위해 각 분야의 학자들이 심혈을 기울여 준비한 이 책을 통해 다시 세워지는 역사, 하늘 위로와 나아갈 길을 새롭게 발견하면서 다시 일어서는 자리가 될 수 있길 빌면서, 일독을 권합니다.

관계의 영성을 추구하는 모든 사람에게

노진준

PCM(preaching coaching ministry) 공동대표

영성이란 무엇일까요? 이 논문집에서 여러 학자가 언급한 대로 영성에 대한 정의도 다양하고 영성을 범주화하는 것도 그 의도에 따라 달라질 수 있을 것입니다. 저는 그리스도 중심적 영성이라는 말을 쓰고 싶습니다. 달리 말하면 복음적 영성이라고 불러도 좋겠습니다. 그리스도 중심적이라는 말의 의미를 확인하려면 그 말의 반대되는 개념이 무엇일까를 생각해보는 것도 도움이 될 터인데 '그리스도 중심적'의 반대되는 개념은 자기중심적입니다.

설교학에서는 그리스도 중심적인 설교는 기복주의적이지 않고 도덕주의적이지 않음을 강조하는데 이는 기복과 도덕에 대한 거부가 아니라 결국 자기중심성의 거부입니다. 복을 받아서 잘살려고 기도하는 것과 복을 구함으로 하나님의 임재를 경험하고자 기도하는 것은 엄청난 차이가 있고, 착하게 살아서 내가 잘되는 것과 착하게 살아서 하나님을 영화롭게 하는 것은 아주 다른 것입니다.

Person(사람 혹은 인격)을 Individual(개인)로 이해하는 개인주의 사회는 모든 것을 사유화합니다. 인간의 죄인 됨이 하나님을 떠나 스스로 자기 인생의 주인이 되려 함이었으니 개인주의는 인류 역사의 최초부터 있었다고 봐야겠지만 갈수록 심화되는 개인주의가 경제적으로는 자본주의적 소비 지향성으로 노골적인 모습을 드러낸다면 기독교적으로는 사유화된 구원, 성장과 성과에 치우친 교회 간의 비교, 뉴에이지와 같은 자아 발견식 영성운동을 통해 그 모습을 드러냅니다.

이러한 상황에서 영성에 대해 짐작할 수 있는 두 가지 극단적인 현상은 영성에 대한 무관심과 사유화된 영성에 대한 지나친 관심일 것입니다. 결국 둘 다 자기 자신을 우상으로 만든 개인주의의 모습입니다.

제럴드 브레이(Gerald Bray)는 그의 신론에서 바울에게 영적이 된다는 말은 하나님의 본질에 참여하는 것임을 강조했습니다. 그의 주장을 정리하자면 영성이란 단순한 인간의 심리적 상태를 의미할 수 없고 사적일 수 없어서 항상 관계적이어야 한다는 것입니다. 하지만 그의 주장을 현대인들의 관심에 비추어볼 때 하나님을 인식해서 수직적이고 수평적인 관계에 따른 영성에 관한 그의 주장은 시대착오적이고 비현실적입니다. 현대인들은 영성을 하나님의 본질에 참여하는 것이라고 여기기보다는 자신의 본질적 내면의 경험이라고 생각할 테니까 말입니다.

그런데 이 논문집에서 다루는 영성은 다분히 관계적입니다. 물론 이 시대를 살아가는 한 신앙인으로서 주어진 현실을 어떻게 바라보아야 할지 치열한 고민과 상황에 적응하기 위한 실용적인 대안들이 제시되지만 그 전제는 언제나 관계적입니다. 왜 이렇게 관계적인 영성을 강조할까요? 그것만이 유일한 답이라는 확신 때문입니다. 부드럽고 설득력 있게 표현되었지만 그 의도는 확고합니다. 인생의 진정한 답은 인격적인 하나님에게 있다는 확신 때문에 광야에서의 외로운 외침처럼 들릴지라도 그 부르짖음은 절절합니다.

이 시대를 살아내야 하는 기독인으로서의 한계와 유혹을 짐작할 수 있기에 이와 같은 논문집의 출간이 참으로 시기적절하고 이를 위해 애쓰신 열세 분의 탁월함과 열정이 그저 고맙습니다. 특히 고 임동선 목사님의 영성이 그리스도의 은혜 안에서 관계적인 것이었음을 알고 있는 모든 사람은 그의 탄생 100주년을 기념하여 출간됨이 전혀 낯설지 않을 것입니다.

단순히 시대의 흐름에 부합하려고 하기보다는 시대의 흐름을 읽어내어 적응과 저항의 긴장을 늦추지 말아야 할 참된 영성을 추구하는 모든 사람에게 이 논문집을 적극 추천합니다.

오늘 이 시대에는 지성으로만 만족할 수 없습니다. 지금은 고인이 된 이어령 교수는 우리 시대의 선각자로 불립니다. 그는 한 시대 최고의 지성인으로 존경받으며 재물과 명성까지 얻었습니다. 그런 그는 지성의 세계에서 영성의 세계로 새롭게 태어남을 체험하고 지성에서 영성으로 방향을 전환한 사람입니다. 지성은 영성이 전제되지 않고는 완벽할 수 없고, 참다운 진리는 영성에 근거할 때만 생명력이 흘러넘친다는 걸 깨달았던 것입니다.

이 시대에는 많은 사람이 영성을 추구합니다. 지성이 이뤄낼 수 있는 것에 한계를 느꼈기 때문입니다. 잘 알고 있듯이 계몽주의가 300년 이상 인류의 삶을 지배해왔습니다. 그 덕분에 과학과 기술이 발전했고 경제적인 풍요도 누렸습니다. 그러나 지성을 신봉한 계몽주의는 인류에게 행복을 주지는 못했습니다. 오히려 인간의 욕망을 부추기고 무한 경쟁으로 내몰았습니다. 인간은 기계화되고 외로워졌습니다. 만능 해결책이 되리라고 생각했던 지성은 힘을 쓰지 못하고, 세상은 오히려 더욱 복잡해지고 모호하게 되었습니다. 그래서 사람들은 오늘날을 일컬어 뷰카(VUCA) 시대라고 부릅니다. 급변하고(Volatile) 불확실하고(Uncertain) 복잡하고(Complex) 애매한(Ambiguous) 시대를 의미하는 첫 글자를 따서 붙인 이름입니다.

이러한 시점에서 이 논문집을 출간하게 되어 매우 기쁩니다. 이 논문집에는 열세 명의 학자가 참여했습니다. 각각 전공은 다르지만 '영성'을 주제로 각기 다른 관점에서 영성에 접근했습니다. 특별히 디지털 혁명 시대를 살아가면서 어떻게 하면 영성을 훼손하지 않고 영성 훈련을 더 풍성히 할 수 있을 것인가에 대한 관심을 두고 이 연구 프로젝트를 진행했습니다. 한국교회와 미주 이민교회 그리고 세계 교회에 크게 이바지하리라 믿습니다.

특별히 올해(2023년)는 월드미션대학교의 설립자인 고(故) 임동선 목사의 탄생 100주년이 되는 해이기도 합니다. 임동선 목사는 미주 한인 교회가 낳은 세계적인 목회자요, 선교 실천가요, 교육가입니다. 임동선 목사의 삶을 기리면서 '임동선 목사 탄생 100주년 기념 논문집'으로 이 책을 출간할 수 있어 감사할 따름입니다. 이 논문집의 출간으로 임동선 목사의 영성과 사역이 더욱 기억되고 계승되기를 바라는 마음입니다.

이 연구 프로젝트가 가능할 수 있었던 것은 미국 인디애나폴리스에 있는 릴리 재단(Lilly Endowment Inc.)의 도움 덕분입니다. 코로나19 이후 경제적으로 어려워진 미국과 캐나다 지역의 교회들과 신학교들에게 펀드를 제공하여 고비를 넘길 수 있도록 도전을 주었기 때문입니다. 릴리 재단에게 깊은 감사를 드립니다.

장 칼뱅이 쓴『기독교 강요』의 부제는 "경건의 개요"입니다. 칼뱅은 이 책을 기독교의 핵심 진리를 교리화하려고 쓴 것이 아닙니다. 어떻게 하면 경건한 삶을 살 할 수 있을까 하는 성도들의 궁금증을 풀어주고자 썼습니다. 이 논문집 역시 영성에 대한 이론서라기보다는 어떻게 하면 신자들이 삶으로 영성을 품어낼 수 있게 할까 하는 생각으로 집필하고 엮었습니다. 이 논문집이 영적으로 혼란스러운 이 시대에 진정한 영성 추구를 위한 길라잡이가 되기를 소망합니다.

집필에 참여해주신 열세 분의 학자가 자신들의 전공 분야에서 아주 훌륭한 논문을 써주신 것에 대해서 감사한 마음을 표합니다. 또한 이 논문집의 추천사를 써주신 장로회신학대학교 김용운 총장님과 PCM (Preaching Coaching Ministry) 공동대표이신 노진준 목사님의 격려와 사랑에 깊은 감사를 드립니다. 그리고 논문집이 세상에 나올 수 있도록 정성을 쏟아주신 도서출판 동연 대표 김영호 장로님과 편집위원들에게도 감사의 마음을 전합니다.

임성진 월드미선대학교 총장

| 머리말 |

오늘을 사는 인간들은 불안하다. 욕망을 따라 행복을 추구하지만 평안
과 만족을 누리지 못한다. 아니, 행복을 추구하면 추구할수록 더 불행
하다. 이 세상에서 만족할 수 없으니 초월적인 세계에 관심을 갖는다.
사람들은 이 초월적인 세계를 영성의 세계라고 짐작한다. 삶의 목적과
방향을 잃고 방황을 하다가 결국 영성을 추구하면서 떠돌고 있다. 그래
서 그런지, 지금은 영성에 대한 탐구가 메가트렌드가 되었다. 한동안
서점에서 가장 인기 있는 책들이 자기계발서였는데, 이제는 명상이나
기도, 영성에 대한 책들이 더 인기를 끌고 있다.

  사람들이 영성에 대한 관심을 많이 기울이는 것을 긍정적으로만
볼 수 있을까? 보이는 세계에만 관심을 갖던 사람들이 보이지 않는 세
계에 관심을 갖게 되었다는 것은 긍정적이다. 그러나 동시에 위험성도
있다. 영성에 대한 오해와 왜곡에 대한 위험성을 말하는 것이다. 여러
종교(유대교, 불교, 힌두교, 이슬람 등)의 영성은 자신들의 종교적인 신념

에 따라 종교화된 경향이 짙다. 일반 사람들도 명상이나 요가에 관심이 많고, 영성 캠프나 영적 지도자를 찾아 목마름을 채우고자 한다. 기업들은 소비자 영혼에 호소하는 영성 마케팅 전략을 세우고 있다.

이런 상황에서 기독교인에게 '영성'이라는 주제는 매우 책임감이 있고 무겁다. 기독교의 영성은 생명과 관련이 있기 때문이다. 하나님이 인간을 창조하실 때, 땅의 흙으로 사람을 지으시고 그 코에 '생기'(니쉬마트 하이임)를 불어넣으시니 사람이 생명체(네페쉬 하야)가 되었다(창 2:7). 인간의 숨과 생명의 근원은 하나님이시다는 말이다. 즉 인간의 존재는 성령께 달려 있다.

기독교의 영성은 또한 하나님의 형상과 관련이 있다(창 1:27). 인류는 본래 하나님의 형상으로 창조되었다(Formed). 그러나 출생하는 순간부터 여러 다른 세력이 인간의 영혼에 다른 형상을 새겨놓기 시작하여 하나님의 형상을 왜곡했다(Deformed). 그리고 인간은 창조된 본연의 형상대로 회복되기를 추구한다(Reformed). 이렇게 하나님의 형상으로 회복되는 과정을 '영성 형성'(Spiritual Formation)이라고 말할 수 있다. 이 논문집의 전체 주제가 바로 이 '영성 형성'이다.

이 논문집이 탄생하기까지는 미국 인디애나폴리스에 본부를 두고 있는 릴리 재단(Lilly Endowment Inc.)의 선한 동기가 큰 역할을 했다. 코로나19의 여파로 미국과 캐나다에 있는 교회들과 신학교들이 경제적으로 어려움을 겪고 있을 때 릴리 재단은 희생적 결단을 했다. 미국과 캐나다에 있는 북미신학교협회(Association of Theological Schools, ATS)의 인가를 받은 학교들을 대상으로 이 위기를 극복할 수 있는 프로젝트를 제안했다. 프로젝트 이름은 "Pathways for Tomorrow Initiative"이다. 모두가 한숨만 쉬고 걱정하고 있을 때, 릴리 재단은 막대한 재정을 헌납하여 이 위기를 돌파하도록 신학교들에게 도전했다. 각 학교들은 제안서를 제출했고 채택된 학교들이 릴리 프로젝트에 참여하게 되었다. 월드미션대학교는 SFP(Spiritual Formation Program)를 제안하여 선발되었고, 5년 동안 1백만 불의 프로젝트 기금을 받게 되었다.

월드미션대학교는 SFP를 실행하는 첫 해에 영성 연구 프로젝트를 실시했다. 다양한 전공을 가진 열세 명의 학자가 '영성'이라는 주제로 논문을 집필했다. 이 논문집은 두 권의 시리즈로 출판하게 되었다. 시리즈 1에서는 "오늘 우리에게, 영성이란 무엇인가"라는 주제로 기독교적인 영성의 본질을 추구하고자 했다. 시리즈 2에서는 "영성, 어떻게 가르칠 것인가"라는 주제로 논문집을 구성했다. 이 논문집의 주요 독자층이 학자들과 신학생들 그리고 지역교회 목회 지도자들일 것이기에 '가르침'의 차원에서도 기여가 되기를 바라고 있다. 이번 논문집이 지향하는 영성의 방향은 다음과 같음을 밝혀둔다.

1. 영성을 전인적이고 통합적으로 이해한다. 영성은 내면의 세계뿐만 아니라, 몸, 사회, 생태계, 세속적인 삶을 외면하지 않는다. 그리고 타자와의 관계성을 중요시한다.
2. 교파적 영성에 머물지 않고 기독교 전통 속에서 내려온 영성의 풍부한 유산들을 소홀히 하지 않는다.
3. 영성을 추구함에 있어서 일상의 삶의 경험을 중요시한다. 신비적이거나 특별한 체험보다는 보통 사람들이 일상에서 경험할 수 있는 삶의 방식에 더 관심을 기울인다.
4. 영성을 추구할 때에 자기 초월의 관점을 바탕으로 그리스도의 형상을 닮은 온전한 인간으로 가는 과정과 훈련을 중요시한다.

인간은 하나님의 영과 교통할 수 있다는 측면에서 자기 초월적 역량을 지니고 있다.

5. 디지털 혁명 시대에 기술과 영성이 분리될 수 없다는 점을 인식한다. 디지털 기술이 영성에 대한 새로운 접근과 영성 훈련을 위한 새로운 지평을 열 수 있는 가능성이 많다는 것을 인정한다.

파커 팔머(Parker Palmer)는 그의 책『가르침과 배움의 영성』이라는 책에서 다음과 같은 이야기를 소개한다.

몇몇 형제가 아바 펠릭스(Abba Felix)를 찾아가서 말씀을 해달라고 간청했다. 그러나 노인은 침묵을 지킬 뿐이었다. 하지만 그들이 오랫동안 간청하자 그는 그들에게 입을 열었다. "말씀을 듣고자 하는가?" 그들이 대답했다. "아바시여, 그렇습니다." 그러자 노인은 말했다. "그러나 오늘날에는 더 이상 말씀이 없다네. 사람들이 노인들을 찾아가 말씀을 청하고 또 자신이 들은 말을 실천했던 때에는, 하나님은 노인들에게 할 말씀들을 주셨지. 그러나 요즘 사람들은 말씀을 청하고서도 들은 것을 행하지 않기에, 하나님은 노인들로부터 말씀의 은총을 거두어들이셨네. 그래서 이제 그들은 해줄 아무런 말씀을 갖지 못하게 되었지. 더 이상 그들의 말을 실천하는 사람들이 없기 때문이라네." 이 말을 들은 형제들은 탄식하며 말했다. "아바시여, 우리를 위해 기도해주소서."(파커 팔머, 『가르침과 배움의 영성』, 71-72.)

오늘날 기독인이라고 자처하는 사람들이 말씀을 열심히 찾고 있다. 설교도 많이 듣고, 찬양도 많이 하고, Q.T.도 열심히 한다. 그런데 놀랍게도 오늘 우리는 아바 펠릭스가 지적한 대로 하나님의 말씀을 듣지 못한다. 아니 하나님께서 말씀하지 않으신다. 이유는 말씀을 하셔도 사람들이 행하지 않기 때문이다. 사람들이 말씀을 찾아 사막으로 현자를 찾아가도 하나님은 침묵하신다.

슬프게도 수많은 설교와 집회와 매일의 말씀 묵상 속에서 자신이 들었다고 하는 하나님의 말씀은 정작 하나님의 말씀이 아닐 수도 있다. 하나님은 침묵하고 계시는데 어떻게 자신이 하나님의 음성을 들었다고 말할 수 있는가? 자기 믿음에서 나온 것인가? 착각에서 나온 것인가? 무슨 근거로 말하는 것인가? 우리가 하나님의 말씀을 제대로 들었다고 확인할 수 있는 유일한 근거는 행함이다. 하나님의 말씀을 진짜 들었다면 우리는 행할 수밖에 없다. '나의 모든 것'이라고 고백하는 '그' 분이 말씀하시는데 어떻게 행하지 않을 수 있는가?

하나님은 사랑의 하나님이시다. 행하시는 하나님이시다. 결국 우리가 추구해야 할 영성의 방향은 사랑을 실천하는 삶이어야 할 것이다. 결국 영성은 사랑으로 완성된다. 사랑을 실천할 때 말씀의 진리를 더욱 깨달을 수 있다. 그래서 아브라함 헤셸(Abraham J. Heschel)은 "사랑 안에 있지 않고는 진리를 발견하기란 불가능하다"라고 했고, 성 그레고리(Saint Gregory)는 "더 많이 사랑할수록 더 많이 알게 된다"라고 했다.

이 논문집에 참여한 저자들은 이론적인데서 머물기를 원하지 않았다. 모두가 다 실천적인 대안을 제시하려고 노력을 했다. 각각의 논문에는 저자들이 어떻게 하면 영성을 더욱 실천할 수 있을지에 대한 고민과 제안과 과제들을 제시한 것을 볼 수 있다. 물론, 훨씬 더 많은 부분을 독자들과 더불어 함께 해결해야 할 공동의 과제로 남겨놓기는 했지만 말이다.

　이 논문집을 발간하면서 월드미션대학교의 설립자인 고 임동선 목사를 기억하게 되었다. 그는 미주 한인 사회가 기억하는 영성적 삶을 가장 잘 실천한 사람 중 한 사람이었다. 임동선 목사는 자신을 죽이며 자기희생과 헌신의 십자가 정신을 가장 잘 구현한 신앙인이었다. 그는 아버지와 같은 목회자, 사도적 선교 실천가, 시대를 분별할 줄 알았던 선지자적 교육가였다. 이 논문집이 임동선 목사 탄생 100주년 기념 논문집으로 발간되어 참으로 기쁘다.

　이 논문집을 발간하면서 우리의 바람이 있다면 이 논문집이 사람들에게 사랑을 실천하도록 하는 자극제가 되었으면 좋겠다. 이 논문집으로 인하여, 진정한 말씀이 들려지지 않는 시대에 말씀의 단비가 생수처럼 내려지기를 바란다. 아바 펠릭스가 지적한 이 시대의 슬픈 현상을 직시하면서, '아바시여, 우리를 불쌍히 여기소서'라고 기도하는 마음으로 이 논문집을 세상에 내어놓는다.

　　　　　남종성 월드미션대학교 학부 학장, 아시안-아메리칸 영성센터 원장

| 차례

현대인을 위한 개신교 종교개혁의 영성 | 송인서

기독교 상담 영성 | 송경화
— 디지털 시대의 실천적 적용   341

영성적 노인복지 실천 사례 연구 | 이현아
— 한국교회의 노인복지 실천 사례를 중심으로   419

WMU 통전적 영성 시리즈 2 _ 영성, 어떻게 가르칠 것인가

• 차례 •

오늘의 영성 지도와 신학 교육 ｜ 오방식

— 제4차 산업혁명 시대의 관점에서

현대 영성가의 영성 이해와 영성 교육의 방향 ｜ 정원범

— 토마스 머튼과 헨리 나우웬을 중심으로

임동선 목사와 선교적 영성 ｜ 신선묵

4차 산업혁명 시대 WMU 온라인 교육과 영성의 방향 ｜ 최윤정

인공지능 메타버스 시대에서 영성 발달과 교육 과정 ｜ 김난예

삶의 예배를 통한 일상의 영성 회복 ｜ 가진수

— 예배의 4중 구조의 실제 삶에 적용과 영성 훈련

하나님의 선교(missio Dei) 관점에서 바라본 한국 신학교의 영성 프로그램 ｜ 정승현

통전적 영성과 인간 해방

― 자기 비움과 타자 사랑을 통한 정의로운 세상을 위하여

정재현 월드미션대학교 종교철학 석좌교수

I. 영성 연구의 이유와 목적 그리고 방법

본 연구는 그리스도교 전통에서 태동하여 이미 유구한 역사를 지니고 있는 '영성'을 좀 더 체계적으로 이해하고 이를 구체적으로 형성하며 실현할 수 있는 방안에 대해 논의하고자 한다. 먼저 영성이라는 용어가 그리스도교를 넘어 일반 정신문화 영역에까지 넓게 적용되는 현실에서 본 연구는 그리스도인의 자리에서 영성과 밀접한 관계에 있는 믿음에 대한 검토부터 시작한다. 말하자면, 그리스도교의 역사에서 믿음 또는 신앙에 대한 이해가 축소되고 왜곡되어 오히려 인간을 억압했던 현실에 주목함으로써 그러한 억압에서 해방되어야 할 전인성의 회복을 위한 동인으로 영성을 이해하고자 한다.

그러고는 이러한 전인적 영성을 그리스도교가 고백하는 인간의 피조성에 적용함으로써 죄로 인해 파괴된 피조성을 온전히 회복하는 길

을 찾고자 한다. 인간은 흙에서 와서 흙으로 돌아가니 유한성을 지닐 수밖에 없지만, 또한 하나님께서 그의 형상대로 지으셨으며 더욱이 입김까지 불어넣어주셨으니 하나님을 향하고자 하는 성정인 초월성을 지니고 있다는 점에 주목한다. 앞서 논한 전인성이 유한성의 터전이라면 하나님과 관계하는 초월성을 통해 명실공히 통전적 영성을 향하게 된다고 주장한다. 아울러 그러한 통전적 영성이 수행해야 할 과제로 자기를 비우면서도 현실에 참여하는 영성 형성의 과정을 살핀다.

마지막으로 본 연구는 이러한 통전적 영성이 우리 현실에 적용될 수 있는 사례를 통해서 실천 가능성을 도모한다. 사회적 차원에서 그리스도인의 자기 정체성과 타자 관계성, 자연적 차원에서 생태 파괴 상황에 대처하는 회복적 정의, 문화적 차원에서 디지털 문명의 이기와 인간 소외 문제 등을 비판적으로 분석한다. 이러한 현실 적용을 통해 통전적 영성이 지향하는 궁극적 가치로서 사랑과 정의가 회복되는 세상을 위해서 기여할 것이라고 주장하고자 한다.

1. 왜 '영성'인가?

1) 영성은 신앙과 어떤 관계인가?

'영성'(靈性)이라는 말이 뜻으로 더듬어보면 오래전에 나타났지만, 우리 시대에 와서 본격적으로 사용되기 시작했다는 것은 주지의 사실이다.[1] 그러나 이제는 너무 넓게 사용되다 보니 모두 동의할 수 있는

---

1 이렇게 볼 수 있는 근거는 몇 가지로 추릴 수 있는데, 그리스도교 영성의 원조라고 할 동방 정교회가 개신교 협의체인 세계교회협의회(World Council of Church)에 참여하

뜻으로 규정하는 것은 거의 불가능하다. 그 용어를 쓰는 사람들 사이에서 뜻이 겹치기도 하지만 벌어지는 차이도 간과할 수 없게 되었기 때문이다. 더욱이 오늘날은 그리스도교라는 배경에도 불구하고 더 이상 특정 종교의 전유물이라고 주장할 수 없을 정도로 다양하게 사용되고 있다. 그러나 우리는 영성을 논하는 모든 분야를 망라할 수는 없으니 특히 그리스도교 안에서 사용되는 뜻과 역할, 적용 등을 중심으로 살펴보고자 한다. 물론 그렇다고 해서 그리스도교로만 제한하는 것은 그리스도교적이지도 않고 영성적이지도 않으니 그렇게만 한정하지는 않을 것이다. 이런 전제를 바탕으로 일단 그리스도교 현실에서 우리의 논의를 시작한다.

그리스도교계나 신학계에서 '영성'이라는 말을 꽤 자주 쓰는데 대부분의 경우 '신앙'이라는 말과 거의 같은 뜻으로 쓰는 듯하다. 물론 신앙도 그 뜻을 가르다 보니 믿음 또는 신념과 구별해서 쓰기도 한다. 좀 더 자세히 풀어보면 어떤 명제로도 표현될 수 있는 것에 대한 '인지적인 동의'(cognitive agreement)나 수용(acceptance)을 뜻하는 경우 신앙(belief)이라고 한다면, 한 인간의 '실존적 참여'(existential partici-pation)를 뜻하는 경우 믿음(faith)이라고 분류하기도 한다. 동의나 수용이 자기가 서 있는 자리에서 그 대상을 받아들이는 것이라면, 참여는 참여할 곳으로 움직여 들어가야 한다는 점에서 근본적으로 다를 수밖에 없다. 말하자면 자기를 지키면서 받아들이는가, 자기 자리를 털고

기 시작한 1960년대 초 그리고 이후 세계교회협의회가 사회 개혁에 적극적으로 나서면서 일종의 인간적-문화적 자기 각성과 같은 정신사적 운동이 일어나게 되었는데 이때 '신앙'이라는 용어의 울타리를 넘어서기 위해서 '영성'라는 용어를 일상적으로 사용하게 되었다는 데에서 그 근거를 찾을 수 있다. 가톨릭교회의 영성 운동이 이 사이를 잇는 가교 역할을 해왔다는 것은 주지의 사실이다.

일어나는가의 차이로도 볼 수 있을 것이다. 물론 한글 표기는 사용하는 사람에 따라 신앙과 믿음이라는 말을 서로 바꿔 쓰기도 하지만 우리는 여기서 이런 구분을 사용하고자 한다. 이때 중요한 것은 인지적 동의와 실존적 참여 사이의 차이다. 전자가 '앎'의 차원이라면 후자는 '삶'의 차원에 해당할 터이다.

그런데 구체적인 현실에서는 믿음이든 신앙이든 별다른 구별 없이 인지적으로 동의하고 받아들이는 것으로 새기는 분위기에 압도적으로 지배되고 있는 것은 부정할 수 없다. 사실 '영성'이라는 말이 오늘날 과거보다 더 절실하게 요구되는 가장 중요한 이유가 바로 여기에 있다. 말하자면 믿음이든 신앙이든 입술로 시인하고 마음으로 받아들이는 것, 즉 동의하고 수용하는 것으로 간주하다 보니 행위나 실천이 함께 따르지 않아도 무방한 것으로 오해하는 문제 때문에 영성이라는 과제에 더욱 주목하게 되었다. 교회사의 시작부터 그렇지는 않았는데 "교회가 공동체성보다 교권적 구조로 제도화되어가면서"[2] 이런 왜곡이 일어났으니 본래 모습으로 회복을 향하는 요구가 영성으로 분출되었던 것이다. 이런 요구는 급기야 '영성적이지만 종교적이지는 않은'(Spiritual But Not Religious, SBNR) 삶을 주장하기에 이르렀으니, 종교가 표방하는 신앙 또는 믿음이 얼마나 왜곡되고 퇴색되었는지 단적으로 드러내준다. 이런 구호를 고려하더라도 영성과 신앙/믿음의 관계를 새로 정립하는 것은 실로 중요하다. 특히 종교나 신앙이 본래의 목적인

---

2 조은하, 『통전적 영성과 기독교 교육』(서울: 도서출판 동연, 2010), 31. 이런 점에서도 본 연구 2장에서 제안하는 전인성 논의에서 개체성과 관계성이 얽혀 이루는 공동체성 회복은 중요한 의제라고 하겠다. 초대 교회사에서 이레네우스의 공동체적 영성이 관상을 강조하는 클레멘트에서 지성을 강조하는 오리게네스로 넘어가면서 빠른 속도로 제도화되었던 과정이 이를 말해준다.

자유와 해방과는 오히려 반대로 인간에게 억압과 강박이 되어온 역사를 고려한다면 그 참뜻을 회복하고 실현하기 위해서라도 그러한 왜곡과 축소를 극복하고 해방적 영성을 향해 가는 것은 더욱 절실하다.

2) 믿음과 행위 사이의 긴장에 대해 영성이 지니는 뜻

같은 이야기를 좀 달리 해보자. 신약성서에서 '믿음과 행위'에 관련해서 상반되는 것처럼 보이는 주장들이 있다. 그리고 이로 인해 불필요한 논쟁이 짧지 않은 역사를 장식해왔고 아직도 진행되고 있기도 하다. 바울은 '행위가 아니라 믿음으로 구원받는다'고 했고, 야고보는 '행위 없는 믿음은 죽은 믿음'이라고 했다. 그래서 이 둘 사이에 첨예한 대립이 있는 것처럼 보였다. 그러나 바울이 말하는 '행위'란 인간의 노력이나 성취, 업적 등을 가리키는 것이니, 바울의 말은 인간이 자신의 업적을 근거로 자기의 의를 내세우는 것은 구원에 적합하지 않다는 뜻이다. 행위로 표기되는 노력이나 성취를 하지 말라거나 하지 않아도 좋다는 것이 아니라 이를 근거로 자기 스스로 의롭다고 주장하지 말라는 것이었다. 다른 한편, 야고보가 말하는 '행위'는 실천이나 실행으로 풀 수 있다. 말하자면 실천 없는 믿음은 믿음이 아니라고 한 것이다. 따라서 바울의 주장과 모순되거나 충돌할 하등의 이유가 없다. 그런데 취지와 맥락을 살피지도 않은 채 '행위'라는 단어 하나에 집착하고 그것도 하나의 뜻으로만 풀이하면서 부질없는 논쟁을 이어왔으니 건전한 상식을 가지고 교회 문 앞을 서성거리는 많은 사람을 아연실색하게 만들었던 것이다.

이런 점에서라도 '영성'의 뜻을 잘 추리는 것은 참으로 중요하다.

위의 풀이에 연관해서 영성을 우선 정의해본다면, '자기 의를 내세우지 않는 믿음과 실천의 합치'라고 해도 좋을 것이다. 이렇게 본다면 앞서 '실존적 참여'라고 풀었던 '믿음'을 이에 가까운 것으로 볼 수도 있다. '실존적 참여'라는 말은 전인적 차원에서의 결단을 포함하는 것이니 믿음과 실천을 묶는 통합적인 뜻을 지니기 때문이다. 그런데 '실존적 참여'가 바로 이런 뜻임에도, 아니 바로 그렇기 때문에, 막연하고 어렵게 다가오니 그저 손쉬운 '인지적 동의'로 되돌아가고 말게 되고 따라서 그저 실천 없는 믿음으로 전락하기 십상이었다. 그래서 그 본래의 뜻을 회복하기 위해서라도 믿음과 실천을 한데 아우르는 통합이 절실하게 필요했다. 그리스도교와 교회에서 '영성'이라는 말은 바로 이런 요구에 부응하는 선택이었다고 하겠다.

그렇다면 영성이란 '믿음과 실천의 통합'을 가리키는 것으로 일단 정의해볼 수 있겠다. 이 단계에서는 동양사상에서 강조하는 '지행합일'(知行合一), 즉 지식과 행동의 일치에 견줄 수도 있을 것이다. 이는 믿음에 대해 아무리 실존적 참여와 전인적 결단을 강조해도 그렇게 인지적 동의 즉 지식의 차원에 머무르고 말기 때문에 더 이상 믿음이라는 말로는 그 본래의 뜻을 가리키기 어려워진 현실에 대한 타개책으로 '영성'이 간절하게 요청된 것임을 다시 확인해준다. 여기서 영성은 이미 지식의 차원을 넘어서 지혜와 통찰을 요구하면서 또한 제공해주는 역할을 하는 것으로 자리매김할 수 있게 된다. 무릇 지식이라는 것이 원초적 자료(data)나 이를 연결하는 단순 정보(information)를 넘어서 학문적 진리를 향하는 단계로 진입한 것이기는 하지만 영성은 여기에 머물러 단순히 지식을 확장하는 것만으로는 부족할 뿐 아니라 부적절하기까지 하다. 지식은 앎이고 영성은 삶이며 나아가 삶과 믿음의 얽힘이기 때문이다. 영성을 위해서는 앎의 확장인 지식(knowledge)을 넘어서 모름의 가치까지도 헤아리는 지혜(wisdom)뿐 아니라 이를 꿰뚫고 넘어서는 길로서 통찰(insight)이 요구되는 이유가 여기에 있다.

3) 믿음과 삶의 일치로서 영성

이처럼 영성을 지행합일과 같은 방식으로 믿음과 실천의 얽힘을 뜻하는 것으로 새길 수 있다면 한 걸음 더 나아가 '믿음과 삶의 일치'라고 새겨도 좋을 것이다. 이렇게 새기는 것은 실로 큰 의미를 지니는데 그간의 역사에서 믿음이 삶과 적극적인 연관성을 갖지 못했기 때문이다. 우선 역사적으로 보더라도 그리스도교가 종교적 체제를 갖추게 된 중세 시대에 믿음은 이성이 주목하는 신 존재 증명에 집중했으니 이때 믿음은 '있음'을 확인하고 수긍하는 것이었다. 근대로 넘어와서 믿음은 인간 정신의 요소들인 지성, 감정, 의지에 밀접하게 연관되어 각각 정통주의, 경건주의, 자유주의라는 신앙 유형에 관한 사조들을 전개했는데 그런 이유로 이 시대에 믿음은 '앎'의 차원에서 인간의 정신과 마주하는 것으로 규명되어야 했다. 그러나 인간을 정신으로만 보고 세계를 지배하려고 했던 근대를 지나서 '내던져진 실존'이라는 자화상을 발견하게 된 우리 시대인 현대로 오면서 이제 믿음은—더 이상 있음에 대한 증명이나 앎의 영역에서 특정한 유형으로 분류되는 것이 아니라—삶이라는 전인적 차원에서 새겨져야 한다는 요구를 받게 되었다. 그런데 인지적 동의로 그 의미가 축소되어버린 믿음이 그러한 요구에 부응하기에는 역부족이었으니 여기서 바로 그 유구한 역사를 지니고 있었던 '영성'에 새삼스럽게 주목하게 되었던 것이다.[3]

4) 영성의 전인성

이렇게 해서 이제 영성은 명실공히 인간의 전인적 차원을 아우르는 통합적 함의를 지닌다. 그리고 이것이 바로 영성을 영성이게 하는 결정적인 차원이다. 여기서 특별히 주목할 것은 영성이 우리보다 앞선 시대인 근대에 본격적으로 펼쳐졌던 인간 정신의 세 요소 즉 지성, 감정, 의지에 추가되는 제4요소가 결코 아니라는 점이다. 무릇 요소(element)라고 하면 그 무엇을 이루는 부분적 구성품이니 지성, 감정, 의지는 인간 정신을 이루는 세 개의 구성 요소였다. 그러나 영성은 그러한 셋을 아우르고도 넘어서는 통합적인 위상을 지닌다. 그렇다면 이때 통합되어야 할 것은 무엇인가? 지성과 감정, 의지를 모두 묶어보아도 '정신'일 뿐인데 인간이 정신으로만 이루어진 것이 아니라 엄연히 분리될 수 없는 육체로도 이루어져 있으니 이제 영성은 그런 세 요소를 묶는 정신은 물론 육체까지도 아우르는 통합으로서 전인적 차원을 가리킨다. 그러나 이 표현이 새삼스러운 것은 그동안 갈라질 수 없는 정신과 육체를 갈라놓고 정신만을 근거로 인간과 신앙을 논해왔기 때문이다. 따라서 이제는 전인성을 '갈라질 수 없는 육체와 정신의 단일체'(psychosomatic unity)로 새겨야 한다. 그동안 정신을 뇌에만 국한해서 간주했던 뇌중심주의를 벗어나 몸 전체로 확장하는 '몸이 된 마음'(embodied mind)[4]이라는 우리 시대의 통찰도 이를 뒷받침해준다. 여기서

---

3 영성의 역사에 대해서는 이 책을 참조하라. 정용석 외 편, 『기독교 영성의 역사』(서울: 은성, 1997).

4 '몸이 된 마음'이라는 현대의 통찰은 실로 많은 곳에서 주장되고 있으나 이 책을 참조하라. Simon Roberts, 『뇌가 아니라 몸이다: 생각하지 않고 행동하는 몸의 지식력』(*The Power of Not Thinking: How Our Bodies Learn and Why We Should Trust Them*), 조은경

그동안 덮여 있었거나 심지어 억눌려 있었던 육체에 대한 관심이 비로소 새삼스럽게 부각되면서 오늘날 해방의 논리와 정의의 윤리를 위한 필수불가결한 근거로 등장하게 되었으니 만시지탄이라고 하지 않을 수 없다.[5]

5) 영성이라는 용어의 역사

그렇다고 영성이라는 용어가 그리스도교 역사에서 처음부터 적극적으로 사용된 것은 아니다. 사실 오늘날 우리가 쓰는 영성이라는 용어가 가리키는 전인성은 서구에서 근대라는 새로운 시대를 열었던 과학이 살아 있던 자연을 물질로 간주하여 관찰하고 연구하게 되면서 정신과 물질의 분리를 정당화하는 철학이 등장하기 이전까지는 자연스럽고 당연한 것이었다. 그러니 초대 교부 시대나 중세 스콜라신학 시대에 영성이라는 말이 특별히 집중적으로 사용되지는 않았다. 그런데 근대로 오면서 인간이 자신을 둘러싼 세계를 객체 또는 대상으로 보면서 스스로 주체로 군림하게 되었으니 인간으로 하여금 인간되게 하는 핵심인 정신이 중심적인 지위를 갖게 되었다. 이제 정신은 이를 이루는 세 요소로 세분화되는데 지성, 감정, 의지가 그것이었다. 물론 이러한 요소들은 나름대로 중요한 역할을 하기는 했지만 인간을 조각내는 듯

옮김(서울: 소소의책, 2020), 전권.

5 '정신과 육체'라는 말을 바꾸어서 '마음과 몸'이라고도 할 수 있을 터인데, 물론 쓰이는 맥락에 따라 다른 뜻으로 새기기도 하지만 여기서는 서로 바꿔 쓸 수 있는 용어로 간주하고 논의하고자 한다. 그렇다면 전인성이란 그동안 억눌렸던 몸을 해방하자는 주장을 당연히 포함할 뿐 아니라 생명의 역동성과 삶의 가치에 대한 존중을 뜻한다. 그저 단순한 공간적 전체성을 가리키는 물리적 개념이 아니다. 몸의 해방에 대한 본격적인 논의를 이 장에서 별도로 다룰 것이다.

이 분할하니 전체를 부분으로 축소하는 환원주의로 치달을 수밖에 없었다. 그 결과 불가피하게도 전체에 대한 갈망이 절박하게 터져 나왔으니 '전인'을 가리키는 '실존'이 바로 그것이었으며 이의 일상적이고 종교적인 이름이 '영성'이라고 하겠다. 따라서 영성은 우리 시대인 현대에 이르러 본격적으로 부상한 과제이며 용어다.

그렇다고 해서 영성이 현대에 와서 시작됐다는 것은 전혀 아니다. 그것은 사회나 역사 등과 견주어도 확인할 수 있다. 인류의 시작과 더불어 인간들은 함께 모여 사회를 이루었지만 '사회'라는 말은 18세기에 처음 등장했다. 16~17세기 자연과학과 의학의 발전이 영아 사망률을 줄이고 평균 수명을 늘이기 시작하면서 인류의 개체수가 급격히 팽창하게 되었으니 이전에는 경험하지 못했던 인간 개체들 간의 갈등과 충돌을 겪게 되었다. 따라서 인간을 그저 추상적 인간으로만 보는 것으로는 충분하지 않게 된 현실에서 사회라는 새로운 범주를 떠올리게 되었고 인간이 스스로를 이해하는 자화상에 개인과 사회라는 범주를 고려하기 시작했다. 사회학이 출현한 18세기의 일이다.

역사라는 범주도 마찬가지다. 18세기에 인간의 자기 이해에서 개인과 사회 사이의 긴장을 고려해야 하는 상황이 사회라는 범주를 고안하게 했다면, 그러한 사회가 역동적으로 움직이면서 이야기의 흐름을 엮어가게 되니 바로 다음 세기인 19세기에는 그런 그들의 이야기 즉 '역사'의 눈으로 인간 스스로를 이해하기 시작했고 여기서 역사학이 출현한다. 물론 인류의 시작과 함께 이미 역사는 시작하여 그 흐름을 이어오고 있지만 인간이 스스로를 이해하기 위해 역사라는 범주를 새삼스레 떠올렸으니 역사라는 말도 이와 함께 다듬어졌던 것이다.

20세기로 넘어오면서 교통과 통신의 발달로 서로 다른 지역, 다른 인종, 다른 종교들이 서로 만나게 되면서 인간의 자화상에 '문화'라는 범주가 요청되었는데 여기서 문화학이 출현했고 영성이라는 용어의 조성과 더불어 이에 대한 관심도 문화적 차원의 확대와 함께 더욱 심화되었다. 이처럼 인류의 시작과 함께 사회, 역사, 문화는 물론 영성도 이미 시작되었지만 인간의 자기 이해를 중심으로 하는 시대정신의 패러다임 전환으로 인하여 그때마다 새로운 범주들이 필요하게 되었고 이에 부응하여 그러한 범주들이 연이어 등장했으니 '영성'이라는 용어도 그런 왜곡되고 억압된 인간상을 극복하고 해방적인 전인성을 회복하자는 요구에 부응하려는 목적으로 조성된 것이라고 할 수 있다.[6]

거슬러 성서에서 이런 뜻을 지닌 '영성'에 해당하는 단어를 찾자면, 구약에서는 '루아흐'(ruach)가 가장 가까울 것이다. 정신이나 영혼을 가리키는 '네페쉬'(nephesh)와 육체를 말하는 '바사르'(basar)가 서로 반대 개념이라면 '루아흐'는 이를 통합하면서도 넘어서 인간에게 생명을 부여하여 살리는 힘으로 이해되기 때문이다. 신약성서에서는 영이나 성령을 가리키는 '프뉘마'(pneuma)가 가장 가까운 단어이지만, 영성과 일치하는 정도가 그리 높다고 할 수는 없다.[7]

---

6 이 대목에서 덧붙인다면, 우리가 현재 사용하는 '영성'이라는 말은 굳이 거슬러가자면 라틴어 '스피리투알리타스'(spiritualitas)에서 뿌리와 뜻을 찾을 수 있는데 현대 서구에서도 거의 비슷한 뜻과 모양으로 사용되고 있다. 오히려 중세에는 이 단어가 오늘날과 같은 기능으로 적극적으로 사용되지는 않았다. 이 단어의 어원 '스피리투스'(spiritus)는 본디 '숨, 호흡, 입김' 등을 뜻한다. 여기서 파생된 형용사인 '스피리투알리스'(spiritualis)를 거쳐 다시 명사화한 것이 우리가 말하는 '스피리투알리타스', 즉 '영성'이라고 하겠다. 결국 단순 개념어로부터 형용사를 거쳐 추상명사로 다시 만들어진 표현이다. 말하자면, 그 뜻이 넓고 모호한 이유가 단어가 만들어지는 과정에 이미 심겨 있었다. 물론 성서에서는 이 단어를 직접 사용하지 않았다 하니 후대의 필요에 의해 만들어진 것으로 추정된다.
7 용어 정리는 마침 필자의 저서에서 추려놓은 설명이 있어서 이를 참고했다. 정재현, 『티끌만도 못한 주제에: '사람됨'을 향한 신학적 인간학』(왜관: 분도출판사, 1999), 제1부 제3장.

그럼에도 성서적 연관을 통해 우리가 확인할 수 있는 것은 영성이란 인간이 스스로 가꾸고 길러내는 수양 행위나 그 결과를 가리키는 것이 아니라 오히려 인간을 넘어서는 외적인 힘과 연관된다는 점이다. 물론 그렇다고 해서 영성이 마치 인간의 노력이나 관여와는 무관하게 단지 초자연적 힘에 의해서만 성취되는 것은 아니다. 앞으로 자세히 논하겠지만 수행 노력과 외부의 관여가 병행될 때 비로소 영성 형성이 가능하다는 것을 성서 전통을 통해서 오히려 확인할 수 있다.

6) 깨달음과 갈고 닦음으로서의 영성 형성

따라서 영성은 때로 오해되듯이 일순간에 주어지는 신비로운 현상이나 상태를 가리키는 것이 아니다. 영성은 초월적인 차원과의 연결을 전제하지만 그럼에도 인간의 수행 과정을 필요로 한다. 따라서 이를 이루어가는 형성(formation)은 영성에서 지극히 본질적인 것이다. 그래서 영성 형성이 주요한 과제가 된다. 때로 영성 수련(exercise)이나 훈련(training), 또는 교육(education)이나 지도(direction)라는 말을 붙이기도 하지만 이 모두는 영성 형성을 위한 방법과 과정이며 영성 형성이라는 큰 범주에 속하는 것이다.

당연히 영성을 이루는 믿음도 순간적인 감정 상태나 일시적인 감각이 아니라 지속적인 깨달음의 수행과 실천을 통해서 이루어져가는 것이다. 믿음은 일회적인 확신이 아니라 성숙으로 나아가는 과정을 통해 그 의미와 목적이 비로소 성취된다는 말이다. 여러 사람이 지적했듯이 특히 개신교회는 '오직 믿음으로'라는 구호를 오해하면서 믿음이 실천이나 수행에 관련이 있다는 것에 대해서는 거의 관심이 없었다. 이제 그렇게 믿음에서 실천을 제외하고 특정한 상태를 일컫는 마술적인 상태로 몰아갔던 왜곡이 일으킨 수많은 문제에 대해 반성하기 시작하면서 새삼스럽게 영성에 대해 주목하게 되었다는 것은 그리스도교 현실에서 좀 더 분명하게 확인된다.

2. 연구 목적

영성은 그 단어에 '영'(靈)이라는 글자가 있어서 신비적이거나 밀의적인 분위기를 지니고 있는 것처럼 보이기도 한다. 그러나 앞서 살펴본 대로 영성은 부분으로 축소됨으로써 억압되었던 인간 자화상을 본래의 모습인 전인성으로 회복시키려는 데에 가장 근본적인 뜻이 있다. 그렇다면 인간을 정신, 심지어 그중에서도 지성이나 감정, 또는 의지 중 한 요소로 축소하는 환원주의가 도대체 인간에게 무엇을 어떻게 했기에 전인성을 회복하는 일이 이토록 중요하고 절실했던가?

이유인즉, 이는 엄연한 전체를 부분으로 축소하는 것이었으니 부각되는 한 요소가 다른 나머지 요소들을 배제하거나 열등한 것으로 치부하면서 억압하게 되었기 때문이다. 여기서 정신의 한 요소가 다른 요소들을 억압하니 정신의 왜곡은 물론, 육체는 마땅히 인정받아야 할 가치를 부정당할 수밖에 없었다. 있어야 할 위치, 받아야 할 가치가 부정당하는 것이 바로 소외와 허무일진대 이를 소스라치게 발견하고 절규하게 된 것이 바로 근대 말기였다. 그렇기에 한 시대를 마감하고 새로운 시대로의 전환에 대한 요구가 분출될 수밖에 없었다. 말하자면 인간을 이루는 모든 부분이 전체적으로 유기적인 관계에서 역동적으로 움직일 때 온전히 자유로운 삶을 살 수 있을 터인데 그러한 삶이 부분으로 축소되면서 일그러지고 외면당하니 벌어지는 왜곡과 억압에 대한 반동으로 해방을 향한 절규가 분출되었고 여기서 전인성 회복이 과제로 부상했던 것이다. 이처럼 전인성이란 억압으로부터의 해방을 요구하고 가능케 하는 터전인 것이다. 그리고 영성에 대한 연구는 바로 그렇게 인간의 전인적 해방이라는 인류애적 과제에 참여한다는 뜻까지 포함하는 목적을 지닌다.

본 연구가 근본적으로 위와 같은 목적 가치에 참여하는 뜻을 지닌다면 좀 더 구체적으로 그리스도교와 교회를 위해서는 어떠한 뜻을 지닐수 있을까? 앞서 언급했듯이 영성에 대해서는 그 지대한 관심으로 인해서 관련된 담론들이 이미 상당한 분량으로 개진되어왔다. 그러나 안타깝게도 믿음이나 신앙이라는 말과 거의 구별되지 않을 정도의 뜻으로 회자되고 있으니 굳이 영성이어야 할 까닭을 발견하기 쉽지 않다. 따라서 본 연구는 애써 영성이라는 표현을 써야 할 절실한 이유를 추리는 것에서 시작했다. 그리고 이는 교회나 신학교 안에서 회자되는 영성논의에 대한 혼란을 조금이라도 정리하면서 우선 교회 안에서 더욱의미 있게 사용될 수 있도록 하려는 목적을 지닌다. 그러나 교회 안에서만 알아듣고 교회 밖에서는 전혀 통용될 수 없다면 그 적용 범위는지극히 제한될 수밖에 없으니 이는 영성 자체의 의미를 위해서도 부적절하다. 따라서 교회 밖에서도 통용될 수 있는 의미를 지닐 수 있는 방향으로 영성에 대한 연구를 하는 것이 마땅하다. 앞서 살핀 바와 같이, 영성의 실천적인 차원이 중요하다면 이는 교회를 위해서뿐 아니라 사회를 위해서도 적용되어야 하는 것이니 교회 밖 사회와 소통 가능한영역으로 영성 담론을 전개하는 것이 필수적이기 때문이다. 그리고 이를 위해서 본 연구는 그리스도교나 신학의 범위를 넘어서 일반적으로 통용될 수 있는 개념들과 용어들을 적극 사용할 것이다.

3. 연구 방법

이런 점에서 본 연구는 먼저 영성의 토대로서 전인성 회복을 위한 철학적 논의를 구조적으로 분석하고 전인성으로 귀결되는 역사적 흐름을 비판적으로 논의한다. 인간이 스스로를 이해해온 정신문화사의 패러다임 전환 과정을 따라서 전체적 조망에서 부분적 환원을 거쳐 다시 전체적 재통합에 이르는 과정으로 자기이해의 역사를 해석함으로써 전인성이 절실히 요구될 수밖에 없었던 상황에 대한 심도 있는 이해를 도모한다. 이를 통해서만 그동안 명확성을 구실로 우리가 익숙하게 젖어왔던 부분으로의 축소가 지닌 문제들을 보다 근본적으로 드러낼 수 있고 그리함으로써 전인성 회복이라는 과제의 필요성에 그만큼 다가갈 수 있기 때문이다. 여기서는 정신 요소들의 분화를 넘어서는 전인성 논의이니만큼 육체 또는 몸의 반동이라고 할 만한 현대적 요청에 대해서도 심도 있게 다룰 것이다. 몸을 덮어두고 마음만으로 전인성을 논한다는 것은 어불성설이기 때문이다.

그런 뒤에는 이러한 철학적 분석을 인간학과 신학에 적용하여 종래 그리스도교 신학이 지닌 인간관에서 일어났던 왜곡들을 교정하는 단계로 가고자 한다. 여기서는 창조에 의한 피조성을 이루는 유한성과 초월성이 한계를 두고 벌이는 긴장 관계에 주목하는데 이 긴장이 파괴되면 왜곡과 파행이 일어날 수밖에 없으니 이를 타락이라 하고 죄성으로 이해한다. 결국 파괴된 관계를 회복하는 것, 즉 일그러진 피조성을 온전하게 회복하는 것이 신 앞에 선 인간의 마땅한 삶의 길이라는 데에 이르면서 바로 이러한 과제를 위해 통전적 영성이 요청된 것으로 이해하고자 한다.

그러고는 이와 같은 이론적 근거를 지닌 영성의 통전적 형성이라는 과업을 수행하기 위해 우선적으로 유한성이 요구하는 자기 비움에 의한 현실 초월을 논하지만 이를 구실로 현실로부터 도피하지 않도록 하는 경계 장치로 초월성에 의해서 가능하게 되는 현실 참여라는 과제에도 동시에 주목한다. 당연하게도 이 둘은 반대 방향으로 달리는 토끼 같은 긴장 관계를 이루니 이들 사이를 이어내는 것도 역시 역설적 연합일 수밖에 없다는 것을 드러낸다. 무릇 전인성-통전성이라는 것이 이를 구성하는 다양한 요소나 행위들 사이의 긴장과 갈등을 아우르는 통찰을 필요로 하기 때문에―굳이 대조적인 양항 관계로 표현한다면―양자택일의 모순(contradiction)에서 양자택이의 역설(paradox)로 전환하지 않으면 안 된다는 점을 강조하게 될 것이다. 이 대목이 본 연구가 다루는 영성 형성의 절정이니 가장 강조하고자 하는 핵심이다. 모순을 견디지 못하여 반대로 보이는 다른 것들을 잘라 내버리면서 축소하는 환원주의가 전통적으로 인간을 억압하는 기제로 작동할 수밖에 없었던 역사였다면 이에 대한 반동이 전인적-통전적 해방에 대한 절규로 나타났기 때문이다.

그리고 마지막으로 본 연구는 그간의 논의를 구체적인 현실에 적용하는 것으로 마무리한다. 현실의 문제들을 모두 망라할 수는 없으니 영성이 가장 첨예하게 적용될 수 있는 문제들 중 주요한 분야들을 선택하여 논하고자 한다. 먼저 그리스도인이 겪게 되는 문제로 여러 종교가 공존하는 상황에서 자기 정체성을 구현하면서도 타 종교인들과 어떻게 덕을 나누는 관계를 엮어갈 수 있을까 하는 과제에 대한 지혜를 구하고자 한다. 또한 심각하게 위협받고 있는 자연 파괴로 인한 생태 붕괴 문제도 생명의 회복을 향하는 영성의 가치를 통해 다루고자 한다. 아울러 여전히 놓칠 수 없는 과제로, 우리 시대가 이미 깊숙이 빨려 들어간 디지털 세상에 대해 오히려 선구적 이해를 통해 이를 선도할 수 있는 영성의 사명을 감당하기 위한 논의도 덧붙임으로써 본 연구를 매듭짓고자 한다.

II. 영성을 위한 인간학적 근거: 시대정신의 전환을 중심으로

1. 부분에서 전체로: 이성-감성에서 지성-감정-의지를 거쳐 전인성으로

본디 인간은 자기 자신을 통째로 이해했다. 그도 그럴 것이 무엇인가 생각한다는 것은 일어나고 닥친 문제들을 해결하기 위해서 가장 절박한 것이었을 텐데 생사를 가를 상황에서 자기는 에누리 없이 하나이고 대결해야 하는 것과 맞설 태세로 만났을 것이기 때문이다. 그러다가 둘러싼 터전을 '자연'으로 보고 나아가 '세계'로 간주할 수 있게 될 만큼 인지력이 향상되고 문화가 형성되면서 인간이 스스로의 위상을 점차로 높이게 되었으니 여기서 다양한 갈래들과 관계하는 성정으로 분화가 일어나게 되었다. 그래도 종교 특히 그리스도교에 초점을 두고 본다면, 절대자에 대해 인간은 자신의 삶 전체로 관계했을 터이니 여전히 분화 이전의 정체성으로 시작했던 것으로 보인다. 원시 종교는 말할 것도 없지만 문명사 태동 이후에 등장한 그리스도교의 경우에도 그 초기에는 인간은 '통사람'으로 살고 생각하고 행동했다. 이 당시 영혼과 육체, 또는 정신과 육체 사이의 분리라는 착상은 아직 일어나지 않았으니 말이다.[8]

그러나 신화로부터 이성으로의 전환이라는 축의 시대를 분기점으로 해서 문명사는 인간 안에서도 통사람으로부터 분화를 시작했다.[9] 고대의 절정기에 등장한 아리스토텔레스가 '인간은 이성적 동물'이라고 하면서 일찍부터 인간은 스스로를 이성적 존재로 자리매김했는데 이러면서 동물성을 열등한 것으로 보고 억누르는 역사가 시작되었다. 이른바 이성이 그 탁월성과 효용성에도 불구하고 일으킨 엄청난 비극이었다.

이를 좀 더 크게 살펴보자. 철학에서는 이미 신화시대를 장식하는 광명의 신 아폴론과 흑암의 신 디오니소스를 뿌리로 하는 합리주의 대 신비주의의 대조로 시작한다. 이는 세계를 보는 대조적인 관점인데 합리주의는 세계가 밝게 비추는 빛에 의해 근원부터 이어지는 연속성의 위계질서를 이루고 있어 이성(reason)의 작동으로 세계를 거쳐 가면서 신에 대해 점차 알 수 있다는 주장이다. 반면에 신비주의는 근원은 깊은 어둠에 싸여 있고 드러난 세계와의 관계는 알 수 없으니 그저 감성(sensibility)으로 더듬으면서 근원과 신비적 연합을 도모할 수 있

---

8 인간의 스스로에 대한 자의식이 시작된 첫 계기가 삶에서 반복되면서도 예측할 수 없는 힘을 '운명'(moira)으로 겪으면서라는 문명사적 분석은 인간이 분화 이전의 전인으로 스스로를 인지했다는 것을 가리킨다. 참조, 정재현, 『앎이 그대를 속일지라도: 자기 강박으로부터 해방을 향한 해석학』(서울: 도서출판 동연, 2020), 1부 1장.

9 참조, Karen Armstrong, 『신의 역사 I』(*A History of God*), 배국원, 유지황 옮김(서울: 도서출판 동연, 1999), 2장.

을 뿐이라는 주장이다. 여기서 이성과 감성은 어디까지나 스스로는 비어 있으면서 마주하는 것을 나름대로의 틀로 받아들이고 새겨내는 형식적인 기능이다. 이미 인간에게 이렇게 주어져 있는 형식적 기능이 신화에서는 아폴론과 디오니소스로, 철학 초기에는 합리주의와 신비주의로 대별되었다고 할 수 있다. 오늘날에도 여전히 익숙한 이성과 감성의 대조는 일찍이 인간의 자기이해에서 문명의 시초를 장식했으니 그리스 문명권에서 감성과 이성의 이분법은 시작부터 자연스럽고 당연한 것이었다.[10]

다른 한편, 그리스도교는 인간의 원초적 단일성을 전제하는 히브리 사상을 모태로 하지만 이방인을 향한 복음화와 로마 문명을 통한 세계화 과정에서 성서의 배경이 되는 히브리 전통과는 사뭇 다른 그리스 문명과 만나 습합(褶合)을 거치게 된다. 여기서 인간의 단일성에 충실했던 히브리 전통에서는 매우 생소한 이분법적 사유가 스며들면서 그리스도교 사상과 문명을 형성하게 되었다. 태생적으로 유태인이면서 법적으로 로마 시민이고 사상적으로는 그리스 철학을 연마한 사도 바울의 편지들이 성서에 수록되었던 것도 이런 상황에 지대한 영향을 미쳤다고 하겠다.

---

10 그런데 실상은 이성과 감성의 이분법이 단순히 대등하게 작동했던 것은 아니었다. 고중세 시대는 물론, 근대의 효시라는 데카르트도『성찰』에서 '감성은 믿을 수 없고 확신한 지식은 이성을 통해서만 주어진다'고 했고, 인간의 죄 문제를 깊이 다룬 영성가 토마스 아 캠피스는 그의 저서『그리스도를 본받아』(Imitatio Christi)에서 '감성이나 열정을 벗어나고 없애도록 기도하라'고 가르쳤으니 이렇게 편향된 영성 전통이 영성 본래의 취지인 해방과 정면으로 모순적일 정도로 억압적이면서도 오늘날에도 여전히 지배적으로 보급되어 있는 실정이다. 참조, Matthew Fox,『원복: 창조 영성 길라잡이』(Original Blessing: A Primer in Creation Spirituality), 황종렬 옮김 (왜관: 분도출판사, 2022), 62.

이렇게 시작한 그리스도교는 중세에 이르러서도 이성과 감성의 대조를 그대로 이어갔으니 인간의 자기 이해뿐 아니라 신관에도 그대로 반영되어 합리주의적 신관과 신비주의적 신관의 대조로 귀결되었다. 예를 들면, 아우구스티누스의 후예인 안셀무스의 신 존재 증명에서 "신은 그것보다 더 큰 것을 상상도 할 수 없는 가장 큰 존재"[11]라고 했을 때 합리주의의 절정에 위치하는 신을 말한 것이다. 반면에 마이스터 에크하르트는 "신은 어떤 방식으로도 규정될 수 없는 무근거로서 아예 무(無)"[12]라고 했는데 이는 중세 신비주의의 탁월한 사례에 해당한다.

이런 고중세를 거치고 이제 과학이 선도하는 새로운 시대인 근대가 시작되면서 인간은 명실공히 주체로 부상한다. 인간이 주체가 되었다는 것은 삶의 터전인 자연을 세계라는 이름의 대상으로 간주하게 되었다는 것을 가리킨다. 말하자면 이전에 없었던 관찰과 실험이라는 탁월한 방법으로 자연을 다루게 된 인간은 이를 통해 자연을 대상 세계로 설정하면서 스스로를 주체로 세우게 되었던 것이다. 고중세 시대에는 그저 스스로 그러한 '자연'이던 것이 이제 인간을 중심으로 하는 울타리를 뜻하는 '세계'로 간주되었으니 인간은 세계를 알아가면서 지배해가는 주체로 부상한다. 그런데 인간이 주체로 대상 세계를 알아가는 행위는 그저 형식적 기능인 이성과 감정으로만 하는 것이 아니었다. '대상'(對象)이라는 말을 한자로 풀면 '마주해서 잡아낸 모양'이라는

11 참조, Anselme de Cantorbéry, 『모노로기온-프로슬로기온』(*Monologion & Proslogion*), 박승찬 옮김(서울: 아카넷, 2012).

12 참조, Dietmar Miet, 『하느님과 하나되어: 마이스터 에크하르트의 논고, 설교, 강의 선집』(*Meister Eckhart*), 김순현 옮김(왜관: 분도출판사, 2014).

뜻이니 이때 잡힌 모양은 주체 안에 들어오게 된다. 따라서 인간 주체는 대상을 그것이 가리키는 대로가 아니라 주체 안에 담기는 모양대로 인식하고 파악하게 된다. 이것이 소위 말하는 근대 인식 주체의 주도권이다. 합리주의를 계승한 근대의 효시인 데카르트의 "나는 생각한다, 고로 존재한다"[13]라는 대표적 구호가 이를 상징하거니와 이제 인간은 세계를 알아가고 나아가 지배하기를 꿈꾸는 주체가 되었다. 이는 같은 시대에 신비주의를 이어받은 파스칼의 "생각하는 갈대"[14]에서도 역시 확인된다. 비록 갈대라는 차원을 지니고 있지만 생각은 여전히 중요했으니 말이다.

그런데 이때 대상 세계를 알아가고 지배하기를 꿈꾸는 주체는 세계를 주체인 자기 안으로 끌고 들어와 만들어내니 여기서 인간은 생각만 하는 것이 아니라 느끼기도 하고 또한 뜻으로 행동하는 주체로 부상한다. 생각이 지성(intellect)이라면 느낌은 감정(emotion)이고 뜻은 의지(will)를 가리킬 터이다. 소위 지-정-의라는 정신의 세 요소가 본격적으로 전면에 등장하게 되는바 근대에야 비로소 인간은 정신으로 세계를 구성하는 자아라는 위치로까지 등극하게 되었다.

여기서 특히 주목할 것은 고중세 시대를 관통해온 정신 기능인 이성과 감성이 형식적인 기능으로 주어진 자료에 대해 원론적인 대응을 하는 역할에 머무른다면, 근대에 부상한 지성과 감정은 이와는 사뭇 다르게 자료를 대상으로 보면서 나름대로 자료를 만들어내는 역할을 한다는 점이다. 말하자면 이성과 감성이 형식적인 기능이라면 지성과

---

13 참조, René Descartes, 『방법서설』(*A Discourse on Method*), 김진욱 옮김(서울: 범우사, 2009).
14 참조, Blaise Pascal, 『팡세』(*Pensees*), 이환 옮김(서울: 민음사, 2003).

감정은 세계를 대상으로 구성해내는 내용적인 기능까지 추가된 요소라고 구별해서 보아야 한다. 인간이 주체가 되었으니 그렇게 주체이게 만드는 정신이 만나는 세계를 대상으로 보면서 취하는 역할이 이렇게 달라질 수밖에 없었던 것이다. 그리고 바로 이런 이유로 지성이나 감정으로 흡수될 수 없는 제3요소인 의지가 주체의 결정적인 정신 요소로 본격적으로 부상하게 되었으니 근대가 무르익으면서 명실공히 정신 요소의 삼각구도를 완성하게 된다.

이제 이런 세 요소는 정신문화 활동에서 근본 기제로 작동하는데, 예를 들면 소위 문학 사조에서 주지주의-주정주의-주의주의라는 것도 바로 이를 뿌리로 하는 분류고 예술 사조에서 고전주의-낭만주의-현실주의도 역시 그 요소에 대응하는 사조들이다. 세계관을 포함한 정신 문화 활동에서 보듯이 과연 지성-감정-의지라는 정신의 세 요소는 이처럼 세계를 파악하고 나아가 세계관을 구성하는 결정적인 통로이면서 근거가 되었다.

그런데 정신의 세 요소에 대한 이야기를 왜 이렇게 장황하게 하는가? 이유인즉 이 점을 주목해서 살피지 않으면 오늘날 영성이 새삼스럽게 주목받는 이유를 이해하기 어렵기 때문이다. 이성과 지성이 비슷해 보이지만 그렇게 다르고, 감성과 감정 역시 마찬가지다. 인간이 주체가 되면서 대상에 대해 지배하는 힘을 가지고 뭔가 만들어내니 내용적으로 구성하는 위치를 지니게 되고 따라서 전자가 형식적 기능에 머무르는 것과는 달리 후자는 내용을 지닌 구성적 기능으로 분류된다. 여기서 지성과 감정, 의지라는 세 요소는 신앙 유형에도 그대로 적용되었는데 지성에 근거한 정통주의, 감정에서 나오는 경건주의, 의지가 향하는 자유주의가 바로 그것이다. 물론 이 시대에는 신앙이 아직도 정신 활동(act)이나 상태(state)로 간주되었으니 그렇게 정신의 세 요소 사이를 맴돌 수밖에 없었던 것이다.

그러나 우리 인간은 정신만으로 사는 존재가 아니다. 당연히 육체로도 살고, 좀 더 온전하게 말한다면 분리될 수 없는 육체와 정신의 원초적인 단일체로 사는 사건이고, 따라서 행위다. '존재'라기보다는 '사건'이고 '행위'라는 말이다. 물론 이것이 당연한데 이런 당연함이 이성이나 지성을 기치로 내세운 정신의 위력 아래 숨죽이면서 지내온 세월이 결코 짧지 않다. 반복하지만 인간은 그저 존재가 아니라 행위다. 존재라면 명사로 처리되고 말아도 좋지만 행위는 뜻 그대로 동사다. 그래서 인간은 동사다. '인간'의 말의 모양새는 명사지만 뜻으로 보면 사람이고 삶이니 '산다'는 동사에서 비롯한 명사일 뿐이다.

언뜻 말장난처럼 보이는데 이것이 도대체 왜 중요한가? 오랫동안 인간이 원래 동사라는 것을 잊어버린 채 살아왔기 때문이다. '산다'는 동사보다 '삶'이라는 명사로, 그래서 '사람'이라는 명사로, 게다가 한자어로 '인간'(人間)에 이르기까지 개념화하면서 더욱 고정화되고 심지어 박제화되기에 이르렀으니 편리를 위해 만들어낸 개념들이 거꾸로 우리를 틀에 가두고 속박했기 때문이다. 물론 '무슨 억압인가?'라고 반문할 수도 있을 테다. 그러나 우리가 스스로 육체의 차원, 즉 몸의 생리를 얼마나 잊어버리면서 억눌러왔는지를 떠올리면 동의하지 않을 수 없다. 지성, 감정, 의지뿐 아니라 이들 사이의 긴장 관계를 모두 고려하더라도 여전히 풀릴 수 없이 똬리를 틀고 있는 몸의 생리(生理)가 마음 일변도의 논리(論理)에 의해 거세당하고 도려내어졌던 역사에 대한 우리 시대의 항거가 좋은 증거다.[15] 말하자면, 근대 인간이 세계를 대상으로 간주하며 '군림하는 주체'였다면, 이제 우리 시대인 현대의 인간은 '내던져진 실존'이라는 것을 거부할 수 없게 되었다. 여기서 실존이란 삶이라는 명사를 거슬러 '산다'는 동사를 가리키는 또 다른 이름일 뿐이다. 부언하건대 존재나 본질은 명사지만 실존은 동사다.16

무슨 말인가? 오늘날 우리에게는 매우 자연스럽게 다가오는 삶이나 실존이라는 것이 애당초부터 당연했던 것이 아니었다는 말이다. 이는 육체에 대한 정신의 지배, 몸에 대한 마음의 강박이 우리에게 얼마나 깊이 드리워져 있는지 조금이라도 정직하게 돌아본다면 인정하지 않을 수 없다. 여기서 바로 지배와 강박에서 해방되고자 하는 열망이 분리될 수 없는 육체와 정신의 단일성을 회복하자는 요구로 분출되었고 비로소 '전인성'의 차원에서 삶을 새삼스럽게 새기고 엮어가야 한다는 깨달음을 공유하게 되었던 것이다. 여기서 전인성을 '통사람'이라고 새겨본다면 말 그대로 '삶'을 가리키며 이제 '내던져진 실존'은 바로 '삶을 살아가는 사람'으로 풀이된다. 이는 고대의 '이성적 동물'이나 근대의 '생각하는 갈대'와 비교해도 현격한 차이를 보이니 바야흐로 우리 시대가 그렇게 저항했던 것이다. 그리고 우리의 초점인바 오늘날 회자되는 영성에 대한 관심도 바로 이런 연유를 지니고 있으니 신앙이 정신의 한 조각으로 환원되었던 것과는 달리 영성은 전인성의 차원에서 '믿음과 삶의 합치'를 가리키는 것도 바로 이러한 맥락에 부합하는 것이다.

---

15 세계사란 정신이 바깥으로 나가 자연으로 드러났다가 다시 정신으로 되돌아오는 과정이라고 본 관념론자 헤겔에 대한 비판으로 시작한 현대는 정신에 대한 물질의 반동, 본질에 대한 실존의 항거, 사변에 대한 실증의 역습이라는 혁명적 전환을 기치로 내걸었다. 물질, 실존, 실증이 모두 몸의 반란이라고 할 만큼 현대는 정신에 의해 억눌렸던 육체를 포함한 몸의 반동으로 시작했다고 해도 과언이 아니다. '전인성'이 해방 논리라는 것도 바로 이런 이유다.

16 사람이 동사이고 삶이 동사이니 실존도 동사라는 통찰에 대해 좀 더 자세한 논의는 필자의 저서를 참조하라. 정재현, 『티끌만도 못한 주제에』, 제1부 제3장.

2. 전인성을 이루는 개체성과 관계성 사이의 긴장과 역동성

문명사의 시작인 고대로부터 '인간은 이성적 동물'이라는 아리스토텔레스의 고전적 정의 이후 인간은 줄곧 이성으로 정체성을 꾸려왔다. 그리고 이는 종교가 지배하던 중세에도 마찬가지였다. 중세 최대 과제가 '이성과 신앙의 관계'였다는 것이 좋은 증거다. 그러다가 근대에 와서 인간이 주체가 되면서 더욱 다양하면서도 내용을 지닌 지성-감정-의지로 확장되었지만 이 역시 정신에 머무르는 한계를 절감하게 되면서 소외와 허무의 나락으로 빠지고 말았다. 이에 대한 우리 시대의 반동은 불안과 절망으로 시작하여 삶이라는 터전으로 나가게 되었고 비로소 육체를 아우르는 전인성을 요구하게 되었다. 그러기에 앞서 살펴본 것처럼 이 과정은 부분에서 전체로 확장이라고 할 수 있다. 실존이라는 것이 바로 이를 가리키려니와 우리의 관심인 영성은 지성-감정-의지를 싸안고서도 넘어서 정신과 육체를 아우르는 전인성이라는 차원에서 요청되는 것이었다.

그런데 그런 전체를 이루는 전인성은 그저 고정된 정체성은 아니다. 만일 그랬다면 정체성(正體性)은 정체(停滯)되고 말았을 것이다. 그것이야말로 또 다른 억압이니 해방을 향한 전인성이 그럴 수는 없는 노릇이었다. 당연하게도 전인성은 서로 긴장관계에 있는 이성과 감성을 아우르는 것은 물론, 훨씬 복잡한 삼각관계인 지성-감정-의지의 소용돌이도 넘어설 뿐 아니라 잘못 분리되었던 정신과 육체를 다시 얽혀내야 했다. 이처럼 전인성은 이미 긴장의 소용돌이어서 역동적이며 바로 그렇기 때문에 해방을 향한 동력을 지닐 수 있는 것이었다.

그러기에 이제 전인성을 이루는 역동성을 좀 더 자세히 살피는 것이 마땅하다. 역동성을 살필 수 있는 여러 방법 중에서 본 연구는 전인성을 이루는 개체성과 관계성이라는 대조적 성질 및 이들의 얽힘에 주목하고자 한다. 이것이 바로 영성의 구조이기 때문이고 이로써 영성도 그저 상태나 경지를 일컫는 정태적인 개념이 아니라 그런 개념화를 거부하는 역동적 사건이고 행위로서 동사라는 것을 드러내고자 하기 때문이다.

1) 보편에서 개체로

복잡할 수도 있는 논의를 추리기 위해서 현실에서 시작해보자. 오늘날 우리는 서로가 다르다는 것을 받아들여야 한다는 사회 원리를 공유하면서 살고 있다. 물론 완전하지는 않더라도 이른바 개체성이 존중되어야 한다는 당위를 전제하는 사회로 가고 있다. 그러나 그런 개체성이 애당초부터 당연한 것은 아니었다. 이는 개체성의 반대말인 보편성을 떠올리면 쉽게 생각할 수 있다. 보편성은 누구에게나 같은 것을 가리키는 성질인데, 문명의 발생 이후 시대마다 모양과 내용은 달랐어도 보편성을 확보하고 예찬해온 역사였다. 고대의 우주적 원리나 중세의 신의 섭리는 물론 근대 과학의 진리도 당연히 보편타당성과 객관성이라는 기준을 충족해야 한다는 원칙을 고수했다. 그래야만 누구에게나 언제 어디서나 같아서 옳은 것일 수 있기 때문이었다.

그러나 다를 수밖에 없는 개체성은 같음을 내세우는 보편성에 의해 밀려나고 잘려나갈 수밖에 없었으니 이렇게 억눌려 왔던 개체성이 항거하면서 우리 시대인 현대가 시작됐다. 그리고 실존이 바로 이를 가리켰다. 탁월한 사례로 키르케고르가 말하는 '신 앞에선 단독자'[17]를 들

수 있는데 종교 교리로 표현되는 보편적 이념이 개체를 말살해온 역사에 대한 반동이었다. 좀 더 구체적으로는 국가교회체제(Christendom)에 안주하고 있던 신앙을 뒤흔든 혁명이었다. 신앙이란 그동안 누구에게나 같은 보편적인 체제와 이념을 받아들이는 것이라고 했는데 이제는 그것이 아니라 신 앞에서 결단하는 삶이라는 것이었다. 그러니 서로 다를 수밖에 없는 것이었다. 그래서 심지어 '진리는 주체성'이라고까지 했으며 이것이 바로 참된 믿음이고 본래적인 삶이라는 것이었다. 개체성은 바로 그렇게 참됨에 대한 절실한 요청에서 추구된 것이었다.

같은 이야기를 달리 풀어보자. 보편이 '본래 같음'이라면 개체는 '어쩌다가 다름'이라고 할 수 있는데 '본래 같음'이 '어쩌다가 다름'을 허용하지 않고 억압하게 됨에 따라 다름의 아우성이 일어났다. 예를 들어, '인간이란 무엇인가?'라는 물음에 대해 그동안 '보편적 인간'을 설정하고 대답을 시도해왔다. 그런데 그런 보편적 인간이라는 것은 영원하고 무한한 것이어야 하니 죽을 수 없고 따라서 살아 있지도 않은 추상적 개념일 뿐이었다. 그럼에도 이를 서로 다른 개체 인간들에게 요구하니 억압이 되고 강박일 뿐이었다. 보편에 대한 개체의 반동은 이런 해방의 논리를 지닌 것이었으니 우리 시대의 영성을 향해 한 걸음 내디딘 뜻깊은 움직임이었다.

2) 실체에서 관계로

그런데 개체라는 것이 그저 홀로 있어서는 개체조차도 될 수 없다.

---

17 Søren Aabye Kierkegaard, 『불안의 개념』(*Begrebet Angest*), 임규정 옮김(서울: 한길사, 1999), 전권.

오히려 서로 다른 개체들 사이에서 그렇게 다른 다름이 함께 있어야만 개체인 것이었다. 그러니 개체를 위해서도 개체들 사이가 중요했다. 말하자면 사이인 '관계'가 개체를 개체이게 하는 핵심이었다. 그렇다면 관계란 무엇인가? 개체성이 임의로 조작되는 것이 아니라 전통적 보편성의 족쇄에 대한 현대적 항거이듯이, 관계성도 전통이 옹립해온 실체성을 폐쇄적인 굴레로 겪으면서 살아 숨 쉬는 인간들이 반동하고 갈구해온 것이었다. 멀리 갈 것도 없이 앞선 시대인 근대로부터 살펴도 좋을 일이다. 근대 인간은 세계라고 부르게 된 대상과 맞먹는 주체로 스스로를 세웠다. 말하자면 세계가 실체인 만큼 인간도 '실체'(*substantia*)라는 것이었다. 여기서 실체라는 것은 '그것이 그것으로 있기 위해서 그것 이외의 다른 것을 필요로 하지 않는 것'[18]이니 스스로 존재한다는 '자존성'과 다른 것을 필요로 하지 않는다는 '자기충족성'이 주요한 본성이다. 근대 철학의 효시로 간주되는 데카르트에게서 이렇게 인간이 세계와 맞먹는 실체로 선언되었다. 이제 인간은 주체를 명분으로 주도권을 쥘 뿐 아니라 실체를 근거로 자기독립적 존재로 스스로를 설정하게 되었다. 신 중심주의라는 중세를 암흑기로 본 근대 과학의 거만한 선언이었고 철학도 여기에 장단 맞춰 인식의 주체를 말하기 시작했다. 이제 인간은 신이 되는 경지를 향해 달리기 시작했고, 근대란 과연 그런 시대였다.

그런데 과학이 보장해줄 것 같았던 신의 경지는 고사하고 인간이 그렇게 자기독립적인 실체가 아니라는 것을 깨닫게 되는 데는 그리

---

18 실체에 대한 이와 같은 정의는 대표적인 전거로 아리스토텔레스의 형이상학에서 가져왔다. 참조, 조대호 역해, 『아리스토텔레스의 형이상학: 주요본문에 대한 해설 번역 주석』(서울: 문예출판사, 2004), 전권.

오랜 시간이 필요하지 않았다. 실체를 근거로 불을 뿜었던 각종 중심주의는 인간을 파국으로 몰아갔기 때문이었다. 주체 중심주의는 둘러싼 객체인 세계로부터 거꾸로 주체가 소외되는 방향으로 몰아갔고, 자아 중심주의는 끊임없이 타자를 자기화함으로써 자아도 타자화되는 악순환의 굴레로 빠지게 했으며, 인간 중심주의는 거대한 생태계인 자연을 파괴함으로써 스스로도 속한 자연의 생태 붕괴라는 위기에 이르게 만들었다. 문명사적 자가당착을 여러 면에서 빠른 속도로 겪게 된 근대였던 것이다. 소위 데카당스(décadence)로 불리는 사조가 지배했던 근대 말에는 과학이 인류를 구원해줄 것이라는 착각으로 점철된 과학주의의 붕괴와 함께 허무주의가 세계를 뒤덮었다.

한 시대를 마감할 수밖에 없는 절박함으로 인한 불안과 절망으로 내던져진 인간들은 헤어 나오려는 몸부림을 치쳤고 여기서 우리 시대인 현대가 시작되었다. 다른 아무것도 필요 없이 스스로 존재할 수 있다던 실체가 얼마나 엄청난 허상이었던가를 절절하게 겪으면서 인간은 불가피하게 서로를 주목하기 시작했다. 좋아서가 아니라 살기 위해서였다. 그리고 보니 우리 인간은 스스로 있는 실체가 아니라 철저히 타자에게 의존하며 서로 얽히는 관계에서 비롯된 개체라는 것을 깊이 깨닫게 되었다. 실존이란 그렇게 '관계로 얽힌 개체'를 가리키는 것이었다.

예를 들어보자. 새삼스럽지만 우리는 부모의 생물적 관계를 통해 세상에 태어났으며 이후의 삶도 사회적 관계로 살아간다. 실체들이 각각 따로 알아서 살다가 다른 실체를 만나서 필요에 따라 관계를 맺거나 말거나 하는 것이 아니라 아예 관계(relatio)를 뿌리로 하여 그로부터 파생된 피관계체들(relata)이라는 말이다.[19] 원래 원초적 실체였는데 형편상 부차적인 관계를 받아들이는 것이 아니라는 말이다. 오히려 관계가 원초적이고 이로부터 나온 것들이 서로 관계하게 되는 것인데 이를 착각하여 실체라 불렀으니 이는 사실상 '가상적 실체화'(hypo-statization)일 뿐이었다. 이렇게 보는 것이 마땅할진대, 그간의 역사가 얼마나 자기독립적 실체에 사로잡혀 마땅한 본래의 뿌리인 관계를 잊어버리다가 잃어버리기까지 했는지 참으로 진솔하게 되돌아보지 않으면 안 된다. 그런 실체주의가 인간을 올바르게 세워주고 멋지게 잘 살게 해준 것이 아니라 오히려 자기독립성을 명분으로 타자의존성을 무시하게 함으로써 소외와 허무, 불안과 절망이라는 파국으로 몰아갔기 때문이다. 이렇게 본다면 이제 관계는 실체의 올가미에서 우리를 풀어내는 해방의 논리요 동인이라고 해야 한다. 간단하게 살펴본바 명실공히 폐쇄적 실체에서 해방적인 관계로의 전환이었으니 이제 '군림하던 주체'에서 '내던져진 실존'으로 넘어오게 된 우리 시대는 그렇게 시작되었다.

3) 개체성과 관계성의 긴장에서 역동적 연합으로

앞서 인간의 전인성을 구성하는 개체성과 관계성이 터져 나오게 된 과정을 간단히 살펴보았다. 둘 다 전인성을 이루는 움직임인데 각각 전통적 가치인 보편성과 실체성에 대한 현대적 항거에서 비롯된 것이라는 점을 확인했다. 그렇다면 개체성과 관계성이 어떻게 얽혀서 전인성을 이루는가? 이제 이를 논해보자.

개체성과 관계성은 우선 서로 대조적이다. 개체성이 보편성에 대한

---

19 Søren Aabye Kierkegaard, 『죽음에 이르는 병』(*Sygdommen til Døden*), 박환덕 옮김(서울: 범우사, 2002), 201-204.

항거이니 큰 같음의 족쇄로부터 작은 다름의 해방을 향해 뛰쳐나오려는 성질이라면, 관계성은 실체에 대한 반동이 가리키는 것처럼 작은 다름들 사이를 비집고 들어가 본디 다름의 얽힘으로서의 관계라는 뿌리에 주목하는 성정을 가리킨다. 이와 같이 개체성과 관계성이 반대 방향으로 달리는 두 마리 토끼 같다면 이들이 얽혀 전인성을 이룬다는 것을 떠올리기 쉽지 않아 보인다.

그러나 이들의 태동 배경이 앞선 근대적 가치들에 대한 반동이라는 점을 염두에 둔다면 실마리를 찾는 것이 불가능하지는 않을 터이다. 말하자면 개체성이나 관계성이 보편이나 실체를 포기한 것이 아니라 이들의 맹점을 극복하려는 동인을 지닌 것이라는 점을 새겨보자는 말이다. 개체성은 개체성이기에 다른 개체성을 인정해야 하니 관계성을 필요로 하고, 관계성은 개체성을 산출하는 뿌리이면서 개체성 사이를 이어주니 개체성의 터전에서만 성립될 수 있기 때문이다. 말하자면 개체성과 관계성은 서로 대조적이지만 또한 서로가 서로를 만들어주면서 서로를 필요로 하는 방식으로 얽혀야 하고 그리 함으로써 어느 한쪽으로 쏠릴 수 없는 전인성을 이루게 된다. 서로를 만들어주니 '상호 구성'이요 서로에게 속하니 '상호 공속'이다.

만일 관계성을 잊어버리고 개체성에만 몰두하게 되면 우리는 개인주의를 거쳐 이기주의로 내몰리게 되고 더 심한 경우 자기도취로 빠지게 된다. 거꾸로 개체성을 잃어버리고 관계성으로만 쏠리게 되면 집단주의로 치닫게 된다. 우리 사회에서 쉽게 볼 수 있는 이기주의와 집단주의는 사실상 이렇게 반대 방향으로 달리는 개체성과 관계성 사이에서 서로 얽힐 가능성을 고려하지 못한 채 한쪽으로 기울게 되면 벌어질 수밖에 없는 왜곡과 파행의 사례들이다. 따라서 이런 문제들을 극복하고 해결하기 위해서라도 개체성과 관계성 사이의 바람직한 얽힘은 매우 중요하다.

그렇다면 이들의 바람직한 얽힘은 구체적으로 무엇으로 향해 가는가? 여러 가지가 있지만 가장 우선적으로 '공동체성'을 떠올려볼 수 있다. 공동체란 이를 구성하는 개체들의 서로 다름을 적절하게 존중하되 그런 다름들이 호혜적이면서 상호 상승적이도록 하는 관계다. 물론 결코 쉽지 않은 얽힘이니 공동체라는 것이 항상 개체와 관계 사이의 긴장을 싸안고 있기 때문이다. 그런 긴장관계의 얽힘을 '역설적 연합'이라고 부른다면 이들 사이의 역설적 연합은 정체(停滯)되는 정체성(正體性)이 아니라 마땅히 역동적인 움직임이어야 한다. 앞서 논했던 전인성이 이렇게 개체성과 관계성의 역동적인 얽힘이라면 당연히 공동체적이어야 한다. 특히 개인의 내면에 초점을 두는 심리학의 부상이나 전쟁과 같은 집단 광기를 겪으면서 공동체성보다는 순수한 개인의 발달에 대한 관심이 증가하는 현실을 고려한다면, 사회적이고 공공적인 차원의 가치를 추구하는 영성을 구현하기 위해서라도 개체성과 관계성의 얽힘은 매우 중요하다.[20]

3. 역동적 전인성: 영성 형성의 실존적 기반

육체와 정신의 분리할 수 없는 단일성을 회복하여 '전인성'이라는 토대를 확보하고자 했다면, 이제 이러한 전인성을 이루는 개체성과 관계성이 그 사이의 긴장을 넘어 역설적으로 연합할 수 있는 가능성을

---

20 좀 더 자세한 논의는 필자의 다음 저서를 참조하라. 정재현, 『티끌만도 못한 주제에』, 제1부 제3장.

통해 전인성을 역동적이게 해준다. 그리고 그러한 역동적 전인성은 개체나 관계 중 한쪽으로 쏠리지 않고 그 긴장을 싸안음으로 바람직한 공동체성을 이룰 토대가 된다. 이로써 우리가 지금까지 살폈던 인간학적 논의는 명실공히 영성의 역동적 형성을 위한 실존적 근거를 제공해준다.

여기서 이제 우리가 특별히 주목해야 할 것이 그러한 역동적 전인성이 요구하고 가리키는 공동체성이며 따라서 이를 실행하는 몸이다. 그동안 정신 일변도의 역사에서 육체를 억눌렀고 이에 대한 항거로 전인성을 회복하고자 했다면 소홀해왔던 몸의 중요성은 아무리 강조해도 지나치지 않다. 아니 거꾸로 몸은 몸을 이루는 모든 기관이 서로 주고받으면서 서로를 살리는 유기체적 공동체의 삶을 살아왔으니 우리는 오히려 몸에게서 그러한 지혜와 영성을 배워야 할 일이다. 더욱이 영성을 위해서도 몸을 그간의 역사에 비추어볼 때 특별하게 주목해야 한다. 그렇지 않으면 영성의 전인성은 불가능하게 되고 한갓 신비한 감정 정도에 머무르게 되니 또다시 부분적인 요소로 되돌아갈 수밖에 없게 되기 때문이다. 오늘날 몸의 철학, 몸의 신학이 터져 나온 것도 이런 이유에서이며 우리의 영성 형성을 위해서 큰 뜻을 지닐 터이다.

그렇다면 몸은 우리에게 무엇을 가르쳐주는가? 그동안 마음은 같음만을 부여잡고 다름을 밀어내왔다. 그러나 몸은 다름을 받아들이고 다름을 얽히게 만든다. 같음으로 추려질 대답을 얻지 못해도 다름을 향해 물음을 더 크게 물으면서 작은 물음들을 싸안는다. 이것이 몸의 오묘한 생리이고 삶의 절묘한 원리다.21 많은 사례를 들 수 있지만 가

---

21 이 대목에서 되새길 만한 통찰이라 여겨 덧붙인다. 무릇 삶에서 겪는 문제들 중 무게가 무거울수록 해결하기 어렵다. 그러나 해답을 얻어 해결하지 못해도 삶은 더 큰 물

장 탁월한 증거로 삶과 죽음의 관계를 볼 수 있다. 몸의 장기, 뼈, 피부 등을 이루는 모든 세포는 생성 소멸의 과정을 연속적으로 거친다. 태어난 세포가 기능을 다하면 사라진다. 그리고 또 새로운 세포가 태어난다. 엉켜 있는 세포들이 동시다발적으로 태어나고 죽는다. 죽어야 할 세포가 죽지 않으면 변형이 일어나는데 이것이 소위 암이니 세포가 죽어야 할 때 죽지 않으면 오히려 몸 전체가 죽음의 위협을 받는다. 잘 죽어야 잘 산다는 말은 생물학일 뿐 아니라 삶의 지혜이기도 하다. 말하자면 정반대로 보이는 삶과 죽음이 몸에서는 자연스럽게 순환되는 소용돌이를 이루니 이것이 우리 삶에서도 마땅한 길인 유기적인 공동체성을 가리키면서 영성 형성을 위해서도 바람직한 길이라는 것을 우리에게 가르쳐준다.

그런데 개체성과 관계성의 얽힘을 살피는 이 대목에서 덧붙여두어야 할 중요한 사항이 있으니 현대 영성 논의에서 심리학적으로 접근하는 경향이 상당히 지배적이라는 점이다. 물론 "심리학적인 접근이 실증적이고 과학적인 성과를 거둘 수는 있지만, 무역사적이고 원자론적이고 자동적인 인간 모형에 길들여질 가능성을 간과하고 있다"[22]라는

음을 물음으로써 이전의 물음이 작은 물음이 되고 결국 해소된다. 해결(solution)보다 해소(dissolution)인데 지식을 넘어서는 지혜를 볼 수 있다. 심리 치료 전문가인 칼 융도 이런 장면을 술회했다고 전해진다. "무릇 삶의 가장 중대한 문제를 근본적으로 해결할 수는 없다. 결코 풀 수는 없으며 벗어날 수 있을 뿐이다. 연구를 계속하다 보니 이 벗어남에는 새로운 의식 수준이 필요함이 입증되었다. 어떤 더 높거나 더 넓은 관심이 환자의 지평에 나타났고, 이렇게 시야가 확장됨으로써 해결될 수 없었던 문제가 절박성을 잃었다. 문제가 그야말로 논리적으로 풀린 것은 아니지만 새로이 더 강한 삶의 충동과 마주할 때 퇴색한 것이다." Jolande Jacobi ed., *Carl Gustav Jung: Psychological Reflections: A New Anthology of His Writing, 1905-1961* (Princeton: Princeton University Press, 1973), 304, Fox, 『원복』, 26에서 재인용.
22 조은하, 『통전적 영성과 기독교 교육』, 122-23.

점을 염두에 두지 않으면 안 될 것이다. 더 나아가서 비록 의도하지는 않더라도 자칫 하나님을 인간의 내면적인 심리현상 정도로 격하할 수도 있고, 영성의 목표가 행복을 기치로 하는 자아실현의 방편으로 치부될 소지도 있으니 개체성과 관계성의 역동적 얽힘이 자아내는 공동체성을 약화할 가능성도 있다는 점에 특별히 주의를 기울여야 할 것이다. 따라서 그러한 접근들은 이러한 개체성과 관계성 사이의 역동성이라는 구도에서 검토되고 보완되어야 한다.

III. 영성 형성을 위한 신학적 성찰: 창조와 타락에 초점을 두고

1. 피조성을 이루는 유한성과 초월성 그리고 사이의 대조

인간은 언제 인간이 되었는가? 고고학과 인류학의 연구를 그렇게 해왔어도 우리 인간은 아직도 인간이 언제 시작되었는지 모른다. 다만 더듬을 뿐인데 5만 년 전이라더니 50만 년 전, 100만 년 전으로 더 거슬러 올라간다. 어찌했던 없지 않고 있게 되었고 있고 나서 이렇게 굽이굽이 변화하고 발전하면서 오늘날에 이르렀다. 무시무종(無始無終)을 말하는 종교도 있기는 하지만 없지 않고 있다는 것은 '그저 있음'이 아니라 '애써 있음'이라면 없었던 적이 있었고 없어지기도 할 '가련한 있음'인 우리는 없다가 있게 된 시원의 역사를 지니고 있다는 것은 두말할 나위도 없다. 여기서 이를 더 자세히 논할 것은 아니지만 하여튼 없었는데 있게 되었으니 이는 산출(generation)이나 생산(production)이 아니라 창조(creation)일 수밖에 없다.[23] 진화를 말하는 사람들이 창조에 대해 다른 생각을 말할 수 있지만 진화는 있고 난 다음의 변화 과정에 해당하니 창조와 충돌할 이유가 전혀 없다. 아울러 창조도 있고 난 이후의 온갖 변화 과정을 거쳐 오고 있으니 진화를 배제해야 할 이유도 없다. 그러니 창조와 진화를 모순으로 놓고 어느 한쪽만 옳다고 주장하는 것은 둘을 동등한 차원으로 간주하는 범주의 오류일 뿐 아니라 더 근본적으로는 창조에 대한 모독이다.

본디 없었는데 그렇게 있게 된 사건이라면 있게 한 행위를 우리는 '창조'라고 부른다. 여기에 그리스도교는 그런 행위를 주재하시는 신과의 만남이라는 역사를 지닌 종교이니만큼 그 신을 '창조주'로 고백하고 인간은 '피조물'이 된다. 그렇다면 인간은 어떻게 창조되었는가? 창세기에 따르면 인간은 흙을 재료로 만들어졌다고 한다. 흙은 그 안의 무수한 미생물뿐 아니라 유기물이 분해된 무기물도 있는데 다시 유기체의 재료가 될 것이니 흙은 이미 삶과 죽음의 얽힘이다. 그런 흙으로 만들어졌다는 것은 우리가 삶과 죽음의 얽힘이라는 것을 가리킨다. "너는 흙에서 왔으니 흙으로 돌아가리라"(창 3:19)는 말씀이 가리키듯이 흙에서 온 것이 삶이고 흙으로 돌아가는 것이 죽음이라면 인간은 철저하게 죽음과 얽힌 삶이라는 한계를 지닌다. 이른바 '유한'(finitude)이다.

그런데 인간은 그렇게 유한하지만은 않다. 하나님은 그의 '형상'대로 지으셨을 뿐 아니라 그의 '기운'까지 불어넣으셨다. 인간에게 이미 그의 모습이 새겨져 있을 뿐 아니라 하나님을 향하게 하는 성정을 부어

---

23 하나님의 우주 창조는 태초부터이지만 그렇게 과거에만 묶여서는 안 된다. 창조는 현재는 물론 미래에도 계속되는 하나님의 역사이기 때문에 창세기에 대한 문자주의적 독법은 오히려 신성모독이다.

주신 것이다. 유한한 인간이 하나님을 갈망하니 한계를 넘으려는 '초월성'(transcendence)이라고 하겠다. 다른 피조물들과는 달리 인간에게는 이렇게 초월을 지향하는 성정이 심겨진 것이다. 그리고 이로써 인간은 유한성과 초월성을 함께 지니게 되었다.[24] 그런데 유한성은 한계 안에 있는 것으로 불안하게 하는 근거가 된다면 초월성은 한계를 넘으려는 것으로 자유를 향하게 하니 이들 사이에는 긴장이 불가피하다. 물론 자유와 불안은 언제나 함께 가니 이를 잘 싸안는 것이 중요하지만 말이다. 이처럼 유한성과 초월성은 주어진 전제이면서 동시에 이루어야 할 과제가 된다.

이제 흙에서 온 유한성과 하나님의 형상/입김으로 부어진 초월성은 앞서 말했던 전인적 실존을 더욱 입체적이게 한다. 실존의 전인성이 그 자체로서 유한성이라면 이제 초월성은 이에 머무르지 않고 하나님과의 관계를 통해 이를 넘어서게 하니 전인성이 수직적으로 입체화하게 된다는 말이다. 따라서 유한성의 최대 범위인 전인성이 수평적이라면 초월성을 통한 입체화를 '통전성'이라고 구별할 수 있으니 본 연구는 용어를 그렇게 사용하고자 한다.

그런데 인간이 모순으로 보이는 유한성과 초월성이라는 대조적인 성정이 한데 얽힌 삶을 산다는 것을 깨닫게 된 것은 앞서 살핀 대로 우리 시대인 현대에 와서의 일이다. 고중세는 물론이고 근대까지도 인간은 동일성을 고수하는 사고에 철저하게 지배되고 있었으니 다름을

---

24 정재현, 『티끌만도 못한 주제에』, 제2부 제3장 참조. 일단 주어진 뜻에서 유한과 초월이라고 표기하지만 인간을 구성하는 성정이나 행위 등을 가리킬 때에는 유한성과 초월성으로 표기하는 것이 더 적절하다. 앞서 논의에서도 '성'이라는 글자를 붙인 것은 그런 뜻을 갖고 있다.

그저 다름이 아니라 틀림으로 간주하고 배제하거나 열등한 것으로 치부했다. 그러니 모순은 언제나 양자택일로 내몰렸고 하나를 택하면 다른 하나는 반드시 버려야 했다. 이런 상황에서 모순으로 보이는 대조 항목을 싸안을 지혜를 구하는 것은 불가능할 수밖에 없었다. 그러다가 정신에 대한 육체의 반동, 즉 같음만 받아들이는 마음만이 아니라 다름도 받아들여 싸안는 몸의 가르침을 깨닫고 전인적으로 실존을 향하게 된 우리 시대에 와서야 비로소 다름을 버리는 '모순'(contradiction)으로부터 다름을 싸안는 '역설'(paradox)로 전환할 수 있었다. 다시 말하면, 모순의 평면적 인식으로부터 역설의 입체적 성숙을 도모할 수 있었던 것이다.

그런데 창세기는 오래 전에 이미 반대로 보이는 유한성과 초월성을 묶어 '유한한 초월'(finite transcendence)로 꿰어내는 통찰을 제시했다. 그리고 이것이 바로 인간의 피조성(creatureliness)이 지니는 뜻이다.[25] 흙이 유한성을 가리킨다면, 형상/입김은 초월성을 가리키니 말이다. 그런데 앞서 말했듯이 그렇게 전제로 주어진 유한성과 초월성은 반대 방향으로 달리려 하기 때문에 이를 한데 싸안는 과제는 결코 쉽고 간단한 것이 아니었다. 결국 우리 현실은 그런 유한과 초월이 역설적으로 얽히기보다는 사이가 벌어지는 상황으로 더 쉽사리 전개되었으니 피조성이 파괴되는 죄의 비극을 겪을 수밖에 없었다.[26] 이렇게 긴장이

---

25 '유한한 초월'(endliches Transzendenz)은 현대 현상학-해석학자인 하이데거의 통찰에서도 발견할 수 있다. 그의 많은 저서를 관통하는 표현인데, 이제 우리는 기독교와 신학 바깥에서 오히려 더 적극적으로 주목하고 있는 '유한한 초월'의 원조가 엄연히 태곳적부터 성서의 창세기 안에 계시되고 고백되었다는 사실을 확인하면서 이 감격을 교회 밖 사람들과 나누어야 할 것이다.
26 그럼에도 창조 영성을 주장하는 매튜 팍스의 지적을 이 대목에서 함께 살피는 것은 우리의 영성 논의를 위해서는 매우 깊은 의미를 지닌다. 그는 이렇게 말한다. "역설적

충돌로 가는 상황은 불안과 자유의 관계에서도 확인할 수 있는데 이 둘 사이가 벌어지는 것이 우리가 겪는 현실이기 때문이다. 자유 없는 불안은 절망으로 빠진다면 불안 없는 자유는 방종으로 치달을 수밖에 없다는 것이 좋은 증거다.

2. 피조성의 파괴로서 죄성

성서의 창조 기사가 전해주듯이, 이제 피조성을 이루는 유한성과 초월성의 얽힘은 타락을 통해 파괴되니 이 둘은 벌어지게 되었다. 유한성과 초월성이 밀고 당기는 삶에서 '꼴'인 유한성이 '얼'인 초월성을 잃어버리면 '얼이 빠진 인간'이 되고, '얼'인 초월성이 '꼴'인 유한성을 잊어버리면 '꼴이 일그러진 인간'이 된다. 먼저 인간이 유한하다는 것을 잊어버리고 초월로만 향하니 스스로를 드높이는 교만(hybris)의 죄를 범하게 된다. 반대로 초월성을 잃어버리고 유한에만 머무르면서 자기를 비하하는 욕망(concupiscentia)의 죄에 빠지게 된다. 반대 방향으로 벌어지는 죄의 갈래이지만 이도 역시 한데 얽혀 더 큰 비극을 초래한다. 모두 창조된 인간의 마땅한 자리에서 벗어난 것이니 스스로를 올리든 내리든 인간을 파괴하는 죄로 빠지기 때문이다. 물론 죄라는 것도 개인적으로 양심과 도덕 차원에서의 죄(guilt)나 사회적으로 법적 차원에서의 죄(crime)가 있지만 여기서는 이런 죄들과 연관되면서도 더

이게도 타락/구원에 초점을 두는 전통은 죄성을 지나치게 강조하면서 사실상 구원의 의미를 화석화했다. 구원이 무슨 뜻인지 누구나 안다고 추정하지만 실은 모른다. 창조를 제쳐 놓고 구원역사에 몰두하는 많은 신학자들이 성서를 왜곡했다." 참조, Fox, 『원복』, 45.

나아가 전인적으로 파괴되는 죄(sin)를 일컫는다.27 그래서 피조성과 연관하여 전인적 죄를 죄성(sinfulness)이라고 한다. 군이 덧붙인다면, 여기서 죄성이란 죄에 빠질 성향과 가능성을 가리킨다. 두 갈래를 좀 더 살펴보자.

1) 유한성을 잊어버린 초월성: 교만의 죄

먼저 유한성을 잊어버린 초월성을 보자. 유한성은 잊어버릴 뿐 잃어버릴 수는 없다. 인간은 언제나 유한하기 때문에 잊어버린다고 없어지지는 않기 때문이다. 그럼에도 유한성을 망각한 채 초월성만 바라보고 달리는 일변도의 죄는 우리 안에 늘 도사리고 있으니 이를 살피는 것은 그리 어려운 일이 아니다.

유한성을 잊어버린 초월성으로 밀려가는 교만의 죄는 구체적으로 무엇인가? 흙에서 왔다는 것을 잊어버리고 하늘 높은 줄 모르고 날아오르는 인간의 행태를 일컫는 교만은 여러 가지로 나타난다. 참됨〔眞〕-착함〔善〕-아름다움〔美〕-거룩함〔聖〕으로 이어지는 가치의 차원에서만

---

27 종교적인 죄가 전인적 파괴로서 죄라고 해서 흔히 말하는 '원죄'를 가리키는 것은 아니다. 하나님의 창조를 허사로 돌리는 듯한 원죄론이야말로 창조주의 절대주권을 부정하는 착오일 뿐이다. 종교해석학자 폴 리쾨르는 정곡을 찌른다. "그리스도교의 오랜 역사에서 먼저 아담 이야기가 문자적으로 해석됨에 따라, 그리고 이 신화가 역사로 다루어지면서 주로 아우구스티누스 계열의 원죄에 관한 후대의 해석들과 뒤섞임으로써 인간들에게 끼쳐진 해악은 말로 다 표현할 수 없다." 참조, Paul Ricœur, 『악의 상징』(*The Symbolism of Evil*), 양명수 옮김(서울: 아카넷, 2009), 171. 전인적 차원에서 파괴로서 죄는 죄를 지을 가능성에서 자유롭지 못한 우리 삶에 대한 고백의 뜻을 지닌다. 창조가 태초라는 제한된 과거 시점에만 일어난 것이 아니라 역사를 관통하여 이루어져가는 것이듯이, 타락에 의한 죄도 인간 존재와 행위에서 언제든지 벌어지고 저지를 가능성이 있기 때문이다. 그래서 죄가 아니라 죄성이라고 하는 것이 더욱 적절하다.

보더라도 확인할 수 있다. 우선 참됨의 차원에서 교만은 언제나 자기만 옳다는 주장으로 나온다. 타인을 멸시하면서 급기야 자기 스스로를 절대화한다. 착함의 차원에서는 자기가 최고로 선하다는 독선으로 빠지는 경우를 볼 수 있다. 아름다움에서도 이와 비슷하며, 급기야 거룩함에 이르러서는 자기가 거룩하다며 다른 사람들의 신앙을 함부로 판단하고 평가하는 자기신격화의 작태를 연출하는 경우가 이에 해당한다.

비록 간단히 살폈지만 교만의 죄는 이처럼 인간으로 하여금 흙에서 왔다는 자기의 위치를 잊어버리고 거의 신이 된 듯이 자기를 내세우는 행태로서 여기서 핵심은 '자기'라는 점을 특별히 주목해야 한다. 이에 대해서는 이어지는 4장에서 자기 비움을 다루면서 논의할 예정이다.

2) 초월성을 잃어버린 유한성: 욕망의 죄

이제 초월성을 잃어버린 유한성을 보자. 위의 경우와는 달리 초월성은 잊어버리는 정도가 아니라 아예 잃어버릴 수도 있다. 굳이 설명이나 증거를 대지 않아도 하나님의 새로운 역사가 아니고서는 회복될 수 없을 정도로 초월성이 상실된 인간과 사회의 현실을 우리 안에서도 엄연히 보고 있지 않는가? 이 죄성은 더욱 심각한 문제를 안고 있으니 우리의 과제가 실로 막중하다.

초월성을 잃어버린 유한성이 치닫는 욕망의 죄에는 구체적으로 어떤 것들이 있는가? 욕망이라고 하니 일반적으로는 다른 사람들 위에 군림하고 지배하는 방식으로 추구되는 것처럼 보이지만 성서에서는 하나님의 형상과 입김을 잊어버리다가 아예 잃어버림으로써 피조성이 파괴되는 것을 가리킨다. 말하자면 그저 다른 피조물들과 마찬가지로 본능이 시키고 욕망이 이끄는 대로 따라가면서 복종하니 욕망의 노예가 될 따름이기 때문이다. 형상과 입김으로 지어진 인간의 자리로부터 추락하는 것이니 자기 비하(卑下)라고 했는데, 이는 자기 비허(脾虛)로도 표현되는 자기 비움이나 겸손과는 전혀 다르다. 욕망이라는 것이 자기를 내세우는 또 다른 방식이기 때문이다. 따라서 여기서도 교만의 죄와 마찬가지로 자기가 관건인데, 자기를 격하한다고 해서 자기 문제가 없어지는 것은 아니다. 욕망의 노예라는 것이 하나님의 형상과 입김을 망실한 죄성이니 있어야 할 마땅한 자리에서 떨어져 낮아진 것으로서 여전히 자기를 꾸리고 살아가는 방식이기 때문이다. 이에 대해서는 이어지는 4장에서 자기 비움을 다루면서 논의할 예정이다.

나아가 오늘날 우리 시대가 초월성을 상실했다는 말이 무색할 정도로 초월성을 거부하는 시대라는 점을 부정할 수 없으니 이 문제는 훨씬 더 심각하다. 이전 시대보다도 인간의 능력이 더 확장되면서 신을 향한 초월성을 거부하는 세태에서 하나님의 형상과 입김으로 상징되는 초월성을 어떻게 의미 있게 공유할 수 있을까? 영성이라는 우리의 관심도 바로 이 문제를 과제로 떠안고 가야 하니 과연 초월성 상실 또는 거부라는 현실에 대한 처절한 반성의 과정이 필요하다는 것은 두말할 나위도 없다.

3. 전인적 피조성의 회복을 통한 영성의 통전적 형성

유한성과 초월성으로 엮인 피조성이 타락으로 파괴되면서 대조적인 성정이 서로 벌어지게 되니 양방향으로 교만이나 욕망의 죄에 빠지게 된다고 했다. 이는 하나님의 창조를 통해 주어진 전인적 피조성이 파괴되는 것이기 때문에 개인적 죄나 사회적 죄와 구별하여 전인적 죄성이라고 했거니와 본래 종교가 가리킨 죄는 이렇게 죄성으로 이해해야 한다고도 했다. 그런데 그리스도교 현실에서는 이런 죄성을 분별해내지 못하고 기껏해야 개인적 죄나 사회적 죄로만 간주하니 일반인들에게서 거부감을 조장하게 되었다.[28] 따라서 이렇게 전인적 죄성에 주목하는 것은 실로 중요하다. 그래야 그렇게 벌어진 왜곡에 의한 파괴를 극복하고 본래적인 피조성을 회복하는 길을 더듬을 수 있을 것이기 때문이다.

그렇다면 타락에 의한 유한성과 초월성의 분리에서 일어난 죄성을 극복하고 다시 온전한 피조성을 회복할 방법은 무엇일까? 이 과제가 영성, 특히 그리스도교적 영성을 형성하는 데 결정적으로 중요하다. 흙과 하나님의 형상/입김 모두를 받았으니 이를 잘 얽어야 할 과제가 우리에게 주어졌기 때문이다. 그러나 이 과제를 시작하는 첫 단계는 무엇보다도 죄성에 대한 깨달음이 아닐까 한다. 죄를 짓자는 것이 아니라 죄를 지을 가능성과 현실성이 늘 진하게 드리워져 있는 우리 삶을 돌아보자는 것이다. 바울이 "죄가 많은 곳에 은혜가 많다"(롬 5:20)라고 한 것도 은혜를 받기 위해서 죄를 지으라는 것이 아니라 죄성에 대한 깊은 성찰이 은혜를 받을 토양이 된다는 것을 가리킨다면 죄성에 대한

---

28 전인적 차원에서 소외로 풀어야 할 종교적 죄를 구체적으로 명시한다는 구실로 개인적이나 사회적 차원에서 죄로 축소하는 교회의 현실도 사실 원죄 교리에서 비롯된 영향이 크다. 매튜 팍스도 이를 다음과 같이 비판한다. "원죄가 1,600년 서양 그리스도교 신학에서 그토록 중요한 역할을 한 까닭은 무엇인가? 근본 원인은 정치적인 것이다. 과장된 원죄 교리가 영성의 출발점으로 채택되어 제국 건설자들과 노예 주인들과 가부장 사회 일반인의 수중에 놓아나게 되었다는 말이다. 이것은 느낌과 사고, 몸과 정신, 개인 욕구와 정치 직분, 자연과 사람을 대립시켜 놓고 사람이 자연을 정복하게 만든다." 참조, Fox, 『원복』, 56-57.

자각과 성찰이 피조성 회복의 출발이 될 터이다. 그리고 바울의 말처럼 은혜는 여기서 시작된다. 흔히 회자되는 '구원받은 죄인'(saved sinner)[29] 이라는 것도 이를 가리킨다.

그렇다면 찢어졌던 유한성과 초월성이 어떻게 다시 얽히어 피조성을 회복할 수 있는가? 여기가 바로 우리 관심인 영성에 대한 논의를 시작할 수 있는 지점이다. 이제 유한성은 한계를 저주하고 한탄하는 자조가 아니라 신 앞에서 주제를 파악하도록 하니 겸손을 가리킨다. 반면에 초월성은 신의 경지로 날아가라는 것이 아니라 유한성을 구실로 자기 안에만 갇혀 있지 말고 자기 바깥의 세상으로, 현실로, 즉 타인에게로 향하라는 것이며 결국 하나님의 뜻을 헤아리라는 것이다. 아울러 유한성에 의한 불안과 초월성이 주는 자유 사이도 긴장을 싸안고 실존이 성숙하는 과정으로 향함으로써 절망이나 방종에 빠지지 않도록 하는 뜻을 지닌다. 이것이 우리가 지향해야 할 영성이며 따라서 이를 도모하는 형성 과정과 방법이 이어지는 중요한 과제가 된다.[30]

나아가 통전성은 비로소 삶 전체를 떠올리게 함으로써 유한성으로 주의를 기울이게 하고 이로써 초월성을 추동하는 지평이 된다. 이유인즉 통전성은 삶과 그렇게 얽혀 있는 죽음이 삶에게 요구하는 것이니

---

29 구원을 받으면 의인이 된다는 칭의 교리가 있지만 그 취지에도 불구하고 인간의 자기 의를 주장하는 구실로 왜곡되는 현실을 보면 '구원받은 죄인'이 가리키는 죄의식의 가치는 긍정적으로 새겨야 마땅하다.

30 영성이란 믿음과 분리 불가한 삶을 가리키니 일그러지고 억눌렸던 소외를 극복하고 전인성의 회복을 통한 삶의 해방을 추구한다. 전인성이 해방의 길을 열 수 있는 것은 전문성을 구실로 한 축소화-파편화로 인해 그러한 전문성에 담기지 못하는 것들이 덮이고 잊힘으로써 결국 억눌린다는 점에 주목한다면 훨씬 분명해진다. 예를 들면 전문 집중치료로 부분을 살리려다가 전체를 죽이는 결과에 이르는 분과적 의학과 기술들을 들 수 있다. 자연 치료나 전인 치유와 같은 대안의학과 견주면 더욱 효과적으로 대비해 볼 수 있다.

유한이 그러하고 초월이 또한 그러하기 때문이다. 바로 여기서 통전성은 유한을 유한으로만 머물게 두지 않고 초월의 계기가 됨으로써 해방을 향할 가능성을 추구하는 통전적 영성으로 나간다. 초월 또한 유한과 대립적으로 머무르는 것이 아니라 유한에 들어와 임재하시는 하나님의 능력과 의지로 새겨진다.[31] 그리함으로써 하나님과 만나는 인간의 체험에서 일어나는 상반된 특질인 두려움과 이끌림이라는 낯설면서도 익숙한 역설적 요소의 얽힘[32]으로도 읽힐 수 있다. 아울러 유한성 의식이 가리키는 내면의 '겸손'과 초월 지향성이 뜻하는 '고양'도 함께 얽혀 "창조주 앞에선 피조물이면서 동시에 역설적으로 세계창조의 동역자로 승격된다."[33] 이처럼 통전적 영성이란 유한성 의식과 초월 지향성의 역설적 얽힘 외에 다른 것이 아니다.[34] 그리고 여기가 바로 앞서 논했던 개체성과 관계성의 얽힘이 비로소 입체적으로 실현될 수 있는 터전이기도 하다. 개체성에 주목하는 유한성과 관계성을 토대로 하는 초월성이 온전한 피조성의 회복을 위한 역설적 얽힘을 지향한다

---

31 여기서 특별히 주목해야 할 것은 초월이 유한에 파고 들어와 개입(intervention)하는 것이 아니라 유한의 전 과정에 연관되는 임재(presence)의 방식으로 관계한다는 점이다. 개입이 마술적 현상과 같은 신화적 이미지라면 임재는 공동체 역사라는 차원과의 관계 방식을 가리킨다.

32 김화영, 『영성, 삶으로 풀어내기: 신-인-세계 관계의 역설적 원형과 믿음의 몸』(서울: 대한기독교서회, 2015), 93. 김화영은 두려움 없는 이끌림은 "종교체험을 기복이나 감정의 충일함으로 환원시키며", 이끌림 없는 두려움은 "종교를 억압적 권위를 지향하는 교리체계와 사랑 없는 율법으로 환원시킨다"라고 비판한다.

33 김화영, 『영성, 삶으로 풀어내기』, 101.

34 유한과 초월의 얽힘이라는 피조성의 틀을 내재와 초월로 표현할 수도 있다. 인간 구성에 초점을 두고 한계성을 기준으로 안과 밖 사이의 긴장에 주목하면 전자의 표현을 쓰고 좀 더 일반적인 대비구도에서는 내재와 초월이라는 표현을 쓰는 것으로 보인다. 더욱 자세한 논의는 필자의 다음 저서를 참조하라. 정재현, 『티끌만도 못한 주제에』, 제2부.

면 앞서 논했던 형식적 차원에서의 평면적 전인성이 이제 유한성-초월성을 통해 입체적인 통전성을 이룸으로써 영성 형성을 위한 신학적 근거가 되기 때문이다.

IV. 영성의 통전적 형성: 현실 초월과 현실 참여의 연합을 통하여

1. 자기 비움의 영성: 유한성이 요구하는 현실 초월

앞서 필자는 피조성의 온전한 회복을 위해 유한성과 초월성이 다시 만나 서로의 뜻을 세워주어야 한다고 말했다. 그리고 바로 이 길이 영성 형성을 본격적으로 다룰 수 있는 지점이라고 했다. 그렇다면 어떻게 반대 방향으로 달리는 유한성과 초월성이 얽혀 영성 형성에 기여할 수 있는가? 인간은 '흙'이지만 하나님의 '입김'을 받은 흙이니 흙이기만 한 데에 머무르지 않는다. 유한성이지만 초월성에게서 배움으로써 유한성에만 머무르지 않는다. 개체이지만 개체를 넘어 관계를 향해 스스로를 열어간다. 자기이지만 자기에만 머무르지 않는다. 구체적으로 자기를 주장하고 중심으로 세우는 것이 아니라 오히려 자기를 비우도록 이끌려간다. 이른바 '자기 비움의 영성'(Spirituality of Kenosis)이다.

이 대목에서 드디어 예수의 말씀을 직접 듣고자 한다. 그러나 이제 살피려는 말씀은 우리가 즐겨하는 종교적인 언어가 아니다. 아니 인간이 종교에서 원하는 것과는 오히려 정반대다. 세 복음서에 모두 나오지만 누가복음서를 인용한다.

예수께서 모든 사람들에게 말씀하셨다. "나를 따르려거든 자기를 부인하고, 날마다 자기 십자가를 지고, 나를 따르라"(눅 9:23).

여기서 먼저 주목할 것은 '따르라'는 주문이다. 흔히 우리는 '믿음을 잘 지켜야 한다'고 말한다. 우선 일차적으로는 옳은 말이다. 그래서 '믿음은 지킴'이라는 생각도 당연히 하게 된다. 그런데 이런 생각은 미처 의식하지도 못한 채 믿음을 믿게 되는 데에 이르게 된다. 내가 믿고 있다는 것을 믿는 것이다. 나의 믿음에 대한 믿음이다. 그런데 나의 믿음을 믿는 것은 사실상 나를 믿는 것일 수가 있다. 그래서 '지킴'에만 머물러서는 안 된다. 거기에 머무르면 자기 믿음에 빠질 가능성이 아주 크다. 그런 자기 믿음을 달리 말하면 '자기도취'라고 한다. 우리 믿음을 되돌아보지 않으면 이렇게 될 가능성이 너무 많다. 그래서 '따름'이다. 이제 따름은 지킴과는 달리 자기의 중심적인 자리를 벗어날 것을 요구한다. 자기를 믿을 가능성을 넘어서는 결단 말이다. 자기도취에서 깨어나는 깨달음이다. 그러기에 믿음이 따름이라고 하는 것은 믿음이 순간적인 마술과 같은 동의나 즉각적인 수용이 아니라 깨달음과 수행이 함께 얽히면서 지속적으로 엮여가는 삶의 과정이라는 것을 가리킨다. 따른다는 것은 순간적으로 연출되는 장면이 아니라 꾸준하게 이어지는 수행의 과정이기 때문이다. 그리고 이것이 바로 영성 형성에 이어질 수 있는 근거다.

이 말씀에서 또 주목해야 할 것은 오묘한 화법을 통해 근거를 캐들어갈 수 없는 믿음의 무조건적인 경지를 드러내주는 대목이다. 즉, "나를 따르려거든 나를 따르라"는 말씀인데, '구원 받으려거든'이나 '복 받으려거든', 또는 '잘살고 싶거든'이 아니라 "따르려거든 따르라"라고 선언한다. 조건절의 형식을 취하지만 동어 반복을 통해 조건의 얼개를 깨부수는 절묘한 수사다. 말하자면 '따름'에 앞서 어떠한 조건도 전제되어 있지 않음을 명백히 한다. '따름'으로서의 믿음이 무조건적이어야 한다는 것을 확연하게 선포한다. 믿는다는 것이 곧 따름이라고 할 때 이 따름은 그에 앞서 어떠한 조건도 깔지 않는, 그야말로 무조건적인 따름이라는 것이다.

그렇다면 왜 예수께서 조건적인 형식을 사용하셨을까? 우리가 사실상 '무조건'이라는 것을 이해할 수 없기 때문이다. 표현은 그렇게 하지만 경험해본 적도 없고 파악할 수도 없기 때문이다. 그러니 예수께서도 그렇게 조건적인 틀에 넣고 이를 깨부숨으로써 무조건의 뜻을 향하도록 길을 보여주신 것이다. 말하자면 '무조건'이라는 것이 그냥 주어지는 것이 아니라 오히려 삶을 이루고 있는 무수한 조건들을 깨부숨으로써만 향할 수 있다는 것을 일깨워주는 통찰의 말씀이기도 하다. 아울러 영성이 형성이고 수행이어야 할 이유이기도 하다.

그렇다면 이제 앞서 말한 영성의 핵심인 자기 비움을 살펴보자. "따르려거든 따르라" 사이에 있는 "자기를 부인하고, 날마다 자기 십자가를 지고"가 바로 이에 대한 가장 핵심적이고도 직설적인 명령이라고 할 수 있다. 그런데 이 말씀을 제대로 새기기 위해서는 몇 단계의 작업을 해야 한다. 첫째, '자기를 부인하는 것', 둘째, '자기 십자가를 지는 것'의 뜻을 각각 새기고 특히 '예수 그리스도의 대속 십자가'와 밀접하게 견주어 보아야 할 것이다. 그런 후에, 셋째, '자기를 부인하는 것'과 '자기 십자가를 지는 것' 사이의 관계에 대해서 살펴야 한다. 적어도 이렇게 세 단계를 거쳐야 비로소 이 말씀의 뜻을 어느 정도 새길 수 있을 것이다.

우선 "자기를 부인하고"는 그가 그렇게 보여주셨던 것처럼 자기를 버리고 비우는 것을 가리킨다. 버림이 받음과 대조라면 비움은 채움과 대조일 터인데, 우리는 사실 받음에서 시작한다. 그것도 적당히 받고 마는 것이 아니라 넘치도록 채움을 갈망한다. '내 잔이 넘치나이다'라는 고백은 그래서 우리 모두가 원하는 것이기도 하다. 이처럼 받음과 채움에서 시작하는데 사실 이것은 전혀 잘못된 것은 아니다. 내가 더 받고 싶고 채우도록 받고 싶은 것은 시작으로서는 아주 당연한 것이다. 다만 '받음'과 '채움'에서 시작하여 종국에 '버림'과 '비움'으로 가야 한다는 것이다. 믿음이 시작하여 성숙하는 과정을 몇 단계로 나누든지 상관없이 시작 단계와 마지막 단계는 이처럼 정반대가 되어야 한다는 믿음의 역설이다. 받음에서 시작하여 버림으로, 채움에서 시작하여 비움으로 점차로 나아가는 단계의 상승이 믿음의 성숙 과정이고 종당에는 버리고 비우는 경지에 이르도록 '다만 앞을 향해 달려가는' 삶이 우리의 믿음이어야 한다는 것이다. 받음과 채움에서 시작하는 것이 문제가 아니라 여기에만 머무르려는 것이 문제이고, 여기서 시작하여 이와는 정반대로 향하는 것이 마땅한 길이라는 것이다. 그리고 이것이 바로 영성 형성을 시작하는 길이다.

　결국 '자기를 부인하라'는 말씀은 자기절대화가 빠질 수밖에 없는 자기도취에서 헤어 나오라는 '자기 비움'의 일침이다. 예수도 분명하게 우리에게 그를 따르기 위해서 우리 자신을 비울 것을 말씀하셨다. 그러기에 은총을 내세워서 인간의 깨달음과 행위를 부정하거나 가벼이 여기는 자가당착의 오류를 저질러서는 안 된다. 오히려 예수께서 말씀하신 자기 비움은 이러한 수행과 수양 과정을 거쳐야 할 뿐 아니라 그러고서도 더 해야 할 것이 있다. 그것은 바로 불교의 수행 득도 과정에 포함되어 있지 않은 '죄의식에 대한 깊은 깨달음'이다.[35] 여기서 '죄의식'은 바로 앞 장에서 말한 바와 같이 피조물이면서 동시에 죄인이라는 깨달음에 바탕을 둔 삶의 자세를 일컫는다. 바로 이러한 삶의 자세가 은총이 내릴 수 있는 곳이니 자기 비움의 온갖 노력을 다하고도 깊은 죄의식에서 자기의 피조성을 겸손하게 고백하는 삶이 바로 은총의 터전이라는 것이다.

한 걸음 더 나아가 비움은 우리를 없음으로 인도한다는 점에도 주목해야 한다. 창조라는 것이 '없음에서 있게 하심'이니 우리는 없었던 적이 있었고 앞으로 언젠가는 없어질 것이다. 이렇게 창조된 있음은 없음으로 둘러싸여 있다. 그런데 있는 중에도 없어질 가능성이 한순간도 예외 없이 깔려 있으니 우리의 있음이야말로 '잠시 있음'일 뿐이다. 그러니 우리가 없음에 대해, 아니 없음에서 오는 소리에 귀를 기울여야 한다. 없음이니 우리가 주체로서 알 수 있는 대상이 아니며 그저 잠시 있는 모든 것이 그렇게 서로 얽혀 있을 뿐이라는 공존, 연대 의식이 마땅한 길이다. 창조 영성을 주장하는 매튜 팍스는 이를 이렇게 설명한다.

우리 창조주 하나님은 있음뿐 아니라 없음의 하나님이시다. 둘 다의 하나님이 우리를 둘 다의 삶으로 부르신다. 없음이 없는 있음은 값싸지고, 있음 없는 없음은 병든 금욕, 우주 내에서 덜하기는커녕 더 강력한 통제력이 되어 버린다.[36]

---

35 니시타니 게이이치, 『종교란 무엇인가?』(宗敎と何か), 정병조 옮김(서울: 대원정사, 1993), 247-50.
36 Fox, 『원복』, 163.

그래서 있음만도 아니고 없음만도 아니니 비움이란 그렇게 있음과 함께 얽힌 없음을 주목하는 지혜의 길이면서 이로부터 창조적인 생명력을 길어낸다. 그는 이어서 덧붙인다.

이미지를 떨쳐버리는 침묵 없이, 충만한 삶을 가져오는 비움과 비워짐 없이, 이름 없는 없음 안에 잠겨듦 없이 우리는 성장하지 못한다. 에크하르트가 지적했듯이 우리의 영혼은 더함이 아니라 뺌에 의해 성장한다.[37]

그럼에도 이 대목에서 과연 우리에게 그렇게 고통을 겪어가면서 없음의 소리를 들으며 자신의 영혼에서 무엇이라도 빼내는 자기 비움이라는 것이 말처럼 가능한지 되묻지 않을 수 없다. 그러기에 현실에 연관하여 그 가능한 뜻을 더듬을 필요도 있을 터이다. 이렇게 본다면 자기 비움이란 현실에 집착하지 말고 초월할 것을 가르치는 말씀으로 읽을 수 있지 않을까 한다. 말하자면, 신앙이라는 이름으로 빠질 수도 있는 자기도취에서 벗어나라는 가르침으로도 볼 수 있다. 극단적인 자기무화(self-annihilation)가 결코 아닌 자기부정(self-negation)은 결국 '현실 초월'을 가리킨다. 그래서 초월성이 유한성에게 가르쳐주는 자기 비움이라고 할 수도 있다. 개체성이 관계성을 향해 자신을 여는 것이니 말이다. 물론 그렇다고 하더라도 여전히 간단한 일은 아니다. 그래서인지 역사적으로 많은 사람이 자기를 버리고 비우기 위해, 즉 현실을 초월한다는 것을 구실로 현실을 벗어나 탈속 수도를 시도했다. 여전히 현실 안에 살면서 초월하기가 간단치 않아서인지 속세를

---

37 *Ibid.*, 165-66.

벗어나는 행렬이 그리스도교의 역사를 형성했다. 사막 교부들이나 수도원 전통 등이 그 좋은 예에 해당하지만, 이에 대한 자세한 이야기는 교회사를 통해서 얼마든지 살필 수 있으니 굳이 예를 들지는 않겠다.

그러나 이 대목에서 짚고 가야 할 것이 있다. 그것은 바로 현실 초월을 위한 수행의 방편으로 자신에게 고통을 가하는 자발적 고행이라는 수도에 대한 것이다. 물론 그 목적과 의도를 폄하하려는 것은 아니다. 그러나 현실 초월을 위해 자신에게 의도적으로 고통을 가한다는 것은 아무래도 석연치 않는 부분이 있다. 그렇지 않아도 '삶이 곧 고통'이라는 울부짖음이 인류사를 장식할 뿐 아니라 잔혹하고 처참한 고통이 산재해 있는 현실에서 그 고통을 줄이도록 노력하지는 못할망정 일부러 고통을 만들어낸다는 것은 자가당착이 아닐 수 없기 때문이다. 오히려 그러한 자발적 고행은 피할 길 없이 고통을 당하는 모든 생명에 대한 모독일 수도 있다. 과연 그래서인지 자기를 버린답시고, 현실을 초월한답시고 세속을 벗어나다 보니 부지불식간에 '현실 도피'로 전락할 가능성이 대두되었다. 게다가 자기 비움이 희생인 것처럼 보일지라도 초월이 없으면 다시 교만으로 빠질 가능성이 농후하다. 그리고 실제의 역사는 이에 대한 증거들을 무수하게 보여준다.

2. 타자 사랑의 영성: 초월성이 요구하는 현실 참여

인간 심성의 이러한 폐부를 꿰뚫어보신 예수의 말씀은 그러기에 자기 비움에서 멈추지 않는다. 곧 이어 "자기 십자가를 지라"는 엄청난 주문을 하기 때문이다. 이 말씀은 무슨 뜻인가? 예수의 십자가를 모형으로 그 뜻을 살펴본다면, '자기 십자가'는 자기에게 지워진 책임을 지는 것이다. 여기서 책임이란 무슨 도덕적 의무감이나 인격적인 완성을 위한 것이 아니라 자기를 넘어 타자를 향한 책임을 뜻한다.[38] 이런 점에서 '자기 비움'이 현실 집착을 넘어서는 현실 초월을 가리킨다면, '자기 십자가'는 현실을 초월한다는 구실로 현실 도피로 빠질 우려에 대해 경계하면서 타자들로 이루어진 세계의 현실에 참여하는 것을 가리킨다. 현실 참여라는 것이 타자를 향하고 타자를 위하는 것이니 앞선 인간학적 논의에서 본다면 관계성이 개체성에게 일깨워주는 과제며, 아울러 초월성이 유한성에게 가르치는 덕목이라고 할 수도 있다. 그리고 이런 점에서 자기 십자가는 '타자 사랑의 영성'(Spirituality of Alterity)을 가리키는 것이라고 할 수 있다.

좀 더 구체적으로 이를 고통과 연관하여 접근해볼 수도 있다. 고통은 인류 정신문화사에서 꽤 긴 세월 동안 개인, 특히 지배받는 약자에게 해당하는 일로 치부되었다. 그러다 보니 공개적으로 꺼내놓기 어렵고 그저 개인이 감당해야 할 몫으로, 때로는 정죄의 저주와 함께 내몰려왔다. 그러면서 영성도 동시에 개인적 영역으로 사사화(私事化)되었다. 그러나 삶의 부조리와 모순을 적나라하게 폭로한 우리 시대에 와서 고통은 더 이상 죄에 대해 치러야 할 대가가 아닐뿐더러 삶의 깊이로 가는 길목에서 더불어 살아가는 연대 그리고 이를 향한 개방의 동력으로 새겨진다. 말하자면 고통이야말로 자기를 비울 뿐 아니라 타자와 함께 사랑을 나누는 삶의 길을 열어준다. 그렇다고 고통을 미화하거나 집착하자는 것은 아니다. 오히려 고통과 더불어 고통으로 받아들이는

---

38 타자와의 관계에서 초월에 대한 통찰을 전개한 연구로는 많은 저서가 있으나 다음을 참조하라. Emmanuel Levinas, 『타자성과 초월』(*Alterite et Transcendance*), 김도형, 문성원 옮김(서울: 그린비, 2020).

과정이 필요하다. 타락에 대한 구원에만 집착하는 교리적-이기적 신앙이 아니라 창조의 배경인 어둠에 대한 깊은 성찰에 근거한 타자 사랑의 영성이 필요한 이유가 바로 여기에 있다.

그런데 우리가 이 대목에서 묻지 않을 수 없는 물음이 있다. '자기 십자가'와 '대속 십자가' 사이의 관계가 그것이다. 이것이 바로 앞서 말한 고통에서의 연대와 같은 현실 참여의 뜻을 드러내줄 것이기 때문이다. 우선 이 두 십자가가 모두 신약성서를 바탕으로 하는데 '자기 십자가'가 복음서를 중심으로 더욱 강하게 나타나는 데 비해 '대속 십자가'는 바울 서신들에 더욱 빈번하게 나타난다. 그런데 현실에서는 자기 십자가는 부담스러워서 건너뛰고 싶은 데 비해, 대속 십자가는 복음 중의 복음으로 확실하게 붙잡으려고 한다. 실로 되묻건대 "자기 십자가를 지라"는 말씀이야말로 인간이 종교에 대해서 기대하는 것과는 정확히 반대되는 주문이 아닐까? 우리가 믿기로는 '죽어 마땅한 죄를 내가 지었으되 내가 그분을 믿기만 하면 내 죄의 대가를 그분이 대신 짊어지고 죽어주심으로써 나는 그러한 죽음을 건너뛰어 부활의 영생에 참여하도록 초대받는 것이 구원이라'고 수도 없이 들어온 것이 그간의 역사였는데, "자기 십자가를 지라"니? 그것도 "날마다"?

이래서 이 말씀은 즐겨 새겨지지 않는다. 아니 건너뛰어야 하는 지뢰밭처럼 간주된다. 사람들이 '들어야 할 소리'보다 '듣고 싶어 하는 소리'를 연출해주어야 교회가 부흥(?)된다는 현실의 역리는 이 말씀을 '걸림돌'로 여길 수밖에 없다. 이처럼 '그리스도의 대속 십자가'로 기울어져 있는 현실의 그리스도교는 바로 이런 이유로 믿음에서 깨달음과 수행을 거부하고, 슈퍼맨의 마술과 같은 모양새를 취하는 구원에 대한 환상을 믿음으로 간주한다. 말하자면 값을 측정할 수 없는, 그래서 '값

없는'(priceless) 은총을 '값싼'(less price) 은총으로 전락시키고 있다. 그러나 깨달음과 수행을 포함해야 하는 '자기 십자가' 없는 '그리스도의 대속 십자가'는 종교적 이기주의일 뿐이다. 물론 당연하게도 대속의 은총이 개입할 리도 없다. 결국 '자기 십자가'는 대속의 구원만을 명분으로 예수의 십자가를 우상화하려는 종교적 욕구를 정면으로 깨부수라는 명령이다. 이런 점에서 영성 형성을 위한 교육이나 지도에서 초대교회 사막 교부들처럼 개인주의적으로 내면의 평화를 위해 기도와 명상과 침묵 등에 초점을 두는 그간의 훈련 방식은 재검토되어야 한다.[39]

귀결하자면, 이제 우리는 '자기 십자가'와 '대속 십자가' 사이의 긴장을 온 몸으로 싸안으면서 삶 안에서 이를 한데 엮어내야 할 것이다. 이것이 바로 십자가의 영성을 형성하는 길이기 때문이다. 앞서 잠시 말한 대로 '자기 십자가'를 강조하는 복음서와 '예수 십자가'를 '대속 십자가'로 해석해주는 서신을 함께 묶어주신 성령의 영감으로 역사하신 하나님께서 바로 우리에게 원하시는 것이기 때문이다.

3. 현실 초월과 현실 참여의 역설적 연합을 통한 통전적 영성 형성

이제 한 걸음 더 나아가서 자기를 비우는 현실 초월과 자기 십자가

---

39 소은하는 교육학적 입장에서 교육과 훈련을 상세하게 구분하고 다음과 같이 주장한다. "훈련이 일반적으로 학습자들로 하여금 특정한 기술을 습득하여 일정한 수준에 도달하도록 하는 지속적이고 반복적인 행위라면, 교육은 동일한 최종상태로 모든 학습자를 동화시키는 작업이 아니라 타고난 다양한 잠재능력을 최대한 계발하도록 도와주는 행위를 포괄적으로 의미한다." 조은하, 『통전적 영성과 기독교 교육』, 198-99. 따라서 영성 형성을 위해서는 주입식 훈련은 부적절한 것이며 이끌어내는 교육으로 임해야 할 것이다.

가 가리키는 현실 참여가 서로 어떻게 연관되어야 하는지 물음으로써 더 큰 통전적 영성을 향해 논의를 진행하고자 한다. 이를 위해서 여전히 예수의 말씀에서 '자기 비움'과 '자기 십자가' 사이의 관계를 살펴보자. 여기서 두 주문이 서로에게 뜻을 주면서도 동시에 견제하는 관계를 지니기 때문이다. 먼저 "자기를 버리고"가 현실 집착을 넘어서는 '현실 초월'을 가리킨다면 "자기 십자가를 지고"는 현실 초월을 핑계로 빠질 수도 있는 현실 도피를 경계하는 뜻에서 현실에 참여할 것을 요청한다. 그런가 하면 거꾸로 '자기 십자가를 진다'는 것을 명분으로 교만에 빠질까를 경계하여 "자기를 버리고"라는 앞의 말씀이 겸허를 주문하는 것으로도 새겨야 한다. 결국 이 두 말씀은 반대 방향으로 달리는 두 마리 토끼처럼 보이는 '현실 초월'과 '현실 참여'라는 대조적인 과제가 서로 역설적으로 견제하면서 추동하는 방식으로 삶과 믿음의 얽힘을 가르친다.[40] 그리고 그리함으로써 영성의 통전적 형성을 위한 핵심이 된다.

먼저 자기 비움은 믿음이 쉽게 빠질 수 있는 자기도취를 경계하는 가르침이다. 자기 십자가는 예수 십자가를 대속 십자가로만 새기는 우상숭배를 경계하는 가르침이다. 이러한 가르침을 외면한다면 우리의 믿음은 자기도취로 빠지고 우상숭배로 치달아가면서 결국 이 둘이 한데 얽히니 '자아도취적 우상숭배'(narcissistic idolatry)[41]가 되어버리

---

40 현실 초월과 현실 참여가 역설적인 것은 현실에 대해 밖으로 나가는 것과 안으로 들어가는 것이라고 풀면 더욱 쉽게 이해된다. 이는 전통 신학에서 신의 높이와 크기를 앙망하는 긍정의 길(*via positiva*)과 부정의 길(*via negativa*) 사이의 대조와도 견주어진다.

41 Geddes MacGregor, 『사랑의 신학』(*He who lets us be: a theology of love*), 김화영 옮김(서울: 대한기독교서회, 2011), 127.

고 만다. 그러니 이 말씀이 가르치는 자기 비움과 자기 십자가는 한데 얽혀 자아도취적 우상숭배에 빠져 있는 통속적 종교성을 정면으로 거부하는 준엄한 요구가 된다.[42] 단언하건데 '자기 비움'은 '우상 파괴'다. 결국 자기 비움과 자기 십자가가 각각 뜻을 세우되 서로 경계를 주고받음으로써 유기적인 삶의 얼과 꼴을 엮어야 한다는 이 가르침이야말로 그리스도교에서 믿음이 지녀야 하는 실천의 정점이라 하겠다. 그리고 이로써 그리스도교 안에서 오랜 세월 동안 벌어져왔던 믿음과 행위의 관계에 대한 부질없는 논쟁은 종식되어야 한다. 아울러 '오직 믿음만으로'(sola fide)라는 종교개혁 구호도 믿음을 과도하게 강조한 나머지 행위와 실천을 경시하는 천박한 신앙주의로 곡해되지 않도록 해야 할 것이다. 영성의 통전성이란 바로 이를 바탕으로 하는 것이니 이를 형성하고 실천하는 것도 마땅히 이런 말씀의 뜻을 따르는 것으로 시작해야 한다.

이제 통전적 영성이 뜻하는 바와 같이, 믿음은 실천과 행위 없이는 불가능하다. 그리고 이러한 자기 비움과 타자 사랑의 실천은 은총에 모순될 이유가 없다. 아니 오히려 비움과 사랑이야말로 은총의 증거다. 은총 없이는 비움이 불가능할 터이고 비움이 불가능하다면 사랑도 마찬가지기 때문이다. 이러한 초월과 참여의 역설은 창조 영성을 주장하는 매튜 팍스의 전율적인 통찰과도 공명한다. 그는 어둠을 빛의 결여

---

42 중세 신비주의 영성가인 마이스터 에크하르트는 이에 대해 말한다. "정신작용 없이, 사고활동이나 이미지나 설명 없이 하나님을 사랑해야 한다. 영혼에서 모든 정신을 벗어 놓고 그곳에 머물라." 이를 인용한 매튜 팍스는 "하나님을 떨쳐버림까지도 기도해야 한다"라고 기염을 토한다. 이는 사실 십계명에서 '나를 위하여 어떠한 형상도 만들지 말라'는 두 번째 계명을 풀어준 것이다. "제조되는 종교 관행이 아니라 떨쳐버리고 놓아둠, 깊이 숨쉼, 빈 공간과 침묵을 신뢰함이다. 잠겨듦이며 따라서 기어오름이 아니다." Fox, 『원복』, 146-48.

또는 부재라고 보았던 아우구스티누스가 어둠을 죄와 연결하고는
부정적인 것으로 치부했다고 개탄하면서 어둠에 대한 경이로운 혜안
을 제시한다.

실증주의 종교는 거의 온통 빛이다. … 우리는 어둠을 두려워하게 되었
다. … 빛을 지향하는 영성은 피상적이고 표면적이다. 실상 큰 나무를
키우며 놀랍게도 튼튼히 땅에 서 있게 하는 깊고 어두운 뿌리가 없다.
경이롭게 작용하는 신비인 우리 몸은 어둠으로 차 있다. 우리의 마음은
어둠 속에서 섬세하게 작용한다. … 묵상할 만한 이 어두운 신비, 우리
몸 내부의 아름다움을 생각하면 놀라운 일들이 어둠 속에서 발생시킬
수 있는 것에 대해 경이와 감사와 찬양이 우리를 채운다.[43]

불의가 더욱 위세를 떨치는 세상에서 어둠에 대해 감격한다는 것은
거꾸로, 아니 당연하게도, 그러한 불의에 대한 저항과 분노를 창조적
가능성으로 일구어내는 힘과 지혜를 포함한다. 팍스가 재차 강조하는
한 마디를 다시 들어보자. "분노는 필경 사랑에 비례한다. … 예언자는
억눌린 사람들의 분노를 순화나 수동성이 아니라 변혁과 자기표현과
새 창조의 길로 재순환시킨다."[44] 자기 십자가가 가리키는 현실 참여의
영성이란 바로 이를 가리키는 것이니 영성이란 완성을 목표로 하는
것이 아니라 성장과 성숙의 과정을 핵심으로 하기 때문이다. 아울러

---

43 *Ibid.*, 143-44. 그는 덧붙여 강조한다. "자궁은 어두웠고 두렵지 않았다. 이것이 우리
　의 기원이다. … 태양이 온 우주를 비추지 않는다. 우주 공간의 대부분은 어둠다. …
　그런데 이성의 빛을 비춰준다는 계몽주의는 신비 자체도 정복해야 한다는 치명적인
　관념을 남겨주었다. 우리는 신비와 그 어둠을 맛보는 기회를 빼앗겼다"(145).
44 *Ibid.*, 282-83.

그러한 성숙은 영성이라는 이유로 영적인 차원에서의 해방에만 제한되는 것이 아니라 앞서 논한 대로 전인적 차원에서 인간의 총체적 해방을 지향하는 것이다. 그리고 이것이 바로 우리에게 요구되는 통전적 영성을 실천하는 방법이라고 하겠다.[45]

V. 통전적 영성을 통한 인간 해방

유한성에만 머무르지 않고 초월성을 향해 열리는 통전적 영성을 우리 삶의 구체적인 현실에 어떻게 적용할 수 있을까? 본 연구는 이 문제에 대한 논의로 결론을 맺고자 한다. 나아가 구체적인 실천 방안을 제안함으로써 영성 형성에 기여할 뿐 아니라 결국 그것의 목적인 인간 해방에도 한 걸음 다가가는 길이 될 것을 기대한다. 모든 분야를 망라할 수 없으니 사회, 자연, 문화라는 일상적인 차원에서 살펴보고자 한다.

1. 사회 영역: 여러 종교가 함께 있는 상황에서 그리스도교 영성을 위한 통찰[46]

과학의 출현이 새로이 열었다는 근대를 탈종교화 또는 세속화의 시대라고 한다. 중세 종교의 자리를 과학이 대신하여 인간을 더욱 확실

---

45 여기에서 공유하는 자기 비움과 자기 십자가에 대한 인문학적 성찰은 신앙 성찰을 주제로 하는 필자의 다음 저서에서 가져와 맥락에 맞게 추렸다. 정재현,『'묻지마 믿음' 그리고 물음』(서울: 도서출판 동연, 2014), 4장.
46 정재현,『종교신학 강의: 다종교 상황에서 그리스도교인이 가야 할 길』(서울: 비아, 2017), 나가면서 참조.

히 잘살게 해주고 결국 인류를 구원해줄 것이라는 과학주의까지 치달아갔지만 그것은 곧 근대 붕괴의 서주였다. 그리고 새로이 시작된 우리시대인 현대는 아직도 엮여가는 중이라 잠정적으로 '포스트모던'(post-modern)이라는 이름을 쓴다. 앞선 근대와 연속적이라는 뜻에서는 '후기 근대'이기도 하고 불연속적이라는 뜻에서는 '탈근대'이기도 하다. 다소 혼란스러워 보이는 우리 시대에 종교의 퇴조를 여러 모로 예견한 이들이 꽤 있었다. 그러나 세계가 돌아가는 상황을 보면 종교의 운명을 그렇게 점쳤던 말들이 딱히 맞아 보이지는 않는다. 그러나 군이 즐거워할 일만도 아닌 것은 종교에 대해 관심이 없다는 무종교인들이 그 어떤 종교인보다도 가장 빠르게 늘어나고 있기 때문이다.

아직은 종잡을 수 없어 보이지만 이런 혼란 속에서도 서로 다른 종교들 사이의 관계는 여전히 인류가 씨름해야 할 중차대한 과제인 것은 틀림없다. 크고 작은 갈등과 충돌, 분쟁과 전쟁 등이 실제로 종교적인 이유에 의한 경우도 적지 않거니와 종교를 명분으로 내세우거나 포장하면서 충돌을 향한 폭발력이 증폭되는 현실은 군이 논의나 증거를 찾을 필요도 없다. 게다가 이러한 갈등과 충돌은 이름이 서로 다른 종교들 사이에서만 벌어지는 일이 아니다. 같은 이름의 종교, 같은 이름의 신을 믿는다는 교파들 사이에서도 무수히 일어나고 있다. 따라서 이런 상황에 대한 정직한 분석을 먼저 해야 한다. 그리고 그러한 상황에서 우리가 함께 관심을 갖는 그리스도교의 영성을 구현하기 위해 위에서 논했던 자기 비움과 타자 사랑의 영성을 적용하고자 한다. 이를 통해 정의와 평화의 세상을 만들어가는 데 타 종교인들과 함께할 방안도 찾아보고자 한다.

1) 여러 종교가 함께 있다는 것

그리스도교가 태동할 때에 이미 주변에 많은 종교가 있었다. 따라서 그리스도교는 자기 정체성을 꾸리는 과정에서 이들로부터 영향을 받기도 하고 저항하면서 변호하기도 했다. 교회의 태동과 핍박, 순교의 역사는 이를 웅변해준다. 그리스도교 신학이 호교론 또는 변증론으로 시작했다는 것이 그 좋은 증거다. 그러다가 4세기에 이르러 로마제국의 국교로 공인되면서 '핍박받던 순교자의 종교'에서 '군림하는 황제의 종교'로 급격한 탈바꿈을 하게 된다. 물론 이런 변화는 '땅 끝까지 이르러' 복음을 전해야 하는 세계화의 발판이 되기는 했지만, 동시에 너무도 빨리 정치권력과 결탁하면서 변질될 수밖에 없는 안타까움도 지니고 있었다. 하여튼 이런 상황은 종교에 대한 과학의 도전으로 탈종교화의 기치를 내건 근대가 시작되기까지 계속되었으니 상당히 긴 세월 동안 그리스도교는 지배 종교로 군림했다. 이제 지배 종교가 된 그리스도교는 스스로를 지칭하기 위해 굳이 '종교'란 말을 필요로 하지 않았다. '그리스도교'라는 말로 충분했기 때문에 그것이 고유명사이면서 동시에 보통명사 역할도 했다. 이때 '종교'란 말은 '올바른 가르침' 또는 '경건한 믿음의 태도'를 일컬을 뿐이었다.

그러다가 과학에 의해 새롭게 열린 근대는 다른 세상이 되었다. 다른 땅, 다른 사람, 다른 문화, 다른 종교 들을 만났다. 지배 종교의 입장에서는 낭혹스러울 수밖에 없었다. 당연하고도 불가피하게도 이런 다른 것들과의 관계는 적대적이었다. 그래서 다른 것들은 그저 다른 것이 아니라 틀린 것으로 간주되었다. 나와 같으면 옳은 것이지만 나와 다르면 그냥 다르기만 한 것이 아니라 틀린 것이어야만 했다. 그렇지 않으면 지배 종교의 위상이 흔들리기 때문이다. 이걸 나중에 '배타주의'라고 부르게 되었다. 여기서 다른 종교에 속한 사람들은 틀린 종교를 버리고 그리스도교로 개종하는 것만이 유일하게 옳은 길이었다. 적어도 근대 전기라 할 16~17세기에 그리스도교가 다른 종교들에 대해 취한 태도는 그러했다.

그러나 그렇게 해서 오래 갈 수 있는 것은 아니었다. 교통과 통신이 점점 더 발달하고 다름과의 만남이 더욱 빈번해지면서 마구 틀렸다고만 간주했던 다름이 꼭 틀리지만은 않다는 것을 점차로 발견하게 되었다. 다른 동네에서도 사람들이 삶의 가치와 의미, 도덕과 윤리에 대한 전통과 문화를 공감할 수 있을 정도로 적절하게 엮어가면서 살아가는 모습들과 만나면서 손바닥으로 눈을 가린다고 하늘이 없어지는 것이 아닌 것을 깨닫게 되었다. 그래서 태도를 바꾸었다. 그리스도교가 최고로 우월한 종교이고 다른 종교들은 수준이 낮은 단계에 속한다는 식으로 다른 종교들을 대했다. 말하자면 다른 종교들에게 한 수 가르쳐 그리스도교와 같이 높은 단계로 끌어올려야 할 대상으로 보게 된 것이다. 다른 종교들을 내치기보다는 그리스도교 안으로 끌어들여 가르치겠다고 하니 이를 일컬어 '포괄주의'라 하는데 가르침이 바로 선교를 뜻하는 것이었다. 18~19세기에 걸친 근대 후기의 상황이었다.

그러다가 우리 시대인 현대로 넘어오면서 상황은 또 급변한다. 과학이 열어준 근대는 새로운 여명의 낙관주의가 인간 중심주의와 함께 찬란하게 전개되었던 시대였다. 그러나 이게 인간을 행복하게 하는 길이 아니었음을 깨닫는 데 그리 오랜 세월을 필요로 하지 않았다. 과학이 종교의 자리를 대신하여 인류를 구원할 것이라던 과학주의는 과학 스스로에 의해 붕괴되었고 인간은 이제 소외와 허무로 내동댕이쳐졌다. 근대가 막을 내리게 된 것이다. 이걸 물려받은 현대인들은 불안과 절망을 거치면서 그동안 억눌렸던 물질과 육체의 해방을 요구하게 되었다.

이제 인간은 알알이 개체화되었다. 개인주의적 민주주의가 점차로 사회의 정치체제로 자리 잡게 된 것도 이런 맥락임은 두말할 나위도 없다. 그렇다고 대중이 곧바로 개체적 결단에 익숙할 수는 없었으니 많은 처방이 제시되었다. 상황이 이렇다 보니 여러 종교 사이의 관계도 요동을 치게 되었고 그리스도교의 자리도 달라질 수밖에 없었다. 결국 그리스도교는 여러 다른 종교 사이에 함께 있는 '하나의 종교'가 되었다. 이른바 '다종교 상황'이다. 소위 '다원주의'는 이러한 맥락에서 등장한다. 다원주의는 여러 종교가 혼재하는 상황에서 하나의 종교가 다른 종교들과 어떠한 관계를 맺어야 하는가 하는 문제를 적극적으로 다루고자 하는 견해다. 그러나 다원주의는 매우 다양하고 심지어 그 안에서도 서로 충돌하는 주장들이 꽤 많이 들어 있다. 그런데 그리스도교계와 교회에서는 아직도 다원주의에 대한 피상적 몰이해가 지배적인데 이는 거의 대부분 이제는 부적절한 것으로 폐기 처분된 고전적 유형의 다원주의에 대한 것일 뿐이다. 물론 그렇다고 해서 본 연구는 다원주의에 대한 단순한 지지를 표방하지는 않는다. 미리 일러둘 것은 '다종교 상황'이라는 것은 '종교다원주의'와는 전혀 다른 것이라는 점이다. 다종교 상황은 여러 종교가 함께 있는 사회를 가리키고, 종교다원주의도 초기 주장들의 부적절성에 대한 비판과 함께 이제는 무수한 갈래로 나뉘고 있으니 하나의 편협한 주장인 줄로 알고 매도하는 오류를 더 이상 지속할 일은 아니다.

2) 다종교 상황, 사회뿐 아니라 개인도

각도를 달리해보자. 우리는 다른 사람들을 어떻게 만나는가? 우리는 자기와 타자 사이에 벌어지는 일에 대해 판단할 때 자기를 기준으로 한다. 의도적이지 않더라도 자연히 그렇게 된다. 그런데 자기가 기준이라는 것은 자기를 같음으로 규정한다는 것을 가리킨다. 따라서 타자는 다름이 된다. 그러고는 자기의 같음과 타자의 다름이 대조를 이룬다. 이 대조가 때로는 대립이나 공존이 되기도 한다.

그런데 자기와 타자의 관계는 여기에 머무르지 않는다. 단순히 같음과 다름이라는 사실적인 대조에 머무르는 것이 아니라 그 이상으로 가치를 표방한다. 같음과 다름은 그저 무색무취의 사실적 대조가 아니라 옳고 그름을 판가름하는 데에까지 나아간다. 같음은 옳음이고 다름은 그름이라는 것이다. 다시 말해서, 자기의 같음은 옳음이고 타자의 다름은 그름이라는 것이다. 그래서 결국 아래와 같은 공식이 엮어진다.

자기 : 타자 = 같음 : 다름 = 옳음 : 그름

돌이키건대, 동어 반복으로 나타나는 자기의 같음과 타자의 다름이라는 사실 판단은 종당에는 옳음과 그름 사이를 가르는 가치 판단을 위한 것이었다. 말하자면 자기동일성은 자기정당화를 위한 것이었다. 같으면 옳다는 것이다. 인류문화사는 많은 증거를 가지고 있다. 폭력을 불사하고서라도 같음은 옳음을 명분으로 강요되어왔다. '문명의 충돌'에도 불구하고 첨단 과학의 세계 제패는 서구화 방식의 세계화를 만방에 선포했다. 이따금 저항이 없지는 않았지만 동일성의 폭력이 정당성이라는 포장 안에서 유구한 역사에 군림해오고 있는 것을 우리는 보고 있다.

새삼스럽지만 이런 얽힘이 세계 도처에서 다시 일어나고 있다. 언제나 자기의 같음은 옳음이고 타자의 다름은 그름이라는 것이다. 이처럼 배타주의는 자기에게서 비롯되는 매우 자연스러운 일차적인 반응이다. 시대의 사고 구도가 전환한다고 쉽사리 바뀌는 것이 아니다. 성찰하지 않으면 그저 이렇게 나오게 되어 있기 때문이다. 이와 견주어 포괄주의와 다원주의는 타자의 다름이 통째로 그름이지만은 않다는 점에 눈을 돌리는 태도다. 하고 싶어 그리했다기보다는 누적된 경험을 더 이상 부정할 수 없게 된 현실에서 받아들이게 된 것이다. 물론 앞서 말한 대로, 포괄주의는 타자의 다름을 자기의 같음으로 끌어들이려 함으로써 결국 다름을 그냥 놔두지 않았다. 나아가 다원주의, 특히 서구 그리스도교에서 제기된 다원주의는 겉으로는 다름을 인정하는 듯했으나 종내에는 자기의 같음으로 몰고 갔다.

이제 우리는 배타주의뿐 아니라 포괄주의와 다원주의 모두가 지니고 있는 태도에 도사린 맹점을 보아야 한다. 먼저는 가치 판단에 대한 것이다. 타자의 다름이 그름이기만 한 것이 아니라는 걸 겪게 되었으니 말이다. 아울러 자신을 돌아보면서 자기도 언제나 옳기만 하지는 않다는 것을 더 이상 부정할 수 없게 되었다. 내 안에 그름이 꿈틀거리고 있음을 보게 되었던 것이다. 인간이 군림하는 주체로 등장했던 근대에는 꿈도 꿀 수 없었던 자기 성찰이다. 자기 비움의 영성이 정신문화계에서 미약하게나마 일어나는 모습을 확인할 수 있다. 그저 자기가 언제나 옳다는 착각에서 헤어 나와 자신이 틀릴 수도 있다는 것을 보게 하는 자기 비움의 영성이다.

그런데 사태는 가치 판단의 붕괴에만 머무르지 않았다. 사실 판단을 향해 거슬러간다. 과연 자기의 같음과 타자의 다름이라는 공식은 그저 의심할 여지없는 동어 반복일까? 아니다. 자기가 같음이기만 한 것이 아니고 타자가 다름이기만 한 것이 아니니 말이다. 자기 안에 같음으로 묶어낼 수 없는 다름이 무수히 들어와 소용돌이치고 있기 때문이다. 타자도 역시 그저 다르기만 하지 않을뿐더러 자기의 같음이라고 간주되는 것들이 타자 안에 득실거리고 있기 때문이다. 이제는 더 이상 자기만 옳고 타자는 틀렸다고 할 수 없거니와 더 나아가 자기가 같음으로만 이루어져 있고 타자 역시 다름으로만 똘똘 뭉쳐 있는 것이 아니라는 것이 만천하에 드러났다. 자기 안에 같음만이 아니라 다름도 들어 있다는 것은 인간의 개체성이 관계성으로 만들어졌다는 증거다. 개인의 다종교성은 이에 대한 탁월한 증거다. 다른 한편으로, 누차 강조하지만 관계성은 개체성을 전제로 해서만 가능하다. 전인적 통전성을 요구하는 이유도 여기에 있으니 이를 수행할 동력으로서 영성을 갈구하게 된 것도 이에 기인한다. 말하자면 자기 비움의 영성은 우리에게 이것을 요구한다.

그렇다고 아무나 다 옳다는 무정부적 상대주의를 말하는 것은 결코 아니다. 우선은 자기가 같음이기만 하지 않을뿐더러 혹 같더라도 옳지 않을 수도 있으며, 나아가 타자가 다르더라도 그르지만은 않지만 그럼에도 저마다 다름을 마음대로 내지를 수 있다고 말하는 것은 결코 아니다. 다름이 존중되어야 하지만 모든 다름이 다 그름이 아니듯이 모든 다름이 다 옳은 것은 더욱 아니다. 이제는 옳고 그름을 더 이상 같음과 다름으로 판별해서는 안 될 일이지만 다름에 대한 존중을 명분으로 모든 다름이 다 옳을 수도 있다는 무정부적 상대주의도 단연코

갈 길이 아니다. 같은 맥락에서, 배타주의도 갈 길이 아니지만 포괄주의나 다원주의도 시행착오일 따름이다. 여전히 자기동일성은 정당하다고 전제하고 이를 타자의 다름과 나누겠다는 것은 위에서 말한 동일성과 정당성의 고리에 머무른 채 이를 확장하려는 수정 제안일 뿐이기 때문이다.

추리자면, 자기가 언제나 옳음이 아닐 수 있을뿐더러 같음이기만 하지 않다면 같음과 다름의 경계를 설정하고 벌이는 배타주의-포괄주의-다원주의 논쟁도 공허한 것이다. 인간마저도, 아니 한 개인마저도 다름들이 이글거리니 한 사람의 개인이 이미 다종교적이다. 종교적 인간은 이미 다종교적 인간이다. 당연하지만 종교적 인간이기를 거부하는 무종교인도 나름대로의 신념들이 뒤얽힌 결과이니 다종교적 인간이다. 다종교적이다 보니 종교적이기도 하고 무종교적이기도 한 것이다. 결국 다종교성은 인간의 꼴이고 얼이다. 하나의 이름으로 덮는다고 그저 하나가 되는 것이 아니고 다름이 없어지는 것도 아니다.

3) 종교를 넘어 영성으로!

이런 점을 염두에 두고 이제 우리 자신을 살펴보자. 한국인의 종교적 정체성은 무엇인가? 반만년의 유구한 세월을 통해 형성된 종교적 형질은 매우 중층적이라고 한다. 한국 종교학의 연구에 따르면, 한국인의 종교적 심성에는 무교(巫敎)적 성향이 반 이상을 차지한다는 데에는 재론의 여지가 없다. 나머지 반 중에서도 또 역시 반 이상은 유교적 의식이 자리 잡고 있다고 한다. 불교가 오래전 전래되었을 뿐 아니가 꽤 다른 색깔을 지닌 종교이지만 심층적으로 자리 잡았다고 말할 수 있는지에 대해서는 한국의 종교학자들은 대부분 부정적인 견해를 보인다.[47] 개인적으로 어떤 종교에 속하든지 상관없이 그러하다. 한국 그리스도교인도 역시 마찬가지다. 한 개인 안에 여러 종교성이 뒤섞여 있다. 종교적 중층성이다. 그리스도교인이라고 해서 예외가 아니다.

한국 그리스도교가 유교의 덕을 톡톡히 보았다는 것은 모두가 알고 있는데 그리스도교인들만 잘 모른다는 종교학적 비판이 있다. 그런데 성찰하지 않으면 몰역사적 자만이 자아도취를 더욱 부추길 수밖에 없다. 어찌 무교와 유교뿐일까? 그 밖에 다른 종교와 문화로부터도 영향을 받았을 것이다. 한국 그리스도교인은 그 토양 위에 그리스도교를 얹었다고 볼 수 있다.[48] 그것도 특정한 그리스도교를 말이다. 그러니 하나님과 예수 그리스도에 대한 이해에 그러한 영향들이 반영되어 있지 않다고 장담할 수 없다. 교회 용어와 성경 구절을 쓰지만 그 표현 안으로 들어가면 실상은 상당히 달라진다.

좀 더 구체적으로 돌아보자. 한국 그리스도교인으로서 나 자신을 생각해보자. 나 자신은 어느 정도로 그리스도교적인가? 유감스러워 할 것도 없이 아직은 비그리스도교적인 것이 그리스도교적인 것보다 엄청 많다. 성분 분석을 해보면 그렇다. 용어를 그리스도교적인 것으로 포장해서 그렇지 실상 이럴 가능성은 다분하다. 나 자신 안에 여러 종교적 성향이 뒤얽혀 있다. 이름은 하나지만 실상은 여럿이라는 말이다. 정서적으로 받아들이기 어렵겠지만 솔직히 보면 부정할 수 없는 사실이다. 그러나 나 자신 안에 문화적이고 정서적으로 여러 종교가

---

47 정수복, 『한국인의 문화적 문법: 당연의 세계 낯설게 보기』(서울: 생각의나무, 2013), 3-5장.
48 정진홍, 『경험과 기억: 종교문화의 틈 읽기』(서울: 당대, 2003), 119.

있다는 사실이 문제는 아니다. 이걸 제대로 보지 못하고 인정하지 않으려 드는 것이 문제다. 이게 문제인 것은 솔직하게 보지 못하면 자기가 해야 할 일을 찾아 하지 못하기 때문이다. 종교에서 시작하더라도 이렇게 인간으로 파고 들어와야 하는 이유가 바로 여기에 있다.

사실상 우리는 이러한 실상을 우리 주위에서, 아니 내 자신 안에서 무수히 보고 있다. 그렇게 돌이켜보지 않아서 안 보였을 뿐 우리가 그동안 그렇게 살아오고 그렇게 믿어왔을 수도 있다. 그러하기에 이름부터 내려놓아야 한다. 물론 이름을 버리자는 것은 아니다. 이름은 그러한 얼과 꼴 그리고 길과 뜻을 더듬어 추려내어 다시 다듬고 난 후에 나중에 붙여도 좋을 일이다. 종교나 신앙보다도 영성을 더 강조하고 관심을 갖게 되는 것도 이런 깨달음과 무관하지 않다. 더 성숙해진 현대인들이 이미 그렇게 요구하고 있다. 교회가 응답해야 할 뿐 아니라 선도해야 한다. 그러려면 먼저 자기 비움의 영성이 절실하게 요청된다.

이렇게 먼저 이름을 내려놓으면 우리는 여태껏 이름 때문에 갈라지고 벌어졌던 부질없는 갈등과 충돌로 인해 잃어버렸던 소중한 것을 되찾을 수 있을 것이다. 먼저 사람이 만나는 것이다. 그리고 삶에서 삶으로 나누는 것이다. 그것이 믿음의 마땅한 길일 뿐 아니라 복음의 뜻이기 때문이다. 오지에서 선교하시는 분들의 체험과 간증은 좋은 증거가 된다. 십자가를 높이 쳐들고 메가폰으로 목청을 돋우어 소리치는 전도가 아니라, 아무 이름도 없이 그저 그들 삶의 현장에 깊이 들어가 더불어 아픔과 기쁨을 함께 나누는 삶에 감동받은 이웃들이 오히려 먼저 나서서 교회 건물을 짓고 십자가를 세우고 마을 모임에서 기도해 달라고 부탁하는 장면 말이다. 이게 바로 복음의 뜻이라면 이를 삶에서 실천해야 할 우리로서는 우리를 새기고 있는 얼과 꼴을 솔직하게 드러내고 무엇을 어떻게 바로잡아 그 뜻을 향해 갈 수 있을까를 찾아나서는 것이 믿음의 마땅한 길일 것이다. 그리고 타자 사랑의 영성이 우리에게 이 길을 가도록 이끌어준다. 추린다면, 개체성과 관계성의 얽힘으로 이루어진 전인적 통전성이 우리에게 공동체성의 덕을 가능하게 해줄 것이니 이를 통해 자기 비움과 타자 사랑의 영성을 함께 추구할 수 있게 될 것이다.

2. 자연 영역: 자연 파괴 상황에서 생명을 회복하는 생태 영성을 위한 통찰

인간이 자연 안에서 자연으로서 살아왔는데 자연 파괴라는 생태 위기를 겪게 되었다. 문명사에서만 보더라도 고대와 중세에는 자연은 살아 있었다. 고대의 자연(physis)은 물질이 활동한다는 물활론(hylozoism)이나 만물에 영이 깃들어 있다는 정령론(animism)에서 보듯이 살아 숨 쉬고 움직이는 것이었으며 인간은 그 안에 속해 있는 일부였다. 중세의 자연(natura)도 역시 생명을 산출하는 능력을 지닌 것이었다. 그러던 자연은 과학이 열어준 새로운 시대인 근대에는 물질로 간주되었다. 살아 있던 생명이 죽은 물질이 된 것이다. 정신과 물질을 분리하고는 인간이 정신을 담당하고 자연은 물질이라는 것이었다. 물론 그래야만 관찰하고 실험하여 법칙을 추론하고 이를 토대로 미래를 예측할 뿐 아니라 새로운 기계도 만들어 대량 생산도 할 수 있었으니 자연에서 영혼 또는 정신은 제거될 수밖에 없었다. 그리고 이에 힘입어 과학은 종교 대신에 인류를 구원하여 이 세계를 지상낙원으로 만들어줄 것 같은 위세로 몰고 갔다.

그러나 이것이 자가당착이라는 것을 발견하는 데에는 그리 오랜 시간을 필요로 하지 않았다. 자연이 그렇게 한갓 죽은 물질일 수 없었으니 살아 있는 생명으로서 그렇게 난도질해오는 과학과 기술로 이루어진 인간 문명에 거세게 저항하기 시작했다. 이른바 생태 위기로 표현되는 자연의 파괴는 이제 인류의 종말 가능성 같은 불길한 예감을 그저 상상으로만 치부할 수 없게 만들었다. 이조차도 거슬러 가봐야 산업혁명 시기부터라 하니 기껏 두 세기밖에 되지 않은 과학과 기술의 확산이 이토록 폭력적인 결과를 초래했다는 점은 더욱 놀라운 일이다. 게다가 최근 반 세기의 폭발적인 인구 팽창은 '인류세'(Anthropocene)라는 신조어까지 나오게 만들었는바 지구를 지배하는 인간 영역의 확장은 거꾸로 인간 생존에 결정적인 위협으로 들이닥치게 되었다. '인류세'[49]는 인류 문명이 지구 역사에 남긴 기록이라는 뜻인데, 공룡이 지배했던 중생대 쥐라기와 같은 지배종 중심의 시대를 가리키니 인류가 지구 위에 엄청난 족적을 남길 만큼 위력적인 존재인 동시에 그런 인류가 머지않아 끝날 수도 있다는 불길한 예측도 포함하는 신조어다. 이처럼 '인류세'라는 말이 가리키듯이 근대 과학이 부추겨온 인간 중심주의가 인간을 더 행복하게 해줄 것이라는 게 착각이었음을 절절하게 겪게 된 인류는 이에 대한 반성으로 우리 시대를 맞이했다.

인류 문명은 그동안 자연으로부터 원재료와 에너지를 끌어내어 사용하고 부산물인 쓰레기를 자연에 버리는 방식으로 번창해왔다. 이

---

49 '인류세'에 대한 논의는 이미 활발하게 개진되고 있어 굳이 전거를 밝히는 것이 무의미할 정도다. 그러나 본 연구에서는 다음 자료를 참조했다. Clive Hamilton, 『인류세: 거대한 전환 앞에 선 인간과 지구 시스템』(*Defiant Earth: The Fate of Humans in the Anthropocene*), 정서진 옮김(서울: 이상북스, 2018), 18-32.

과정은 생산과 소비의 대량화를 가속적으로 부추겨왔으니 결국 자원과 노동에 대한 무한한 착취를 정당화하게 되었고 비극은 여기서 시작한다. 자원이 자연에서 온다면 노동은 인간에게서 이루어지니 자연과 인간이 공히 자본의 노예가 되었기 때문이다. 그런데 여기서 우리가 특별히 주목해야 할 것이 있으니 이것은 바로 그렇게 해서 벌어진 자연 파괴에 의한 생태 위기가 노동 착취에 의한 경제적 빈곤과 맞물려 악순환으로 돌아가게 되었다는 점이다.[50] 자연의 문제가 자연만의 문제가 아닌 것이다.

자연을 파괴하는 주범으로 자본과 함께 또 주목해야 할 것이 기술이다. 본디 기술이라는 것이 자연의 이치를 모방하는 인간의 방편이었는데 과학의 발달과 더불어 이들이 결합하니 자연에 대한 지배와 통제라는 가공할 능력이 끝없는 욕망을 구사하는 인간의 손에 쥐어졌다. 또 하나의 비극이 여기서 일어나니 자본을 투자할 수 있는 거대 권력에게 과학과 기술이 예속되면서 자연 파괴와 노동 착취는 더욱 광폭적으로 일어났기 때문이다.

여기서도 인간과 자연의 관계는 주체와 대상의 그것으로 설정되었다. 특히 근대 초기 프란시스 베이컨과 데카르트는 인간을 그렇게 주체로 세우는 데에 앞장섰던 대표적인 사람들이었다. 베이컨은 창세기에 대한 나름대로의 인간 중심주의적 해석을 제안하면서 인간이 세계를 지배하는 것이 하나님의 형상을 이루는 길이라고 기염을 토했다. 이를 뒷받침하는 데카르트는 정신과 물질을 철저히 가르는 이분법으로 근대 자연과학을 정당화하는 일에 종사했으며 급기야 칸트는 인간이 대

---

50 강원돈, "통전-융합적 생명신학 구상: 인류세의 위기를 극복하고 생명세를 여는 종합적인 학문의 모색,"「신학과 철학」(서울: 서강대학교 신학연구소, 2022), 5-6.

상 세계에 앞서 먼저 세계를 보는 틀을 지니고 있다는 선험론의 주장을 통해 자연에 대한 인간의 지배와 주도권을 더욱 확고하게 다져갔다.

그러나 아인슈타인의 상대성 원리나 하이젠베르크의 불확정성의 원리 등을 포함한 현대 양자역학에서의 혁명적 전환은 우리 시대인 현대를 근대와 확연하게 구별하지 않으면 안 되게 했다. 인간이 더 이상 둘러싼 세계의 주인이거나 자연 위에 군림하는 주체일 수 없다는 것을 과학적으로 폭로한 기라성 같은 통찰들이 우리 시대의 서주를 울려주었다. 그럼에도 자본과 결탁한 기술과 과학은 파괴와 착취 일변도의 횡포를 멈출 수 없었으니 우리 시대의 자연 파괴로 인한 생태 붕괴는 걷잡을 수 없는 종착역을 향해 질주하는 열차와 같은 상황에 내몰리게 되었던 것이다.

하지만 여전히 갈피를 잡지 못한 채 저마다 각자의 이기적 욕구를 충족하고자 달려왔으니 자가당착을 온 몸으로 겪게 된 작금에 와서 대책을 세운다는 명목으로 신인간주의나 지구 시스템 과학과 같은 대안들을 도모하는 실정이긴 하다. 여기서 그런 논의를 자세히 다룰 수는 없지만 인간과 자연을 분리하는 어떠한 주장도 생태적 통전성을 향하는 데에는 한계가 있을 수밖에 없으니 인간과 자연의 생명적 연대라는 생태 영성을 함양하는 것이 중요한 과제라는 것은 두말할 나위도 없다. 특히 지구생태적으로 인류세는 자본과 기술에 의한 자연 파괴의 역사인데 이러한 현상을 초래한 근본 원인은 인류 문명 전체의 복합적인 연관 체계에서 찾아야 할 것이어서 이를 해결하기 위한 방안도 관련된 분야들 사이의 융합적인 연계를 절실하게 필요로 한다.

이제 생태 위기가 인간만의 문제가 아니라는 것은 두말할 나위도 없다. 생태계가 얽히고설켜 있으니 생물 종의 다양성이 점차로 감소하는 현상은 결국 모든 종의 파멸에 이를 수밖에 없기 때문이다. 외계인이 지구를 공격하면 전 지구적 단결이 이루어질 것이라던 공상적인 평화 이야기가 무색할 정도로 지구 안에서 모든 생태계의 연대를 절실하게 필요로 하는 상황이 된 것이다. 물론 다른 종들과 이런 문제로 직접 소통할 수는 없지만 생태계의 연결을 염두에 둔 인류의 공동체적 대책은 이미 늦었다는 무수한 경고가 있기는 하지만 그럼에도 아니 바로 그렇기 때문에 더 이상 늦출 수는 없는 일이다. 그리고 바로 여기서 절실하게 요청되는 온 생명과 전 인류의 생태적 연대라는 과제를 수행하기 위한 현실의 동력으로 생태 영성(eco-spirituality)은 우리의 생존을 위해서도 절박한 과제다.

생태적 연대는 이미 공동체성을 전제하는바 이는 앞서 살핀 전인성을 이루는 개체성과 관계성 사이의 역동적 긴장이 이루고자 하는 가치이기도 하다. 생태 위기라는 것이 생존의 문제일진대 인간을 쪼개고 말고 할 여지가 없이 전인적인 과제인 것은 재론의 여지가 없지만 그런 전인성을 이루는 개체성과 관계성이 구성하는 공동체성은 무엇보다도 생태적 연대를 위해서는 가장 절실하게 주목해야 한다. 생태 파괴의 문제는 몇몇 개인의 책임에만 머무를 수 없으니 인류가 공동체로 대응해야 하는 절체절명의 과제이기 때문이다.

그렇다면 생태 위기에 대한 공동체적 연대는 구체적으로 어떻게 수행되어야 하는가? 여기서도 우리는 앞서 적용한 자기 비움과 타자 사랑의 영성으로 대답을 시도하고자 한다. 먼저 인류는 더 이상 인류세라는 자조적인 평가에 방관하거나 묵인할 것이 아니라 인류 자체의 지속성을 위해서라도 자연에서 인간 영역의 확장을 통제하고 조절해야 한다. 이런 점에서 우선적으로 인류 전체에게 자기 비움의 영성이 절실하게 요구된다. 아울러 생태 위기의 극복을 위한 공동체적 연대에 현실적으로 참여하는 타자 사랑의 영성도 아울러 요구된다. 그리고 이 둘은 떨어질 수 없으니 생태 영성도 역시 그렇게 얽히는 자기 비움과 타자 사랑의 영성으로 이루어진다는 것을 다시금 확인하게 된다.[51] 구체적으로, 생태 영성은 행여 하나님의 형상에 근거한 우월감이나 자기 십자가를 진다는 명분으로, 즉 현실 참여를 구실로 인간이 또 다른 형태의 오만에 빠질 가능성에 대해서도 자기 비움의 영성을 통해 엄중하게 경고한다. 아울러 생태 영성은 인간이 창조주의 형상으로 지어진 피조물이라는 점을 각인시킴으로써 생태계에서 그저 하나의 자연적 종에게나 해당할 지구의 위기에 대한 면책을 부정하고 적극적으로 생태 연대에 참여할 것을 요청한다.

더욱이 그리스도교적으로 볼 때 하나님의 창조가 지구를 포함한 우주 전체에 대한 것이라면, 더욱이 '생육하고 번성할' 책임을 부여받은 인간이라면 바로 그러한 생육과 번성을 위해서라도 속도 조절과 완급 조절의 지혜가 절실하다. 여기서 그동안 경시되었던 몸의 지위 회복과 이를 통한 전인성 확보가 중요한 과제로 부각되어야 한다. 이것이 앞서 논했던 파괴된 피조성의 통전적 회복을 향한 길이니 이를 위해서도 생태 영성이 지니는 뜻은 실로 지대하다고 하겠다. 여기서 그리고 자기 비움과 타자 사랑이 서로 얽힘으로써 그러한 통전적 생태 영성의 지혜를 제공해줄 것으로 기대된다.

---

51 생태 위기 문제와 관련하여 현실 참여에 대한 강조는 아무리 많이 해도 지나치지 않다. 매튜 팍스도 이를 다음과 같이 대비하면서 주장한다. "창조중심 영성 전통은 관상보다는 자비를 쇄신된 방식으로 기원에 돌아가는 영성 여행의 성취라고 여긴다. 정의가 영성 여행이 절대로 불가결하다고 여긴다." Fox, 『원복』, 268.

그러나 개별 종교의 정체성과 타 종교 관계를 고려했던 앞의 논의와 비교한다면 생태 영성은 그리스도교와 같은 특정 개별 종교를 넘는 전 지구적 차원에서의 연대를 강력히 요청한다. 이 대목에서 인간학적 접근으로 영성을 다룬 정의가 적절할 것으로 여겨진다. 샌드라 슈나이더스는 영성이란 "인간이 인식하는 궁극 가치를 향하여 고립이나 자아 집중이 아니라 자기를 초월하는 관점에서 자신의 삶을 통합하려고 의식적으로 노력하는 삶"[52]이라고 정의한 바 있다. 이제 생태 영성은 근대 인간 중심주의가 인류를 행복하게 해주기는커녕 소외와 허무의 파국으로 몰고 간 문명사적 실패를 정직하게 인정하면서 지구의 위기를 초래한 책임이 인간에게 있다는 신인간주의에 동조하지만 책임을 자인하면서 또 시행착오를 반복할 가능성에 대한 경고에 결코 주저하지 않는다. 생태 영성은 지구 위기를 외면하는 자기기만도 허락하지 않으며 숙명으로 받아들이는 수동적 태도 또한 거부한다. 생태 영성은 인간이 생태 위기를 정직하게 인정하되 미래에 대한 종말론적 희망을 실현하려는 역군으로서 조물주에게 공동 창조자로 부름 받았다는 신념으로 자신의 의지와 비의지를 넘나드는 자유를 추구하게 한다.[53] 인간은 오직 주체로만 환원되지 않고 오히려 몸이라는 생태적 개체성과 관계성으로 이루어져 있다는 자각으로 책임을 수행하면서도 신의 창조섭리에도 투신하는 삶이니 의지와 비의지의 역설적 얽힘일 수밖에 없다는 것을 받아들인다.

---

52 Sandra M. Schneiders, "Spirituality in the Academy," in *Theological Studies* 50(1989), 684, 김용해, "현대 생태위기 상황의 트랜스로그와 생태영성학,"「신학과 철학」(서울: 서강대학교 신학연구소, 2022), 57에서 재인용.

53 Paul Ricœur,『해석의 갈등』(*Le Conflit des Interpretations*), 양명수 옮김(서울: 아카넷, 2001), 1-2장 참조.

결국 지구 위에서 인간 영역의 끝없을 듯한 확장이 오히려 인류라는 종의 존속에 심각한 위협이 되고 있는 자가당착의 현실에서 자기 비움의 영성은 생존을 위해서라도 절박한 과제다.[54] 아울러 그렇게 인간만 추스른다고 해결될 문제가 아니니 인간종을 넘어서는 타자에 해당하는 지구 생태계를 이루는 유기체들과 무기물들에게 잠시 머무르는 가련한 있음을 나누는 생태적 연대의 사랑을 나눌 것을 요구한다. 무릇 그런 생명체와 물질계들이 인간으로부터의 사랑에 보답하지 않을 수 없으니 호혜적인 연대가 후손은 물론이거니와 지금의 인류가 살 길인 것은 두말할 나위도 없다.

추린다면, 생태학적 정의로도 불리는바 사람들과 다른 피조물들 사이에서 맺어야 할 생태적 연대는 사회적 약자인 동류 인간들은 물론이거니와 다른 피조물들의 생명권에 대한 안정적 보장이라는 정의까지도 포함한다. 이는 생물체들 사이에서만 아니라 무생물계와도 연관되어야 하는데 이유인즉 무생물계의 생태적 파괴는 생물계의 존립에 바로 위협으로 다가올 수밖에 없기 때문이다. 바야흐로 삼라만상은 그렇게 얽히고설켜 있으며 그것이 바로 창조 질서요 평화 공존을 명령하는 하나님의 섭리였기 때문이다. 생태 영성은 바로 이 점에 주목하여 창조 질서의 회복과 보존이라는 과제를 자인하는 삶의 자세를 일컫는다. 그리고 이런 점에서 생태 영성은 개인적으로 자기만 믿고 구원받겠다는 '신앙에 의한 의화'(Justification by Faith)를 넘어서 서로를 북돋움으로써 더불어 살아가는 '영성에 의한 정의'(Justice by Spirituality)를

---

54 창조 영성의 대표적 학자인 매튜 팍스는 이를 다음과 같이 간결하게 대비하여 표현한다. "우리가 자아론적(egological) 의식에서 생태론적(ecological) 지혜로 옮아갈 때 진정한 상호의존의 기본이해가 상쟁 경향을 극복하리라." Fox, 『원복』, 14-15.

향한다.[55] 창조 영성가 팍스도 단호하게 주장한다.

> 우리 시대에 가장 새로운 것은 우리의 의식에 대한 지구의 요청이다.
> 지구를 이루는 아름다움과 고통의 상관성이다. 사랑/정의와 생태적
> 조화의 지구적 문명을 창출하라는 새로운 초대이다.[56]

생태 영성은 이 초대에 대답하면서 뛰쳐나가야 한다. 이것이 우리
모두를 파괴와 멸절의 위기에서 살려내고 해방하는 길이기 때문이다.

3. 문화 영역: 디지털 세계의 인간을 선도하는 문화 영성을 위한 통찰

문화 영역에서 다룰 수 있는 문제들이 많지만 여기서는 그중에서도
디지털 기술에 의한 문명의 이기와 함께 초래되는 문제들을 살피면서
전인적 통전성이 요구하는 문화 영성을 어떻게 형성하고 구현할 수
있을까 하는 과제를 논의하고자 한다. 인류문명사를 컴퓨터 등장 이전
과 이후로 나누어야 한다는 주장이 옛날이야기가 된 듯 디지털 문명은
이제 우리 시대의 일상이 되었다. 채집과 수렵에서 시작한 인류 문명이
농경 사회를 거쳐 기계화를 통한 산업 혁명에 이르더니 이후 미리 설정

---

55 참조, Fox, 『원복』, 28. 라틴계 서방교회에 속하는 가톨릭교회와 개신교회가 창조에
  의한 피조성보다 타락에 의한 죄성에 더욱 집중하여 죄론과 구원론만 강조하니 개인
  적 차원에서 신앙에 의한 의화로 지나치게 기울었고 결국 종교가 사회보다는 개인에
  골몰하게 만듦으로써 해방이기보다는 억압이 되었다고 비판한다. 이를 극복하고 해
  방하는 창조 영성의 눈으로 성서를 다시 보자는 팍스의 제안은 크게 주목할 가치가
  있다.
56 *Ibid.*, 278.

해놓은 대로 움직이는 자동화를 거쳐 알아서 판단하고 움직이는 자율화로까지 가속적으로 달려가고 있다. 디지털 기술은 실제와 유사한 가상현실에서 시작하여 실제와 가상 사이를 이어주는 입체영상(hologram)의 증강현실로, 나아가 이런 기술과 인공지능 등 다른 기술까지 결합하는 메타버스(metaverse)까지 등장시켰다. 가상현실이나 증강현실은 인간이 수동적으로 참여하는 데 비해 '또 다른 우주'를 뜻하는 메타버스는 인간이 상상적인 구성을 통해 능동적으로 참여할 수 있다고 한다. 그 안에서는 실제 현실이라고 부르는 이 세계에서 할 수 있는 거의 모든 것을 뇌에 대한 인위적인 자극을 통해 상상으로 할 수 있다니 그야말로 '새로운 우주'까지는 아니더라도 '또 다른 지구'라고 해야 할 것 같기도 하다. 게다가 10년 안에 인공지능이 감정과 심지어 영혼까지 갖게 될 것이라 하니 앞으로 메타버스가 어떤 모습으로 펼쳐질지 기대와 두려움이 교차할 수밖에 없다.

그런데 현실이라는 표현을 우리의 실제 현실 외에도 가상현실, 증강현실처럼 실제가 아닌 곳에 대해서도 쓰고 있으니 다소 의아스럽기는 하다. 그러나 가상현실이나 증강현실은 물론이지만 메타버스처럼 이제는 현실이라는 말이 모자라 우주라는 말까지 쓰게 되었는데 그것이 현실인 것이 분명하니 현실이나 세계라는 표현을 쓰는 것은 어쩔 수 없어 보인다. 그런데 이렇게 되면서 여러 현실 사이에서 어떤 일이 일어날지 예측하기 어렵다. 가상이고 상상이니 어떻게 될지 모르기 때문이다. 더욱이 이런 영역을 첨단으로 달리는 사람들이 인류를 살리고 행복하게 해주겠다는 사명에 의한 것일 수도 있지만 더 많은 것을 갖고 누리겠다는 욕망에 의해 추동된 경우도 적지 않기 때문에 더욱 예측하기 어렵다.

이렇게 예측을 불허하는 상황이기에 우리는 다음과 같이 연잇는 물음을 묻지 않을 수 없다. 우선 지금 우리가 살고 있는 세계는 창조주께서 만드신 우주 안에 있는 태양계의 한 행성인 지구라는 자연을 토대로 한다. 그러나 메타버스는 누가 만들었는가? 물론 사람이 메타버스를 만들었다. 그러나 하나님이 사람을 만드셨으니 메타버스도 하나님의 창조라고 할 수 있는가? 인간이 만든 인공지능이 또 다른 인공지능을 만든다면, 그 인공지능은 인간이 만든 것인가 인공지능이 만든 것인가? 인공지능이 하는 심층학습(deep learning)이라는 것이 인간 지식의 심화인가 아니면 인공지능의 확장인가?

더 나아가 메타버스가 더욱 확장되고 심화되어 실제 현실에서의 체험 감각을 능가할 경우, 그래서 실제 현실보다 더 실제적으로 지각하는 신인류가 등장한다면, 실제 세계에서 취해야 할 최소한의 생명 유지 활동 이외에 정신적이나 영적인 활동은 대부분 자기가 원하는 대로 하기가 훨씬 더 좋은 메타버스로 몰려갈 것이 아닌가? 그리고 그 공간에서 나를 대체하는 아바타는 언제나 옳고 의롭다는 자의식으로 살면서 타인을 조종하지는 않을까? 나의 상상 속에서 펼쳐진 세계이고 그 안에 있는 타자라면 결국 내가 주무를 수 있는 타자가 아닌가? 그것도 진정한 타자인가? 진정으로 남을 남으로 만날 수 있는가? 더욱이 우리 맥락에서 가장 염려스러운 것은 영성의 전인적 통전성이 요구하는 공동체성이 메타버스 세계에서 어떻게 형성되고 소통될 수 있는가 하는 문제다. 이런 물음은 꼬리를 물고 이어질 것이며 앞으로 물어야 할 물음은 지금 앞당겨 상상조차도 할 수 없다.

물론 이런 가상의 우주는 인간의 욕망에서 비롯된 것이니 이를 거부해야 한다는 견해도 있을 것이다. "아무리 그래도 메타버스는 생각은 있지만 배고픈 육신을 먹일 수는 없으니"[57] 말이다. 반대로 메타버스라는 새로운 트렌드는 거스를 수 없으니 오히려 이런 시대를 이끌기 위해서라도 지혜롭게 활용할 수 있는 길을 도모해야 한다는 주장도 있을 것이다. 그럼에도 교회가 목회 현장에 이 기술을 유용하는 것에 대한 신학적 성찰 없이 마치 신기술의 재빠른 채용이 첨단 목회인양 부추겨지는 분위기에 대해서는 분명히 되돌아볼 필요가 있다.

실로 어느 한쪽 손만 들어줄 수 없으니 참으로 난감하다. 메타버스의 미래에 대해 아직은 판단하기 이르지만 그런 판단은 언제나 늦을 수밖에 없을 것이다. 빠른 속도로 끝없이 변화할 것이니 판단이 이를 앞설 수도 없고 따라가기도 벅찰 것이기 때문이다. 결국 몸인 우리는 이 속도에 지배되고 말 것이다. 좋든 싫든, 옳든 그르든 그렇게 될 것이다. 그렇게 되면 몸으로 사는 우리 실제 현실이 가상현실에 종속될 가능성이 농후하다. 나아가 실제의 현실로부터 도피하거나 또는 적응할 능력을 상실한 인간들을 만들어낼 수도 있다. 메타버스의 아바타가 지닌 익명성이 가져다줄 더 큰 자유를 향해 상상의 날개를 펼쳤는데 도리어 그것에 종속되고 노예가 될 수도 있다는 말이다. 게다가 그런 아바타들 사이의 만남으로 바로 곁에 있는 사람들은 더욱더 멀어질 수도 있을 것이다. 근대를 마감하게 했던 인간 소외가 우리 시대의 기본 정서가 될 수도 있다. 그렇게 되면 개체성과 관계성의 얽힘인 공동체성은 사라질 수밖에 없다. 자유를 명분으로 한 자기의 세계인데 자기만의 세계가 될 수도 있다. 상상의 자유를 얻는 대신에 치러야 할 대가가

---

57 조은석, "메타버스 시대의 교회, 예배 그리고 목회: 르네상스에서 인간지리학을 거쳐 신실존주의까지,"『메타버스 시대의 신학과 목회』, 연세신학문고 011(서울: 도서출판 동연, 2022), 91.

결코 만만치 않다.

그러니 지금 우리는 그 어떤 것이 더 적절하다고 판단할 수는 없다. 가상과 상상, 거기에 이를 일구고 북돋운 인간의 지혜와 욕망이 어떻게 얽혀 어느 방향으로 나갈지 알 수 없기 때문이다. 그야말로 인간이 신이 될 수도 있는 찬란한 유토피아일지, 아니면 생태 위기보다 더 앞서 인류의 종말을 재촉할 재앙의 디스토피아일지 알 수 없기 때문이다. 게다가 어느 한 방향으로만 나아갈지, 아니면 서로 충돌하는 여러 방향으로 나가면서 대혼란이 일어날지도 알 수 없다. 그러나 그간의 문명사에서 확인할 수 있듯이 더 편리하고 더 자유롭기 위한 문명 발전의 끝없는 노력이 인류에게 행복을 가져다주지 못했다는 점은 우리에게 외면할 수 없는 경고를 준다. 그뿐 아니라 누군가 더 누리게 된 자유와 이익은 다른 누군가를 억압하고 착취하는 결과를 대가로 치르고서야 주어졌다. 다만 그렇게 누리는 사람들이 교묘하게 위장하거나 무의식적으로 행하니 저지르는 쪽이나 당하는 쪽이나 의식하지 못할 뿐이다. 공동선이 여의치 않은 문명사의 비극이다. 이제 우리의 관심인 자기 비움과 타자 사랑의 영성은 바로 이런 문제들에 주목해야 한다.[58]

그렇다면 그러한 영성을 어떻게 도모할 수 있을까? 이렇게 시작해 보기를 제안한다. 디지털 문명이 어떻게 나아갈지 아직은 알 수 없다. 점차로 더 알 수 있게 되겠지만 더 알게 되면서 모르는 것이 더욱 커질 가능성이 점차로 더 증가할 것이다. 게다가 무엇을 얼마나 모르는지를 모르니 모르는 것이 얼마나 더 커질지도 알 수 없다. 그러나 바로 그렇

---

[58] 자기 비움과 타자 사랑을 자유와 진리의 관계에서 성찰한 필자의 단상집도 이 맥락에 연관되어 참조했다. 정재현, 『자유가 너희를 진리하게 하리라』(서울: 한울출판사, 2006), 3부 2-3장.

기 때문에 '모름의 지혜'를 구하는 혜안이 절실히 필요하다.

모르는데 지혜를 구한다는 것은 무슨 말인가? 단계를 따라 살펴보자. 우리는 일생생활에서 많은 것을 알고 살지만 더 많은 것을 모르고 산다. 그런데 모르는 줄 모르니 모르는 것이 없다고 생각한다. '무지'(無知)라는 첫 번째 단계인데, 다 안다고 착각한다. 편안할지는 모르지만 매우 위험한 상태다. 그래서 모른다는 것을 아는 것이 중요하다. 두 번째 단계다. 일찍이 소크라테스가 일깨워주는 '무지(無知)의 지(知)'가 이에 해당한다. 그런데 모른다는 것을 알게 되면 그 모름을 줄이려고 애를 쓰게 된다. 먼저 자기 자신을 알고 세계로 나아간다. 소크라테스가 델포이 신전에서 인용하여 강조한 '너 자신을 알라'는 경구도 바로 이를 가리킨다. 이렇게 해서 세계를 향해 더 알아가려고 노력한다. 당연한 것이다. 문명사의 발전은 이를 동력으로 해왔다.

그런데 언제까지 어디까지 알아야 하는가? 이렇게 묻고 보니 경계를 지을 대책이 없다. 물론 '왜 그런 물음이 필요한가?'라고 반문할 수도 있다. 그러나 여기가 바로 함정이다. 한계를 밀어내는 것이야 마땅하지만 더 알아야 한다면 그 끝은 어디인가? 그러나 문명, 특히 서구 문명은 이 물음에 대한 대답을 고려하지 않은 채, 앎을 무한하게 추구해왔다. 오직 더 알아야 한다는 끝없는 일변도의 욕망이 오직 앞으로만 달려가는 문명 질주를 초래했다. 그 결과 문명의 발전이 인류의 복지에 기여하는 것 못지않게 더욱 불안하고 절망하게 만드는 자가당착에 빠지고 있다. 가장 심각한 문제인 생태 위기, 사라지지 않는 전쟁과 착취를 비롯한 무수한 문제가 일어나고 있다. 왜 그런가?

여러 모로 진단할 수 있겠지만 '모름의 지혜'라는 눈으로 보면 모른다는 것을 아는 두 번째 단계에서 멈추었기 때문이다. 그러니 오직 더 알아야 한다는 것이 온 인류에게 공동선을 위한 발전의 동인보다는 압도적인 강박과 억압의 이데올로기로 더 크게 작동할 수밖에 없었기 때문이다. 여기서 세 번째 단계가 필요하다. 무엇을 얼마나 모르는지 모른다는 점에 주목하는 것이다. '무지(無知)의 무지(無智)'이다. 이 단계는 실상 그 대상이 없다. 따라서 의미도 없어 보인다. 그러나 결정적으로 중요한 것이 있다. 그것은 바로 두 번째 단계에서 멈추면 무한 추구밖에 할 것이 없게 되는데 이것이 인간을 살리기보다는 오히려 더 많은 고통과 죽음을 가져왔기 때문이다. 무한 경쟁이라는 것이 도대체 무엇을 위하고 누구를 위한 것이었는지 살피면 납득될 것이다. 무한 경쟁으로 이득을 보는 극소수를 제외한 대부분의 인류가 그렇게 피조물의 고통으로 신음하는 지경이니 말이다.

이래서 '무지의 무지'는 중요하다. 두 번째가 끝이 아니라고 경고해주는 의미가 있다. '무지의 지'는 더 알아야 한다고 우리를 끝없이 채찍질을 하지만 '무지의 무지'는 그렇게 하고도 여전히 무엇을 얼마나 모르는지 돌아보게 하니 여기서 숨을 돌리게 한다. 아무것도 잡히지 않는 '무지의 무지'인데 '무지의 지'가 몰고 가는 강박과 억압에서 해방해주는 경이로운 힘이 있다. 이것이 바로 '모름의 지혜'다.[59] '모름의 지혜'는 메타버스 따위뿐 아니라 온 인류가 겪고 있는 전염병이나 전쟁과 같은 비극에 대해서도 어떻게 대처해야 할지 일깨워주는 지혜다. 그래서 이런 상황에서 절실하게 요구되는 자기 비움과 타자 사랑의 영성을 위한 오묘한 통찰이 될 수 있다. 이제 이런 '모름의 지혜'는 우리가 우리

---

[59] '모름의 지혜'에 대한 더욱 자세한 논의는 필자의 다음 두 개 저서에 좀 더 자세히 해설하고 있다. 정재현, 『인생의 마지막 질문』(서울: 청림출판사, 2021); 정재현, 『통찰: 죽음과 얽힌 삶, 그래서 사랑』(서울: 도서출판 동연, 2021).

삶의 주인도 아니지만 그렇다고 눈앞에 펼쳐지는 기술에 노예가 되어서는 안 된다고 일깨워준다. 기술 세계에 중독되면 인간은 더 이상 주인이 아니다. '모름의 지혜'가 이에 대한 경계 장치가 된다.

이렇게 '모름의 지혜'를 전제한다면, 이제 우리는 메타버스의 현실을 더욱 적극적으로 활용하는 지혜도 추구해야 할 것이다. 그러기 위해서는 메타버스가 우리의 실제 현실을 지배하거나 압도하도록 해서는 안 되며 거꾸로 실제 현실에 종속되는 수단이어야 한다. 메타버스를 포함하여 디지털이 펼쳐주는 세계는 실제 현실의 연장(extension)이지 대체(replacement)일 수도 없고 그래서도 안 된다. 그러하다면 상상을 원천으로 하는 메타버스에서 아바타를 통해 세워나가는 자기의 세계에서 자기는 언제나 옳다는 자아 중심주의 같은 허위의식의 우상을 깨야 한다. 이 지점에서 자기 비움의 영성이 절실히 요구된다. 과연 메타버스의 세계에서 이것이 가능할지, 가능하다면 어떤 방법으로 도모할 수 있을지는 메타버스 세계에서의 체험이 축적되고 비판적으로 공유되면서 함께 논의해야 할 과제다.

이런 전제를 염두에 둔다면, 인간이 소통할 수 있는 방식 중 상당 부분이 동원될 수 있는 메타버스는 세계로 뻗어가는 한류 열풍처럼 언어와 문화의 한계를 넘어서 이 시대를 위한 영성을 나눌 수 있는 통로로 사용될 수도 있겠다. 앞서 논했던 종교들 사이의 긴장이나 갈등 문제도 다루면서 해소의 길을 모색할 수도 있다. 아울러 자연 파괴로 인한 생태 붕괴 문제에 대해서는 적극적으로 들추어내어 전 지구적으로 고발하고 해결을 위해 전 인류의 연대에 호소하는 데에 어느 다른 소통 수단보다도 효과적일 수도 있을 것이다. 말하자면 그 자체가 목적이 되지 않고 이런 목적들을 위한 수단이 될 수 있다면 나름대로 의미 있는 현실 참여를 통한 타자 사랑의 영성을 실천하는 데에 도움을 주는 문명의 이기가 될 수도 있을 것이다. 그렇게 하기 위한 지혜가 지금 우리에게 필요하다. 이를 위해서도 모름의 지혜에 근거한 문화 영성을 함양하는 것은 절실한 과제라고 하겠다.

그럼에도 여전히 남아 있는 문제들이 있다. 이를 망라할 수도 없지만 덮어둘 수는 더욱 없다. 그중에서도 메타버스를 사용할 수 없는 사회적 약자들에 대한 배려는 우선적으로 중요하고 시급하다. 빈곤층은 물론 장애인, 노약자, 환자 등 교회가 외면해서는 안 되는 많은 사람이 이런 찬란한 가상현실에서 소외될 수밖에 없다. 이들을 위해, 아니 이들과 함께 부대끼며 사랑을 나누는 공동체를 이제 우리는 어디서 기대할 수 있을까? 메타버스 활용 못지않게 그리스도의 영성을 추구하는 우리가 묻고 대답해야 할 과제다. 그러한 공동체적 영성이 자본과 기술, 권력으로 남을 밀어내고 나를 세우려는 자들도 불안과 강박에서 벗어나게 해주고 이로 인해 소외되고 억압당해왔던 더 많은 사람을 해방함으로써 우리 모두를 함께 살리는 길이기 때문이다.

참고문헌

강원돈. "통전-융합적 생명신학 구상: 인류세의 위기를 극복하고 생명세를 여는 종합적인 학문의 모색."「신학과 철학」, no.40(2022 봄): 3-38.

김용해. "현대 생태위기 상황의 트랜스로그와 생태영성학."「신학과 철학」, no.40 (2022 봄): 39-68.

김화영.『영성, 삶으로 풀어내기: 신-인-세계 관계의 역설적 원형과 믿음의 몸』. 서울: 대한기독교서회, 2015.

조대호 역해.『아리스토텔레스의 형이상학: 주요 본문에 대한 해설 번역 주석』. 서울: 문예출판사, 2004.

조은석. "메타버스 시대의 교회, 예배 그리고 목회: 르네상스에서 인간지리학을 거쳐 신실존주의까지."『메타버스 시대의 신학과 목회』. 연세신학문고 011, 84-119. 서울: 도서출판 동연, 2022.

조은하.『통전적 영성과 기독교교육』. 서울: 도서출판 동연, 2010.

정용석, 이후정, 최형걸, 유해룡, 홍성주, 지형은 편.『기독교 영성의 역사』. 서울: 은성, 1997.

정수복.『한국인의 문화적 문법: 당연의 세계 낯설게 보기』. 서울: 생각의나무, 2013.

정재현.『묻지마 믿음' 그리고 물음』. 서울: 도서출판 동연, 2014.

_____.『앎이 그대를 속일지라도: 자기 강박으로부터의 해방을 위한 해석학』. 서울: 도서출판 동연, 2020.

_____.『자유가 너희를 진리하게 하리라』. 서울: 한울출판사, 2006.

_____.『종교신학 강의: 다종교 상황에서 그리스도교인이 가야 할 길』. 서울: 비아, 2017.

_____.『통찰: 죽음과 얽힌 삶 그래서 사랑』. 서울: 도서출판 동연, 2021.

_____.『티끌만도 못한 주제에: '사람됨'을 향한 신학적 인간학』. 왜관: 분도출판사, 1999.

정진홍. 『경험과 기억: 종교문화의 틈 읽기』. 서울: 당대, 2003.

게이이치, 니시타니. 『종교란 무엇인가?』(宗敎と何か). 정병조 옮김. 서울: 대원정사, 1993.

Anselme de Cantorbéry. 『모노로기온-프로슬로기온』(*Monologion & Proslogion*). 박승찬 옮김. 서울: 아카넷, 2012.

Armstrong, Karen. 『신의 역사 I』(*A History of God*). 배국원, 유지황 옮김. 서울: 도서출판 동연, 1999.

Descartes, René. 『방법서설』(*A Discourse on Method*). 김진욱 옮김. 서울: 범우사, 2009.

Fox, Matthew. 『원복: 창조 영성 길라잡이』(*Original Blessing: A Primer in Creation Spirituality*). 황종렬 옮김. 왜관: 분도출판사, 2022.

Hamilton, Clive. 『인류세: 거대한 전환 앞에 선 인간과 지구 시스템』(*Defiant Earth: the Fate of Humans in the Anthropocene*). 정서진 옮김. 서울: 이상북스, 2018.

Kierkegaard, Søren Aabye. 『불안의 개념』(*Begrebet Angest*). 임규정 옮김. 서울: 한길사, 1999.

_____. 『죽음에 이르는 병』(*Sygdommen til Døden*). 박환덕 옮김. 서울: 범우사, 2002.

Levinas, Emmanuel. 『타자성과 초월』(*Alterite et Transcendance*). 김도형, 문성원 옮김. 서울: 그린비, 2020.

MacGregor, Geddes. 『사랑의 신학』(*He Who Lets Us Be: A Theology of Love*). 김화영 옮김. 서울: 대한기독교서회, 2011.

Miet, Dietmar 편. 『하느님과 하나되어: 마이스터 에크하르트의 논고, 설교, 강의 선집』(*Meister Eckhart*). 김순현 옮김. 왜관: 분도출판사, 2014.

Pascal, Blaise. 『팡세』(*Pensees*). 이환 옮김. 서울: 민음사, 2003.

Ricœur, Paul. 『악의 상징』(*The Symbolism of Evil*). 양명수 옮김. 서울: 아카넷, 2009.

_____. 『해석의 갈등』(*Le Conflit des Interpretations*). 양명수 옮김. 서울: 아카넷, 2001.

Roberts, Simon. 『뇌가 아니라 몸이다: 생각하지 않고 행동하는 몸의 지식력』(*The Power of Not Thinking: How Our Bodies Learn and Why We should Trust Them*). 조은경 옮김. 서울: 소소의책, 2020.

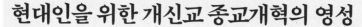

현대인을 위한 개신교 종교개혁의 영성
— 마틴 루터의 십자가의 신학

송인서 월드미션대학교 교회사 강사

I. 들어가는 말

디지털 시대를 사는 현대인을 위한 기독교 영성 연구 프로젝트에
참여하여 글을 쓰게 된 것은 필자에게는 매우 도전적인 일이다. 필자는
교회의 과거를 연구하는, 그중에서도 16세기 유럽의 종교개혁을 주로
연구하는 교회사가다. 당연히 논문집의 다른 저자들에 비해 현재를
분석하거나 미래를 전망할 수 있는 역량이 부족하다. 케케묵은 과거를
연구하는 것이 오늘날과 미래의 문제에 직접적인 해답을 줄 수 없다는
것을 누구보다 잘 알고 있다. 과거는 결코 동일하게 되풀이되지 않는
다. 과거의 사람들은 오늘날 우리가 겪고 있는 일들을 경험하지 않았
다. 과거에 정답이라고 여겼던 것들을 오늘날 판이하게 다른 상황에서
보편적 진리인 것처럼 제시할 경우, 문제 해결보다는 오히려 시대착오
적 오류들을 불러일으키기 십상이다. 그래도 현대인을 위한 영성 연구

를 위한 이 프로젝트에 교회사가인 필자에게도 집필을 맡긴 이유가 있지 않을까 싶다. 과거가 비록 현재를 위한 맞춤형 정답을 주지는 못할지라도 현재를 바라볼 수 있는 넓은 시야와 통찰력을 제공할 수 있는 힘이 있기 때문이리라. 과거는 우리가 현재에 파묻힌 나머지 그동안 잊고 있었던 것들, 우리가 놓치고 있었던 것들을 다시금 볼 수 있게 해주기 때문이다. 과거는 우리의 스승이 되기도 하고, 때로는 상담가가 되기도 하며, 우리가 가는 길에서 나침반 역할을 하기도 한다.

오늘날 현대인들이 사는 시대를 '디지털 시대'라고 부르는데, 디지털 시대라는 구호가 오늘 시대 전체를 대변할 수 있는 통칭인지는 의문이 든다. 여전히 아날로그적 감성을 추구하는 현대인들이 많으며 복고가 유행하는 경우도 많다. 철학자 한병철이 말했듯이 오히려 현대 사회를 '피로사회'로 규정하는 것이 더 많은 사람의 피부에 와 닿지 않을까 싶다.[1] 현대인들은 누구나 피곤하다. 단순히 일이 많아서 피곤한 것이 아니다. 과거의 사람들은 우리보다 훨씬 더 고된 육체노동을 훨씬 더 오래했다. 현대인들이 만성적으로 피로한 것은 육체적인 이유보다는 정신적인 이유 때문이다. 몸은 쉬어도 마음은 늘 분주하다. 자려고 누워도 쉽게 잠들지 못한다. 우리의 머릿속은 늘 염려와 걱정으로 가득 차 있다. 현대인들은 대부분 불안해한다. 많은 이가 만성적인 우울감을 호소한다. 디지털 시대의 첨단 기술들을 통하여 과거에 비해 훨씬 더 편안하고 만족스러운 삶을 누려야 할 현대인들이 오히려 과거의 사람들보다 더 피곤하고 피로한 이유는 무엇인가?

현대인들이 정신적 피로와 극심한 스트레스를 호소하는 이유들 중

---

1 한병철, 『피로사회』(*Mudigkeitsgesellschaft*), 김태환 옮김(서울: 문학과지성사, 2012).

하나는 '인정받는 것', '평가받는 것'과 관계가 있지 않을까 싶다. 사회적 동물인 인간은 태어나면서부터 죽을 때까지 타인으로부터 인정과 평가를 받는다. 인간 공동체의 최소 단위인 가족에서부터 학교, 직장, 사회에 이르기까지 타인에게 받는 인정과 평가는 늘 현대인들을 따라다닌다. 부모는 공부 잘하는 자녀를, 직장 상사는 일 잘하는 부하 직원을, 사회는 공동체에 유용한 인재를 주로 높게 평가하고 인정한다. 인정과 평가는 단순히 심리적인 차원만을 의미하지 않는다. 인정과 평가에 따라서 실제로 한 사람의 지위가 바뀌고 인생이 바뀐다. 학교에서 좋은 성적으로 좋은 평가를 받는 학생은 좋은 대학에 간다. 좋은 대학을 나온 학생은 좋은 직장에 취직하며, 좋은 직장에 취직한 사람은 상사의 평가에 따라 연봉과 지위가 결정된다. 눈에 보이지는 않지만 분명히 존재하는 사회 내의 계층들은 타인의 인정과 평가에 따라 규정되는 경우가 많다. 세상살이에서 타인에게 좋은 인정과 평가를 받는 것이 성공과 실패를 결정한다는 것을 어려서부터 체득한 현대인들은 늘 타인의 시선을 의식하며 살아간다. 현대인의 곤궁은 타인뿐만 아니라 자기 자신도 무의식적으로 늘 스스로를 평가하고 있다는 사실에 있다. "내가 과연 지금 잘하고 있는 것인가?", "과연 이만큼 해서 좋은 평가와 인정을 받을 수 있을까?", "지금보다, 남들보다 더 노력해야지만 인정받을 수 있지 않을까?"라는 생각이 머릿속을 떠나지 않는다. 외부로부터뿐만 아니라 자신으로부터의 인정과 평가에 대한 염려와 불안 때문에 현대인은 쉬어도 쉬는 것이 아니다. 현대 사회는 '피로사회'다.

'피로사회'의 영성은 '불안'과 '불확실성'의 영성이다. 사람으로 하여금 자신과 타인의 인정과 평가에 목매게 하는 사회는 인간을 늘 불안하고 초조하게 만든다. 좋은 인정과 평가를 받고 싶어 최선을 다하지만,

"과연 내가 최선을 다했는가?"에 대한 내적인 확신이 늘 부족하다. 현대인들은 인정과 평가를 쫓아 사는 것 같지만, 사실 인정과 평가에 그들이 쫓기어 사는 것인지도 모른다. 좋은 인정과 평가가 가져다준다고 믿는 성공과 승리, 안정된 삶을 위하여 살다 보니 자신도 모르게 인정과 평가라는 감옥에 갇힌 채 늘 불안하고 초조하다.

그렇다면 피로사회를 살고 있는 현대 기독교인의 신앙생활은 어떠한가? 많은 기독교인이 디지털 시대와 팬데믹 시대에 등장한 온라인 예배라는 나름 편리한 신앙생활 방식을 선택했다. 주일에 힘들이지 않고 집에서 편안하게 예배드릴 수 있는 방식에 만족하고 있는 신앙인들이 많다. 그러나 육체적 '편안함'이 영적 '평안'과 동일시될 수는 없는 노릇이다. 편리하게 드리는 온라인 예배가 과연 하나님께 대한 나의 최선인가에 대해 의문을 갖는 이들이 많다. 이렇게 신앙생활을 해서 과연 하나님에게 좋은 인정과 평가를 받을 수 있을지 자신 없어 한다. 몸은 편안할지 몰라도 마음은 여전히 불안하다. 현대 기독교인들은 하나님에게 받는 평가와 인정이 자신의 삶의 성공 여부, 축복과 구원 여부를 좌우한다는 생각에서 자유롭지 못하다.

이 글은 피로사회를 살아가는 현대 기독교인들을 생각하며 썼다. 현대 사회에서 기독교인들 역시 경험하고 있는 '불안'과 '불확실성'의 영성을 생각하며 썼다. 과거의 영성이 현대의 영성에 대한 직접적인 해답이나 대체물이 될 수는 없다. 시대는 변화하며, 한 시대의 영성은 결코 영원하지 않다. 그러나 기독교의 역사에는 본질적인 영성이 있다. 본질적인 영성은 역사를 통한 변형 또는 왜곡에도 불구하고 언제나 다시 새롭게 등장할 수 있는 역동적인 힘을 지녔다. 필자는 이 글에서 16세기 종교개혁운동을 통해 마틴 루터(Martin Luther, 1483~1546)가 재발견하고자 했던 기독교의 본질적인 영성, '십자가의 영성'(Spirituality of the Cross)을 소개하고자 한다. 루터의 십자가의 영성을 16세기 유럽이라는 구체적인 역사적 상황에서 분석하여 기독교의 본질적 영성과 중세 교회의 영성의 차이점을 밝히고자 한다. 또한 1517년부터 발표된 루터의 여러 글을 소개하여 그의 십자가의 신학이 행위에 따른 하나님의 인정과 평가에 기초한 중세교회의 구원론을 어떻게 극복하고자 했는지 설명하고자 한다. 끝으로 필자는 이 글에서 십자가의 영성이 인정과 평가에 쫓겨 살아가는 현대 기독교인들에게 자유와 해방, 삶의 방향과 목적에 대한 기독교적 응답이 될 수 있음을 주장하고자 한다.

1. 교회사에서 기독교의 본질적 영성이 존재하는가?
: 하르낙과 큉의 이해를 중심으로

루터의 십자가의 영성을 다루기 전에, 기독교 영성에 대해 함께 생각해보는 것이 순서겠다. '영성'이라는 손에 잡히지 않는 단어가 시대마다 다르게 이해되고 해석되는 이유는 무엇인가? 각 시대마다 다른 색깔의 기독교 영성이 존재하는 이유는 무엇인가? 여러 가지 이유를 찾을 수 있겠지만 무엇보다도 기독교 영성이 당대의 시대정신(zeit-geist)과 불가분의 관계에 있기 때문이 아닐까 싶다. 기독교 영성은 시대정신에 영향을 주기도 하지만 반대로 시대정신으로부터 영향을 받기도 한다. 교회가 이 땅의 터 위에 세워지듯이, 기독교인이 이 땅에 발을 딛고 살아가듯이, 기독교 영성 또한 그 시대의 보편적인 세계관과 구분되지만 결코 완전하게 분리될 수 없다. '나는 기독교인이기 때문에 나의 사고방식과 생활양식은 순전 무결하게 기독교적이다' 하고 주장할 수 있는 사람은 아무도 없을 것이다. 한국인의 정체성을 가지고 있는 우리의 기독교적 신앙 양태 안에도 무교적이거나 불교적, 또는 유교적인 요소들이 뒤섞여 있다는 것을 부정하기 어렵다. 우리가 학교에서, 직장에서 그리고 소셜 미디어 공간 등에서 보내는 수많은 시간을 생각해보자. 우리가 소위 '세상'이라고 부르는 공간에서 보내는 시간의 양은 교회 안에서 보내는 시간과는 비교할 수 없을 정도로 길다. 그러므로 우리의 사고방식과 신앙 양태 그리고 영성은 자연스럽게 우리 시대의 정신과 많은 영향을 주고받는다.

물론 우리가 바라는 것은 기독교와 교회의 영성이 당대의 시대정신을 선도하고 변화시키는 방향일 것이다. 그것이 바로 교회와 기독교인의 존재 목적이 아닌가? 그러나 우리의 바람과는 다르게 기독교의 역사는 사뭇 다른 이야기를 우리에게 들려준다. 가톨릭 신학자인 한스 큉(Hans Küng)은 그의 저서 『그리스도교: 본질과 역사』에서 기독교의 본질과 역사의 관계를 '대립적 상관관계'라는 용어로 표현한다.[2] 필자와 마찬가지로 큉은 기독교의 본질 또는 영성이 당대의 패러다임과 밀접한 관계가 있다고 여긴다. 기독교의 본질은 시공간이라는 역사 또는 형태 없이 존재할 수 없다. 형상(idea)이 질료(matter) 없이 존재할 수 없고, 본질(essence)은 늘 형태(form) 안에 담긴 채로 있을 수밖에 없다는 이야기다. 삼위일체 하나님의 세 위격 중 한 분이신 성자께서 나사렛 예수라는 한 인격을 취하여 그 안에 거하셨다는 것이 기독교에서 가장 본질적인 계시 사건인 성육신(incarnation) 사건이다. 그렇다면 기독교의 본질이 늘 역사라는 형태 안에 담긴다는 큉의 주장을

---

2 Hans Küng, 『그리스도교: 본질과 역사』(*Das Christentum: Wesen und Geschichte*), 이종한 옮김(서울: 분도출판사, 2002), 37.

거부할 이유는 없다. 그러나 성자께서 예수 안에 거하실 때 신성과 인성 사이의 구분되지만 분리될 수 없는 완전한 위격적 연합(hypostatic union)을 이루신 것과는 달리, 기독교의 본질이 역사라는 형태에 담길 때에는 늘 일종의 '변형' 또는 '왜곡'이 일어난다. 이것이 큉이 본질과 역사의 관계를 '대립적 상관관계'라고 표현한 이유다. 기독교의 본질 또는 영성은 역사라는 형태 안에 필연적으로 담기는데 이 둘의 관계는 일방적이라기보다는 상호적이며, 협력적이라기보다는 대립적이라는 것이다.3

그렇다면 기독교의 본질적 영성을 어떻게 이해하는 것이 바람직할까? 교회사가이자 조직신학자 아돌프 하르낙(Adolf von Harnack)은 기독교의 본질을 역사라는 형태에서 분리 추출해낼 수 있다고 믿었다. 소금물에서 물을 모두 증발시키고 소금만 추출하는 것이 가능한 것처럼, 교회의 왜곡된 역사에서 기독교의 본질적 영성의 진액만을 뽑아낼 수 있다고 여긴 것이다. 하르낙은 그의 책 『기독교의 본질』(Das Wesen des Christentmus)에서 기독교 영성의 핵심은 다름 아닌 예수의 메시지에 있다고 주장한다.4 예수의 선포에서 가장 중요한 세 가지 핵심 메시지는 다음과 같다. 1) 임박한 하나님 나라(the kingdom of God and its coming), 2) 아버지 되신 하나님과 인간 영혼의 무한한 가치(God the Father and the infinite value of the human soul), 3) 더욱 높은 차원의 공의와 사랑의 계명(the higher righteousness and the commandment of love). 기독교의 본질은 예수의 이 세 가지 메시지에 담겨 있으며,

---

3 Küng, 39.

4 Adolf von Harnack, *What Is Christianity*, trans. Thomas Bailey Saunders(Philadelphia: Fortress Press, 1986), 10.

기독교의 영성은 예수의 이 핵심 가르침을 따라 사는 삶에 있다는 것이 하르낙의 주장이다.

하르낙에 따르면 그러나 매우 이른 시기의 초대 교회에서부터 본질로부터의 탈선 또는 왜곡이 일어났는데, 이는 기독교의 헬레니즘화(Hellenization) 과정에서 기인한다. 예수의 단순명료한 윤리적 가르침이 예수에 '관한' 가르침으로 변형되었고, 교회가 당시 로고스 선재설과 같은 스토아주의(Stoicism) 철학 사조들을 적극적으로 차용하면서 예수의 실천적인 가르침이 예수에 대한 사변적인 신학 논쟁으로 변질되기 시작했다는 것이다.5 그러므로 하르낙의 견해에서는, 그 이후의 교회 역사는 다름 아닌 기독교 본질에 대한 왜곡의 역사일 수밖에 없다. 초대 교회 이후로부터 진행된 기독교의 제도화, 남성 성직자 중심의 직제화, 교조주의화, 무엇보다도 제국에서의 국교화(Christendom) 과정은 타락이요 왜곡의 역사다. 비록 하르낙이 중세 수도원 운동, 16세기 종교개혁 운동, 그중에서도 재세례파와 같은 급진적 개혁운동을 높이 평가함에도 불구하고, 그의 눈에 비친 기독교의 역사는 근본적으로 본질 훼손의 역사에 다름 아니다. 하르낙은 기독교의 본질과 역사를 대립적 관계 또는 이분법적 관계로 본다. 본질은 선한 것, 그래서 보전해야 할 것이요, 형태로서의 역사는 악한 것, 그래서 버려야 할 것이다.

필자는 하르낙이 주목한 하나님 나라를 중심으로 한 예수의 핵심

---

5 Harnack, 193: "The living faith seems to be transformed into a creed to be believed; devotion to Christ, into Christology; the ardent hope for the coming of 'the kingdom,' into a doctrine of immortality and deification; prophecy, into technical exegesis and theological learning; the ministers of the Spirit, into clerics; the brothers, into laymen in a state of tutelage; miracles and miraculous cures disappear altogether, or else are priestly devices; fervent prayers become solemn hymns and litanies; the 'Spirit' becomes law and compulsion."

메시지가 기독교의 본질들 중 하나라는 점에 동의한다. 기독교의 본질적 영성은 예수에 관해서 '무엇을 믿느냐'(what to believe)뿐만 아니라 예수의 가르침에 따라 '어떻게 사느냐'(how to live)와도 깊은 관계가 있다. '바른 믿음'(orthodoxy)은 '바른 실천'(orthopraxis)과 결코 분리될 수 없다. 믿음과 행위, 칭의와 성화는 구분되지만 결코 분리되어서는 안 된다. 1세기 교회 공동체의 출발은 '예수 운동'(Jesus Movement)이었지 기독교라는 제도 종교 설립이 그 목적이 아니었다. 그럼에도 하르낙의 관점은 그가 그토록 비판한 헬레니즘 철학의 대표격인 플라톤주의(Platonism)와 너무나 닮아 있다. 형상(Idea)은 선하고 우월하며, 질료(matter)는 악하고 열등하다. 이데아는 질료 밖에서, 질료 너머에서 유아독존한다. 영, 영혼은 물질, 몸이라는 감옥 밖에 존재할 때에만 자유롭고 영원하다. 기독교의 본질과 영성은 그러므로 역사라는 질곡과 왜곡에서 구출되어야만 한다는 것이 하르낙의 방법론이다.

그러나 필자는 기본적으로 앞에서 설명한 큉의 관점을 공유한다. '본질'뿐만 아니라 '역사'도 기독교다. '영혼'뿐만 아니라 '몸'도 나다. 형상은 언제나 질료 안에 담긴 채로 있다. 기독교의 본질적 영성 탐구에서는 하르낙과 같은 이분법적 사고, 즉 달면 삼키고 쓰면 뱉는 식의 방법론은 적합하지 않다. 목욕물이 더럽다는 이유로 마구 내다 버리다가 자칫 그 안에 담긴 소중한 아기까지 함께 내던져질 위험이 있다. 오히려 큉과 같이 본질과 역사의 관계를 비록 대립적이지만 그럼에도 상관관계가 있는 것으로 보는 것, 비록 본질에서 벗어난 변형과 왜곡의 역사일지언정 그것마저도 기독교의 한 모습이라는 것을 정직하고 겸허하게 받아들이는 자세가 필요하다.[6] 그렇다면 큉이 말하는 역사라는 형태 안에 담긴 채로 지금까지 이어진 기독교의 본질적 영성은 무엇인가? 그가 말하는 기독교의 '원 패러다임'과 '근본 동인'은 무엇인가? 퀑의 말을 직접 들어보자.

> 그리스도교의 중심에는 어떤 영원한 이념이 아니라 뚜렷한 한 인물이 자리하고 있다. 이념, 원리, 규범, 체계는 명료성, 확실성, 단순성, 안정성, 사유-표현 가능성으로 특정지어진다. 그러나 그것들은 구체적이고 개별적인 것으로부터 떨어져 나와 추상화되었기에 단색적이고 현실과는 거리가 멀다.
>
> 추상화는 거의 필연적으로 획일성, 경직성, 그리고 상관적 공허로 귀결되며, 모든 것을 핏기 없는 사고를 통해 병들게 한다. 간단히 말해서 이념, 원리, 규범, 체계에는 본질적으로 생명의 운동, 생생한 인식, 경험적, 구체적 실존의 생각도 할 수 없는 무진장한 풍요로움이 결여되어 있다.[7]

기독교의 본질적 영성에는 이념이 아니라 예수 그리스도라는 한 분이 계시다. 이분은 어떠한 체계나 제도, 교리나 시대정신으로 파악되거나 장악되거나 제한되는 분이 아니다. 종말론적인 예언자이자 하

---

6 Küng, 38-39: "본질과 형태의 구별은 떼어놓을 수 없다. 이 둘은 서로 떼어놓아서는 안 되고 오히려 둘의 통일성에 터해 고찰해야 한다. 본질과 형태의 구별은 실제적인 것이 아니라 개념적이다. 사실 교회적 형태들의 강물로부터 화학적으로 순수하게 증류되어 떨어져 나온 그리스도교의 본질 '자체'란 어디에도 없고 또 없었다. 변화하는 것과 불변하는 것은─실천을 위해 중요한 점이거니와!─깔끔하게 분리되지 않는다. 항구적이고 불변하는 것들은 과연 존재하지만 아예 본디부터 개혁될 수 없는 영역들이란 없다. 본질과 형태의 상호관계는 씨와 껍질의 관계처럼 단순한 것이 아니다. 형태 없는 본질은 추상적이며 따라서 비실제적이다. 본질 없는 형태는 껍데기뿐이며 따라서 마찬가지로 비실제적이다."

7 Küng, 60.

나님 나라를 이 땅에 몸소 앞당겨 오게 하신 그리스도이신 예수는 역사의 주인이시다. 예수 그리스도는 십자가의 죽음과 부활을 통해 세상의 모든 가치체계를 뒤집어엎으신 분이다. 약함이 강함이며, 가난이 부함이며, 나중이 먼저며, 아래가 위며, 죄인이 의인이며, 죽음이 생명임을 이 땅에서 몸소 보여주신 분이다. 당신이 핏값으로 사신 종말론적인 공동체에게 세상의 가치체계가 아니라 하나님 나라의 가치체계를 따르라고 말씀하신 분이다. 이 예수는 한 사람 한 사람을 부르시며, 그와 마주 서시며, 그에게 자기를 따라오라고 친히 초청하시는 분이다. 이 예수를 추종하고 추앙하는 '삶', 십자가를 지는 '삶', 자기를 부인하고 초월하는 '삶'이 바로 기독교의 본질적 영성이다. 그러므로 기독교의 본질적이고 핵심적인 영성은 '십자가의 영성'(Spirituality of the Cross)이요, '십자가의 삶'(Life of the Cross)이다.

'예수 따라 사는 삶'이라는 기독교의 이 본질적 영성은 비록 변형과 왜곡의 위험성에도 불구하고 역사라는 형태에 담긴 채 지금까지 도도히 이어져왔다. 흐를 수밖에 없고 흘러야 마땅한 역사와 시대, 그리고 교회가 마치 본질인 채 고착화되어 주인 노릇을 할 때마다 기독교의 본질적 영성은 새 술이 되어 옛 부대를 찢고 솟아올랐다. 앞으로 살펴볼 16세기 유럽 개신교 종교개혁, 특별히 마틴 루터(Martin Luther)의 개혁은 기독교 영성이 중세 기독교 패러다임이라는 옛 부대에 더 이상 담길 수 없을 때 등장했던 새 부대였다.

2. 중세 가톨릭교회: '영광의 영성과 영광의 신학의 시작'

16세기 개신교 종교개혁이라는 새 부대를 이해하기 위해서는 간략하게나마 중세 가톨릭교회라는 옛 부대를 살펴보는 것이 순서다. 유럽의 역사를 다룰 때, 보통 게르만족에 의해 서로마 제국이 멸망했던 시기인 486년경을 초대시대의 종결과 중세시대의 시작으로 삼는다. 그러나 중세 가톨릭교회 패러다임은 이보다 더 이른 시기부터 시작되었다고 보는 것이 옳다. 기독교 역사에서 최악의 박해 기간이요, 순교자들뿐만 아니라 수많은 배교자를 낳았던 로마 제국 황제 디오클레티아누스의 박해 명령(the Diocletian Order) 시대는 311년 '관용의 칙령'(the Edict of Tolerance)으로 막을 내리게 된다.[8] 그 후 기독교 역사 전체 패러다임에서 가장 큰 변화를 불러온 사건이 발생하는데, 그것은 콘스탄티누스(Constantine) 황제가 기독교로 개종한 사건이다. 콘스탄티누스가 막센티우스(Maxentius)와의 밀비안 다리 전투를 앞두고 꿈에 어떤 환상을 보았다고 전해지는데, 그리스도가 그에게 나타나 자신의 부대의 방패에 'Chi-Rho', 즉 그리스도의 문양을 새기면 승리할 것이라는 예언을 했다는 것이다. 그날 이후 콘스탄티누스가 실제로 그리스도 문양을 부대 방패들에 새길 것을 명령했고, 전투에서 승리한 후 기독교로 귀의했다고 알려져 있다.

---

8 312년 이전까지 로마 제국에서의 초대 교회에 대해서는 다음 책들을 참조하라. Norbert Brox, *A History of the Early Church*, trans. John Bowden(London: SCM Press, 1994); Paul McKechnie, *The First Christian Centuries: Perspectives on the Early Church*(Downers Grove, IL: InterVarsity Press, 2001); Henry Chadwick, *The Church in Ancient Society: From Galilee to Gregory the Great*(Oxford: Oxford University Press, 2001); W. H. C. Frend, *The Rise of Christianity*(Philadelphia: Fortress Press, 1984).

이 사건이 사실일까 아니면 그저 전해 내려오는 전설일까 하는 역사적 문제보다 더 중요한 신학적 문제가 있다. 로마 제국의 콘스탄티누스 황제가 자신의 전투부대의 방패들에 새겨 넣었다는 그리스도의 십자가 문양은 본래 무엇을 상징하는 것이었나? 십자가 처형은 로마 제국에서는 무엇을 의미했던가? 로마 제국에서 가장 흉악한 범죄자들, 매국노들, 반역한 외국인들과 도망친 노예들을 처벌하는 가장 고통스럽고 치욕스러운 사형 방법이 바로 그 악명 높은 십자가 처형이 아니었던가? 초기 기독교 공동체가 로마 제국에게 핍박을 받았던 결정적인 이유는 그들이 바로 이 십자가에 달린 예수라는 유대인을 그리스도, 즉 온 세계의 주인이라고 선포했기 때문이 아닌가? 세상의 주인이요 하나님 나라의 메시아가 가장 낮은 곳 그리고 가장 고통스럽고 치욕스러운 십자가에 달림으로 온 인류를 고양시켰다는 것이 초기 기독교의 역설의 영성이었다. 하나님의 자기비움(Kenosis)을 상징하는 그리스도의 십자가, 그래서 십자가의 삶을 따르고자 하는 모든 이는 자기를 낮추고, 부정하고, 비워내야 한다는 것이 그리스도 십자가의 원초적 영성이었다. 성공과 승리, 정복과 확장, 지배와 영광 추구가 아닌 하나님 앞에서의 겸손과 이웃을 향한 자기희생적 사랑이 초기 기독교의 본질적 영성이었다.[9]

나사렛 예수의 십자가가 로마 제국의 군대 문양으로 사용되면서부터, 즉 황제와 제국의 힘을 상징하고 정당화하는 도구로 사용되면서부

---

9 초대 교회 영성의 본질과 변질, 왜곡의 역사에 대해서는 다음 책들을 참조하라. Ben F. Meyer, *The Early Christians: Their World Mission & Self-Discovery*(Eugene: Wipf & Stock, 1986); Robin Meyers, *The Underground Church: Reclaiming the Subversive Way of Jesus*(San Francisco: Josset-Bass, 2012); Harvey Cox, *The Future of Faith*(New York: HaperOne, 2009).

터 기독교의 본질적인 영성은 역사 속에서 변형과 왜곡을 겪게 된다. 이 역사적 사건은 훗날 중세 교회를 대표하는 '영광의 영성'(Spirituality of Glory)의 시발점이 되었다. 첫 개종자 콘스탄티누스 이후 배교자 줄리안 황제를 제외한 로마 제국의 황제 대부분이 기독교로 개종하고, 기독교를 통해서 제국을 하나로 통일하고자 하면서 교회와 기독교의 영성은 돌이킬 수 없는 길을 걷게 된다. 십자가를 자기 부인의 길로 삼으며 박해 받던 소수의 공동체였던 교회가 이제 동일한 십자가를 성장과 성공, 승리의 수단으로 삼는 다수의 제국 종교로 변모하기 시작한 것이다. 중세 가톨릭교회는 이러한 로마 제국의 기독교화 과정(Christiani-zation)의 결과물이다. 중세 교회는 그 출발부터 황제와 왕들과 지역 영주들에게 토지와 건물, 사제들의 임금을 지급받았다.10 중세 교회는 봉건주의(feudalism)와 계급적 위계질서라는 당시 사회와 시대정신에 깊숙이 뿌리를 내렸고, 토지와 건물 등을 소유했던 주교들은 영주들(lords)과 동일한 신분적 지위를 누렸다. 주교들과 지역 사제들의 목양 대상이었던 중세 기독교인 대부분이 영주들에게 농사지을 땅을 빌려 생활했던 소작농들(peasants)이었음을 감안한다면 이는 매우 아이러니한 일이다. 성도들이 교회와 사제들을 위하여 십일조를 비롯한 각종 헌금을 납부할 영적인 의무를 지고 있었을 뿐만 아니라, 사실상 땅 주인들이었던 사제들에게 각종 세금 납부의 세속적 의무 또한 지고 있었던 셈이다. 사제가 자신의 성도에게 이중의 십자가를 지운 꼴이다.

---

10 Carter Lindberg, *The European Reformations*(Malden, MA: Blackwell Pub-lishing, 2010), 24-41; Hans J. Hillerbrand, *The Division of Christendom: Christianity in the Sixteenth Century*(Louisville: Westminster John Knox Press, 2007), 11-24.

초대와 중세 시대의 대표적인 공의회들, 즉 니케아 공의회(Council of Nicaea), 콘스탄티노플 공의회(Council of Constantinople), 칼케돈 공의회(Council of Chalcedon) 등이 모두 당대의 황제들이 소집한 공의회들이었다는 것은 주지의 사실이다. 정통 기독교 교리들이라고 할 수 있는 삼위일체론과 기독론이 교회 공의회들을 통해 확정되었다는 이유 하나로 위 공의회들이 순수한 신학적 성격의 모임이었다고 보는 것은 지극히 순진한 생각이다. 특별히 서로마 제국이 당시 이교도들이라고 불렸던 북쪽의 게르만 민족들에게 점령된 이후 그리고 프랑크족의 클로비스(Clovis) 왕이 기독교로 개종한 이후 벌어진 제2차 기독교화 과정에서 세속 황제들의 교회 공의회 소집 목적은 다분히 정치적이었다. 통일된 기독교와 교회를 통해서 여러 다양한 문화적·종교적 배경을 갖고 있었던 제국의 여러 민족을 하나로 묶어 통치하는 것이 이들의 목적이었다. 알렉산드리아에서 벌어졌던 아리우스(Arius) 추종자들과 아타나시우스(Athanasius)의 성부와 성자의 관계에 대한 신학 논쟁의 결론이 최종적으로 황제의 정치적 판단에 따라 뒤바뀌게 된 사실, 성부와 성자의 동일 본질(*homoousias*)을 주장하여 훗날 정통 삼위일체론의 기초를 놓은 아타나시우스가 황제의 결정으로 유배를 당했다가 사면된 역사적 사실 등은 당시 세속권이 정치적인 목적으로 교회 공의회의 신학적 결정들을 좌지우지할 수 있었다는 것을 보여주는 증거들이다.[11] 황제는 기독교 제국(Christendom)이라는 기치 아래 제국 전체를 아우르는 하나의 통일된 사상적·종교적 도구로 교회를 사용했

---

11 Jaroslav Pelikan, *The Emergence of the Catholic Tradition(100-600), The Christian Tradition: A History of the Development of Doctrine*(Chicago: University of Chicago Press, 1971), 172-225.

고, 중세 교회는 제국의 보호 아래에서 경쟁자 없는 유일무이한 제도 종교로 성장할 수 있었다.

중세의 교회와 제국의 공생 관계는 기독교의 본질적 영성, 즉 십자가의 영성을 심각하게 왜곡했다. 예수 그리스도의 대리자라고 자칭했던 중세 가톨릭교회의 지도자들은 중세 봉건주의 사회에서 기득권 계층이 되었고, 세속 영주들과의 알력 다툼과 자리싸움에 몰두하기 일쑤였다. 기독교 제국이 된 유럽에서 태어난 모든 중세인은 태어나면서부터 유아세례를 통해 자동적으로 가톨릭교회의 신자가 되었고, 일평생 교회와 사제의 영향력 아래에서 삶과 신앙을 지도 받는 수동적인 삶을 살았다. 기독교의 지나친 세속화와 대중화 그리고 그저 이름뿐인 기독교인들의 삶을 비판하면서 4세기부터 자발적으로 일어난 중세의 수도원 운동(monasticism)도 초기 기독교 영성의 변질을 되돌리기에는 역부족이었다. 청빈, 순결, 순종의 세 가지 서약을 중심으로 한 공동생활을 통하여 자기 부인이라는 십자가의 영성을 회복하고자 했던 수도원 운동은 처음부터 세상으로부터의 분리 또는 도피 성격이 강했다.[12] 안타깝게도, 세상에서 멀찍이 떨어진 사막에 세운 수도원 내부에서조차 위계적 계급이 조성되었고, 자발적 가난을 추구했던 수도원들 역시 시간이 지남에 따라 중세 교회들과 마찬가지로 기부와 토지 소유를 통하여 막대한 부를 누리게 되었다. 기독교의 제도화 과정에서 하나의 대안 운동으로 출발했던 중세 수도원 운동은 세상을 등지고 기도와 말씀에 전념하는 관상적 삶(contemplative life)이 세속적 노동의 삶보다 영적

---

12 Douglas Burton-Christie, "Early Monasticism," in *The Cambridge Companion to Christian Mysticism*, ed. Amy Hollywood and Patricia Z. Beckman(New York: Cambridge University Press, 2012), 37-58.

이고 우월한 삶이라는 주장과 함께 중세 기독교의 성직자와 평신도의 이분법적 구도를 고착화하는 데 일조했다.[13]

여기에 더해 중세 신학은 교회와 제국의 공생 관계와 성속이원론을 이론적으로 정당화했다. 성 아우구스티누스(St. Augustine)와 토마스 아퀴나스(Thomas Aquinas)를 포함한 중세 기독교 신학자 대부분은 플라톤주의적 개념이었던 '존재들의 사슬'(chain of beings)을 신학적으로 차용했다. 이 개념에 따르면, 존재하는 모든 것은 일종의 위계질서를 이루고 있는데, 이 질서에서 가장 상위 존재는 순수하게 영적인 존재인 하나님이시며 가장 하위 존재는 물질로만 이루어진 광물들이다. 영적일수록 상위 계급에 위치하고, 반대로 물질적일수록 하위 계급에 놓이게 되는 이 존재들의 사슬 구도에 따르면, 영적 계급에 속해 있다고 주장하는 교회는 당연히 하나님 아래에 그리고 세상 또는 제국 위에 놓이게 된다. 중세 신학은 하나님께서 창조하여 존재하게 된 모든 것은 이 질서를 따라야 하며, 이 위계질서는 하나님께서 친히 제정하신 항구불변한 보편적 질서라고 주장했다.[14] 중세 기독교의 '영광의 영성'은 중세 교회의 신학적 정당화 작업을 통해 견고히 지탱되고 있었다.

하나님 아래에 교회, 교회 아래에 세상, 영주 아래에 소작농이 위치하는 중세 신학의 이론적 신적 질서는 딱 한 가지를 제외하고는 현실의 봉건주의 사회질서와 정확하게 일치했다. 앞에서 설명한 것처럼, 중세 시대에 교회가 세상에서 영주의 지위를 누리게 된 것은 사실상 누구

---

13 Charlotte Radler, "*Actio et Cotemplatio*/Action and Contemplation," in *The Cambridge Companion to Christian Mysticism*, 211-24.

14 Jan A. Aertsen, "Aquinas's Philosophy in Its Historical Setting," in *The Cambridge Companion to Aquinas*, ed. Norman Kretzmann and Eleonore Stump (Cambridge: Cambridge University Press, 1993), 12-37.

덕분이었는가? 세속 황제와 왕들 그리고 지역 영주들이 교회와 사제들에게 토지와 교회 건물 그리고 임금을 수여했기 때문이다. 봉건주의 사회에서 내가 다른 사람에게 땅을 수여 받는다는 것은 내가 그 사람의 신하가 된다는 것, 계급상 그 사람 아래에 위치한다는 것을 의미한다. 정치적 목적을 가지고 교회를 지원해왔던 세속 계급의 권력자들이 중세 교회가 주장했던 교회의 신학적 우위성을 순순히 받아들이지 않았던 것은 당연한 이치다.

중세시대의 교회와 세상의 관계는 겉으로 보기에는 상호간의 이익을 위한 공생 관계였지만, 사실상 동상이몽이요 상호적 대립 관계였다고 보는 것이 옳다. 영적 계급과 세속 계급 사이의 오랜 관계에 금이 가기 시작하고, 급기야 극단적인 대립 관계로 치닫게 된 결정적인 사건들 중 하나가 14세기 초에 일어난 교황 보니파시오 8세(Boniface VIII)와 프랑스 국왕 필리프 4세(Philip IV)의 충돌이다.[15] 이전까지 중세 교황과 황제 사이의 관계를 상징하는 대표적인 의식들은 '안수'와 '토지 수여'였다. 교황은 세속 황제를 안수하여 '기독교 황제'로 격상시켜주고, 세속 황제는 그 답례로 교황에게 교황 자치 관할 구역 등과 같은 토지를 수여하는 방식이었다. 흥미롭게도 당시 프랑스 국왕이었던 필리프 4세가 프랑스의 모든 사제의 첫 해 십일조 전체를 로마 교황청으로 보내라는 교황 보니파시오 8세의 무리한 요구를 거절할 수 있었던 이유는 그가 교황에게 안수를 받지 않았기 때문이다. 교황에게 받은 것이 없었기에 돌려주어야 할 것도 없었던 것이다.

자신이 교회 또는 교황 아래에 위치하는 것이 아니라는 분명한 의식

---

15 Lindberg, 41-44.

을 갖고 있었던 필리프 4세는 그 당시로는 감히 상상할 수 없는 일을 벌이게 된다. 그는 용병들로 구성된 자신의 군대를 로마 교황청으로 보내 습격 작전을 명령했고, 노년의 보니파시오 8세는 피신하여 수치를 겪은 후 결국 사망하게 된다. 이 사건 이후 로마 교황청의 모든 기능이 프랑스 영토인 아비뇽으로 옮겨지게 되고, 마치 국왕의 봉신과도 같은 일곱 명의 프랑스 출신 교황이 차례로 선출되는 '교회의 아비뇽 유수' 시대(1309~1378)가 펼쳐진다.16 아비뇽 시대의 마지막 교황이었던 그레고리 11세(Gregory XI)가 로마로 귀환했지만 로마 교황청의 위상은 예전만 못했고, 이후 심각한 내부 갈등으로 인해 세 명의 교황이 동시에 존재하는 대혼란의 시대, 즉 '서방교회의 대분열 시대'(Great Schism of the Western Church, 1378~1417)를 겪는다. 중세 교회의 견고했던 '영광의 영성'이 세속권과의 전쟁에서 패배하여 서서히 흔들리기 시작한 것이다.

3. 중세 후기시대: '영광의 영성, 공포의 영성, 안정 추구의 영성의 삼중주'

간략히 살펴보았듯이, 기독교 영성은 반드시 당대의 시대정신과 영향을 주고받는다. 기독교 영성이 시대정신을 변화시키기도 하지만, 반대로 시대정신이 기독교 영성을 변화시키기도 한다. 중세 기독교 영성은 중세 유럽 사회의 봉건주의 사상을 기반으로 한 위계적 계급 질서와 매우 긴밀한 영향을 주고받았다. 무엇보다도 교회가 제국과 상호 이익

---

16 Roland H. Bainton, *Christianity*(New York: Mariner Books, 2000), 204-29.

을 위한 공생 관계를 맺으면서 중세 기독교 영성은 그 본질에서 벗어나 세상의 영성과 동화되기 시작했다. 예전에도 그랬고, 지금도 그렇고, 앞으로도 그러할 세상의 영성은 무엇인가? 한 마디로 승리와 성공과 영광 추구의 영성이다. 존재의 사슬, 계층의 피라미드에서 최상위의 자리를 차지하고자 하는 욕망 실현의 영성이다. 약육강식의 먹이 사슬에서 최고의 포식자가 되고픈 야망 충족의 영성이다. 다른 사람들 위에 군림하여 홀로 승리와 영광을 독차지하고자 하는 자기 우상숭배적 영성이다. 중세 기독교의 비극은 교회가 이 세상의 영성의 유혹을 분명하게 거부하지 못했던 점, 오히려 세상의 영성을 적극적으로 추구했던 점에서 비롯했다. 그리고 일련의 연속된 사건들을 통해 중세 후기 교회는 그 값을 톡톡히 치르게 된다.

교회가 마치 하나님처럼 세상 위에 군림하고, 영적 계급이 세속 계급 위에서 지배하는 것을 보편적인 신적 질서라고 주장했던 중세 교회의 신학과 영성은 15세기 말과 16세기 초부터 유럽에서 발생했던 여러 변화들로 인해 그 영향력을 상실하기 시작했다. 당시에 발생한 굵직한 사건들은 다음과 같다. 먼저 이슬람 문명의 팽창이다. 1453년, 비잔틴 제국(구 동로마 제국)이 이슬람 군대에 무기력하게 점령당했던 사건은 인접해 있었던 서유럽 기독교인들에게는 어마어마한 충격이었다. 하나님께서 타락한 교회와 세상을 이슬람이라는 회초리를 들어 징계하시고 심판하신다는 공포가 대중들 사이에 급속히 퍼지기 시작했다.[17] 또한 이슬람의 확장으로 인해 아시아로 가는 무역로를 잃게 된 유럽의 여러 나라는 그 대신 당시 아시아의 가장 큰 시장이었던 인도로 가는

---

17 Hillerbrand, 1-5.

뱃길을 찾기 시작했다. 그 와중에 이탈리아 상인 콜럼버스(Columbus)를 통해 우연히 발견된 신대륙, 즉 오늘날 아메리카 대륙의 존재는 중세 기독교인들의 고정관념을 송두리째 흔들어놓았다. 자신들 말고도, 아니 자신들보다 훨씬 이전부터 다른 문명들과 다른 종교들에 속한 다양한 사람들이 여러 대륙에 흩어져 살고 있었다는, 여태까지 그들만 모르고 있었던 진리를 비로소 깨닫게 된 것이다.

1455년에 구텐베르크(Gutenberg)가 발명한 이동식 인쇄기는 마치 오늘날의 인터넷과 소셜 미디어의 출현과 같은 효과를 가져왔다. 인쇄기를 통해서 쏟아져 나온 교황과 사제들을 비판하고 풍자하는 팸플릿들은 당시 글을 읽을 수 없었던 보통 사람들의 반성직자주의(anti-clericalism) 정서에 불을 지폈다.[18] 12세기부터 유럽 전역에 불기 시작한 인문주의(humanism) 바람 그리고 15세기부터 각 지역 영주들이 자신들의 영토에 설립하기 시작했던 여러 대학을 통해 많은 젊은이가 중세 스콜라주의 이전의 고전 철학들과 문학들을 배우고 원어로 성서를 읽을 수 있는 기회를 얻게 되었다.[19] 지식과 정보가 예전과는 비교할 수 없을 정도로 빠르게 소통되면서 더 이상 교회 전통과 같은 과거의 권위로 사람들을 통제하는 것이 불가능해진 것이다. 또한 은이라는 광물이 대량 제조되어 유통되면서 총과 화포 같은 무기류들이 눈부시게 발전했고, 이에 따라 이전에 말을 타고 칼을 들고 싸웠던 기사 계급에 속했던 귀족들의 역할이 줄어들게 되었다. 기사 계급의 몰락과 더불어 은으로 만든 주화가 대량으로 유통되고 상업과 무역 활동이 이전보다

18 Alister E. McGrath, *Reformation Thought: An Introduction*(Malden, MA: Blackwell Publishing, 1999), 12-14.
19 Bainton, 231-37.

활발해지면서 결국 중세사회의 기본 시스템이었던 봉건주의가 서서히 그 막을 내리게 된다. 바야흐로 도시를 중심으로 한, 금융업에 종사하는 자본가들을 중심으로 한 초기자본주의(early capitalism) 시대가 열리게 된 것이다.[20] 이제 낡은 부대가 되어버린 중세 교회가 감당할 수 없는 새로운 세상이 도래한 것이다.

사회 전체의 패러다임이 급속하게 변화하는 이와 같은 과도기에는 대부분의 사람이 혼란과 불안, 위기를 경험한다. '공포의 영성'이 사회의 지배적인 정서가 된다. 중세 후기의 집단적인 불안 정서에 기름을 부은 것이 바로 흑사병(the Black Death)이라고 불렸던 전염병의 창궐이었다. 우리 모두는 2019년에 전 세계를 강타한 코로나 바이러스로 인해 팬데믹(pandemic) 전염병의 위험성을 몸소 체험했다. 그러나 당시 유럽인들이 경험했던 팬데믹은 차원이 달랐다. 14세기 중반부터 이탈리아 도시들을 시작으로 유럽 전역에 퍼지기 시작한, 그래서 200년이 넘도록 중세 모든 유럽인을 공포에 떨게 했던 흑사병은 당시 의학기술로는 손 쓸 수 없는, 즉 치사율 100%에 가까운 무시무시한 전염병이었다. 유럽 인구의 약 30~40%가 흑사병으로 사망했다는 기록을 고려한다면, 그 당시 사람들의 죽음에 대한 공포가 극에 달했음을 짐작할 수 있다. '당장이라도 죽을지 모른다'는 것이 현실이 된다면, 그 다음의 실존적인 물음은 "나는 죽은 후에 어디로 가는가?"일 것이다. 죽음에 대한 두려움에 더하여 사후에 대한 불확실성마저 짓누르는 비정상적인 상황에서는 집단 공포와 죄책감으로 인해 개인뿐만 아니라 사회 전체가 마비될 수밖에 없다. 영국과 프랑스 사이의 백년전쟁이 끝난

---

20 Lindberg, 32-34, 38-40.

후, 흑사병이라는 죽음의 그림자마저 짙게 드리웠던 그 시절이 종교개혁 운동이 일어날 무렵인 16세기 유럽의 상황이었다.

어쩌면 바로 이때가 중세 교회가 그토록 오랫동안 부르짖었던 "교회 밖에는 구원이 없다"(*Extra Ecclesiam Nulla Salus*)란 구호가 무엇인지 보여줄 때가 아니었던가? 신자들이 죽음에 대한 두려움과 사후 세계에 대한 불확실성으로 극심한 혼란을 겪는 이 순간이야말로 교회와 사제가 구원의 확실성을 제공해야 할 때가 아니었던가? 이 시기에 중세 교회가 꺼낸 회심의 카드는 다름 아닌 면죄부(또는 면벌부, Indulgences)였다. 중세 교회의 면죄부 판매는 그 당시의 성상 숭배, 성인 숭배, 성지 순례의 결정판과도 같았다. 중세 면죄부는 교회의 고해성사(Sacrament of Penance), 즉 죄 용서의 성례와 밀접한 관계가 있었다. 장 칼뱅(John Calvin)이 비판했듯이, 신자에게 보속 또는 보상의 행위를 요구하는 고해성사제는 사실상 스스로 죗값을 치르고 마치 영수증처럼 하나님에게 용서를 요구할 수 있는 것과 같은 요소들을 내포하고 있었다. 중세 교회는 신자가 면죄부를 사는 것은 이전 성자들(saints)의 잉여 공로(또는 잉여 공덕)를 내 것으로 소유하는 것과 같다고 가르쳤다. 자신의 구원에 필요한 기준 이상으로 공로를 쌓은 성자들이 후대의 신자들을 위하여 자신들의 공로들을 교회에 남겨놓고 갔는데, 만약 신자가 면죄부를 산다면 고해성사에서 자신에게 요구된 보속의 행위를 성자들의 공로로 대체할 수 있다는 주장이었다.[21] 교회는 심지어 죽어서 연옥에 있는 가족의 보속 행위까지도 대신해줄 수 있는 것이

---

21 Jaroslav Pelikan, *Reformation of Church and Dogma(1300-1700), The Christian Tradition: A History of the Development of Doctrine*(Chicago: University of Chicago Press, 1984), 127-138.

교황이 발부하는 면죄부의 효력이라고 공공연히 가르쳤다.

　　교황권으로 무장한 중세 가톨릭교회의 '영광의 영성'이 대중들의 '공포의 영성'을 이용하여 그들이 원하는 '안정 추구의 영성'을 만족시키고 있었던 상황이었다. 이 삼중주의 영성에 힘입어 중세 면죄부는 말 그대로 불티나게 팔렸다. 당시 교황이었던 레오 10세(Leo X)에게 면죄부의 독점 판매권을 받은 마인츠의 대주교 알브레히트(Albrecht), 유럽 방방곡곡을 누비며 면죄부 판매 설교를 했던 알브레히트의 수하이자 도미니크 수도회 소속 수도사 요한 테젤(Johann Tetzel)의 눈부신 활약으로 면죄부 판매는 중세 가톨릭교회의 주 수입원이 되었다.[22] 세속 계급과 권력 쟁탈전에서 연패를 거듭하면서 땅에 떨어진 자신들의 권위와 영광을 회복해야만 했던 중세 가톨릭교회는 로마의 성베드로 대성당 재건축 작업과 이슬람과의 전쟁을 역전의 발판으로 삼고자 했다. 대규모 치적사업과 당시 공공의 적이었던 이교도들과의 거룩한 전쟁을 위해서 막대한 자금을 필요로 했던 교회에게는 교황의 면죄부가 효자상품과도 같았다. 흑사병으로 인해 극도의 집단적 공포에 휩싸여 있었던 일반 대중들에게는 교황의 이름으로 주어지는 면죄부가 마치 보장된 천국행 티켓과도 같았다. "헌금함에 동전이 딸랑 소리를 내며 떨어지는 그 순간, 연옥에서 영혼이 튀어 오른다!"라고 외쳤던 면죄부 판매 설교자 테젤의 귀에 박히는 구호는 그 당시 모두에게 마치 복음과도 같았다.

---

22 Lindberg, 69-72.

4. '95개 조항'(1517): "평안이 없는 그리스도의 백성들을 향하여 '평안, 평안' 하고 말하는 선지자들은 물러가라"

손바닥도 마주쳐야 소리가 나는 것처럼, 중세의 면죄부 판매라는 종교 상품도 당사자들 간의 필요가 절묘하게 맞아 떨어졌기 때문에 큰 성공을 거둘 수 있었다. 한편에서는 성공과 성장 그리고 승리를 추구했던 교회의 '영광의 영성'이, 또 다른 한편에서는 불안과 두려움과 불확실성을 견디지 못했던 대중들의 '안정 추구의 영성'이 면죄부를 통해 서로의 필요를 채우고 있었다. 이 두 영성 사이를 매개했던 또 다른 숨은 영성은 '공포의 영성'이다. 중세 교회는 대중들의 집단적 공포심을 이용하여 면죄부를 판매했고, 이를 통해 얻은 경제적 이익과 대중 장악력을 통해 세상에서 점차 영향력을 잃어가는 자신들의 두려움을 극복하고자 했다. 비록 상황과 이유는 달랐지만 모두가 두렵기는 매한가지였으며, 교회와 대중 모두 면죄부라는 쉽고 넓은 길을 통하여 자신들의 상황을 해결하고자 했던 것이다.

흔히 '95개조 반박문'으로 일컬어지는 1517년 10월 31일에 발표된 루터의 '95개 조항'은 이 특수한 역사적 상황과 당시의 영성을 배경으로 읽어야만 한다.[23] 그렇지 않고서는 그 안에 담긴 루터의 교회를 향한 그리고 신자들을 향한 깊은 목회적 관심을 읽어낼 수 없다. 그가 서문에서 밝혔듯이, 루터의 95개 조항은 일차적으로 면죄부 판매를 정당화하고 있었던 교회의 신학적 문제들을 토론하고자 했던 신학자들을 위한 학문적 성격의 글이다. 그러나 각 조항들을 자세히 읽어보면

---

23 Martin Luther, "95개 조항,"『루터 선집』, John Dillenberger 편, 이형기 옮김(파주: CH북스, 2017), 571-83.

루터가 이 글을 일반 대중들, 무엇보다도 자신이 목양하고 있었던 비텐베르크 교회의 신자들을 염두에 두고 썼다는 것을 알 수 있다. 루터는 1517년 1월 무렵 이미 면죄부 판매의 신학적 문제에 대한 생각 정리가 끝났던 것으로 보이며, 비텐베르크 교회 성도들에게 테첼과 같은 면죄부 판매 설교자에게 결코 현혹되지 말 것을 누차 강조했다. 그러나 이미 공포의 영성에 휩싸여 확실성을 그 무엇보다도 간절히 원했던 성도들에게는 교황 특사 자격으로 인근 도시에서 면죄부를 판매하고 있었던 테첼의 설교가 오히려 절실했으리라. 면죄부를 손에 쥐고, 죄 용서와 구원의 확실성으로 인해 감격한 자신의 성도가 이제 더 이상 고해성사에도, 미사에도 참석하지 않겠다고 하는 말을 직접 듣게 된 루터는 훗날 종교개혁의 서막이 되는 95개 조항을 비텐베르크 교회 성도들을 위해 발표하게 된다.

루터가 목회적 관심에서 작성한 95개 조항은 다음과 같이 구성되어 있다. 1항부터 4항까지에는 면죄부 판매의 부당성에 관한 신학적 기본 전제들이 담겨 있다. 전체 항들의 핵심 명제는 5항에 기술되어 있으며, 6항부터 80항까지에서는 핵심 명제를 증명하기 위한 근거들과 논쟁들을 상술했다. 루터는 81항부터 91항까지에서 일반 성도들의 교회와 교황에 대한 불만 사항들을 다루었고, 마지막 92항에서 95항까지에서 전체 조항의 내용을 요약하여 결론을 밝혔다. 여러 신학적 주제가 흩어져 있는 것처럼 보이기 때문에 비전공자들이 95개 조항을 일목요연하게 정리하여 파악하는 것은 생각보다 어렵다. 대부분의 사료가 그렇듯이 루터의 명제도 중세 후기의 신학과 용어들, 시대 상황과 구체적인 문제들에 대한 이해 없이는 올바른 해석이 불가능하다. 이 글에서는 전공자들을 위한 전문적인 해석보다는, 일반 독자들을 위하여 다음의 주제를 중심으로 루터의 95개 조항을 해설하고자 한다. "루터는 95개 조항을 통하여 어떻게 중세 후기의 '영광의 영성', '공포의 영성' 그리고 '안정 추구의 영성'을 극복하고자 했는가?" "그가 되살리고자 했던 교회의 본질적 영성은 무엇인가?"

95개 조항의 기본 전제들을 담고 있는 첫 번째 항은 이렇게 시작한다. "우리의 주님이시며 스승이신 예수 그리스도께서 '회개하라'고 말씀하셨을 때, 그는 신자들의 삶 전체가 참회의 삶이 되어야 할 것을 요구하셨다."[24] 그저 지당하신 말씀이 아닌가라고 생각하기보다는, 앞에서 언급한 16세기 유럽의 구체적인 역사적 상황과 면죄부 판매라는 특수한 사건을 배경으로 다시 한번 읽어보면 좋겠다. 당시 중세 기독교인들은 왜 너도나도 앞 다투어 면죄부를 샀는가? 죽음에 대한 공포에서 기인한 구원의 확실성을 얻고자 함이었다. 좀 더 직접적으로 표현한다면, 죽어서 천국에 가기 위함이었다. 천국에 갈 수 있는 조건이 되는 죄 용서의 문제를 쉽고 빠르게 해결해준다는 것이 면죄부의 약속 아니었던가? 다름 아닌 면죄부가 천국행 티켓 아니었던가? '회개'와 '죄 용서'가 '일회성 면죄부 구입'과 동일시되고 있었던 상황에서, 루터는 예수께서는 결코 이러한 값싼 은혜와 구원을 말씀하신 적이 없음을 강조했다. 오히려 예수께서는 신자가 일생 동안 '참회의 삶'을 살아야 할 것을, 즉 평생 자기 십자가를 지고 자기 부인의 삶을 살 것을 가르치셨음을 피력한 것이다. 루터가 두 번째 조항부터 네 번째 조항까지에서 주장한 것처럼, 내면으로부터의 참된 회개란 일회성 면죄부 구입이나 종교적 관습과도 같은 고해성사 참여와는 무관하다. 참회는

---

24 Luther, "95개 조항," 572.

하나님과 이웃을 사랑하는 것을 가로막는 자기애와의 평생에 걸친 투쟁을 의미한다.

95개 조항의 핵심 명제는 5항이다. "교황은 자신의 직권 또는 교회법에 의해 부과된 형벌들 이외에는 그 어떤 형벌도 사할 의지나 권세를 지니고 있지 않다."[25] 교황이 사제 계급의 수장인 것을 생각한다면, 5항은 고해성사를 집례하던 당시 모든 사제를 대상으로 선언한 내용이다. 교회법에 따라서 정해진 범위 안에서만, 그리고 사제에게 부과된 합법적인 권한 안에서만 교황을 포함한 모든 사제의 '죄 용서의 선언'이 가능하다는 것이다. 그러나 15세기 중반부터 본격적으로 발부되었던 교황의 '희년 면죄부'라는 것은 무엇인가? 구약 시대에는 하나님이 토지를 포함한 모든 것의 주인이시요 소유자이심을 재확인하며, 사람들 사이의 관계 회복, 무엇보다도 종살이나 토지 상실, 채무 문제 등으로 자유를 박탈당했던 사람들의 회복을 위하여 7년에 한 번씩 돌아오는 '희년'(Year of Jubilee)이 있었다. 특별히 7년이 일곱 번 지난 후 50년에 한 번씩 돌아오는 '대희년'에는 이스라엘에서 대사면과 대탕감이 이루어졌다. 매우 기발하게도, 성서의 이 희년 제도를 본떠 만든 중세 교회의 '희년 면죄부' 발부는 교황의 죄 사함의 효력에는 사실상 아무런 제한이 없음을 주장하기에 이르렀다. 살아 있는 자들의 죄 용서뿐만 아니라 이미 죽어서 영혼이 연옥에 간 사람들의 죄 용서까지도 한순간에 가능하다고 주장했던 기상천외한 만병통치약이 교황이 발부한 면죄부였다.

루터의 교황의 죄 용서의 권한과 권위에 대한 도전은 6항에서 이어

---

25 *Ibid*.

진다. "교황은 스스로 죄를 사할 수 없으며, 단지 죄가 하나님에 의해 사하여졌다는 것을 선언하거나 확증할 수 있을 따름이다. 기껏해야 그는 자신의 직권에 맡겨진 경우들에 있어서 죄를 사할 수 있을 뿐이다. 이러한 경우들을 제외하고는 죄는 그대로 남는다."[26] 교황과 사제가 하나님 앞에서의 자신의 위치와 하나님께서 맡기신 자신의 직분을 똑바로 인식해야 한다는 것이다. '기껏해야' 교황과 사제는 하나님께서 친히 신자의 죄를 용서하셨다는 것을 재차 확인해주는 대리자, 즉 하나님의 도구요 이차적인 위치에 있는 존재다. 자신의 주제를 파악하지 못하고, 자신의 분수를 넘어서 마치 스스로 전지전능한 하나님인양 타인의 죄를 사할 수 있다고 주장하는 것, 심지어 교회의 구속력 바깥에 있는 이미 죽은 사람들의 죄까지 사할 수 있다고 주장하는 월권행위는 신성 모독적이요, 우상숭배적이다. 21항에서 루터가 말했다. "따라서 면죄부를 설교하는 자들이, 교황의 면죄부로 인해 인간은 모든 형벌로부터 사면되며 구원받는다고 말한다면 그것은 오류에 빠져 있는 것이다."[27] 이는 오래 전인 12세기 초에 그 당시 교황이었던 그레고리 7세 (Gregory VII)가 교황은 오류를 범할 수 '없음'을 선언한 상황에서 교회와 교황이 면죄부 판매와 같은 결정적인 오류를 범할 수 '있음'을 드러낸 대담한 선포였다.

면죄부 판매 설교자 테첼은 "헌금함에 돈이 바닥에서 딸랑 소리를 내자마자 영혼이 연옥에서 튀어 오른다!"라고 외쳤다. 헌금을 통하여 면죄부를 사는 그 즉시 죄 사함과 구원, 영생과 천국이 교회와 교황의 약속으로 보장된다는 것이다. 28항에서 루터는 이렇게 받아쳤다. "헌

---

26 *Ibid.*, 572-73.
27 *Ibid.*, 574.

금함에 넣은 돈이 바닥에서 딸랑 소리를 낼 때 탐욕이 증가한다는 것은 확실히 그럴 듯하다."[28] 헌금함에 돈을 넣을 때, 하나님으로부터의 구원이 아니라 우리의 욕망이 출렁인다는 말이다. 승리와 성공과 성장에 대한 욕망, 지배와 군림의 자리로의 욕망 그리고 안정과 확실성에 대한 욕망이 교회 안에서, 예배를 통해서 그리고 우리의 신앙생활 가운데 통제되지 않은 채 극대화될 수 있다는 경고다. 면죄부와 같이 인간의 부풀려진 욕망을 만족시키고자 발명된 종교 상품은 위약(placebo)이요, 중독을 가져오는 마약이요, 이성을 마비시키는 기제요, 종국에는 인간 전체를 파멸시키는 독과 같다. 안정과 확실성에 대한 거짓 약속은 사람에게 자유가 아니라 부자유와 종속을 가져온다. 누가 등 떠밀었기 때문이 아니라 자기 욕망에 스스로를 얽어매는, 그래서 노예가 된 줄도 모르는 그런 자기 욕망의 노예가 되고 만다. 루터는 37항에서 참된 확신과 참된 자유, 즉 그리스도의 모든 유익에의 참여는 면죄부 없이, 교황과 사제의 중재 없이, 하나님에 의해 허락된다고 말하는데, 루터의 복음 이해의 핵심인 이 내용은 아래에서 좀 더 자세히 설명하도록 하겠다.

루터는 43항에서 공포의 영성에 지배당하여 구원의 확실성을 얻을 심산으로 교황의 영광스런 권위에 복종하던 사람들에게 다음과 같이 말했다. "가난한 사람을 도와주고 곤궁한 사람에게 꾸어주는 사람은 면죄부를 사는 것보다도 더 좋은 일을 행하고 있는 것이라는 것을 그리스도인들에게 가르쳐야 한다."[29] 중세 후기에 뒤섞여 있던 다양한 영성들과 욕망들은 돈과 깊이 연관되어 있었다. 신자 입장에서 돈을 주고 면죄부를 사는 행위는 사실상 돈으로 구원과 내세에 대한 확신을 사는

---

28 *Ibid.*, 575.
29 *Ibid.*, 577.

행위였다. 교회 입장에서도 돈이 없으면 성베드로 성당 재건축 작업과 이슬람에 대한 성전(Holy War) 진행 자체가 불가능한 상황이었다. 과거에도 돈만큼 욕망 충족에 확실한 것이 없었다. 그러나 루터는 거짓 약속에 기댄 채 거짓 확신과 거짓 평안을 얻기 위해 교회에 헌금하는 자는 오히려 하나님의 진노를 불러일으킬 수 있다고 경고했다. 반대로 목회자는 성도들로 하여금 자신들의 돈을 경제적 곤궁에 빠진 이웃을 돕는 데 써야 하며, 이것이 바로 신자의 생사화복 전체를 주관하시는 하나님의 분명한 뜻임을 가르쳐야 한다고 피력했다.

결론 부분의 시작인 92항에서, 루터는 죽음의 공포 앞에서 구원의 확실성을 돈을 주고서라도 얻고자 했던 신자들에게 면죄부라는 거짓 약속을 팔고 있었던 설교자들을 향해 다음과 같이 일갈했다. "따라서 평안이 없는 그리스도의 백성들을 향하여 '평안, 평안' 하고 말하는 선지자들은 물러가라."[30] 위약은 오래가지 못할 뿐만 아니라 아예 효력 자체가 없다. 위약은 신봉하는 이들에게는 잠시의 심리적 위안을 줄 수 있을지는 몰라도 질병 자체를 치료할 수 없다. 중세 교회가 판매한 면죄부와 같은 약은 위약이기보다는 해약, 아니 독약에 가깝다. 하나님의 자녀로 하여금 하나님이 아닌 돈, 인간 대리자, 인간 조직 그리고 거짓 복음을 신뢰하도록 만든 우상숭배적 독약이다. 독약을 복음인양 포장하여 판매함으로써 자신들의 뱃속을 채우고 있었던 당시의 설교자들은 구약의 거짓 선지자들과 같았다.

그렇다면 어떤 설교자들이 과연 참 선지자들인가? "십자가 없는 그리스도의 백성들을 향하여 '십자가, 십자가' 하고 말하는 선지자들이

---

30 *Ibid.*, 583.

여 만세, 만세."[31] 아래에서 상술하겠지만, 여기서 루터가 말하는 십자가는 1세기 유대인이었던 예수의 십자가 죽음과 부활이라는 역사적 사실에 대한 신자의 단순한 지적 동의와는 무관하다. 예수의 십자가 죽음이 대속의 의미가 있다는 것을 신학적으로 이해하는 교리적 차원 이상을 의미한다. 95조항의 1항에서 보았듯이, 루터에게 십자가는 신자가 평생 동안 짊어져야 할 자기 부인의 삶을 포함한다. 신자가 일생 동안 걸어가야 할 자기 비움의 길이요, 자기 욕망과의 처절한 투쟁의 길이다. 십자가로 상징되는 '참회의 삶', 즉 매일매일 되돌이킴을 통해 걷는 이 삶은 모든 사람이 가고자 하는 쉽고 넓은 길, 승리와 영광의 길을 걷는 삶이 아니다. 오히려 머리 되신 그리스도께서 걸어가신 좁고 험한 길을 제자가 되어 따라가는 삶이다. 그래서 십자가의 길은 '고난의 길'이다. 훗날 본회퍼가 말한 것처럼, 그러나 예수를 쫓아가는 십자가의 길은 구원을 향한 가장 확실한 길이다. 루터는 95개 조항을 이렇게 마친다. "이같이 하여 그리스도인으로 하여금 평안에 대한 그릇된 확신이 아니라 많은 고난을 통하여 하늘에 들어간다는 확신을 더 확고하게 가질 수 있도록 해주어라."[32]

5. '하이델베르크 논제'(1518): '영광의 신학' vs. '십자가의 신학'

루터가 1517년 10월에 95개 조항을 발표할 당시까지만 해도 그는 여전히 충실한 가톨릭교회의 사제요 아우구스투스 수도회 소속 수도사였으며, 비텐베르크 대학 신학부 교수였다. 루터는 교회와 교황의

---

31 *Ibid.*
32 *Ibid.*

권위 자체를 부정할 의도가 없었고, 새로운 교회를 세울 생각은 애초부터 없었다. 단지 테젤과 같은 면죄부 판매 설교자들의 잘못된 가르침과 신학을 비판하고, 면죄부의 무제한적인 남용과 이에 따른 부작용들을 경고하기 위한 글을 발표했을 뿐이다. 95개 조항은 교회와 성도들을 향한 루터의 목회적인 관심에서 비롯한 글이다. 루터는 자신의 글을 통하여 면죄부 판매의 신학적 문제가 밝히 드러나고, 그래서 마인츠 대주교였던 알브레히트가 자신의 수하에 있었던 테젤의 혹세무민과 도 같은 행태를 교정하리라 믿었다. 교회 스스로의 내부적인 개혁을 기대했던 루터의 이 순진함은 그가 당시 교회의 주류 세력에서 멀리 떨어져 있었던, 그래서 내부의 실상을 제대로 알지 못했던 독일 변방의 한 무명 인사였음을 보여주는 증거이기도 하다. 그러나 루터가 무명이 었다는 사실, 그의 영향력이 아직은 미미했던 점이 오히려 그가 로마 교회로부터 이단자로 판결 받는 속도가 늦춰지는 데 결정적 기여를 했다. 교회 건축과 종교 전쟁 같은 큰 사업들을 진행 중이었던 교황 레오 10세의 눈에 루터의 95개 조항은 신경 쓸 필요가 없는 시골의 한 철없는 사제의 잡문 정도에 불과했다.

그러나 이는 교황의 오판이었다는 게 곧 드러난다. 비록 루터의 이름을 모르는 사람들은 많았을지 몰라도, 마치 시한폭탄과도 같은 대중적 잠재력을 지녔던 그의 95개 조항은 인쇄기라는 당시 최첨단 매체를 통해 독일 전역에 퍼지기 시작했다. 무엇보다도 루터는 신학적으로 탄탄히 준비된 학자였다. 1512년에 신학박사 학위를 받은 루터는 그해 부터 비텐베르크 대학에서 본격적으로 강의를 시작했고, 1513년에서 1515년까지 강의한 시편 강해 수업에서 이미 중세 후기 신학 전체에 대한 비판적 관점을 발전시키기 시작했다. 1515년부터 진행된 로마서 강해 수업에서 루터의 '하나님의 의'에 대한 생각은 이전보다 더욱 심화되었고, 율법과 복음의 서로 다른 역할과 차이에 대한 그의 사상은 더더욱 분명해졌다. 교황이 루터를 과소평가하는 동안 루터의 신학은 점점 깊어갔고, 독일에서의 그의 대중적 영향력은 걷잡을 수 없이 커져갔다. 95개 조항을 발표한 이듬해인 1518년 4월, 하이델베르크에서 독일 아우구스티누스 수도회 총회가 열렸고, 그곳에서 루터는 자신의 신학적 방향성을 담은 28개 항으로 구성된 '하이델베르크 논제'(Heidelberg Disputation)를 발표했다.[33] 그의 95개 조항보다는 비교적 덜 알려진 하이델베르크 논제는 앞으로 전개될 루터의 '십자가의 신학'(theology of the cross)의 초창기 틀을 살펴볼 수 있는 매우 귀중한 사료다.

하이델베르크 논제는 크게 네 단락으로 구분된다.[34] 제1논제에서 제12논제까지는 구원에서의 '율법과 선행의 역할'을 주로 다루고, 제13논제에서 제18논제까지에서는 '의지의 자유' 대한 루터의 주장이 집중적으로 전개된다. 이 글의 주제와 직접적인 연관이 있는 '영광의 신학'과 '십자가의 신학'의 대비는 제19논제부터 제24논제까지에서 다루며, 마지막 부분에서는 죄인인 인간을 의롭다 하시는 '우리 안의 하나님의 역사'가 소개된다. 하이델베르크 논제의 제1명제는 다음과 같다. "하나님의 율법은 삶의 가장 건전한 지침이긴 하지만 인간을 의의 길로 나가게 할 수 없으며 도리어 그렇게 하는 것을 방해한다." 루터

---

33 Martin Luther, "하이델베르크 논제," 『루터 선집』, 584-587.
34 루터의 하이델베르크 논제의 해제는 다음을 참조: Gerhard O. Forde, *On Being A Theologian of The Cross: Reflections on Luther's Heidelberg Disputation, 1518*(Grand Rapids: William B. Eerdmans Publishing Company, 1997).

는 율법이 죄인인 인간의 손에 들어가게 되면 하나님의 영광이 아니라 인간의 영광을 드러내는 도구로 악용될 수 있음을 끊임없이 강조했다. 의를 실현하는 구체적인 길로 여겨지는 율법이 왜 인간으로 하여금 의의 길로 나가게 할 수 없으며, 오히려 의롭게 되는 것을 방해한다는 말인가?

쉽게 납득하기 어려운 루터의 주장을 따라가기 위해서는 중세 후기의 대표적인 신학자였던 에르푸르트(Erfurt) 대학의 윌리엄 옥캄(William Ockham)과 그의 신학적 후계자인 가브리엘 비엘(Gabriel Biel)의 율법 이해가 선행되어야 한다.[35] 당시 유명론주의자들이라고 불렸던 이들은 그동안 실재한다고 믿었던 진·선·미 또는 인류와 같은 보편 개념들이 사실은 이름뿐이며, 보편 진리라는 것은 개별적인 사건들과 상황들, 사례들 속에서만 존재한다고 믿었다. 여기서 한발 더 나아가, 이들은 각 시대와 사회마다 구성원들의 사회적 합의와 계약을 통해서 공동체의 진리 규범들을 새롭게 창조할 수 있다고 주장했다. 중세 후기 유명론자들의 후예들이 근대에 등장하는 사회 계약론(social contract theory)을 주창했던 인물들이다. 루터도 처음에는 옥캄과 비엘과 같은 중세 유명론주의자들에게 신학을 배웠으나, 훗날 아우구스티누스 신학을 포함한 교부들의 신학과 성서 연구를 통해 그들의 신학적 문제점들을 비판하면서 독자적인 길을 걷게 된다.

옥캄과 비엘은 하나님과 인간의 관계는 하나의 '계약'으로 맺어져 있는데, 이 계약은 하나님과 구체적인 개별 인간들 사이의 관계들 속에서만 그 본질이 규명되어야 한다고 주장했다. 노아와의 계약, 아브라

---

35 McGrath, 70-71.

함과의 계약 같은 구약과 신약에 등장하는 하나님과 각 개인들 간의 구체적이고 특수한 계약들을 분석한 후, 이들은 모든 계약을 관통하는 하나의 '작은 계약'(the Little Covenant)이 있다고 여겼다.[36] 이 계약의 특징은 다음과 같다: "당신이 자기 자신 안에 있는 것으로 최선을 다하면, 하나님께서는 당신에게 은혜를 거부하지 않으신다"(*Facientibus Quod In Se Est Deus Non Denegat Gratiam*). 유명론주의자들이 본 하나님과 인간 사이의 관계는 '조건부 계약'으로 이어져 있는데, 계약의 구체적인 조건은 '인간 편에서 자유 의지를 사용하여 하나님을 최선을 다해 사랑한다면, 하나님 편에서도 그 사람에게는 반드시 은혜를 주신다'는 것이다. 그렇다면 우리 인간 편에서의 조건인 '하나님을 최선을 다해 사랑하라'는 것을 만족시켰다는 것을 어떻게 증명할 수 있는가? 하나님께서 의의 기준으로 보여주신 '율법'을 최선을 다해 지키는 것이야말로 하나님을 사랑하는 걸 증명할 수 있는 길이 된다. 내가 율법을 잘 지켜서 계약 조건을 만족시키기만 한다면, 계약 당사자인 하나님 역시 당신의 약속에 따라 나에게 은혜를 반드시 주셔야만 한다. 나와 하나님이 모두 이 계약에 매여 있는데, 이 계약의 핵심은 중립적인 '율법'이다.

이 도식에 따르면 율법을 잘 지키는 사람이 하나님을 사랑하는 사람이고, 하나님을 사랑하는 사람이 하나님이 원하시는 의로운 사람이며, 의로운 사람에게는 하나님께서 당신도 매여 계신 계약에 따라 반드시 축복과 구원이라는 상급을 주셔야 한다. 중세 유명론주의자들은 이 관계 도식에 아리스토텔레스의 철학적 개념이었던 '하비투스'(*habitus*)

---

36 Lindberg, 60-67.

를 추가했다. '하비투스'란 쉽게 말해서 '제2의 천성'이라고 표현할 수 있는데, 우리가 처음에는 어렵게 느껴졌던 일을 반복해서 오래하다 보면 어느새 자신도 모르게 그 일을 쉽게 하게 된다는 개념이다. 마찬가지로 하나님의 의의 기준인 율법을 최선을 다해 지키다 보면 어느 순간에는 율법을 지키는 것이 쉽게 느껴지고, 나도 모르게 율법이 원하는 바로 그 사람, 즉 의로운 사람이 되어 있다는 것이다.[37] 중세 유명론주의자들의 계약 도식은 결론적으로 다음과 같다: "내가 나의 자유 의지를 사용하여 하나님의 의의 기준인 율법을 최선을 다해 지키면(하나님을 최선을 다해 사랑하면), 시간이 지남에 따라 나는 어느새 의로운 사람이 되고, 하나님께서는 계약에 따라 의로운 나에게 구원의 상급을 주셔야 한다."

중세 후기의 구원론을 배경으로 루터의 제1명제를 다시 읽어보자: "하나님의 율법은 삶의 가장 건전한 지침이긴 하지만 인간을 의의 길로 나가게 할 수 없으며 도리어 그렇게 하는 것을 방해한다."[38] 아래에서 상술하겠지만, 루터는 율법은 결코 구원의 길이 아님을 분명히 믿었다. 율법은 사람을 의롭게 만드는 것이 아니라 오히려 사람을 불의하게 만든다. 왜? 또는 누구의 문제인가? 루터는 율법은 선한 것이지만 인간은 결코 그렇지 않다고 여겼다. 하나님 앞에서 인간은 언제나 죄인이요, 언제나 불의하다. 제3명제에서 주장하듯이, 인간의 행위들은 겉으로 보기에는 언제나 매력 있고 선한 것처럼 보이지만, 죄인인 인간이 하나님 앞에서 행하는 행위들은 본질적으로 "죽을 죄들"이다.[39] 선한

---

37 McGrath, 74-76.
38 Luther, "하이델베르크 논제," 584.
39 Ibid., 585.

행위들, 의로운 행위들을 반복적으로 행한다고 선한 사람, 의로운 사람이 되는 것이 아니다. 나쁜 나무는 언제나 나쁜 열매를 맺는다. 율법을 하나님과의 계약 조건으로 이해하고, 자신이 율법을 지킴으로써 조건을 만족시켰다고 확신하는 사람, 그래서 상급을 받아야 한다고 자만하는 사람은 죽을 죄를 범한 사람이 된다: "인간의 행위들이 두려움 없이 전적으로 악한 확신 가운데서 행해진다면 그 행위들은 한층 더 죽을 죄가 된다"(제8명제).40 자신의 의로움을 드러내는 도구로 율법을 이용하는 사람은 율법의 역할을 이해하지 못한 사람이요, 자신을 정당화하고자 율법을 악용하는 죄인이다. 율법은 하나님과 인간 사이의 계약 조건이 아니요, 하나님과 인간의 공유물이 아니다. 율법은 하나님의 소유요, 하나님의 말씀이다.

　　루터의 말이 너무 가혹하게 들리는가? 제13명제는 우리를 더욱 비참하게 만든다: "타락 이후 '자유 의지'는 단지 내용 없는 빈말에 지나지 않으며, 자유 의지의 능력 범위 안에 있는 것을 행하고 있는 한 그것은 죽을 죄를 범하고 있는 것이다."41 자신의 스승들이었던 중세 유명론자들이 보편 개념들을 실제가 없는 이름뿐인 것들로 여긴 것처럼, 루터는 '자유 의지' 역시 단지 이름뿐인 허상에 불과하다고 일갈했다. 아우구스티누스와 마찬가지로, 루터는 타락 이후의 인간의 의지가 철저히 자기사랑에 매여 있다고 생각했다. 내가 원하고 내가 하고 싶은 것만을 할 수 있는 능력은 자유 의지가 아니라 실상은 노예 의지다. 내가 바라는 행위를 자발적으로 하는 것처럼 보이겠지만 실상은 내 안의 자기사랑의 욕망이 시키는 대로 할 뿐이다. 율법을 지키는 이유도 실제로는

---

40 *Ibid.*
41 *Ibid.*, 586.

'나'를 위함이다. 율법을 지켜서 하나님에게 보상을 받을 심산에서, 율법을 지키지 않으면 하나님에게 처벌을 받을지 모른다는 두려움 때문에 율법을 준수한다. 율법을 지켜도 상급이 없다면, 율법을 어겨도 처벌이 없다면 과연 누가 율법을 지키겠는가? 자신이 무조건적으로 하나님을 사랑하고, 아무런 조건 없이도 율법을 지킨다고 주장하는 사람, 그래서 하나님의 의의 기준을 만족시킨다고 자위하는 사람은 위선자다: "자기의 자유 의지로 최선을 다함으로써 의에 도달하기를 원한다고 생각하는 사람은 죄에 죄를 더함으로써 이중으로 범죄하게 된다"(제16명제).[42]

그러므로 하나님과 인간 사이의 계약을 운운하고, 계약의 조건으로 율법을 제시하고, 인간의 자유 의지를 강조하여 계약 조건을 만족시키라고 외치는 설교자는 거짓 선지자다. 하나님 앞에서 인간의 가능성과 그의 의지를 한없이 부풀려놓는 설교자는 거짓 선동가다. 율법을 오해하게 만들고, 심지어 율법을 악용하여 하나님 앞에서 자신을 정당화하게 만드는 설교자는 예수의 오심을 예비하는 세례 요한이 아니다. 하나님 앞에서 인간을 낮추고, 인간의 불의함을 드러내고, 인간이 자기 사랑에 매여 있는 노예 같은 존재임을 깨닫게 하는 율법은 그리스도의 길을 예비하는 하나님의 말씀이다: "이렇게 말하는 것은 실망을 주려는 것이 아니라 겸비케 하여 그리스도의 은혜를 구하고자 하는 열심을 불러일으키려는 것이다"(제17명제).[43] 율법은 죄를 더욱 죄 되게 하고, 그리스도 밖에 있는 모든 것을 심판하며 정죄하는데, 이는 인간으로 하여금 그리스도의 은혜를 받도록 준비시키기 위함이다. "내 안에 있

---

42 *Ibid.*
43 *Ibid.*

는 자유 의지로 하나님을 최선을 다해서 사랑하면, 하나님께서 그런 나에게 은혜를 거부하지 않으신다"는 것은 복음이 아니다. 자신의 공로와 자신의 의로움을 통해 구원을 스스로 획득하겠다는 것이요, 기어코 자신의 의로움을 스스로 입증하여 하나님이 아니라 자신에게 영광을 돌리겠다는 죄인의 자기 정당화(self-justification)일 뿐이다.

루터가 하이델베르크 명제에서 궁극적으로 비판하는 것은 중세 기독교의 '영광의 신학'이다. 하나님과 교회, 하나님과 인간을 마치 한 계약을 사이에 둔 동등한 두 당사자로 인식하는 신학, 율법을 계약의 조건이요 인간으로 하여금 의로우신 하나님께로 이르도록 인도하는 구원의 사다리로 제시하는 신학, 신자가 의로워질 수 있도록 돕는 은혜를 사제가 각종 성례를 통하여 신자 속에 유입시킬 수 있다고 주장하는 신학은 하나님이 아니라 인간과 교회에게 공로를 돌리고자 하는 '영광의 신학'이다. 의로우신 하나님이 높은 하늘에서 심판자로 계신 것처럼, 교회도 마땅히 세상을 향해 그러해야 한다고 믿는 신학자, 눈에 보이는 존재들의 사슬에서 최고 정점을 차지하고 계신 한 존재로서의 하나님 그리고 그분의 대리자임을 자칭하는 교황을 중심으로 한 '눈에 보이는 교회'(the Visible Church)를 높이고자 하는 신학자는 '영광의 신학자'다. 사람의 일생이 성장과 성공, 승리라는 위에 있는 푯대를 향해 달려가듯이, 보이는 것들을 따라 모든 것 위에 군림하시는 영광의 하나님을 향한 '상승의 신학'을 말하는 신학자는 '영광의 신학자'다: "하나님의 보이지 않는 것들을 그 만드신 것들에 대한 인식을 통해서 바라보는 사람은 신학자로 불릴 자격이 없다"(제19명제).[44]

---

44 *Ibid*.

반대로 루터가 말하는 '십자가의 신학자'는 누구인가? 루터는 제20 명제에서 이렇게 답한다: "그러나 고난과 십자가를 바라봄으로써 하나님의 보이는 것, 하나님의 '등'(출 33:23)을 인식하는 사람은 도리어 신학자로 불릴 자격이 있다."[45] 루터에 따르면, 하나님의 '자기 계시'(self-revelation)는 동시에 하나님의 '자기 은폐'(self-hiding)이기도 하다. 하나님은 자신을 드러내실 때, 동시에 자신을 감추시는 '숨어 계신 하나님'(*Deus Absconditus*)이다. 하나님은 자신과 반대되는 것들, 자신과 모순되는 대상들(*sub contra*) 아래에서 자신을 감추신다. 인간은 계시 사건을 통해 하나님의 '얼굴'을 볼 수 있는 것이 아니라, 기껏해야 하나님의 '등'을 볼 수 있을 뿐이다.[46] 자신을 감추시는, 그래서 결코 인간에게 파악되거나 장악되지 않으시는 무한히 자유로운 하나님은 과연 어디에서 자신을 드러내시는가? 하나님은 승리와 성공, 영광과는 정반대인 '고난'과 '십자가'에서 자신을 계시하신다. 하나님은 인간의 예상 밖에서, 예상 너머에서 그리고 예상과는 정 반대인 곳에서 자신을 드러내신다. 하늘의 보좌가 아니라 베들레헴의 말구유에서, 예루살렘 성전이 아니라 갈릴리 마을에서, 왕의 아들이 아니라 목수의 아들로서, 황제의 왕관이 아니라 가시로 만든 면류관을 쓰시고 십자가에 달린 모습으로 자신을 드러내신다.

'십자가의 신학자'는 동시에 '믿음의 신학자'다. 그저 보이는 것들, 누구나 볼 수 있는 것들을 통해서 하나님을 바라보고 인식하는 신학자가 아니라, 자신과 반대되는 것들 아래에 숨어 계신, 그래서 아무도 볼 수 없도록 자신을 감추신 하나님을 '믿음'을 통하여 붙잡을 수 있는

---

45 *Ibid.*
46 Forde, 77-81.

사람만이 신학자라고 불릴 자격이 있다. 고난 가운데 계신 하나님, 십자가에 달리신 하나님을 볼 수 있는 사람만이 '십자가의 신학자'다. 그러므로 "영광의 신학자는 악을 선이라 부르고 선을 악이라 부른다. 십자가의 신학자는 사실 그대로 말한다"(제21명제).[47] 영광의 신학자는 가장 높은 자리, 성공의 자리, 승리와 정복의 자리, 자칭 의인들의 자리에 하나님이 계시다고 말하는 악하고 무익한 종이다. 십자가의 신학자는 가장 낮은 자리, 가장 고통스럽고 치욕스러운 자리, 아무도 가고 싶어 하지 않는 자리 그리고 죄인들의 자리에 하나님이 계시다고 말하는 착하고 충성된 종이다. 하나님은 마치 자수성가한 사람처럼 스스로의 노력으로 의롭게 된 사람을 그와 맺은 계약에 따라 의롭다 인정하시는 매여 계신 하나님이 아니다. 하나님은 스스로 불의하다고 여기는 사람, 사랑받을 가치가 없다고 여기는 사람을 조건 없이 사랑하시며, 율법을 통해 죄인으로 드러난 사람을 그리스도를 통해 의롭다 여기실 수 있는 자유로운 하나님이시다. "하나님의 사랑은 (사랑받을 만한 가치가 있는) 대상을 발견하는 것이 아니라 도리어 (사랑할) 대상을 창조하신다. 인간의 사랑은 (사랑받을 만한 가치가 있는) 대상과 함께 시작된다"(제28명제).[48] 사람은 조건적으로 사랑하지만, 하나님은 무조건적으로 사랑하신다.

6. '두 종류의 의'(1519): "의인은 믿음으로 말미암아 살리라"

루터의 '십자가의 신학'은 하나님의 계시 사건에서 출발한다. 하나

---

47 Luther, "하이델베르크 논제," 586.
48 *Ibid.*, 587.

님은 "하나님을 내가 보았다, 하나님을 내가 안다"라고 믿는 인간의 인식론적 교만을 꺼꾸러뜨리신다. 하나님은 계시 가운데에서도 자신을 감추시는 숨어 계신 하나님이다. 십자가의 신학은 인간의 구원에 대한 자기 확신을 뒤집어엎는다. 율법을 매개로 하여 하나님과 거래를 하고자 하는, 율법 준수를 통하여 자신의 의로움을 구원 받을 만한 상급으로 내세우고자 하는 인간의 자기 확신과 보상 심리를 송두리째 무너뜨린다. 하나님은 계약에 묶여 계시지 않는다. 그러므로 십자가의 신학은 영광의 신학의 적이요, 처음부터 끝까지 우상철폐적(icono-clastic)이다. 인간과 마주서시는 창조주 하나님은 결코 당신의 영광을 피조물에게 빼앗기시지 않는다. 하나님과 인간은 하나의 계약을 사이에 둔 동등한 계약 당사자가 아니다. 하나님은 하늘에 있고, 인간은 땅에 있다. 하나님은 당신의 말씀을 통해서 인간을 낮추기도 하시고 올리시기도 하신다. 하나님은 말씀을 통해 인간을 죽이시기도 하시고 살리시기도 하신다. 하나님은 율법과 복음의 주인이시다.

그렇다면 십자가의 신학은 인간을 자기 자신에 대해서 실망케 하고, 절망케 하고, 불안케 만드는 신학이기만 한가? 가련한 인간이 불확실성을 견디다 못해 지푸라기라도 잡아보자고 하는 모든 행위를 정죄하고 끝나기만 하는 그런 신학인가? 인간이 안주하고자 만들어 섬기는 우상들을 깨부순 후, 이제 알아서 제 살 길을 가라고만 하는 신학인가? 이에 대한 루터의 대답은 그가 1519년부터 발표한 여러 설교와 논문을 통해 찾아볼 수 있다. 루터가 1519년에 설교한, 그리고 1520년에 출판한 "두 종류의 의"라는 설교문이자 논문은 '하나님의 의'에 대해 루터의 새로운 발견을 볼 수 있는 중요한 저작이다.[49] 루터의 '하나님의 의'에 대한 개념을 이해하려면 '의'(righteousness)에 대한 중세 신학의 개념을 간략히 살펴볼 필요가 있다. 초대 교부 아우구스티누스 이후의 중세 신학은 '의'를 대체로 '한 종류의 의'라고 보았다. 무엇보다도 '하나님의 의'는 인간이 자신의 신앙 여정을 통해 마침내 도달해야 할 의이며, 하나님께서 인간을 최종적으로 판단하시는 기준이 되는 의이기도 하다. 그러나 인간은 '원죄'(Original Sin)로 인해 불의한 채로 태어난다. 죄책을 갖고 태어날 뿐만 아니라, 하나님의 의의 기준을 만족시킬 수 있는 능력이 결여된 채로 태어난다. 인간의 이 최초 문제를 해결해줄 수 있는 것이 중세 가톨릭교회의 '(유아)세례'(Sacrament of Baptism) 다. 세례는 원죄의 죄책을 해결해줌으로써 원죄로 인해 하나님의 처벌을 받아야 하는 것에서 영아를 구원해준다.

그러나 세례 이후에도 인간 안에는 중세 신학이 '정욕'(concupi- scence)이라고 불렀던 '죄를 향한 성향'이 남아 있다. 그러므로 인간은 세례 이후에 '자범죄'(actual sin)를 범한다. 자범죄를 지었다고 해서 원죄의 문제를 처리하는 한 번뿐인 성례인 (유아)세례를 또다시 받을 수는 없는 노릇이다. 이때 또 다른 도움이 교회를 통해서 오는데, 이것이 '고해성사'(Sacrament of Penance)다. '두 번째 세례' 또는 '두 번째 도움'이라고도 일컬어졌던 중세 교회의 고해성사를 통해 신자는 죄를 용서 받고 의로워질 수 있다. 이쯤 되면 중세 교회의 성례들이 무슨 목적으로 제정되어 사용되어온 것인지 알 수 있을 것이다. 세례와 고해성사와 같은 교회의 성례들을 통해 신자 안으로 '은혜의 유입'(infusion of grace)이 가능해진다. 성례는 '은혜의 통로'(means of grace)다.[50] 중세 신학이 은혜를 여러 다양한 명칭으로 구분해놓았지만, 은혜의

---

49 Luther, "두 종류의 의," 『루터 선집』, 133-44.
50 Lindberg, 193-198.

역할은 궁극적으로 하나다. 자신 안에 유입된 은혜를 통하여 신자는 점진적으로, 존재론적으로 의로워진다(becoming righteous). 성만찬(Eucharist)시 사제의 축사 이후에 실제로 주님의 몸과 피로 변한 제단 위의 빵과 포도주는 이를 받은 신자의 몸 안으로 들어와 은혜의 효력을 발휘하기 시작한다. 성례들을 통한 은혜로 신자의 '의지'는 회복되고, 선행들을 행할 수 있게 되며, 하나님께서 이 선행들을 '공로'(merit)로 인정해주심에 따라 구원 받을 만한 상급을 소유한 그리고 마침내 구원 받을 만한 가치가 있는 '의인'(the righteous person)이 된다.

교회의 성례를 통해 유입된 은혜에 힘입어, 내가 실제로 의롭게 되어 하나님의 인정을 받는 중세 신학의 구원론은 '상승의 신학'이요 '영광의 신학'이다. 나의 불의함이 교회의 성례들, 사제의 중재 그리고 유입된 하나님의 도움을 통하여 점차 의로움으로 변한다는 신학이다. 나는 존재론적으로 의로워지는 과정에 있으며, 회복의 과정, 영적 여행의 순례자(Viator)이다. 그렇다면 이 상승의 구원론에서 그리스도의 위치는 어디인가? 위로 올라가는 '구원의 서정'(Ordo Salutis)에서 그리스도는 도대체 왜 필요한가? 중세 구원론의 도식에서 '그리스도', 또는 '그리스도의 의'(righteousness of Christ)는 구원의 서정 제일 처음에 위치한다. 믿음을 통해 그리스도의 의를 받아들이는 것이 순례의 시작이다. 우리에게 익숙한 표현으로는 '칭의'(justification), '중생'(regeneration), 또는 '거듭남'(reborn)을 위해서 그리스도의 의가 반드시 필요하다. 그리스도의 의를 통해 이 출발이 이루어진다면, 그 다음은 위에서 말한 과정이 진행된다. 교회, 사제, 성례 그리고 은혜의 유입과 '함께' 내가 점진적으로 의로워지는 과정, 내가 점차적으로 '하나님의 의'를 이루어가는 구원의 서정이 시작된다. 이 서정을 출발하게 되면,

이제는 쟁기를 들고 뒤를 돌아볼 것이 아니라 앞에 있는 푯대를 향하여 두렵고 떨리는 마음으로 구원, 즉 높이 계신 하나님의 의의 기준을 향해 독수리 날개 치듯 올라가기만 하면 된다. 중세 신학에서 '그리스도의 의'는 신자가 구원의 서정에서 '한 종류의 의'에 도달하기 위한 일종의 종자돈이나 마중물처럼 여겨졌다.

루터의 신학적 돌파구는 성서에서의 '의'가 한 종류가 아니라, 실제로 '두 종류'(two kinds)라는 발견에서 시작됐다: "인간의 죄가 두 종류이듯이 그리스도인의 의에도 두 종류가 있습니다."[51] 루터는 '첫 번째 의'를 '외래적인 의'(iustitia aliena)라고 불렀는데, 왜냐하면 이 의는 인간 '밖'에서 들어오는, 인간에게는 '낯선' 다른 이의 의이기 때문이다. 이 의가 바로 '그리스도의 의'다. 우리와 동일한 한 사람이셨던 그리스도의 의는 왜 우리에게 '낯선 의'일 수밖에 없는가? 우리 인간은 불의한 데 반해, 그리스도는 의로우시기 때문이다. 내가 아무리 스스로 의로워지는 길을 걷는다 해도 우리는 늘 죄인임에 반해 그리스도는 언제나 의로우시기 때문이다. '그리스도의 의가 인간의 불의와는 전적으로 다르다'라는 루터의 말은 상승의 신학과 영광의 신학에 오래 젖어 있는 사람은 결코 이해할 수 없는 주장이다. 내가 율법 준수를 통하여, 오랜 성화의 길을 통하여 어느 정도 의로워졌다고 생각하는 사람은 결코 받아들일 수 없는 주장이다. 하나님의 말씀인 율법을 통하여 자기 자신에 대해 완전히 낙심하고 절망해보지 않은 사람은 결코 깨달을 수 없는 이야기다. 아래로 향해 내려가는 그리스도의 의는 사랑받을 자격이 있다고 자위하는 자칭 의인이 아니라, 자격 없음을 애통해 하는 죄인을

---

51 Luther, "두 종류의 의," 『루터 선집』, 133.

찾는다.

　다음의 내용을 주의 깊게 읽으면 좋겠다. 여기에 루터의 '이신칭의' (justification by faith) 사상의 핵심이 담겨 있다: "그러므로 그리스도에 대한 믿음으로 말미암아 그리스도의 의는 우리의 의가 되며 그분이 가진 모든 것이 우리의 것이 됩니다. 아니 차라리 그분 자신이 우리의 것이 된다고 말하는 것이 좋겠습니다. 그러므로 사도는 로마서 1장 17절에서 그것을 '하나님의 의'라고 부릅니다."[52] 인간은 반복해서 행하는 의로운 행위들을 통해서 의롭게 되는 것이 아니다. 의로운 행위들이 나열되어 있는 율법을 울며 겨자 먹기 식으로 지킨다고 해서 하나님 앞에서 인정받는 것이 아니다. 은혜의 도움을 받든 받지 않든, 인간은 하나님의 의의 기준을 이룰 수 없다. 하나님은 아래로부터, 우리로부터 의로움을 채움 받고자 하시는 분이 아니다. 반대로 하나님은 위로부터, 우리에게로 당신 자신의 의로움을 주시기 원하시는 분이다.

　'그리스도의 의'는 하나님의 의의 일부분이 아니다. '그리스도의 의'는 구원의 서정의 출발점에 그치는 것이 아니다. '그리스도의 의'는 '하나님의 의' 전체와 같고, '그리스도의 의'는 구원의 완성이다. 그리스도의 의, 즉 하나님의 의는 '행위'가 아니라 '믿음'을 통하여 인간에게 주어진다. 하나님의 의는 계약 조건을 완수한 의인에게 마땅한 상급으로 주어지는 것이 아니라, 율법을 통하여 불의함이 드러난 무가치한 죄인에게 주어지는 하나님의 조건 없는 선물이다. 우리가 '이신칭의'라고 부르는 내용을 풀면 다음과 같다: '죄인은 믿음으로 하나님의 은혜, 즉 그리스도의 의를 받음으로써 하나님 앞에서 의롭다 칭함을 받는다'

---

52 *Ibid.*, 135.

(Justification by Faith through Grace of Christ's Righteousness). 하나님의 조건 없는 약속에 대한 믿음, 즉 전적인 신뢰를 통해 그리스도의 의가 나에게 '전가'되고, 나의 죄가 그리스도에게로 '전가'된다. 하나님과 나 사이의 계약이나 그에 따른 행위가 아니라, '오직 믿음'(Sola Fiducia)을 통하여 '복된 교환'(Happy Exchange)이 이루어진다.[53]

그렇다면 그리스도인에게 '두 번째 종류의 의'는 무엇인가? 루터의 말을 들어보자: "두 번째 종류의 의는 우리 자신의 고유한 의입니다. 그러나 우리가 홀로 그것을 행하기 때문이 아니라 외래적인 첫 번째 의와 더불어 우리가 그것을 행하기 때문에 두 번째 의가 됩니다."[54] 우리 자신의 '고유한 의'는 다른 말로 우리 자신의 '합당한 의'(proper right-eousness)라고 표현할 수 있다. 내가 소유하고 있기에 내가 능동적이고 적극적으로 사용할 수 있는 성격의 의가 있다. 여기서 루터가 이 의를 '두 번째'라고 칭한 것은 의미가 깊다. 이 의는 첫 번째 의, 즉 믿음을 통해 받는 그리스도의 의, 하나님의 의와는 본질적으로 다르다. 단순히 시간적으로 첫 번째 의인 그리스도의 의 다음에, 또는 그 위에 쌓아올리는 식으로의 두 번째 의가 아니다. 마치 '칭의'(justification)' 다음에 '성화'(sanctification)를 쌓고 마지막에 '영화'(glorification)를 올려 완성하는 식의 구도를 이야기하는 것이 아니다. 만약 그렇게 이해된다면 루터의 신학 역시 십자가의 신학이 아니라 상승의 신학, 영광의 신학에 다름 아닌 것이 된다.

---

53 Robert Kolb and Charles P. Arand, *The Genius of Luther's Theology: A Wittenberg Way of Thinking for the Contemporary Church*(Grand Rapids: Baker Academic, 2008), 45-52.
54 Luther, "두 종류의 의,"『루터 선집』, 136.

루터에게 첫 번째 의는 이 의가 '하나님의 의'라는 점에서 첫 번째다. 두 번째 의는 이 의가 '인간의 의'라는 점에서 두 번째다. 첫 번째 의는 홀로 존재하지만 두 번째 의는 첫 번째 의에 절대적으로 의존한다. 첫 번째 의는 완전하지만 두 번째 의는 언제나 불완전하다. 첫 번째 의는 '원인'이요 두 번째 의는 '부산물'이며 '열매'다. 좋은 열매를 맺다 보니 어느새 나도 모르게 좋은 나무가 된 것이 아니다. 믿음을 통해 그리스도의 의를 받아들였기 때문에, 그리스도 안에 있기 때문에, 그리스도에게 접붙인바 되었기 때문에 좋은 나무가 된 것이요, 그래서 부족하나마 좋은 열매들을 맺게 된 것이다. 다음은 그리스도의 의를 통해서 창조된 우리의 의인 이 두 번째 의에 대한 루터의 설명이다.

그러므로 이 의는 자신을 미워하고 이웃을 사랑하며 자신의 유익을 구하지 않고 다른 사람의 유익을 구합니다. 그리고 이러한 것이 그 의의 전체 생활 방식입니다. 그 의는 자신을 미워하고 자신의 것을 구하지 않기 때문에 육을 십자가에 못 박습니다. 그 의는 다른 사람의 유익을 구하기 때문에 사랑을 행합니다. 그래서 그 의는 모든 영역에서 하나님의 뜻을 행하여 자기에 대해서는 근신하며 이웃에 대해서는 의로우며 하나님에 대해서는 경건하게 삽니다.[55]

중세 신학에서 '한 종류의 의'로 해석되어온 것을 루터가 '두 종류의 의'로 재해석한 것은 인간이 이 땅에서 맺고 있는 관계들에 대한 이해와 연관되어 있다. 인간은 '하나님'과의 수직적인 관계뿐만 아니라 '이웃'

---

55 *Ibid.*, 136-37.

과의 수평적인 관계 가운데 살아간다. 에덴동산에서 이미 하나님과 아담 그리고 하와가 함께 있지 않았는가? 인간은 그래서 태초부터 '사회적 존재'다.[56] 인간은 '하나님 앞에서'(*Coram Deo*)뿐만 아니라 '사람들 앞에서'(*Coram Hominibus*) 살아간다. 앞에서 살펴봤듯이, 루터는 하나님과 인간의 관계에서는 하나님께서 전적으로 그 주도권을 갖고 계신다고 여겼다. 하나님은 율법의 행위와는 상관없이 불의한 죄인에게 그리스도의 의를 값없이 선사하시는 자유로운 주인이요 긍휼하신 아버지시다. 하나님과 인간 사이의 전적인 다름과 차이는 하나님께서 당신의 의로우심을 통해 직접 채우시고 해결하신다. 첫 번째 의, 그리스도의 의는 하나님과 인간의 관계 사이에 놓인다. 믿음으로 첫 번째 의, 하나님의 의 전체인 그리스도의 의를 붙들고 있는 한 인간은 하나님 앞에서 의롭다 칭함을 받는 자유로운 존재다.

두 번째 의, 우리 인간의 의는 인간과 인간 사이, 이웃과의 관계에서 역사한다. 그리스도의 의에 기대어 활동하는 이 인간의 의는 이웃의 평안과 안녕을 최우선으로 한다. 이 의는 더 이상 이웃 사랑이라는 선행을 보임으로써 하나님께 인정받으려 애쓰지 않는다. 하나님 사랑, 이웃 사랑이라는 사랑의 이중 계명을 보상에 대한 기대 때문에, 또는 처벌에 대한 두려움 때문에 지키지 않는다. 하나님으로부터의 인정은 철저하게 첫 번째 의, 그리스도의 의의 몫이다. 인간은 '율법'이나 '행위'나 '두 번째의 의'나 '성화의 정도'를 통해 하나님 앞에서 의롭게 되는 것이 아니다. 그리스도의 의로 인해 하나님으로부터의 인정, 즉 구원의 확실성을 얻고자 하는 강박에서 자유롭게 된 '죄인인 동시에 의인'

---

56 Kolb and Arand, 33-35.

(*simul peccator et justus*)은 이제 이웃을 향하여 스스로 종이 된다. '그리스도를 닮아감'(*Imitatio Christi*)은 하나님과의 관계에서가 아니라 이웃과의 관계에서 구체적으로 실현되어야 한다. 그리스도께서 하늘 보좌를 버리고 자신을 완전히 비우신 채 인간을 위한 종이 되신 것처럼, 그리스도의 의를 선물로 받은 그리스도인은 이웃을 위한 종의 삶을 기쁘게, 조건 없이, 자발적으로 살아간다. 이것이 성서가 말하는 '사랑으로서 역사하는 믿음'이다. 그리스도의 의를 '믿음'을 통해 받았다면, 그리스도인의 합당한 의의 열매인 '사랑의 행위'가 이웃을 위해 맺어져야 하는 것이 당연한 이치다.

여기까지 읽으시고, "도대체 의가 한 가지든 두 가지든 그것이 뭐가 그렇게 대수인가?" 하시는 분들이 분명 계실 것이다. "행위로 구원 받든, 믿음으로 구원 받든, 아니면 행위 반 믿음 반으로 구원 받든, 하여간 구원만 받으면 되는 것 아닌가?" 하시는 분들도 계실 것이다. "세상 살기도 복잡한데 신앙생활만큼은 제발 좀 단순하게 하자!" 하시는 분들도 계실 것이다. 그러나 꿩 잡는 게 매라는 식의 신앙, 모로 가도 서울만 가면 된다는 식의 신앙이 구원을 보장한다고 자신할 수 있는가? 오히려 단순한 신앙이 독단적인 신앙이 되고, 독단적인 신앙이 독선적인 신앙이 되며, 독선적인 신앙이 위선적인 신앙을 낳는 경우가 허다하지 않는가? 도대체 무엇을 믿고 어떻게 사는 것이 기독교적인 것인지도 모른 채 교회 생활의 쳇바퀴를 뱅뱅 도는 경우를 주위에서 보지 않는가?

루터는 성서의 의를 이해하고자 할 때 하나님과 나와의 관계에서 '하나의 의'가 있고 나와 이웃과의 관계에서 '또 다른 하나의 의'가 있음을 깨달았다. 하나님과의 관계에서 나는 철저히 '받는 자'다. 하나님은 그리스도의 의를 무가치한 죄인인 나에게 믿음을 통해 값없이 주신다. 이것이 죄인을 의롭다 여기시며, 죄인을 죄와 율법과 사망에서 자유롭게 하시는 '칭의'의 의다. 하나님 앞에서 의롭다 칭함을 받은 나는 이웃과의 관계에서는 철저히 '주는 자'요 '행하는 자'다. 나는 이웃의 안녕과 평안을 위하여 기꺼이 종의 삶을 살기로 선택하는데, 이것이 나를 자유롭게 하신 하나님의 기뻐하시는 뜻임을 알기 때문이다. 이웃과의 관계에서 자기를 부인하며, 이웃을 위하여 그리스도를 닮는 삶을 살고자 하는 의가 '성화'의 의다.

루터는 이 두 종류의 의를 인간이 맺고 있는 두 관계를 통해 '구분'함으로써 죄인 된 인간이 하나님과의 관계에서 자신의 의(성화의 의)를 내세울 가능성, 즉 자기정당화(self-justification)의 길을 원천봉쇄했다. 동시에 루터는 이 두 종류의 의가 결코 '분리될 수 없음'을 분명히 했다. 하나님과의 관계에서 그리스도의 의(칭의의 의)를 통해 하나님께 인정받고 있다는 것을 신뢰하는 사람은 이웃 사랑을 위한 자기희생적 삶, 십자가의 삶을 산다. 루터의 십자가의 신학에서 율법과 복음, 믿음과 행위, 칭의와 성화는 구분되지만 결코 분리되지 않는 변증법적 관계(dialectical relationship)에 놓여 있다. 이와 반대로, '칭의의 의' 위에 '성화의 의'를 쌓아올려서 '하나의 의'를 하나님과 내가 함께 이루어 가는 방식, 그래서 종국에는 하나님과 내가 영광을 나눠 갖는 방식이 중세 교회의 구원론이요, 영광의 신학이다.

7. '독일 민족의 귀족에게 호소함'(1520), '세속 권세: 어느 정도 까지 복종해야 하는가'(1523): "율법을 지킴은 무엇을 위함인 가?"

위에서 살펴본 바와 같이, 중세 가톨릭교회의 구원론은 철저하게 협동적(cooperative)이다. 구원을 위해서 하나님께서 하셔야 할 일이 있지만 동시에 내가 해야 할 책임도 분명하다. 구원의 서정은 '나'와 '하나님'이 함께 걸어가고, 함께 만들어가는 거룩한 길이다. '내 안에 있는 자유 의지를 통해 하나님을 최선을 다해 사랑하는 것'이 나와 하나님 사이의 계약이며, 만약 내 편에서 조건을 만족시켰다면 하나님도 나에게 구원을 포함하여 당신이 약속하신 은혜를 반드시 주셔야만 한다. 이 구도에서 믿음을 통해 주어지는 그리스도의 의는 하나님의 의의 전체가 아니라 일부분이다. 우리에게 익숙한 방식으로 표현하자면 믿고 거듭날 때 첫 번째 은혜가 주어지는데 이 은혜는 구원의 완성과는 거리가 멀다. 첫 번째 은혜인 그리스도의 의를 힘입어 이제는 내가 스스로 의로워지는, 점진적으로 성화되는 과정을 거쳐서 하나님의 의에 도달해야만 한다. 이 길이 나 혼자 갈 수 있는 길이 아니기에 나를 돕는 하나님의 은혜가 반드시 필요한데, 이러한 은혜를 성례들을 통해 내 안에 '주입'해줄 수 있는 유일한 인간 대리자가 교회의 사제다. 하나님은 사제가 집례하는 교회의 성례들을 통해서만 우리에게 구원, 즉 하나님의 의에 도달할 수 있는 길을 허락하신다. '교회 밖에는 구원이 없다'는 이야기는 교회에서 사제가 집례하는 은혜의 통로인 성례들 없이 신자 스스로 구원을 이룰 수 없다는 이야기와 같다. 이쯤 되면 중세 기독교에서 사제 그리고 교황이 차지했던 위상에 대해서 더 이상 긴 말이 필요 없겠다. 베드로의 후계자인 교황은 말 그대로 천국 열쇠의 유일무이한 소유자다.

루터는 그가 1520년에 발표한 "기독교계의 상태 개선에 관하여 독일 민족의 귀족에게 호소함"이라는 논문에서 은혜의 통로인 성례의 열쇠를 쥐고 있다고 주장하는, 그래서 성도의 생사여탈권을 쥐고 있었던 교황을 포함한 사제 계급이야말로 교회 부패의 장본인임을 신랄하게 비판했다. 루터의 말을 직접 들어보자: "로마 교도들은 아주 영악하게 자기들 주위에 세 개의 담을 둘러쳐 놓았는데, 이것들은 이제까지 그들을 보호해주었으며 아무도 그것들을 개혁할 수 없었다. 그 결과 온 기독교계는 통탄스러운 부패를 겪어왔다."[57] 1세기의 유대교 대제사장들이 예루살렘 성전과 산헤드린 공회를 장악했듯이, 바리새파 출신 랍비들이 율법과 회당을 장악했듯이, 교황을 수장으로 하는 사제 계급이 교회를 장악하고 자신들의 기득권 수호에 열을 올린 것이 교회 타락의 근본 원인이라는 것이다. 루터는 영적 계급이라고 불렸던 사람들이 자신들의 기득권을 지키기 위해 둘러쌓아 올린 '세 가지 담'을 지적하는데, 그 첫 번째 담은 '이분법적 계급론'이다: "교황들, 주교들, 사제들, 수도사들, 수녀들을 영적 계급(the spiritual or religious class)이라고 부르고, 제후들, 영주들, 장인들, 농부들을 세속적 계급(the secular class)이라고 부르는 것은 어떤 기회주의자들에 의해 만들어진 허울 좋은 고안물이다."[58]

기도와 묵상, 말씀 읽기와 설교 같은 영적 활동에 전념하도록, 무엇

---

57 Luther, "기독교계의 상태 개선에 관하여 독일 민족의 귀족에게 호소함," 『루터 선집』, 480-568.
58 Ibid., 485.

보다도 은혜의 통로인 성례를 집례하도록 부름 받은 사제들을 '영적 계급'이라 부르며, 이들이 '세속적 계급'에 속한 사람들보다 우월하다고 주장하는 것은 기회주의자들, 즉 당시 사제들의 창작물일 뿐이라는 것이다. 앞에서 살펴본 '존재들의 사슬' 개념, 즉 영적인 일들을 하는 영적인 존재가 육체적인 일들을 하는 세속적인 존재들보다 상위에 놓인다는 것은 그리스 철학에서 하는 이야기이지 성서가 말하는 진리가 아니다. 하나님은 결코 한 개인이 하는 일을 통해 그를 차별하시는 분이 아니며, 하나님 앞에서는 그 어떤 일도 무가치하지 않다. 무엇보다도 사람은 하나님 앞에서 그의 일, 그의 행위를 통해서 인정받고 평가받는 것이 아니다. 하나님은 일이나 행위 이전에 그 사람의 존재를 보신다. 사람은 행위가 아니라 믿음을 통해, 즉 그리스도의 의를 값없이 주시겠다는 하나님의 약속을 붙잡음을 통해, 하나님 앞에서 의롭다는 인정과 평가를 받는다: "모든 그리스도인은 참으로 영적 계급에 속하며 그들 사이에서는 그들이 서로 다른 일을 하고 있다는 것 외에는 아무런 차이가 없다. … 우리는 하나의 세례, 하나의 복음, 하나의 믿음을 지닌 동일한 기독교인들이기 때문이다. 하나의 세례, 하나의 복음, 하나의 믿음만이 사람들을 영적이게 하고 기독교인들이 되게 한다."[59]

루터는 하나님이 일이 아니라 존재로, 행위가 아니라 믿음으로 사람을 인정하시고 평가하신다면, 사람들을 일이나 직분, 안수 유무에 따라 구분해왔던 이분법적 계급론, 즉 영적 계급과 세속적 계급 간의 신분적 차별은 마땅히 철폐되어야 한다고 생각했다. 사제라는 직분은 안수를 받았다는 이유 하나로, 설교를 하고 성례를 집례할 수 있다는

---

59 *Ibid.*

이유 하나로 평신도 위에 군림할 수 있는 신적 특권을 부여 받은 존재가 아니다. 한번 해병대는 영원한 해병대일지 몰라도, 사제 직무를 더 이상 수행하지 않는 사제, 사제 직무에서 물러났거나 은퇴한 사제는 더 이상 사제가 아니다. 무엇보다도 그리스도인들 사이의 구분은 직분과 역할의 구분이지, 지위와 계급의 차이가 결코 아니다: "그런 까닭에 우리는 평신도, 사제, 제후, 주교 또는 로마 교도들의 용어를 사용하자면 영적인 계급과 세속적인 계급 사이에는 실제로 직무의 차이 이외에 아무 차이도 없으며 그리스도인으로서의 지위에 관한 차이는 전혀 없다고 추론할 수 있다. 모두가 다 영적인 지위를 갖고 있으며 모두가 진정으로 사제요 주교요 교황이다."[60]

우리가 익히 알고 있는 루터의 '만인사제론'(priesthood of all believers)은 사제와 교황을 최고 정점으로 하는 중세 교회의 영광의 신학, 영광의 영성에 대한 신학적 반동이다. 세속적 직업을 갖고 있는 한 평신도가 하나님 앞에서 자신들과 동일한 영적인 지위를 갖고 있고, 그들이 모두 진정으로 사제요 주교요 교황이라는 루터의 주장은 오늘날 한국 개신교회와 목회자들 역시 받아들이기 힘든 파격적인 선언임이 틀림없다. 그러나 루터의 생각은 분명하다. 오로지 하나님만이 영광을 받으실 존재며, 인간은 결코 하나님께로 돌아갈 영광을 취해서는 안 된다. 하나님 앞에서 모든 인간은 평등하며, 중보자 되신 그리스도 이외에 하나님과 사람 사이를 매개하는 또 다른 인간 중재자는 없다. 하나님은 모든 인간을 각기 다른 직무들을 위해 부르셨다. 거룩하신 하나님께서 부르셔서 맡기신 모든 직무, 모든 소명은 거룩하며 소중하

---

60 *Ibid.*, 487.

다. 하나님은 모든 사람을 통해 그리고 모든 소명을 통해서 일하신다. 하나님은 교회 안에서 일하실 뿐만 아니라 세상 한복판에서도 당신이 부르신 사람들을 통해 일하고 계신다: "제화공, 대장장이, 농부는 각기 자신의 직업과 일을 갖고 있으면서도 그와 아울러 그들 모두는 사제와 주교로서 행할 자격이 있다. 그들은 각기 자기의 직업이나 일 속에서 다른 사람들을 이롭게 하고 섬겨야 한다. 따라서 다양한 직업들은 모두 공동체의 최선의 유익을 지향하여야 하고 몸의 모든 기관들이 서로 서로를 섬기듯이 몸과 영혼의 복리를 증진시키도록 하여야 한다."[61]

영광의 영성, 영광의 신학의 대척점에 있는 십자가의 영성, 십자가의 신학은 인간으로 하여금 스스로 자신을 구원하고 스스로 자신을 정당화해야 하는 그 무거운 짐에서 자유롭게 한다. 십자가의 신학은 자기 자신을 타인보다 더 영적이고 거룩하다고 생각하는 우상숭배의 유혹에서 인간을 해방시킨다. 십자가의 영성은 교회 내에서의 사역뿐만 아니라 일상에서의 모든 일이 주님 보시기에 거룩하고 소중하다는 것을 일깨워준다. 그리스도의 십자가는 우리를 자유롭게 함과 동시에 우리의 삶에 새로운 의미를 준다. 루터는 "세속 권세: 어느 정도까지 복종해야 하는가"(1523)라는 논문에서 그리스도의 십자가가 신자에게 주는 자유의 의미에 대해 역설했다. 루터는 참된 그리스도인을 다음과 같이 정의한다: "만약 온 세상이 실제적인 그리스도인들, 즉 참된 신자들로 이루어져 있다면, 제후, 왕, 군주, 칼, 법 등은 필요가 없을 것이다. 그리스도인들을 교훈하고 그들로 하여금 다른 사람들에게 악을 행하지 않게 하고 모든 사람을 사랑하게 하며 기꺼이 그리고 즐겁게 모든 사람들

---

61 *Ibid.*, 488.

로부터 불의를 견디며 죽음까지도 마다하지 않게 하는 성령을 그리스
도인들은 마음속에 지니고 있는데 그런 것들이 무슨 소용이 있겠는
가?"62

　루터가 말하는 그리스도인의 자유는 구원을 따논 당상처럼 여기는
윤리적 방종과는 거리가 멀다. 그리스도인의 자유는 율법을 지킬 의무
로부터의 자유가 아니다. 그리스도의 십자가를 통하여 신자가 누리는
자유와 해방은 율법의 정죄와 죄의 삯인 사망으로부터의 자유이지,
율법 준수의 책임으로부터의 자유, 그래서 내 욕망대로 살아가도 되는
그런 자유가 결코 아니다. 루터가 위에서 피력한 것처럼, 참된 그리스
도인은 오히려 율법을 그 누구보다도 철저하게 지킨다. 그러나 이제
율법을 지키는 동기와 목적은 이전과는 판이하게 다르다. 참된 그리스
도인은 율법 준수를 통해서 하나님 앞에서 자신을 증명하고 자신을
정당화하고자 하는 옛 자아를 날마다 죽인다. 그는 하나님 앞에서 자신
의 성화됨과 거룩성을 드러내고자 하는 옛 자아의 일이 밑 빠진 독에
물 붓기와 같은 부질없는 일일 뿐만 아니라 하나님 앞에서 죄 된 일임을
안다. 율법 준수를 통해서 스스로 성화되고자 하는 거룩한 종교적 열심
이 하나님 앞에서는 왜 죄 된 일이 되는가? 영광의 영성을 추구하고자
하는 옛 자아가 자신이 이미 그리스도와 함께 십자가에 못 박혀 죽었다
는 하나님의 말씀을 믿지 않기 때문이다. 이제 더 이상 자신을 신뢰하
지 않고 하나님의 약속을 전적으로 신뢰하고자 하는 새 자아가 그리스
도와 함께 부활했다는 말씀을 믿지 않기 때문이다. 하나님에 대한 불신
앙이 죄의 근원이다.

---

62 Luther, "세속권세: 어느 정도까지 복종하여야 하는가," 『루터 선집』, 435-79.

그렇다면 이제 새 자아는 도대체 무엇 때문에 율법을 지키는가? 도대체 누구를 위하여 선행을 하는가? 루터의 대답을 들어보자: "참된 그리스도인은 이 땅 위에서 자신을 위해서가 아니라 이웃을 위하여 살고 노력하기 때문에 그의 삶의 모든 정신은 그로 하여금 자기에게는 필요치 않지만 이웃에게 유익하고 필요한 것을 행하지 않을 수 없도록 만든다."[63] 그리스도의 십자가를 통해서, 믿음을 통해서 예수와 연합된 참된 그리스도인은 자신을 위해 율법을 지키는 것이 아니라 타인을 위해 율법을 지킨다. 하나님 앞에서 인정받기 위해, 그래서 축복과 구원을 받기 위해 율법을 지키는 것이 아니라 오로지 이웃의 유익을 위해 율법을 지킨다. 참된 그리스도인은 더 이상 율법을 울며 겨자 먹기 식으로 지키지 않는다. 하나님께서 원하시기 때문에, 성령께서 역사하시기 때문에 율법을 무조건적으로, 기쁘게, 자발적으로 이웃을 위해 지킨다. 십자가를 통과한 그리스도인은 이제 더 이상 자신을 위해서 살거나 자신을 위해서 신앙생활하지 않는다. 자신을 위해서 사는 일은 옛 자아의 일, 즉 영광의 영성을 추구하는 죄인의 삶이다.

참된 그리스도인, 새 자아는 이웃을 위해 기꺼이 고난을 감내하는데, 이는 이웃을 위해 자신에게 주어진 십자가를 지는 것이 자신의 존재 이유임을 잘 알고 있기 때문이다. 그는 자신의 부르심, 자신의 세상에서의 직업이 자신과 자신 가족의 부귀영화를 위함이 아니라 이웃을 섬기기 위해 하나님으로부터 주어진 것임을 안다. 그는 세상에서의 직업이 이웃의 유익을 직간접적으로 돕고 있음을 알기에 자신의 직업을 거룩한 소명, 즉 성직으로 여긴다. 십자가의 영성, 십자가의 신학은

---

63 *Ibid.*, 446.

그러므로 죄인에게는 '죽음'이요 '고통'이다. 십자가는 죄인으로 하여금 자신이 하나님 앞에서 의지하고 있었던 최고의 것, 즉 자신의 율법 준수와 성화됨이 구원의 근거가 될 수 없음을 받아들이게 만든다. 자신이 더 이상 스스로를 정당화할 수 없다는 것을 받아들이는 일, 자신이 그만큼 무기력하다는 것을 받아들이는 일은 죄인에게는 죽기보다 힘든 고통이다.

십자가는 참된 그리스도인에게도 여전히 고통이다. 이 땅에서는 누구나 '죄인인 동시에 의인'이며, 옛 자아와 새 자아의 투쟁은 이 땅에서 죽는 그날까지 계속된다. 신자에게도 율법을 지키는 일은 여전히 어려우며, 자기 자신이 아니라 이웃을 위해 사는 삶은 여전히 고통스럽다. 그러나 참된 그리스도인은 하나님께서 그의 삶에 드리우신, 자신의 어깨에 매어놓으신 십자가를 기꺼이 받아들인다. 십자가를 통해서만이 이기적인 옛 자아가 죽을 수 있으며, 하나님을 신뢰하고 이웃을 사랑하는 새 자아가 탄생할 수 있다는 것을 믿기 때문이다. 인간은 자기 자신만을 위해서 살도록 지음 받은 것이 아니라, 하나님과 이웃과의 관계 속에서 살도록 지음 받은 존재임을 알기 때문이다. 인간이 삼위일체이신 하나님의 형상에 따라 지어졌다는 말은 인간은 처음부터 '관계적 존재'(relational being)라는 것을 의미하기도 한다.

II. 나가는 말

"예수천국 불신지옥"이라는 지극히 단순화된 기독교 구호가 오늘날 수많은 오해와 왜곡을 불러일으키는 것과 마찬가지로, "오직 믿음만으로 의롭다 함을 얻는다"는 루터의 주장 역시 잘못 이해된 경우들이 대부분이다. '오직 믿음만'이라고 외치면서 사실은 내가 믿고 싶은 것들을 내 맘대로 그리고 맹목적으로 믿는다고 해서 하나님 앞에서 인정받고 축복받는 것이 아니다. 예수가 그저 그런 인간이 아니라 하나님이셨다는 것, 예수의 기적들이 분명히 일어났던 역사적 사건들이었다는 것 그리고 이러한 내용들을 명시한 기독교 교리들에 지적으로 동의하는 것은 루터가 말했던 믿음과는 거리가 멀다. 루터의 믿음은 하나님의 약속, 즉 복음을 신뢰하는 실존적인 '결단'이요, 복음 이전에 하나님의 말씀인 율법이 나에 대해 하시는 말씀을 받아들이는 실존적인 '겸비'를 포함한다. 믿음은 내가 사실상 하나님을 알지 못한다는 나의 무지를 아는 일이요, 내가 하나님 앞에서 불의하다는 것을 인정하는 행위다. 내가 하나님이 아니라 실제로는 나의 교회 생활, 직분, 율법 준수, 선행, 공로, 성화된 정도와 같은 종교 생활을 더 신뢰하고 있다는 것, 내가 신앙이라는 이름으로 사실상 '나'를 정당화하고 우상화하고 있다는 것을 받아들이는 것이 참된 믿음에 속한다. 나는 틀렸고 율법을 통해 나를 정죄하시고 심판하시는 하나님이 옳다는 것을 내가 인정하는 것이 하나님의 인정, 즉 '칭의'의 시작이다. 루터의 십자가의 신학은 그러므로 철저하게 '우상철폐적'이다.

루터의 십자가의 신학은 동시에 철저하게 '그리스도 중심적'이다. 인간이 두려움과 불확실성을 극복하고자 붙잡고 있는 지푸라기와 같은 모든 우상을 제거한 후, 하나님과 인간 사이에 오직 그리스도 한 분만을 세우는 신학이다. 의로운 하나님과 죄인인 인간 사이의 중보자는 오직 그리스도 한 분이시다. 믿음을 통하여 하나님의 약속인 그리스도의 의를 선물로 받는 것만이 죄인인 인간이 의로운 하나님께 인정받을 수 있는 유일한 길이다. 문제는 이 십자가의 길이 인간에게는 고통의 길이라는 사실에 있다. 인간은 치욕스런 죄수가 달리는 십자가에 하나님이 달리셨다는 이야기를 도무지 믿을 수 없다. 인간의 욕망을 이루어줄 수 있는 전지전능한 신이 아니라, 무기력하고 비참하게 십자가에 달려 죽은 예수에게는 인간의 욕망 투사조차 어렵다. 인간은 자신이 혐오하고 피하고 싶은 수치와 고통, 고난을 상징하는 십자가의 자리에서 자신을 철저하게 감추고 계신 '숨어 계신 하나님'을 결코 사랑할 수 없다.

인간은 자신을 무가치하고 무능력하고 불의하다고 말하는 십자가의 신학을 사랑하지 않는다. 인간은 오히려 자신을 긍정하고, 자신의 가치를 인정하고, 자신의 가능성과 잠재력을 높이 평가하는 영광의 신학을 사랑한다. 인간은 하나님을 자기 자신 위에 두기를 원치 않는다. 자기 위에서 자기를 판단하고 자기에게 명령하는 하나님을 사랑하지 않는다. 인간은 그리스도를 통해서가 아니라, 계약을 사이에 두고 하나님과 일대일로 마주 서기를 원한다. 인간은 자유 의지를 통하여 스스로 하나님과의 계약 조건을 이행할 수 있다고 믿는다. 하나님과 같이 되고자 하는 인간은 아이러니하게도 거저 받는 값싼 구원보다는 자력으로 당당히 획득할 수 있는 값을 치르는 구원을 선호한다. 구원에서 자신이 기여할 수 있는 것이 1%도 없다는 것, 자신이 가져갈 지분과 영광이 전혀 없다는 것, 구원의 서정에서 자신이 슬며시 올려놓을 수 있는 숟가락조차 없다는 것을 인정하는 것은 인간에게 죽음과도 같다. 그리스도의 십자가는 인간에게는 고통이며, 인간은 자신에게 고통을 주는 자기 위에 계신 하나님을 사랑할 수 없다.

인간의 이 보편적인 곤궁을 현대인들도, 현대 기독교인들도 공유하고 있는 것은 아닐까? 현대인들은 '할 수 있다', '하면 된다'라는 말을 귀에 못이 박히도록 듣고 자랐다. '믿는 대로 된다', '중요한 것은 꺾이지 않는 마음'과 같은 긍정적 사고를 강조하는 구호들과 자기계발 서적들이 넘쳐나는 시대다. 외부로부터의 인정과 평가의 목소리뿐만 아니라 자신의 내면에서부터 끊임없이 들리는 인정과 평가의 목소리가 있다. 현대인들은 자기 증명 시대를 넘어서 자기 사랑 시대, 자기 과잉 시대를 살고 있다. 누가 보더라도 좋은 이력과 경력을 갖고 있으면서도 계속해서 스펙을 쌓아가지 않으면 스스로 불안해서 견딜 수 없는 사람들이 많다. 자신에 대한 외부의 평가보다 오히려 자기 자신에 대한 스스로의 평가가 훨씬 가혹하고 박한 경우도 많다. 무엇 때문에 사는지도 잊은 채 오로지 외부와 내부의 인정과 평가에 목매어 살아가는 수많은 현대인이 있다. 현대 사회는 피로사회이며, 현대인들은 만성적으로 피곤하다.

하나님께서는 계약 조건을 만족시켰다고 자부하는 의인이 아니라 오히려 무능력하고 불의한 죄인을 사랑하신다는 루터가 재발견한 복음은 현대인들에게도 여전히 기쁜 소식이다. 하나님께서는 좋은 인정과 평가를 받을 만한 가치가 없다고 느끼는 사람들을 편애하신다는 성서의 약속은 오늘날에도 여전히 유효하다. 하나님은 구원의 사다리 꼭대기에서 죄인들에게 올라오라고 소리치시며 율법이라는 동아줄을 아래로 내던지시는 분이 아니다. 하나님은 가장 낮은 자들 중 한 사람으로 가장 낮은 곳으로 내려가 죄인들의 친구가 되어주시는 분이다. 하나님은 우리가 최선을 다해 율법을 지키면, 우리가 선행을 하면, 우리가 스스로 거룩해지면 그때서야 우리를 인정하시고 평가하시는 분이 아니다. 만약 그렇다면 구원은 은총이 아니라 마땅히 요구할 권리가 된다. 하나님은 우리가 불의할 때에 우리를 먼저 사랑하셨고, 우리가 죄인이었을 때 우리를 먼저 찾아오셨으며, 우리가 병들었을 때 우리를 먼저 고쳐주시는 분이다. 하나님은 사랑할 만한 대상을 사랑하시는 것이 아니라 사랑할 대상을 스스로 창조하시는, 무에서 유를 만드시는 하나님이다.

하나님은 우리 자체로 우리를 보시는 것이 아니라 그리스도를 통해서 우리를 인정하시고 평가하신다. 그리스도 안에 있기 때문에 우리는 죄인이면서도 동시에 의인이다. 하나님의 예수 그리스도를 통한 무조건적인 인정과 평가가 인간을 궁극적으로 자유롭게 한다. 하나님께서 계약 저편의 당사자가 아니라 계약의 주인이시요, 계약을 스스로 완성하시는 분이라는 진리가 자기 증명과 자기 과잉이라는 무거운 짐에서 인간을 해방시킨다. 그리스도의 십자가는 속으로는 율법도, 율법이라는 굴레를 씌워놓으신 하나님도 사랑하지 않으면서 단지 처벌에 대한 두려움 때문에, 보상에 대한 기대 때문에 억지로 율법을 지켰던 종교적 인간의 위선을 폭로한다. 이제 율법이 아니라 그리스도의 십자가를 통해서 인간을 인정하겠다는 하나님의 선언은 율법의 정죄뿐만 아니라 율법을 자기정당화의 도구로 사용하고자 하는 은밀한 유혹에서 인간을 구원한다.

하나님께서 그리스도의 십자가를 통해서 나를 인정하신다는 십자가의 신학은 나에 대한 세상의 인정과 평가는 결코 절대적인 것이 아니라 상대적인 것임을 일깨워준다. 세상에서 내가 사람들에게 어떤 인정과 평가를 받고 있든지 간에, 세상에서 내가 어떤 직업을 갖고 얼마만큼의 연봉을 받고 있든지 간에, 내가 어떤 집에 살고 어떤 차를 몰고 있건 간에 외부로부터의 나에 대한 평가는 나를 최종적으로 규정할 수 없다. 내가 나 자신을 어떻게 생각하고 평가하고 있든지 간에 내가 나에 대해서 스스로 내리는 인정과 평가 또한 나에 대한 최종적인 평가가 될 수 없다. 오직 하나님만이 나에 대한 최종 평가를 내리실 수 있는 주인이시며, 하나님은 나를 그리스도의 십자가를 통해 '의롭다'라고 인정하시고 평가하신다. 외부로부터 그리고 내부로부터의 인정과 평가의 목소리가 아니라, 나를 향한 하나님의 인정과 평가가 최종적으로 옳은 것임을 받아들이는 것, 이것이 하나님의 약속에 대한 믿음이다. 믿음은 우리를 인정과 평가라는 감옥으로부터 구원하며, 이제 우리로 하여금 자기 자신이 아니라 이웃을 위한 삶을 살도록 이끈다. "진리를 알지니 진리가 너희를 자유롭게 하리라"(요 8:32).

참고문헌

1차 문헌

Luther, Martin. "95개 조항."『루터 선집』. John Dillenberger 편. 이형기 옮김. 파주: CH북스, 2017: 571-583.

_____. "하이델베르크 논제."『루터 선집』. John Dillenberger 편. 이형기 옮김. 파주: CH북스, 2017: 584-587.

_____. "두 종류의 의."『루터 선집』. John Dillenberger 편. 이형기 옮김. 파주: CH북스, 2017: 133-146.

_____. "기독교계의 상태 개선에 관하여 독일 민족의 귀족에게 호소함."『루터 선집』. John Dillenberger 편. 이형기 옮김. 파주: CH북스, 2017: 480-568.

_____. "세속 권세: 어느 정도까지 복종하여야 하는가."『루터 선집』. John Dillen-berger 편. 이형기 옮김. 파주: CH북스, 2017: 435-479.

2차 문헌

한병철,『피로사회』(Mudigkeitsgesellschaft). 김태환 옮김. 서울: 문학과지성사, 2012.

Aertsen, Jan A. "Aquinas's Philosophy in Its Historical Setting." In *The Cambridge Companion to Aquinas*. Ed. Norman Kretzmann and Eleonore Stump, 12-37. Cambridge: Cambridge University Press, 1993.

Bainton, Roland H. *Christianity*. New York: Mariner Books, 2000.

Brox, Norbert. *A History of the Early Church*. Trans. Jhon Bowden. London: SCM Press, 1994.

Burton-Christie, Douglas. "Early Monasticism." In *The Cambridge Companion to Christian Mysticism*. Ed. Amy Hollywood and Patricia Z. Beckman, 37-58. New York: Cambridge University Press, 2012.

Chadwick, Henry. *The Church in Ancient Society: From Galilee to Gregory the*

   Great. Oxford: Oxford University Press, 2001.

Cox, Harvey. *The Future of Faith.* New York: HaperOne, 2009.

Forde, Gerhard O. *On Being A Theologian of The Cross: Reflections on Luther's Heidelberg Disputation, 1518.* Grand Rapids: William B. Eerdmans Publishing Company, 1997.

Frend, W. H. C. *The Rise of Christianity.* Philadelphia: Fortress Press, 1984.

Harnack, Adolf von. *What Is Christianity.* Trans. Thomas Bailey Saunders. Philadelphia: Fortress Press, 1986.

Hillerbrand, Hans J. *The Division of Christendom: Christianity in the Sixteenth Century.* Louisville: Westminster John Knox Press, 2007.

Kobl, Robert and Arand, Charles P. *The Genius of Luther's Theology: A Wittenberg Way of Thinking for the Contemporary Church.* Grand Rapids: Baker Academic, 2008.

Küng, Hans. 『그리스도교: 본질과 역사』(*Das Christentum: Wesen und Geschichte*). 이종한 옮김. 서울: 분도출판사, 2002.

Lindberg, Carter. *The European Reformations.* Malden, MA: Blackwell Publishing, 2010.

McGrath, Alister E. *Reformation Thought: An Introduction.* Malden, MA: Blackwell Publishing, 1999.

McKechnie, Paul. *The First Christian Centuries: Perspectives on the Early Church.* Downers Grove, IL: InterVarsity Press, 2001.

Meyer, Ben F. *The Early Christians: Their World Mission & Self-Discovery.* Eugene: Wipf & Stock, 1986.

Meyers, Robin. *The Underground Church: Reclaiming the Subversive Way of Jesus.* San Francisco: Josset-Bass, 2012.

Pelikan, Jaroslav. *The Emergence of the Catholic Tradition(100-600), The Christian Tradition: A History of the Development of Doctrine.* Chicago: University of Chicago Press, 1971.

_____. *Reformation of Church and Dogma(1300-1700), The Christian Tradi-
tion: A History of the Development of Doctrine.* Chicago: University of
Chicago Press, 1984.

Radler, Charlotte. "*Actio et Cotemplatio*/Action and Contemplation." In *The
Cambridge Companion to Christian Mysticism.* Ed. Amy Hollywood
and Patricia Z. Beckman, 211-224. New York: Cambridge University
Press, 2012.

사도 바울의 영성

남종성 월드미션대학교 신약학 교수

I. 들어가는 말

미국에서는 1970년대 이후부터 영성에 대한 관심이 매우 고조되기 시작했다.[1] 한국의 경우는 1980년대 후반부터 영성에 대한 논의가 이

---

[1] 이강학은 그의 논문에서 미국의 영성학 발전을 다음과 같이 설명한다. GTU(Graduate Theological Union)에서 최초로 기독교 영성학 박사학위 과정이 생긴 것이 1976년이고, 1992년에는 기독교 영성학이 별도의 분야로 독립했다. 미국 종교학회(the American Academy of Religion, AAR) 산하에 기독교 영성학회(the Society for the Study of Christian Spirituality, SSCS)가 발족한 해는 1991년이다. 이렇게 본다면 미국에서 기독교 영성학이 본격적으로 논의되기 시작한 것은 20세기 후반부터라고 말할 수 있다. 이강학, "기독교 영성학 방법론과 그 적용: 샌드라 슈나이더스(Sandra M. Schneiders)와 Graduate Theological Union의 기독교 영성 박사과정의 경우,"「한국기독교신학논총」102(2016): 221. 영성에 대한 국내 학자들의 논문들로 다음과 같은 자료를 참고할 수 있다. 유해룡, "영성학의 연구방법론 소고,"「장신논단」15(1999): 428-50; 이강학, "기독교 영성학 방법론과 그 적용,"「한국기독교신학논총」102(2016): 221-45; 최승기, "영성학 방법론 탐구: 산드라 슈나이더스(Sandra M. Schneiders)를 중심으로,"「신학논단」77(2014): 297-327; 문석호, "현대 기독교와 영성,"「신학지남」280(2004. 9.):

루어지고, 영성에 대한 책들과 논문들이 나오기 시작했다.[2] 특별히 포스트모던의 시대사조가 영성에 대한 관심을 더욱 부추겼다. 계몽주의 영향력이 300년 이상 지속하면서 이성과 합리성이 인류의 정신사를 지배해왔다. 그러나 포스트모던 사회와 함께 이성을 중시하던 근대주의는 힘을 잃게 되었다. 이성과 과학이 인간 삶의 행복을 가져다주지 못함을 깨달은 것이다. 객관성보다는 주관성을, 보이는 세계뿐만 아니라 보이지 않는 세계를, 지적인 부분보다는 감성적인 부분에 대한 새로운 갈망이 생겨났다. 이런 추세에 따라 영성에 대한 갈망도 더욱 커져갔다.

그러나 큰 관심에 비해서 영성에 대한 정의나 개념이 혼란스럽다. 우리가 관심을 두고 있는 기독교 영성 또한 학자마다 접근 방식이나 정의가 다르다. 학자들의 학문 분야에 따라 강조점이나 접근 방식이 다를 수밖에 없다.

이런 상황에서 바울의 영성을 진지하게 숙고해보는 것은 의미가 있다. 이미 주지하는 바와 같이 사도 바울은 기독교 역사에서 가장 위대한 신학자이자 영성가다. 그의 신학과 삶은 고스란히 그의 영성을 드러내준다. 바울은 예수 그리스도의 구속사적인 의미와 목적을 깊이

167-213. 성경적 영성을 다룬 국내 논문들은 다음과 같다. 김수천, "시편에 나타난 삶의 세 주기(Oriented, Disoriented, Reoriented)의 영성 고찰,"「한국기독교신학논총」 103(2017): 257-82; 김정우, "성경의 영성과 성경적 영성,"「헤르메니아 투데이」 32 (2005): 72-84; 홍인규, "사도 바울과 영성,"「신약논단」 14(2007): 455-89; 임창복, "성경에 근거한 기독교 영성의 특성에 관한 연구,"「장신논단」 23(2005. 6.): 425-60; S. Schneiders, "Biblical Foundations of Spirituality," in *Scripture as the Soul of Theology*, ed. J. Mahoney(Collegeville: Liturgical Press, 2005).
2 김성민, "융의 심리학과 영성,"『영성목회 21세기』, 정원범 편(서울: 한들출판사, 2006), 168-69.

있게 깨닫고, 가장 선명하게 전달한 사람이다. 유대 문화권에서 일어난 복음의 의미를 이질적인 헬라 문화권에 정확하게 전달해준 위대한 복음의 해석자다. 갈등과 반목과 미움이 있는 곳에서, 복음에 대한 그의 사상과 식견은 더욱 예리하고도 단단하게 다듬어졌다. 그 앞에서는 언어 장벽도, 민족 장벽도, 종교 장벽도 힘을 쓰지 못했다. 그의 활동무대는 평온한 내 집 마당이 아니라 비바람이 몰아치는 허허벌판과 같은 곳이었다. 그런 곳에 복음의 씨를 뿌리고 예수 그리스도 한 분을 의지하고 치열하게 전 생애를 달렸던 사람이다.

영성의 정의가 복잡해지고 학문적 스펙트럼이 다양해질수록 우리는 성경적 영성을 드러내 보여주어야 한다. 이럴 때 성경적 영성의 가장 핵심을 보여주는 사도 바울의 영성을 추적해보는 것은 큰 의의가 있다.

II. 영성과 영성 형성의 개념

1. 영성 개념의 혼돈

현대에는 영성에 대한 관심이 큰 만큼 다양한 영성이 소개되고 있다.[3] 불교 영성, 이슬람 영성, 힌두교 영성, 자연 영성 등 많은 영성이 있다. 비종교인들도 명상이나 요가에 관심이 있고, 기업인들은 영성을

---

3 영성이라는 용어의 간략한 역사를 알기 위해서는 다음을 보라. Bernard McGinn, "The Letter and the Spirit: Spirituality as an Academic Discipline," in *Minding the Spirit: the Study of Christian Spirituality*, edited by Elizabeth A. Dreyer and Mark S. Burrows(Baltimore, Maryland: The Johns Hopkins University Press, 2005), 25-29.

마케팅에 활용하고 있다. 기독교 안에서도 개신교 영성, 동방교회 영성, 서방교회 영성 등으로 구별되어 각자의 특징을 지니고 있다.

김정우는 알리스터 맥그래스(Alister E. McGrath)가 수행한 기독교적 영성의 유형을 소개한다.[4] 맥그래스에 따르면, 서방교회는 교회의 권위가 강조되고 성례전 의식이 강하다. 동방교회는 초대 교회와 강한 연속성이 있고 성자들의 성화(icons)를 사용하며, 수도원의 중요성을 강조한다. 개신교는 성경의 절대적인 우위성과 믿음과 은혜를 강조한다.

또한 개신교 가운데서도 개혁주의 진영은 칼뱅의 신학을 따르며 이성적 영성을 강조하고, 복음주의 진영은 영혼 구원에 대한 헌신을 영성의 중요한 부분으로 여긴다. 오순절주의는 체험적 영성을 강조하고, 사회복음주의는 의지적 영성을 중요하게 여긴다.

이렇게 영성이 다양하게 정의되고 각자의 주장을 부각하거나 나름대로의 영성 형성의 전통을 가지고 있는 상황에서 우리는 무엇을 추구해야 할 것인가? 영성을 어떻게 이해해 받아들이고 어떤 정의를 바탕으로 영성과 영성 형성을 발전시켜나갈 수 있을까?

이런 질문에 해답을 찾기 위해 기독교 영성 연구의 역사를 간략하게 살피고, 그동안 교회가 기독교 영성을 어떻게 인식해왔는지 제시한 후, 사도 바울의 영성을 집중적으로 탐구하고자 한다.

2. 기독교 영성 연구의 역사

바울 영성의 특징을 더 분명하게 드러나게 하기 위해서는 기독교

---

4 김정우, "성경의 영성과 성경적 영성," 「신학지남」 72(2005 가을): 18-19.

영성 연구의 역사를 살펴보는 것은 도움이 된다. 영성 연구의 역사에는 성경적 영성에 대한 탐구가 있었고, 동시에 바울에 대한 연구도 분명히 있었다. 시대의 흐름 속에서 영성을 어떻게 정의하고 연구했는지 살핌으로써 우리가 밝히려고 하는 바울의 영성을 좀 더 분명하게 고찰할 수 있기를 바란다.

남기정은 영성의 역사를 다섯 시대로 구분하여 설명한다. 초대부터 12세기, 12세기부터 16세기, 17세기 이후, 19세기부터 20세기 초반 그리고 20세기 중반부터 현대까지로 나눈다.[5] 초대부터 12세기까지 영성의 개념은 성령을 따르는 삶으로 이해되었다. 신학과 영성이 분리되지 않았고 신학이 곧 영성이었다. 이 시기는 교부들의 영성이 중요했고 지속적으로 영향을 미쳤다. 교부들은 신학을 구축하는 데 성서 주해를 기본으로 했고, 그 위에 사색적 추론과 신비적 관상 등을 수행했다. 특히 교부들의 성서 해석은 그리스도인의 삶의 정황 속에서 이루어졌다.[6]

12세기부터 16세기의 기간에는 영성과 교의학이 분리되기 시작했다. 교부시대를 비롯하여 12세기까지는 신학 자체가 영성이었지만, 12세기에 들어와 스콜라 신학이 영향을 미치면서 신학과 영성이 분리되었다. 영성은 수도원을 중심으로 실천되고 계발되었으며, 신학 특히 교의학은 대학을 중심으로 발전되었다. 이때부터 영성이 신앙생활의 어느 한쪽을 의미하는 것처럼 여겨지게 되었다. 신앙과 신학을 통합적

---

5 남기정, "영성, 영성학, 영성신학: 영성의 정의, 윤곽, 접근법에 대한 역사적 고찰," 「신학과 세계」 99(2020. 12.): 334-57.

6 Andrew Louth, 『서양 신비사상의 기원』(Origins of the Christian Mystical Tradition: From Plato to Denys), 배성옥 옮김(왜관: 분도출판사, 2002), 11.

으로 여겼던 초기와는 달리 영성신학과 스콜라 신학이 분리된 것이다. 이렇게 됨으로 신학이 세분화되고 전문화되기는 했지만 영성의 개념을 축소하는 결과를 가져왔다. 이 시기에는 정감적 신비주의7의 흐름이 큰 물결을 이루기도 했다. 또한 영적 독서(*Lectio Divina*)를 비롯하여 기도와 묵상이 체계화되었다. 영성이 신학(교의학)과 분리되면서 사회와 분리되고 내면화되는 경향을 띠게 되었다.

17세기부터 19세기 말에는 영성신학이 더욱 체계화되었다. 영성신학이 체계화되면서 하부 분과인 수덕신학과 신비신학으로 발전되었다. 수덕신학은 삶에서 실천적인 부분을 강조하여 완전의 삶을 추구했고, 신비신학은 그리스도와의 합일을 추구했다.8

20세기 초반에 들어서는 수덕신학과 신비신학을 분리해서 보지 않고 통합적으로 보려고 하였다. 수덕신학과 신비신학을 분리하다 보니 영성에도 종류가 있는 것 같이 보였고, 특별히 신비신학의 경우는 어떤 특정한 수도사나 신심이 깊은 사람이나 도달할 수 있는 것으로 인식되었다. 즉 영성에도 엘리트주의가 있는 것처럼 느껴졌다. 따라서 이 시기에는 그리스도인의 완전을 추구하는 수덕신학이나 그리스도와의 연합을 추구하는 신비신학, 이 모두는 모든 그리스도인이 도달해야 할 영성의 방향이라고 인식했다.9

---

7 정감적 신비주의란 사람과 하나님과의 친밀한 관계를 사람과 사람 사이의 연인 관계와 같은 깊은 애정 관계로 표현하고 실제로 하나님과 그런 관계를 유지했다. 세속적 깊은 애정 관계와 대비해서 하나님과의 관계를 그런 애정 관계로 표현하는 것이다. 그래서 아가서를 신자와 하나님과의 사랑의 관계로 해석했다.

8 Sandra M. Schneiders, "Theology and Spirituality: Strangers, Rivals, or Partners?" *Horizon* 13, No.2(1986): 261-62.

9 남기정, 343-44.

20세기 중반부터 현대에 이르기까지 영성의 특징은 문화와 개인적인 경험에 따라 영성이 다양하게 나타난다는 걸 발견한 것이다. 영성은 획일적인 교리나 전통에서 나오는 게 아니라 사람들 각자의 삶의 경험에서 나온다. 그러므로 영성은 인간 각자가 처한 문화, 삶의 경험 그리고 "역사 안에 임재하시는 하나님에 대한 살아 있는 경험에 뿌리를 두고 있다는 점"10을 인식하게 되었다. 현대 영성의 추구는 개인적인 삶의 경험에서 나오는 현실의 삶이 중요하다는 것을 강조했다.

기독교 영성 연구의 역사를 간략히 살펴보았다. 초대부터 12세기까지는 신학과 영성이 분리되지 않으면서 성령을 따라 사는 삶으로 영성을 정의했다. 12세기부터 16세기까지는 영성과 신학(교의학)이 분리되었고, 영성은 수덕신학과 신비신학으로 나뉘기 시작했다. 17세기부터 19세기는 수덕신학과 신비신학이 더욱 체계적으로 발전했다. 20세기 초반에 와서는 수덕신학과 신비신학을 분리하지 않고 통합적으로 보게 되었다. 20세기 중반부터 현대에 이르기까지는 개인적 삶의 경험과 상황 그리고 문화 속에서 영성이 어떻게 이루어지는지에 대해서 관심을 갖게 되었다.

3. 기독교 영성과 영성 형성의 정의

1) 성경이 말하는 영적인 인간, 육적인 인간 그리고 영성 형성

성경에 따르면 사람은 두 종류가 있다. 하나는 영적인 인간(*pneuma-*

---

10 Philip Sheldrake, *Spirituality and History*, Revised edition(Maryknoll, New York: Orbis, 1995), 41.

tikos)이고 다른 하나는 육적인 인간(sarkikos)이다. 바울은 '영적인'이라는 말과 '육적인' 이라는 말을 의도적으로 중요하게 구분한다. 바울은 '영'이라는 말을 '프뉴마'(pneuma)라는 헬라어로 표기한다. 이것은 구약성경에서 하나님께서 인간을 흙으로 만드시고 그 코에 생기를 불어넣으셨는데 그 코에 불어넣은 생기가 "야웨의 영"(ruach of Yahweh)이고 '영'을 의미하는 히브리어 '루아흐'(ruach)가 헬라어로 '프뉴마'이기 때문이다. 바울은 이렇게 인간의 기원에 근거해서 '영'이라는 말을 사용했다.

바울은 '영적인 인간'을 나타낼 때 프뉴마의 형용사형인 'pneumatikos'라는 단어를 쓴다. 이 단어는 하나님의 영(the Spirit of God)의 지배를 따라 사는 인간을 뜻한다. 다시 말하면, 영적인 인간은 창조자의 권능(power)이나 입김(breath)의 지배, 즉 생명의 지배를 받는 상태를 말한다.

반면에 바울이 '육'이라는 말을 쓸 때는 '사륵스'(sarks)라는 헬라어 단어를 사용한다. 우리말 성경은 '육'으로 번역되어서 우리의 육체를 말한다고 오해하기 쉽다. 그런데 바울이 말하는 '육', 즉 '사륵스'는 우리 인간의 죄악된 본성을 가리킨다. 영어로 이 단어를 번역할 때 'body'라는 말을 사용하지 않고 'flesh'라는 단어를 쓴다. 바울이 육적인 인간을 나타낼 때는 '프뉴마티코스'(pneumatikos)와 마찬가지로, 명사 사륵스의 형용사형인 '사르키코스'(sarkikos)라는 말을 사용한다. 바울이 육적인 인간이라고 할 때 그 뜻은 하나님 영의 지배를 벗어나 사는 사람을 의미한다.

바울이 말한 '육에 속한 사람'[11](고전 2:14)과 '영에 속한 사람'[12](고전 2:15)의 구분은 물질적이고 육체적인가 아닌가의 구분이 아니라 '하나님의 영' 안에 거하는 사람인가 아닌가의 구분이다. 영적인 인간은 하나님의 영(the Spirit of God)의 영향 아래 있는 사람이고, 육적인 인간은 하나님의 영에 대적하는 사람이다. 다시 말하면, "영적인 사람"은 성령의 영향력 아래 성령의 인도하심을 따라 살아가는 사람이다(고전 2:14-15; 고전 15:44-46; 갈 6:1). 하나님의 영, 즉 하나님의 생명과 의지는 그리스도 안에서 가장 명확하게 드러난다. 예수 그리스도는 말씀(로고스)으로 오셔서 하나님의 영, 즉 하나님의 뜻을 정확하게 계시하신다. 그러므로 영성에 대한 모든 해답은 그리스도 안에 있다.

그렇다면 영성 형성(spiritual formation)이란 무엇일까? 영성 형성에서 중요한 것은 영성의 방향(spiritual direction)이다. 타락한 인간이 방향을 잃고 어둠과 혼돈 속에 있을 때 그 방향을 바로 잡는 것이 중요하다. 바로 우리가 추구해야 할 그 방향의 목적지는 그리스도다. 따라서 영성 형성(spiritual formation)이란 '그리스도처럼 되어가는 과정'을 말한다. 히브리서 12장 2a절을 보면 "믿음의 주요 또 온전하게 하시는 이인 예수를 바라보자"라는 말씀이 나온다. 여기에서 '믿음의 주'(τον της πιστεως ἀρκηγον)라고 하는 것은 '믿음의 창시자'라는 뜻이다. '온전하게 하시는 이'(τον της πιστεως τελειωτην)는 '믿음의 목적지'를 말한다. 그래서 새번역 성경은 "믿음의 창시자요 완성자이신 예수를 바라봅시다"라고 번역을 했다. NIV는 "the pioneer and perfecter of faith"(믿음의 선구자요 완성자)라고 번역했고, 성경 원문을 가장 직역

---

11 NIV는 "The person without the Spirit"으로, NASB는 "A natural person"으로 번역한다. 새번역은 "자연에 속한 사람"으로, 공동번역은 "영적이 아닌 사람"으로 번역한다.

12 NIV는 "The person with the Spirit"으로, NASB는 "He who is spiritual"로 번역한다. 새번역은 "신령한 사람"으로, 공동번역은 "영적인 사람"으로 번역한다.

한 성경인 NASB는 "the author and perfecter of faith"(믿음의 원천이자 완성자)라고 번역했다. 따라서 우리 믿음의 시작도 그리스도요, 끝도 그리스도다. 영성 형성의 시작도 그리스도요, 끝도 그리스도다.

이렇게 영성 형성의 목표가 정해졌다면 그 방향과 과정은 무엇인가? 영성 형성 과정을 아래의 도표로 제시할 수 있다.[13]

단계	과정	내용
1	성경	무엇보다 성경의 바른 해석이 필요하다.
2	신조	말씀의 체계화가 꼭 필요하다. 위대한 신앙의 선배들과 공동체가 세워놓은 성경의 체계를 받아들이고, 혜택을 누린다. 이를 바탕으로 견고한 신앙을 확립한다. 조직신학을 통해서 강화할 수 있다.
3	교육(Education)	자기 안에 있는 것을 끄집어낸다. 자신이 가진 재능과 은사를 알게 한다.
4	학습(Schooling)	어떤 부분을 전문화한다.
5	신학화	철학화 내지는 사상화한다.
6	믿음화	믿음화가 되기 위해서는 빅 스토리(Big Story)를 말해주어야 한다. 예수님 외에 하나님의 이야기를 쓴 분이 없다. 사람은 빅 스토리 세계 안으로 들어갈 때 변화할 수 있다. 거기서 충격을 받을 수 있다. 사람은 충격을 받아야 변화된다. 여기에서 대화나 질문 그리고 멘토링이나 코칭이 많이 필요하다.
7	생활화	기본적인 의미에서 '영성'은 그리스도인들의 삶을 가리킨다. 개신교 전통에서 '영성'은 신앙과 일상이 완전히 통합하는 것이다.

---

13 이 도표는 김기영 목사(BAM 대표)가 WEMA(World Evangelical Mission Alliance) 목회자 세미나에 와서 강의한 내용을 기초로 필자가 수정하여 영성 형성 과정을 제시한 것이다.

위의 도표에서 번호를 매긴 것은 한 단계가 끝나고 다음 단계로 가는 순서 개념이라기보다는 영성 형성의 과정과 내용을 구체화 또는 시각화한 것이다. 마치 집을 지을 때 기초를 쌓고 골격을 세우고 내부를 채워서 하나의 건물을 완성하듯이 영성 형성이라는 건물을 완성해가는 과정이라고 보면 되겠다. 이 과정에서 토대와 뼈대는 먼저 세워야 하는 것이 맞지만, 다른 요소들은 반드시 순차적으로 형성되는 것은 아니다.

2) 기독교 신학자들과 영성학자들이 말하는 영성의 개념

남기정은 기독교 영성을 역사적으로 탐구한 후, 21세기 초반 기독교 영성의 특징을 슈나이더스, 쉘드레이크, 리치, 윌리엄스 등 영성학자들[14]의 견해를 종합하여 다음과 같이 정리한다.[15]

첫 번째, 새로운 영성은 전인적이며 통합적이다. 영성은 내면적인 것에만 국한해서는 안 되며, 전인격이 하나님을 지향하는 삶과 연관된다. 영성은 몸, 사회, 정치 혹은 세속적인 삶을 외면하지 않는다. 그리고 타자와의 관계성 속에 있다는 것을 강조한다.

두 번째, 새로운 영성은 에큐메니컬하다. 교파적 영성에 머물지 않고 개신교와 가톨릭, 동방 정교회 등 범기독교적인 유산을 소홀히 하지

---

14 Sandra M. Schneiders, "Theology and Spirituality: Strangers, Rivals, or Partners?," *Horizon* 13.2(1986): 253-274; Philip Sheldrake, *Spirituality and History*, Revised edition(Maryknoll, New York: Orbis, 1995); Kenneth Leech, *Soul Friend*(London: Sheldon Press, 1977); Rowan Williams, *The Wound of Knowledge: Christian Spirituality from the New Testament to St. John of the Cross*(London: Longman & Todd, 1979).

15 남기정, "영성, 영성학, 영성신학," 346-49.

않는다. 기독교가 다 함께 공유한 풍부한 기독교 유산에 주목한다.

세 번째, 새로운 영성은 일상의 삶의 경험을 중요시한다. 영성은 자신들의 삶을 통합할 뿐만 아니라 자신을 뛰어넘어 초월적 차원에 응답한다.

네 번째, 새로운 영성은 특별한 사람들에게 나타나는 신비 체험보다는 보통 사람들이 일상에서 경험할 수 있는 영적 경험에 더 관심을 기울인다. 자기초월의 관점을 가지고 그리스도의 형상을 닮은 온전한 인간으로 가는 과정을 중요시한다. 온전함을 향해 가는 전 영역을 중시한다.

결론적으로 남기정은 슈나이더스(S. Schneiders)의 견해를 받아들이며 기독교적인 영성을 다음과 같이 정리한다.

영성은 무엇보다 삶의 경험이다. 이것은 자기 파괴가 아닌 자기 완성을 향한 추구의 경험이며, 일생에 걸친 지속적 노력의 경험이다. 그리고 그 완성은 우리의 일부, 예를 들면 영혼 혹은 내면만의 완성이 아니라 몸을 비롯한 사람의 내면과 외면 그리고 사회적 영적 차원의 활동이 어우러지는 한 사람의 전 존재의 통합적인 완성이다.16

인간을 2분법이나 3분법으로 나누면 이 세상과 분리된 영성을 추구하게 되어 금욕주의나 신비주의로 흐르게 된다. 그러나 인간의 육체와 영혼을 통합적으로 보면 현실적인 삶에서의 영성을 추구하게 된다. 영성을 영의 차원이나 내면의 차원에서만 파악하지 않고, 육체적 차

---

16 *Ibid.*, 349.

원, 사회적인 차원, 더 나아가 환경적이고 생태적인 차원까지 고려해
야 한다. 또한 관계적인 차원이 중요하다. 관계의 차원은 하나님과의
관계, 이웃과의 관계, 자연과의 관계가 있다.

그렇다면 기독교 영성학이 관심을 가지고 연구하는 대상은 무엇인
가? 이강학은 신약학자로서 성경적 영성에 크게 기여한 슈나이더스[17]
가 제시한 기독교 영성학의 네 가지 연구 대상을 다음과 같이 요약해
소개한다.

첫째, 연구 대상으로서 '삶'은 세상과 상관없는 경험이 아니라 세상 안
에서 경험되는 것으로서 자기 통합적인 성격을 지닌다. 둘째, 연구 대
상으로서의 '영'은 몸과 구분되는 것이라는 스콜라주의 신학적 의미의
영이 아니라, 인간의 영이 하나님의 영과 교류하는 데 자기 초월적 역량
을 지녔다는 의미에서 영이다. 셋째, 연구 대상으로서의 '경험'은 모든
것을 포괄하는 복합적인 성격을 지니기 때문에 조직신학적 교리와 역
사적/상황적 차원을 넘어서서 연구될 수 있다. 넷째, 연구 대상으로서
의 '기독교적' 경험이란 신학적 규명 이전 또는 밖에서 일어날 수 있다.
오히려 새롭게 일어나는 경험이 신학에 영향을 끼치는 경우가 많다.[18]

마지막으로, 기독교 영성을 한 마디로 정의하면 어떻게 표현할 수
있을까? 필자는 위르겐 몰트만(Jürgen Moltmann)의 정의가 단순하면

---

17 슈나이더스는 기독교 영성학의 대표적인 주창자다. 신약학을 전공했으며, 다른 동료
　기독교 영성학자들과 함께 GTU의 기독교 영성학 과정을 세우는 데 크게 기여했다.
18 이강학, "기독교 영성학 방법론과 그 적용: 샌드라 슈나이더스(Sandra M. Schneiders)
　와 Graduate Theological Union의 기독교 영성 박사과정의 경우," 「한국기독교신
　학논총」 102(2016): 227-28.

서도 성경적인 핵심을 잘 나타내주고 있다고 생각한다.

문자적으로 영성은 하나님의 영 안에서의 삶이고 하나님의 영광의 살아 있는 관계이다. 엄격히 기독교적으로 말해서, 영성이란 바울이 말하는 '성령 안에서'(en pneumati)의 새로운 삶을 의미한다.[19]

III. 사도 바울의 영성

바울의 신학은 상황적이고 매우 현실적이다. 마찬가지로 바울의 영성 또한 고정적이고 이론적이기보다는 변화무쌍한 다양한 삶과 사역의 현장에서 형성된 것이다. 바울의 신학은 일관되면서도 유연하다. 바울의 신학적 관심은 성도들의 삶에 집중되어 있다. 그의 신학은 발바닥 신학이다. 발로 뛰면서 현장에서 체득한 신학이다. 그렇다고 해서 그의 신학에 학문성이 결여된 것은 아니다. 바울은 학문적 엄격함을 소유한 신학자이면서 영성가다. 상황과 현장 속에서 하나님의 뜻과 마음을 가장 잘 드러낸 사람이다. 바울서신서들을 중심으로 바울 영성의 특징을 다섯 가지로 나누어 살펴보도록 하자.

---

19 Jürgen Moltmann, *The Spirit of Life: A Universal Affirmation*(Minneapolis: Fortress Press, 1992), 83, 지인성, "현대 기독교 영성과 목회,"『영성목회 21세기』, 정원범 편(서울: 한들출판사, 2006), 66에서 재인용.

1. 만남의 영성

사도 바울 영성의 가장 큰 특징 중 하나를 꼽으면 만남의 영성이다. 바울이 바울되도록 한 가장 근본적인 사건은 다메섹에서 부활하신 주님과 만난 것이다. 이 다메섹 사건이 바울의 영성과 신학에 지대한 영향을 미쳤다. 비록 불트만(R. Bultmann)이나 보른캄(G. Bornkamm) 같은 학자들은 이런 견해에 반대하지만,[20] 대부분의 학자는 다메섹 사건이 바울의 신학과 영성에 결정적인 역할을 했다는 것에 동의한다.[21]

바울이 체험한 다메섹 사건은 사도행전 9:1-19; 22:3-16; 26:4-18에 기록되어 있다. 그리고 바울은 갈라디아서 1:11-17; 고린도전서 9:1; 15:3-11; 고린도후서 4:1-6[22]; 빌립보서 3:4-11 등에서 다

---

20 불트만은 바울의 신학이 헬라적 교회의 케리그마에 의해서 형성되었다고 여긴다. 전경연, 『원시기독교와 바울』(서울: 대한기독교서회, 1982), 153-155; R. Bultmann, *Theologie des Neuen Testaments*(Tübingen: Mohr Verlag, 1948-52), 184.

21 김세윤은 바울 복음의 기원이 다메섹 사건에서 왔다는 것을 그의 맨체스터 대학 박사 논문에서 밝혔다. Seyoon Kim, *The Origin of Paul's Gospel*(Tübingen: Mohr-Siebeck, 1982); 조갑진, "바울의 다메섹 사건에 관한 연구," 「신약논단」 22, no.1 (2015 봄): 133-178; 김태훈, "바울은 다메섹에서 예수를 어떻게 인식했는가? – 고린도후서 4:4-6을 중심으로," 「신약논단」 21, no.1(2014 봄): 199-232; T. W. Manson, *On Paul and John*, SNTS 38(London: Cambridge Library Press, 1967), 12.

22 고린도후서 4:1-6이 다메섹 사건을 말하는 것인지에 대해서 의심하는 학자들이 있으나 대부분의 학자는 다메섹 사건을 반영하는 구절이라고 여긴다. Charles Kingsley Barrett, *Commentary on the Second Epistle to the Corinthians*, Black's New Testament Commentaries(London: A. & C. Black, 1973), 134-135; Frederick Fyvie Bruce, *1 and 2 Corinthians*, New Century Bible(London: Oliphants, 1971), 196; Alfred Plummer, *A Critical and Exegetical Commentary on the Second Epistle of St. Paul to the Corinthians*, The International Critical Commentary 34(Edinburgh: T. & T. Clark, 1915), 92; Murray J. Harris, *The Second Epistle to the Corinthians: A Commentary on the Greek Text*, New International Greek Testament Commentary(Grand Rapids: W. B. Eerdmans,

메섹 체험을 직접 기록했다. 사도행전에 비해서 바울 자신의 기록은 비교적 몇 군데에서 간략하게 기록되어 있다고 여기는 보른캄 같은 학자는 다메섹 사건이 바울의 생에서 그렇게 중요한 사건이 아니라고 말한다.[23] 그러나 바울 서신서에는 다메섹 사건으로 해석할 수 있는 구절이 더 있다. 학자들은 로마서 10:2-4; 고린도전서 9:16-17; 고린도후서 5:16-21; 에베소서 3:1-13; 골로새서 1:23c-29 등이 다메섹 사건과 연관이 있다고 여긴다.[24] 따라서 보른캄이 말하는 것처럼 다메섹 사건에 대한 바울 자신의 증언이 소소하거나 몇 조각에 불과한 것은 아니다. 더 나아가 다메섹 사건이 포함된 편지를 그가 편지를 보낸 교회들 중 절반가량의 교회들에 보낸 것을 보면 바울이 다메섹 사건을 결코 가볍게 보지 않았음이 틀림없다.[25]

이 글은 다메섹 사건을 역사적, 언어적 방법으로 깊고 세밀하게 탐구하는 게 목적이 아니다. 다메섹에서 부활하신 그리스도를 만난 사건이 바울의 영성 또는 영성 형성에 어떤 영향을 미쳤는지를 살펴보는 것이 주된 목적이다.

1) 복음의 진정한 의미를 깨달음

바울은 다메섹에서 부활한 그리스도를 만나고 복음의 의미를 정확히 깨달았다. 바울은 철저한 바리새인 유대인으로 율법에 흠이 없는

2005), 336. 이 참고문헌들은 김태훈, "바울은 다메섹에서 예수를 어떻게 인식했는가?," 「신약논단」 21, no1(2014 봄), 204, 각주 6에서 가져온 것임.

23 김세윤, 『바울 복음의 기원』, 홍성희 옮김(서울: 엠마오, 1994), 13.

24 *Ibid.*, 14-58.

25 *Ibid.*, 14.

사람이었다. 율법과 유대교 전통에 능통했던 사람이었다. 특별히 신명기 21장 23절의 "나무에 달린 자는 하나님께 저주를 받았음이니라"는 말씀을 잘 알고 있던 바울에게, 십자가 나무에 달린 예수는 하나님께 저주를 받은 자임이 분명했다. 이런 사람을 메시아로 받아들이는 것을 바울은 용납할 수 없었기에 하나님의 열심을 가지고 그리스도인들을 핍박했다. 그러던 그가 다메섹 도상에서 부활한 그리스도를 만났다. 홀연히 하늘로부터 빛이 그를 둘러 비쳤고 그는 땅에 엎드러졌다. 그리고 "사울아 사울아 네가 어찌하여 나를 핍박하느냐"(행 9:4)라는 음성을 들었고, 자신을 부르신 분이 부활하신 예수님임을 알게 되었다.

갈라디아서 1장 12절을 보면 "이는 내가 사람에게서 받은 것도 아니요 배운 것도 아니요 오직 예수 그리스도의 계시로 말미암은 것이라"라고 고백한다. 자신이 전한 복음은 사람의 뜻에 따라 된 것이 아니고, 오직 "예수 그리스도의 계시"로 말미암았다고 말한다. 다메섹 도상에서 부활하신 주님을 만남으로 복음의 진정한 의미를 알게 되었다는 것을 강조한다.

갈라디아서 1장 16절에는 하나님의 은혜로 그를 부르신 이가 하나님의 아들을 이방에 전하기 위해서 예수를 "내(바울) 속에 나타내시기를 기뻐하셨다"라고 고백한다. "내 속에 나타내시기를"(*apokalupsai en emoi*)이라는 표현을 해석할 때, 학자들은 *apokaluptein*(계시하다)이라는 동사가 단수 여격과 함께 전치사 *en*(in)을 동반하지 않는다는 것을 관찰했다. 그럼에도 이 구절에서 *apokalupsai*(*apokaluptein*의 부정과거 부정사) 다음에 전치사 *en*(in)이 단수 여격 *emoi*(to me)와 함께 온 것은 특별한 의미가 있다는 걸 발견했다. 일반적인 용법과는 달리 *apokalupsai*(계시했다) 다음에 *en emoi*(in me)라는 문구를 쓴 것은 계시가 매우 강렬하고 바울의 삶의 깊은 곳까지 영향을 미친 것을 의미한다고 학자들은 주장한다.[26] 유사한 해석을 고린도후서 4장 6절의 "하나님께서 예수 그리스도의 얼굴에 있는 하나님의 영광을 아는 빛을 우리 마음에 비추셨느니라"의 "우리 마음 안에"(en tais kardiais hēmōn: in our hearts)에도 적용할 수 있다. 하나님의 영광을 아는 빛이 아주 강렬하게 우리의 마음에 비추어 삶을 지배하고 있다는 의미를 내포한다.

다메섹에서 경험한 그리스도의 계시가 매우 강렬하여 바울의 이해, 사상, 감정 그리고 의지에까지 깊이 영향을 주었다고 이해할 수 있다. 전에는 십자가에 달린 사람은 저주를 받은 죄인으로 알았는데, 다메섹의 체험을 통해 부활하신 그리스도를 만나면서 바울의 마음을 가리고 있던 것이 열린 것이다(apokaluptein). 그가 십자가에서 저주를 받으신 것은 우리를 위해서(huper hēmōn: for us) 대신 저주를 받으신 것이라는 걸 깨달았다. 이것이 바로 복음의 핵심이다. [27]

유대주의자들에 의해서 복음이 혼탁해진 갈라디아 교회에 바울은

---

26 *Ibid.*, 19.

27 많은 설교가가 바울이 다메섹 체험을 한 후 아라비아 사막에 가서 3년 동안 묵상하면서 자신의 신학을 정립하는 시간을 가졌다고 주장한다. 하지만 바울이 다메섹에서 부활하신 예수를 만난 뒤 아라비아의 나바티아 왕국에서 복음을 전했다고 보는 것이 더 설득력 있다. 고린도후서 11:32-33을 보면 아레다 왕의 고관이 바울을 잡으려고 다메섹 성을 지켰다고 말한다. 바울이 아라비아에서 조용히 묵상만 했다면 바울을 잡기 위해 아레다 왕이 고관을 보내서 바울을 잡으려고 하지 않았을 것이다. 바울이 아라비아에서 어떤 일을 했는지에 대해서는 Martin Hengel and Anna M. Schwemer, *Paul Between Damascus and Antioch: The Unknown Years*, trans. John Bowden (Louisville: Westminster John Knox Press, 1997), 106-126을 참조하라. 아라비아로 간 것이 바울의 선지자적 자의식과 관련 있다는 주장에 대해서는 김철홍, "바울이 아라비아로 간 까닭은?: 갈 1:17에 나타난 바울의 선지자적 자의식," 「신약논단」 17, no.1(2009 봄): 173-198을 보라.

이 핵심적인 복음을 선포했다: "그리스도께서 우리를 위하여(*huper hēmōn*) 저주를 받은 바 되사 율법의 저주에서 우리를 속량하셨으니 기록된 바 나무에 달린 자마다 저주 아래에 있는 자라 하였음이라"(갈 3:13). 바울은 율법과 제의를 강조하는 유대인들에게 복음의 정확한 의미를 변증할 수 있었다. 복음의 핵심인 십자가의 깊은 의미를 알 수 있게 되었다. 전에는 십자가에 달려 죽은 예수를 전하는 교인들을 향하여 분노를 품고 그들을 핍박했지만, 이제는 이 십자가가 하나님의 사랑의 증표임을 깨닫게 되었다.

바울은 고린도후서 5장 16절에서 "그러므로 우리가 이제부터는 어떤 사람도 육신을 따라 알지 아니하노라 비록 우리가 그리스도도 육신을 따라 알았으나 이제부터는 그같이 알지 아니하노라"라고 선언한다. '육신을 따라'(*kata sarka*) 예수를 알았을 때는 그를 율법의 위반자요 유대교의 유일신 하나님을 모독하는 사람이라고 생각했다. 그러나 부활한 주님을 만나고 나서는 예수가 진정한 메시아임을 깨닫는다. 십자가가 바울의 전 존재를 이끌어가는 중심축이 되었고(빌 3:7-9; 고후 4:6), 십자가만 자랑하기로 선언했다(갈 6:14a). 세상이 바울에 대하여 십자가에 못 박히고, 바울 또한 세상에 대해서 십자가에 못 박혔음을 선포했다(갈 6:14b). 바울은 자신이 율법으로는 흠이 없는 사람이라고 생각했는데 다메섹의 만남의 사건을 통해서 자신이 '죄인 중의 괴수'(딤전 1:15)임을 깨달았다.

바울은 다메섹에서 부활하신 주님과의 만남의 사건을 통해서 지혜의 본질이 십자가임을 알았다(고전 1:18-31). 예수의 십자가를 통한 하나님의 구원 행위를 믿음으로 말미암아 의롭다 선언되고, 하나님과 올바른 관계가 회복되었으며, 생명을 얻게 되었다는 것이 바울 신학과 영성의 핵심이다.

2) 화해의 진정한 의미를 깨달음

바울은 다메섹에서 부활하신 그리스도를 만남으로 화해의 진정한 의미를 알게 됐다. 바울은 고린도후서 5장 18-20절에서 화해에 대한 이야기를 한다. 우리는 '화해'라는 개념을 부부싸움이나 친구들 간의 싸움 뒤에 회복된 정도로 생각한다. 그러나 바울이 사용하고 있는 *katallassō*(화해하다)와 *katallagē*(화해)라는 단어는 훨씬 더 중요한 의미를 담고 있다.

성경 외의 헬라어 문헌에서 *katallassō*와 *katallagē*가 쓰이는 경우는 갈등이나 전쟁 상태에 있던 두 나라가 평화의 관계로 회복될 때다. 두 나라가 전쟁 가운데 있다는 것은 철저한 원수의 관계다. 이런 관계에서 화해하는 것은 예상하지 못했던 놀라운 반전을 보여주는 것이다. 그러므로 *katallassō*와 *katallagē*라는 두 단어가 갖는 언어적 뉘앙스는 철천지원수 관계에서 극적인 회복을 담고 있다.

유대 문헌에서 이 단어들은 헬라 문화권에서와 유사한 상황에서도 사용되지만 하나님과 인간 사이의 종교적 맥락에서 더 많이 사용된다. 유대인들에게 성전은 그들의 신앙의 중심이었다. 그들 삶의 모든 것이라고 생각했다. 그런 성전이 이방인들에 의해 더럽혀졌을 때, 이스라엘 백성들은 하나님께서 자신들에게 진노하셨고, 하나님께서 이스라엘을 원수로 여기셨다고밖에 생각할 수 없었다.

역사적으로 기원전 587년 솔로몬 성전이 멸망을 당했고, 그 후에 제2성전인 스룹바벨 성전이 세워졌어도, 기원전 2세기에 셀루키드 왕조의 안티오쿠스 에피파네스에 의해서 성전이 더렵혀졌다. 이런 상황에 놓이게 된 현실을 보고 유대인들은 자신들이 하나님께 저주를 받은 상황이라고 생각했고, 하나님께서 성전을 회복시켜주시는 것은 저주를 푸시고 이스라엘과 화해한 것이라고 생각했다(마카베오 2서 5:20). 그래서 유대인 젊은이들 가운데는 성전의 회복을 위해서 용감하게 순교를 하면 하나님의 진노가 끝나고 화해의 순간이 오리라고 믿는 이들이 있었다.

바울은 이런 유대적 배경을 바탕으로 *katallassō*(화해하다)와 *ka-tallagē*(화해)라는 단어를 사용했다. 이 단어를 사용함으로써 하나님의 진노에서 회복되었다는 기쁨이 어떤 기쁨을 말하는지 생생하게 표현했다. 성전을 빼앗겼다는 것이 그 자체로 얼마나 비극적이고 처참한 상태인지 알려주는 상황이다. 마찬가지로 바울이 보기에 믿지 않는 자들은 하나님의 진노 가운데 있는 원수들이었다. 하나님 없이 살아가는 그 삶의 양태가 얼마나 비참한지 보여준다. 이런 상황에서 하나님께서 그리스도로 말미암아 우리와의 관계를 회복시켜주셨다. 이런 극적인 상황을 묘사하기 위해서 바울은 '화해'라는 단어를 사용한 것이다.

영성은 우리가 얼마나 죄인이었던가를 아는 데서부터 시작한다. 바울은 이것을 화해라는 그림 언어로 설명해주고 있는 것이다. 훼파되어 있는 성전처럼, 짓밟혀 있는 성전처럼, 부정한 성전처럼, 심판 가운데 있던 우리를 하나님께서 화해케 하셔서 회복시켜주신 것이다. 이런 하나님의 은혜와 사랑이 영성의 근거가 되는 것이다.

바울이 '의'(*dikaiosunē*)롭게 되었다는 말과 '화해'라는 말을 같은 의미로 사용하고 있으나 강조점이 다르다. '칭의'는 법정적 개념으로 죄인에서 의인으로의 신분 변화를 의미한다면, 화해는 하나님과의 관계 변화를 나타낸다(롬 5:10-11). 바울은 그리스도 안에서 새로운 피조물 (고후 5:17)이 된 상태를 '화해'(katallagē)(고후 5:18ff)라는 말을 통하여 하나님과 인간 사이의 변화된 관계를 보여준다.[28]

바울은 예수 그리스도의 죽음의 사건으로 하나님과 자신의 관계에서 어떤 변화가 일어났는지 분명히 알았다. 단순하게 의롭다고 법적으로 인정해주셨을 뿐만 아니라 하나님과의 관계에서 이것을 계속적으로 누릴 수 있는 기쁨을 주셨다. "이제 우리로 화목하게 하신 우리 주 예수 그리스도로 말미암아 하나님 안에서 또한 즐거워하느니라"(롬 5:11).

3) 새 창조의 경험과 이방인 사도로 소명을 받음

바울은 다메섹에서 부활한 그리스도를 만남으로 새 창조의 경험을 하고 이방인 사도로 소명을 받았다. 고린도후서 4장 6절의 "어두운 데에 빛이 비치라 말씀하셨던 그 하나님께서 예수 그리스도의 얼굴에 있는 하나님의 영광을 아는 빛을 우리 마음에 비추셨느니라"라는 말씀은 바울의 다메섹 경험을 가리키는 것이다. "비추셨느니라"라는 단어는 elampsen(비췄었다)으로 부정과거다. 시제상으로 과거의 일회적인 사건을 표현하는 것으로, 다멕섹에서 경험했던 것을 기술하고 있다. 바울은 다메섹에서 그리스도의 얼굴에 있는 하나님의 영광을 아는 빛을 경험했다. 이 사건을 통해 바울에게 어떠한 영적 사건이 일어났는지 살펴보는 것이 우리의 관심사다.

---

28 김서준, "바울서신의 '속죄'와 '화해' 용어에 대한 비판적 고찰: ἱλαστηριον과 καταλ λαγη의 해석의 문제를 중심으로," 「성경원문연구」 47(2020): 112-13.

고린도후서 4장 6절은 창세기 1장 3절에서 하나님께서 빛을 창조하신 것과 바울이 다메섹 사건에서 체험한 빛을 대조해서 보여준다.

(A) ὁ Θεὸς ὁ εἰπών Ἐκ σκότους φῶς λάμψει

(B) ὃς ἔλαμψεν ἐν ταῖς καρδίαις ἡμῶν πρὸς φωτισμὸν

(C) τῆς γνώσεως τῆς δόξης τοῦ Θεοῦ ἐν προσώπῳ Χριστοῦ

(고후 4:6)

(A) 어두운 데서 빛이 비치라 말씀하셨던 그 하나님께서

(B) 빛을 우리 마음에 비추셨다.

(C) 그 빛은 그리스도의 얼굴에 있는 하나님의 영광을 아는 지식이다.

(고후 4:6. 필자의 사역)

(A)는 "어두운 데서 빛이 비추라"고 말씀하신 창세기 1장 3절의 말씀을 인용한 것이다. (B)는 그 빛을 창조하신 바로 그 하나님(관계대명사 hos)이 우리 마음에 빛을 비추셨다. 바울이 여기서 "우리"라고 복수를 쓴 것은 바울 자신의 경험을 보편화한 것이다. (C)는 그 빛은 그리스도의 얼굴에 있는 하나님의 영광을 아는 지식이라고 말하면서 바울의 마음속에 비친 빛이 어떤 빛인지 설명한다. 다메섹 사건에서 자신의 마음에 빛을 비춰신 하나님은 창조기사에서 어두움 가운데 빛을 창조하신 그 하나님과 동일한 분임을 즉시 알게 되었다. 태초에 창조의 역사가 일어난 것 같이, 자신에게도 새 창조의 역사가 일어났다는 것을 깨달았다.

바울은 고린도후서 5장 17절에서 이 사실을 더 분명하게 밝힌다.

"그런즉 누구든지 그리스도 안에 있으면 새로운 피조물이라 이전 것은 지나갔으니 보라 새 것이 되었도다." 이것은 바울에게 혁명적인 변화였다. 바울 자신이 새롭게 창조된 사건이었다. 과거의 삶의 방식에서 완전히 새로운 삶의 방식으로 변화되었다.

바울은 또한 다메섹 사건에서 새 창조의 경험뿐만 아니라 이방인을 위한 사도로 소명도 받았다. 고린도후서 4장 4절에서 "그 중에 이 세상의 신이 믿지 아니하는 자들의 마음을 혼미하게 하여 그리스도의 영광의 복음의 광채가 비치지 못하게 함이니 그리스도는 하나님의 형상이니라"라고 말씀한다. 여기서 바울은 믿지 않는 자들을 그리스도의 영광의 복음의 광채가 비치지 못하는 사람들이라고 말한다. 이어서 5절에서 "그리스도 예수의 주 되신 것과 예수를 위하여 우리가 너희의 종 된 것을 전파함이라"라고 말한다.

김세윤에 따르면 이 구절에서 바울이 이사야 42장 6절 이하와 49장 6절의 "야웨의 종"의 소명을 자신이 받았다고 생각했다.[29] 고린도후서 4장 5절의 "예수를 위하여 우리가 너희의 종 된 것을 전파함이니"라는 말은 이사야 49장 6절의 "네가 나의 종이 되어 야곱의 지파들을 일으키며 이스라엘 중에 보전된 자를 돌아오게 할 것"이라는 말씀에 나오는 "나의 종"을 반영한다. 이사야 42장 6절의 "이방의 빛이 되게 하리니"와 49장 6절의 "내가 또 너를 이방의 빛으로 삼아"와 42장 7절에서도 "네가 눈먼 자들의 눈을 밝히며"라는 말씀들을 바울은 이방인을 위해 자신을 부르신 것의 근거로 삼는다. 바울은 높임 받고 영광 받는 그리스도를 아는 지식으로 다른 사람들을 밝히라는 사명을 받았다는 것을

---

29 김세윤, 『바울 복음의 기원』, 25.

확신했다. 사도행전 26장 16-18절에도 이 사명이 분명하게 기술되어 있다. 이렇게 다메섹 사건은 바울에게 새 창조의 영성을 가지게 했을 뿐만 아니라 자신의 소명을 받는 결과를 가져왔다.

2. 소망의 영성

바울 영성의 또 다른 특징은 소망의 영성이다. 소망의 영성은 종말론적인 영성이다. 철저하게 유대인이었던 바울이 가진 종말관은 유대 묵시문학적이었다. 그는 이 세대와 올 세대를 구분하여 이 세대에는 악이 지배하고, 올 세대에는 악이 완전히 제거될 것이라고 믿었다. 바울은 다메섹에서 부활한 주님과 함께 나타난 빛을 하나님의 영광으로 인식했다(고후 3:18; 4:4-6; 행 9:3-9; 22:6-11; 26:13). 구약의 선지서나 묵시문학 그리고 랍비문학에서 하나님의 영광의 계시는 종말에 나타날 것이라고 기대했다.[30]

바울은 부활한 주님의 영광을 보면서 메시아가 이 세상에 이미 왔다는 것을 인식하게 되었다. 그러면서 지금까지 가지고 있던 유대교 종말관에 대한 변화를 가져왔다. 야웨의 날에 임하리라고 믿었던 새 시대가 예수의 부활 속에 이미 여기에 와 있었다는 것을 알게 되었다. 바울은 'Already but not yet'(하나님의 나라가 이미 이 땅에 임했지만 아직 완성은 아님)의 새로운 종말론적 구조를 구축했다. 즉 현재의 구원과 미래의 완전한 구원 사이에 긴장이 있고, 신자는 이 사이에서 종말론적인 삶을 살고 있는 것이다. 이미 오신 메시아, 그러면서 동시에 다시 오실 메시

---

30 조갑진, "바울의 다메섹 사건에 관한 연구," 「신약논단」 22, no.1(2015 봄): 162.

아를 바라보면서 교회는 희망의 종말 공동체로서 오늘을 살아가는 것이다.31 바울은 이러한 종말론적인 영성을 가지면서 현재의 자신이 처한 상황을 새 시대 속에서 살아감, 새 언약 가운데 살아감, 성령이 주시는 확신 속에서 살아감, 만물의 회복을 바라보며 살아감으로 규명한다.

1) 새 시대 속에서 살아감

종말론적인 삶이라는 것은 새 시대 속에서 살아가는 것을 말한다. 바울은 철저한 바리새인으로 구약에 정통한 사람이었다. 그는 구약의 약속이 성취되리라고 믿었다. 그가 지녔던 메시아관은 당시 유대인들이 지녔던 메시아관과 크게 다르지 않았다. 그는 정치적 메시아, 민족적 메시아가 나타나 새로운 세계가 임할 것이라고 믿었다. 그러나 부활하신 주님을 만난 다음에 구약의 약속이 그리스도 안에서 성취된 것을 깨달았다.

구약에서는 새로운 시대가 오면 하나님의 영이 충만하게 부어질 것이라고 말씀한다. 그래서 이스라엘 백성은 하나님의 영이 충만하게 부어질 것을 고대하고 있었고 그때 새로운 시대가 올 것이라고 생각했다. 즉 새로운 시대의 특징은 하나님의 영이 백성 가운데 부어지는 것이었다(욜 2:28-29). 새로운 시대가 오면 하나님의 영은 신실한 하나님의 공동체를 창조하실 것이라고 이사야(사 44:3)와 에스겔(겔 11:19-20; 36:25-28)을 통하여 선포하셨다. 이런 구약의 약속이 오순절 성령

---

31 *Ibid.*, 164.

강림을 통해서 이루어졌다(행 2:1-13). 하나님의 영이 종말에 임할 것이라는 약속이 성취되었다. 하나님의 백성은 "약속의 성령"을 받았다(눅 24:49; 행 1:4; 갈 3:14; 엡 1:13).

하나님의 백성들은 옛 시대를 살고 있지만 성령을 통해서 새 시대의 권능을 맛보며 살고 있다. 성령은 옛 시대를 종결하거나 무효화하지 않고, 새 시대의 능력과 관점에서 옛 시대를 능력 있게 살아내게 한다. 성령은 미래의 소망을 준다. 로마서 15장 13절에서 바울은 성도들이 "성령의 능력으로 소망이 넘치게" 되기를 기도한다.

2) 새 언약 가운데 살아감

'언약'에 해당하는 히브리어는 '베리트'다. 이 단어는 종교적 언약 외에도, 나라와 나라 사이의 조약(창 21:25-32; 수 9:3-27; 왕상 5:12), 개인과 개인 사이에 맺어진 우정의 결속(삼상 18:1-3), 결혼 서약(말 2:14)을 표현할 때 사용된다. 월터 브루그만(Walter Brueggemann)에 따르면 언약은 쌍방적인 것인데 "쌍방의 충성과 의무는 언약 당사자들의 삶에 절대적인 영향을 끼치고 삶의 기준이 되는데, 구약에서 언약이란 이 충성과 의무에 근거한 하나님과 그 백성 간의 지속적인 헌신"[32]을 의미한다.

옛 언약은 하나님께서 이스라엘과 시내산에서 맺은 시내산 언약(출 19-24장)을 가리킨다. 하나님께서는 이스라엘과 언약을 맺은 목적을 여러 번 반복해서 말씀하셨다: "너희는 내 백성이 되겠고 나는 너희

---

32 W. Brueggemann, *The Bible Makes Sense*(Atlanta: John Knox, 1985), 10.

들의 하나님이 되리라"(렘 24:7; 30:22; 31:33; 32:38; 겔 36:28; 37:23, 27). 그러나 이스라엘 백성들은 옛 언약 아래에서 늘 신실하지 못했다. 인간은 하나님과 언약을 맺은 순간부터 파기할 가능성이 상존했다. 이런 인간의 약함을 아시고 하나님은 새 언약을 약속하셨다: "내가 이스라엘 집과 유다 집에 새 언약을 맺으리라 ⋯ 그러나 그 날 후에 내가 이스라엘 집과 맺을 언약은 이러하니 곧 내가 나의 법을 그들의 속에 두며 그들의 마음에 기록하여 나는 그들의 하나님이 되고 그들은 내 백성이 될 것이라"(렘 31:31-33). 바울은 이 새 언약이 교회를 통해서 성취되었다는 것을 알았다.

바울은 새 언약이라는 용어를 고린도전서 11장 25절과 고린도후서 3장 6절에서 언급한다. 고린도전서 11장 25절에서는 새로운 언약이 그리스도의 십자가와 부활을 통해서 이루어졌음을 선포한다: "식후에 또한 그와 같이 잔을 가지시고 이르시되 이 잔은 내 피로 세운 새 언약이니 이것을 행하여 마실 때마다 나를 기념하라 하셨으니." 바울은 예수님의 십자가 사건을 통하여 약속된 새 언약, 하나님과 백성 사이의 새로운 관계가 시작되었음을 인식하고 있었다.

바울은 고린도후서 3장 6절에서 하나님께서 자신을 비롯한 동역자들이 새 언약의 일꾼이 되게 하셨다고 말한다. 그는 적대자들과의 논쟁에서 자신이 받은 새 언약의 직분을 모세가 출애굽 사건을 통해서 받은 옛 언약과 대조한다. 율법의 조문은 죽이는 것이고, 영은 살리는 것이다(고후 3:6). 옛 언약의 직분도 (모세의 얼굴에 나타난 영광 같이) 영광이 있지만, 새 언약의 직분은 더욱 큰 영광이 있다(고후 3:7-8). 고린도후서 3장 6절에서 언급한 '새 언약의 일꾼'은 고린도 교회의 바울의 적대자들이 생각하는 것처럼 옛 언약의 율법 조문에 따라 평가를 받는 것이

아니고, 심비(心碑)에 쓰인 새 언약의 영에 의해 자격이 부여된다는 것이다.[33]

성령에 의해 새롭게 된 새 언약 백성은 하나님을 바르게 인식할 수 있는 근본적인 마음의 변화가 왔다. 새 언약의 영인 성령을 통해서 하나님의 참된 계시를 인식할 수 있음으로 새로운 사람이 되었다(고후 5:17).

바울은 자신이 새 언약 가운데 살고 있다는 것을 확신했다. 그리스도와 새로운 언약 관계에서 새로운 삶을 살게 된 것이다. 이렇게 새 언약의 백성이 되었음을 인식할 때 그리스도인의 삶은 바뀔 수밖에 없다. 주님은 신자의 마음속에서 새 창조의 역사를 주관하신다.

종말론적인 삶이라는 것은 새 언약 가운데 살아가는 것을 뜻한다. 옛 언약이 아닌 새 언약 가운데 산다고 하는 것은 과거와 전혀 다른 삶의 방식으로 산다는 것을 의미한다. 과거의 삶은 돌판에 쓰인 조문에 따라 살았다면, 새 언약은 심비에 쓰인 성령의 법에 따라 살아가는 것이다(고후 3:3. 7). 율법의 조문은 죽이는 것이고, 영은 살리는 것이다 (고후 3:6).

3) 성령이 주시는 확신 속에서 살아감

종말론적 영성을 가졌다는 것은 성령이 주시는 확신 속에서 오늘을 살아가는 것을 뜻한다. 바울은 성령이 성도들로 하여금 종말론적인

---

33 조영모, "바울이 말하는 새 창조와 성령, 그리고 그 신학적 함의,"「오순절 신학 논단」 9(2011): 19; V. P. Furnish, *II Corinthians*(New York: Doubleday, 1984), 199-200 참조.

삶을 살 수 있도록 이끌어준다고 말한다. 성령은 미래의 완전한 구원을 위한 보증이 된다(고후 1:22; 5:5; 엡 1:14). 그래서 바울은 성령의 역할을 'arrabōn'(보증)으로 설명한다. 원래 '아라본'은 상업 용어로 보증금, 예치금, 계약금을 의미한다. 바울은 고린도후서 1장 22절에서 "보증으로 우리 마음에 성령을 주셨느니라"라고 말한다. 계속해서 바울은 고린도후서 5장 5절에서 미래의 소망을 말하면서 하나님께서 보증으로 성령을 주셨다고 말한다. 바울의 이 말은 신자가 성령 안에서 지금 경험하는 생명은 죽음 이후에 누리게 될 영생을 보증한다는 것을 강조한다. 에베소서 1장 13-14절에서는 "약속의 성령으로 인치심을 받았으니 이는 우리 기업의 보증이 되사"라고 말씀한다. 약속의 성령으로 인침을 받은 사람들은 기업을 보증받는다는 말씀이다. 성령이 하나님 나라와 영생을 보증해주기 때문에 지금 여기서도 천국과 영생을 맛보며 살아갈 수 있다. 바울은 이런 확신이 있었기 때문에 세상의 가치에 연연해하지 않고 세상의 유혹과 압박에 굴하지 않았다.

바울은 또한 성령을 받는 것을 인침 받는 것(sphragizō)으로 설명한다. 인침(sphragizō)은 소유의 표시로 도장을 찍는 것을 의미한다. 에베소서 1장 13절에서는 "너희의 구원의 복음을 듣고 그 안에서 또한 믿어 약속의 성령으로 인치심을 받았으니"라고 말씀하며, 에베소서 4장 30절에서는 "하나님의 성령을 근심하게 하지 말라 그 안에서 너희가 구원의 날까지 인치심을 받았느니라"라고 밝힌다. 고린도후서 1장 21-22절 역시 성령의 인치심에 대해서 말씀한다. 성령을 받은 사람들은 현재 하나님께 속해 있을 뿐만 아니라 마지막 때에 하나님의 자녀로 확실하게 인정을 받는다.

4) 만물의 회복을 바라보며 살아감

학자들은 바울이 말하는 새 창조의 의미를 전통적으로 개인 구원과 연관해서 설명한다(고후 5:17; 엡 2:10; 4:24; 골 3:10). 이런 사상의 배경을 구약이나 유대교에서 주로 찾는다. 구약이나 유대교에서는 새 마음과 새 영이 주어지는 것을 창조 행위로 간주하기 때문이다(시 51:10). 유대교에서는 이방인이 유대교로 개종하는 경우도 새 창조로 이해했다.[34]

그러나 바울이 말하는 새 창조의 개념은 공동체의 구원 사건과도 연관이 있다. 이것은 구약성경에도 제시되어 있다. 에스겔 36-37장의 새 언약에 대한 약속은 이스라엘 백성을 의로운 백성으로 창조하는 일과 연관이 있다. 이사야 65장 17-19절에 따르면 우주적인 새 창조를 예루살렘과 그 백성들과 연관을 짓는다. 이사야는 새 창조시 이방인이 유입될 것도 말한다.[35] 바울이 새 창조의 개념을 공동체에 적용하고 있는 경우는 갈라디아서 6장 15-16절과 에베소서 2장 14-16절이다.

더 나아가 바울은 새로운 시대가 왔다는 것을 개인이나 공동체에만 적용하는 것이 아니라 이것을 우주적 사건으로 생각한다. 새로워지는 것은 만물도 새로워지는 것이다. 로마서 8장 21절에서 바울은 "그 바라는 것은 피조물도 썩어짐의 종 노릇 한 데서 해방되어 하나님의 자녀들의 영광의 자유에 이르는 것이니라"라고 말한다. 여기에서 '피조물'은 헬라어로 '크티시스'(ktisis)인데 이것은 창조된 만물을 뜻한다.[36] 유

---

34 조영모, 23.
35 *Ibid.*, 24.
36 여기에 나타난 피조물(*ktisis*)에 대해서 그랜필드(C. E. B. Granfield)와 무(D. Moo)

대 묵시문학에서도 새로운 창조는 우주적 차원에서 이루어질 것이라고 많이 언급되었다.37 바울은 유대 묵시문학의 영향을 받았으며, 그의 서신들에서도 유대 묵시문학적 요소들이 나타난다(롬 8:19-22; 고후 5:17-19). 바울은 고린도후서 5장 17절에서 그리스도 안에 있는 사람은 누구든지 "새로운 피조물"(*kainē ktisis*)이라고 말한다. 고린도후서 5장 17절은 종말론적 새 시대의 개인 구원을 넘어 창조 질서의 회복과 창조의 보존적인 의미를 담고 있다고 한다. 18절, 19절에서 "모든 것을 화목하게 하셨다는 것"은 자연세계 전체를 포함하고 있다는 말씀이다.38

이렇게 바울의 영성은 개인 구원에만 관심이 있는 것이 아니라 공동체의 구원은 물론 만물의 구원에도 관심이 있다.

3. 거함의 영성

'거함의 영성'은 '그리스도 안에 있음'(*en Christō*, 엔 크리스토)의 영성을 뜻한다. 바울이 사용한 '*en Christō*'(in Christ)라는 표현은 바울 영성의 중요한 토대가 되기에 바울 신학을 이해하는 중요한 열쇠가 된다.39 바울은 그리스도를 아는 지식이 가장 고상하고, 모든 것을 잃어

는 '크티시스'가 인간만을 언급하는 기술적인 용어가 아니며 인간 이외이 창조물에게 의인화되어 사용된 경우를 구약의 전례에서 찾을 수 있다고 말한다(시 65:12, 13). *Ibid.*, 28.

37 예를 들면 이스라엘의 회복(Jub. 4:26; 1 Enoch 45:4, 5)이라든지, 마지막 날 부활 때에 있을 의인들의 변형(Syr. Bar. 51:1-16)이라든지, 자연 세계의 해방(1 Enoch 51:4-5)이라든지, 혹은 하나님의 창조물이 원래의 선한 상태로 회복(Syr. Bar. 73, 74)되는 것으로 묘사되어 있다(*Ibid.*, 26).

38 *Ibid.*, 28.

버리고 그리스도만 얻기를 원하며, 그리스도 안(en Christō)에서 발견되는 것이 그의 인생의 목표라고 밝힌다(빌 3:8-9).

'그리스도'(Christos)라는 단어는 신약성서에 총 531회 등장하는데 바울 서신에만 383회 등장한다.[40] 바울 서신에서 '그리스도'(Christos)라는 고유명사와 전치사의 결합을 살펴보는 것이 중요하다. 이 단어는 전치사 dia(through, on account of: 고후 1:5; 3:4; 5:18), huper(above, beyond: 고후 5:20; 12:10; 빌 1:29), sun(with: 롬 6:8; 빌 1:23), eis(into: 롬 16:5; 고후 1:21; 갈 3:24) 등과 사용이 되는데 가장 주목해서 봐야 할 것은 전치사 en(in)과의 결합이다. 'Christos'와 전치사 en과의 결합, 즉 'en Christō'(그리스도 안에)는 전통적으로 바울 서신으로 분류되는 13개의 편지 가운데 83회 등장한다. '그 안에서', '그리스도 예수 안에서', '주 안에서' 등과 같이 약간 변형된 상태로 나오는 것까지 합치면 164회나 등장한다. 이 표현은 베드로전서 3장 16절, 5장 10절, 5장 14절 외에 신약의 다른 곳에서는 거의 사용되지 않기 때문에 바울만의 독특한 표현이라고 해도 무리가 없다.[41]

'엔 크리스토'라는 어구를 통해서 바울이 말하고자 하는 것을 가장 잘 보여주는 본문은 고린도후서 5장 17절이다. 이 구절은 바울이 자신의 적대자들에게 자신을 변호하는 과정(고후 2:14-7:4)에서 한 말이다. 고린도후서에 나타난 적대자들이 누구인지에 대해서는 많은 학자들이 깊게 연구했지만 일치된 의견은 없다.[42] 다만 고린도후서를 통해서

---

39 이승현, "바울과 그리스도, 그리고 신비주의 영성신학,"「영산신학 저널」48(2019): 28.

40 성종현, "엔 크리스토: 바울의 윤리,"「기독교사상」34(1990): 233.

41 유승원, "그레코-로마 세계의 몸 메타포와 바울의 교회 공동체 개념,"「신약논단」7 (2000): 164, 각주 27.

그들의 특징은 찾을 수 있다. 그들은 스스로 그리스도의 사도요 훌륭한 종임을 자처했다. 자신들이 본 환상과 계시를 자랑했고, 자신들의 권위를 내세우기 위해서 예루살렘 교회가 발부한 추천장을 가지고 왔다. 또한 영적 은사에 대한 자랑과 훌륭한 언변으로 고린도 교회 교인들을 매료시켰다.

바울이 보기에 이들이 내세우고 자랑하는 것들(예를 들면, 추천장이나 훌륭한 언변 등)은 겉으로 드러나는 것들이고 육신을 따르는 것들이다(고후 11:18). 적대자들이 황홀경을 경험했다고 자랑할 때, 바울은 자신도 그러한 신비 체험을 했지만 오히려 약한 것을 자랑한다고 했다(고후 11:30; 12:9). 적대자들은 육신의 잣대로 그리스도를 알고 있고, 없어질 모세의 영광을 추구했다.

사도권을 변호하면서 바울은 고린도후서 5장 16절에서 "그러므로 우리가 이제부터는 어떤 사람도 육신을 따라 알지 아니하노라 비록 우리가 그리스도도 육신을 따라 알았으나 이제부터는 그같이 알지 아니하노라"고 말했다. 즉 적대자들이 육신을 따라 자랑하고, 심지어 그리스도도 육신의 기준으로 판단했으나 자신은 그렇게 하지 않겠다고 선언한다. 적대자들이 그리스도와 복음을 말하지만 바울과는 다른 복음을 전하고 있는 것이다. 그들은 그리스도에 대해서 유창하게 말을 하지만, 진정한 그리스도를 알지 못했다. 예수조차도 육신적인 기준에 따라 알고 있었던 것이다.

그러나 바울은 그리스도 안에 있는 사람은 다르다고 말한다. 즉 자신의 적대자들이 주장하고 내세우고 기준으로 삼는 것과 다르다는 것

---

42 고린도후서에 나타난 적대자들의 정체와 관련한 논의에 대해서는 박익수, 『누가 과연 그리스도의 참 사도인가』(서울: 대한기독교서회, 1999), 40-50을 참고하라.

이다. 가장 큰 차이점은 자신을 비롯해서 성도들은 그리스도 안에 있다는 것이다.

1) 새로운 피조물

그리스도 안에 있는 사람은 새로운 피조물이 되었다: "그런즉 누구든지 그리스도 안에(en Christō) 있으면 새로운 피조물(kainē ktisis)이라 이전 것은 지나갔으니 보라 새 것이 되었도다"(고후 5:17). 전치사 en(in)은 '연합', '교제', '연결'을 의미하기에 'en Chritō'(그리스도 안에)는 믿음으로 그리스도와 연합하고 교제하며 연결된 상태를 의미한다.[43] 십자가에서 죽으시고 부활하신 그리스도 안에 있다는 것을 가리킨다. 이 말을 통해서 그리스도 안에 있는 그리스도인의 정체성에 대해 말해준다.

육신적인 표준에 따라 산다는 것은 "하나님으로부터 떠난 존재로서 이 세상의 것에 중심을 두고 인간 중심적으로 사는 것"[44]을 의미한다. 육을 따라 살지 않는 이유는 '그리스도 안에'(en Christō) 있기 때문이다. 누구든지 그리스도 안에 있으면 그리스도와 함께 죽고 그리스도와 함께 살아나 새로운 피조물이 되는 것이다. 이렇게 새로운 피조물이 되면 이전 것은 지나가고 새것이 되는 것이다. 이는 그리스도 안에서 새로운 삶을 살아가는 것을 의미한다.

바울 영성의 가장 중요한 요소는 '엔 크리스토'의 영성이다. 그리스

---

43 박익수, 『누가 과연 그리스도의 참 사도인가』, 222.
44 Ibid., 221; C. K. Barrett, 『고린도후서』, 한국신학연구소 옮김(서울: 한국신학연구소, 1991), 222.

도 안에서 완전한 새 사람이 되었다는 자기 정체성이다. '엔 크리스토'의 영성을 통해 자신의 실존적인 변화가 일어났다. 성종현은 '그리스도 안에' 거한다는 것에 대해서 바울이 뜻하는 바를 분명하게 알려준다.

> 이제 그는 그리스도 안에서 죄와 죽음의 법으로부터 해방되어서 "생명의 성령의 법"(롬 8:2) 안에 사는 존재요, 하나님의 절대적인 사랑의 의지 안에서(롬 8:39), 그리스도와 연결된 그의 지체로서(롬 12:5), 영생의 소망을 안고(롬 6:23), 하나님과 그리스도를 위해서 살아가는(롬 6:11), 참 자유를 얻은(갈 2:4), 하나님의 자녀로서의(갈 3:26) 변화된 실존이다.[45]

새 창조는 '그리스도 안에' 있을 때 일어나고, 세례를 통하여 그리스도와 함께 죽고 살아나며(고후 5:14f.), 마지막 아담이신 그리스도의 몸에 연합하게 된다.[46] '그리스도 안에' 산다는 것은 진정한 자유인으로서 종의 삶을 사는 것이다. 옛 사람에 대해서는 자유인이고 새 사람에 대해서는 그리스도의 종으로 살아가는 것이다.

2) 새로운 통치

'그리스도 안에' 있다는 말은 그리스도의 통치 아래 있다는 말이기도 하다. 로마서 5-7장에서 바울은 지금까지 사람을 지배해온 것은 '죄'(*hamartia*)와 '사망'(*thanatos*)이라고 말한다. 죄와 사망의 지배하

---

45 성종현, "엔 크리스토," 235.
46 김세윤, 『바울 복음의 기원』, 32-36.

에 있던 사람들이 '그리스도 안'에 거함으로 주님의 통치를 받게 된 것이다. 즉 그 전에는 죄와 사망의 노예가 되었지만 이제는 그것에서 해방되어 참 자유를 누리게 되었다. 그러한 참 자유 가운데 그리스도 안에서 그리스도의 통치를 받게 되었다. '그리스도 안'에 있다는 것은 우리 인생을 주관하고 주장하는 통치권의 변화가 있다는 것이다. 그러므로 바울은 로마서 8장 1-2절에서 참다운 자유를 선포한다. "그러므로 이제 그리스도 예수 안에 있는 자에게는 결코 정죄함이 없나니 이는 그리스도 예수 안에 있는 생명의 성령의 법이 죄와 사망의 법에서 너를 해방하였음이라." 이제는 죄와 사망의 법이 지배하는 것이 아니라 "그리스도 예수 안에 있는 생명의 성령의 법"(*ho nomos tou Pneumatos tēs zōēs en Christō Iēsou*)이 지배하는 것이다.

3) 성령 안(엔 프뉴마티)에서의 삶

바울에게 '*en Christō*'(그리스도 안에)의 삶은 '*en pneumati*'(성령 안에) 삶과 동일시된다. 성령은 그리스도의 영이기도 하기 때문이다. 바울은 유대인이나 헬라인이나, 종이나 자유인이나 다 한 성령으로 세례를 받아 한 몸이 되었고, 또 다 한 성령을 마시게 하셨다고 말한다. '그리스도 안'에 있음은 성령 안에 있는 경험과 무관하지 않다. 성령 안에서 그리스도와 연합을 이루게 된다.

성령 안에 속한다는 것은 그리스도와 교제 속에서 한 인간의 삶이 전 영역에서 변화하는 것을 의미한다. 그리스도와의 연합을 통하여 그리스도의 성품을 닮는 것이 성도들의 삶의 목적이다(갈 5:13-26). 성령 하나님은 창조의 영으로 사람들의 마음속에서 새 창조의 역사를 계속해서 이루어간다. 그리스도 안에 있어 새 사람이 되었지만 현재와 미래 사이에 성화 과정은 계속되어야 한다. 이것이 전인적, 전생애적 변화를 가져오는 종말론적 사건이다.[47] '그리스도 안에' 있음으로 신자의 전생애가 그리스도의 통치 아래 있는 것처럼, 신자가 '성령 안에' 있음으로 신자의 모든 생애가 성령의 인도하심을 받는다. 따라서 바울은 신자들로 하여금 성령과 함께 걸으라고 권면한다(갈 5:16-18, 25). 갈라디아서 5장 16절에서 한글 개역성경은 "성령을 따라 행하라"고 번역했는데 '행하라'의 헬라어는 *peritateō*인데 '걷다'는 의미로 매일의 삶과 연관이 있다. 성령의 열매들은 성령과 동행하면서 맺어지는 일상의 삶과 연관된 열매들이다(갈 5:22-23). 성령 안에서 산다는 것은 매일의 삶에서 성령을 따라 산다는 것이며, 전생애 동안 삶 전체가 변화하는 과정을 뜻하기도 한다.

바울은 '성령 안에서 삶'이 신자들로 하여금 죄와 유혹으로부터 완전한 자유를 얻었다고 말하지 않는다. 갈라디아서 5장 16-17절에서 이렇게 말한다. "내가 이르노니 너희는 성령을 따라 행하라 그리하면 육체의 욕심을 이루지 아니하리라 육체의 소욕은 성령을 거스르고 성령은 육체를 거스르나니 이 둘이 서로 대적함으로 너희가 원하는 것을 하지 못하게 하려 함이니라." 신자는 새로운 피조물로 새 창조된 존재이지만 육체의 소욕과 영의 소욕 사이에 결단하며 살아가야 하는 존재다.[48] 또한 신자들은 '그리스도 안에서' 갱신된 자로 살지만 세상 속에서 환란과 고난을 당할 수 있다(요 16:33; 롬 5:3). 그렇지만 '그리스도

---

47 이승현, "바울과 그리스도, 그리고 신비주의 영성신학," 「영산신학 저널」 48(2019): 34.
48 성종현, "엔 크리스토," 236.

안에서' 보장된 승리에 대한 소망을 가지고 살아갈 수 있다.[49]

'성령 안에서 사는 삶'은 임박한 종말 앞에서 살아가는 삶이다. 몰트만이 『희망의 신학』에서 주장하는 것처럼 종말이 현재에 영향을 미치며 살아가는 것이다.[50] 성종현은 이런 종말론적인 삶을 사는 신자들에 대해서 "종말의 빛 아래서 파악된 인간은 최후의 결단과 선택 앞에 선 인간이요, 그리스도 안에서 계시된 절대적인 하나님의 의지에 순종할 것을 요청받고 있는 인간이다"[51]라고 정확히 짚어냈다.

바울의 거함의 영성(en Christō)은 현재의 삶뿐만 아니라 미래의 삶까지도 주장하는 바울의 핵심 영성 중의 하나다.

4. 닮음의 영성

바울의 영성 가운데 또 중요한 것이 닮음의 영성이다. 바울에 따르면, 하나님께서 성도들을 창세전에 예정하신 것은 그들로 하여금 "그 아들의 형상을 본받게(συμμόρφους τῆς εἰκόνος τοῦ υἱοῦ αὐτοῦ) 하기 위함"이다(롬 8:29). 바울은 하나님의 자녀들이 그리스도의 형상을 이루기까지 해산하는 수고를 아끼지 않았다(갈 4:19). 그날이 오면 현재 흙에 속한 자의 형상을 입은 것 같이 하늘에 속한 이의 완벽한 형상을 입을 것이다(고전 15:49). 바울에 따르면, 그리스도의 형상을 닮는 것이 제자도의 중요한 요소다.

---

49 배재욱, "바울의 갱신 사상과 1907년 평양 대부흥운동," 342.
50 위르겐 몰트만, 『희망의 신학: 그리스도교적 종말론의 근거와 의미에 대한 연구』, 이신건 옮김(서울: 대한기독교서회, 2017).
51 성종현, "엔 크리스토," 237.

1) 인간 창조

바울의 영성을 이해하는 데에는 '하나님의 형상'(εἰκὼν τοῦ θεοῦ, *eikōn tou theou, Imago Dei*) 개념을 이해하는 것이 매우 중요하다. 모든 피조물 가운데 오직 인간만이 하나님의 형상대로 창조되었다. 그리스 도인의 삶의 목적이 '하나님의 형상'을 회복하는 지속적인 과정이라면 '하나님의 형상'이 무엇을 의미하는지 이해하는 것은 필수다. 창세기 1장 26절은 하나님께서 사람을 하나님의 형상과 모양대로 창조하셨다고 말씀한다.

창세기 본문을 보면 인간 창조에는 몇 가지 특징이 있다. (1) 다른 식물이나 동물들은 "그 종류대로" 창조하셨지만 인간만 "하나님의 형상"(*imago dei*)으로 창조하셨다. (2) 다른 피조물의 창조는 '3인칭 사역형'(Jussive Form, "Let there be…")이 사용되었지만, 인간의 창조는 '1인칭 복수 사역형'(cohortative form, "Let us…")이 사용되었다. 즉, "우리가 사람을 만들고"(Let us make man)라고 말씀한다. 다른 피조물은 선언의 형태이지만 인간의 창조만은 '의논의 형태'인 '1인칭 복수 사역 형태'가 쓰인 것이다. (3) 무에서 유를 창조한다는 히브리어 '빠라'(ברא, create)라는 동사는 창세기 1장에서 5번 사용되었다. 그런데 인간의 창조를 밝히고 있는 창세기 1장 26-27절에서만 3번이나 나온다. 인간의 창조가 하나님의 창조 중에서 특별한 창조임을 강조한 것이다.

2) 하나님의 형상과 모양

하나님께서 "우리의 형상(체렘, image)을 따라 우리의 모양(데무트,

likeness) 대로 우리가 사람을 만들고"(창 1:26)라고 하셨는데 "형상"과 "모양"이 같은 의미인가 다른 의미인가에 대해서 주석가들의 많은 토론이 있었다. 오늘날 대부분의 주석가는 '형상'과 '모양'은 의미의 차이가 없이 같은 말의 반복이라고 여긴다. 즉 단어만 다를 뿐 동일한 내용을 말하고 있다는 것이다. '형상'과 '모양'이 창세기 5장 1절에서는 '모양'이라는 단어만 쓰이고, 창세기 5장 3절에서는 이 두 단어가 교환적으로 사용되며, 창세기 9장 6절에서는 다시 '형상'이라는 단어만 사용된다. 이와 같은 구절들을 근거로 대부분의 학자는 두 단어가 같은 의미로 쓰였다는 의견에 동의한다.

이 두 단어가 일반적으로 동의어처럼 쓰였지만 둘 사이에 차이가 없는 것은 아니다. 초대 교회의 교부들은 이 두 단어의 차이를 인식했다. 안디옥 학파를 대표하는 이레네우스(Irenaeus, c.130~200)와 알렉산드리아 학파를 대표하는 오리게네스(Origenes, 185년경~254)와 이들의 영향을 받은 많은 교부는 두 단어의 의미 차이를 발견했다. 이렇게 의미 차이를 강조하는 것은 영성적 전망을 전개할 때 유익하기 때문이다. 이 두 단어의 차이점을 다음과 같이 도표로 정리할 수 있다.[52]

	형상	모양
히브리어	*chelem*	*demut*
헬라어	*eikōn*	*homoiosis*
라틴어	*imago*	*similitudo*
영어	image	likeness
신학적 의미	선물(gift) 하나님을 닮은 존재	과제(task) 더욱더 닮아가야 하는 존재
문법적 정의	"~이다"(서술형)	"~이어야 한다"(명령형)

---

52 윤주현, "영성의 바탕으로서의 신학적 인간학," 「신학전망」187(2014. 12.): 260.

위에서 보듯이 '형상'(체렘)은 인간이 하나님에게 받은 선물의 차원을 뜻한다. 인간은 다른 피조물과는 근본적으로 다른, 하나님을 닮은 존재다. 어떤 면에서 하나님과 닮았는가에 대해서는 학자들 간의 의견이 다양하다. 그러나 핵심적인 내용은 하나님과 인간 사이의 관계성을 표현한다는 것이다. 존재적인 측면을 나타내는 말로 "~이다"라는 서술형으로 표현될 수 있다.

'모양'(데무트)이라는 말은 인간이 자신의 삶을 통해서 이루어나가야 할 소명의 뜻을 담고 있다. '형상'이 완전히 실현되는 상태를 가리킨다면 인간의 타락 이후에 하나님의 형상을 회복해야 하는데 이 회복되어 가는 과정을 '모양'이라고 지칭할 수 있다. 즉 '형상'과 '모양'은 서로 분리될 수 없는 본질을 공유한다. '모양'의 의미에는 온전한 형상이 이루어지는 과정(becoming)이 강조된다. 과정이라는 말로 표현하지만 이 과정을 전체적으로 볼 때 온전한 것임으로 결론에서는 일치하게 된다. '모양'은 인간을 향한 요청, 즉 명령형으로 표기될 수 있다.

하나님께서 인간을 창조하실 때 하나님의 형상과 하나님의 모양은 일치하는 것이었다. 이것은 같은 표현이었다. 교부들은 인간이 타락한 후에 하나님의 형상으로 회복되는 과정에서 이 두 단어의 본질은 같지만 두 가지 다른 양상을 나타낸다고 여겼다. 이러한 교부들의 신학적인 견해를 받아들이는 것이 회복된 인간에 대한 이해와 영성을 이해하는 데 도움이 된다. "하나님의 형상"과 "하나님의 모양"을 신학적 인간학으로 이해하면 영성 형성 과정을 잘 설명할 수 있다. 하나님의 형상으로 창조된 인간은 하나님의 선물이었다. 하지만 타락했던 존재가 다시 하나님의 형상으로 회복되는 과정을 "하나님의 모양(데무트)"으로 만들어지는 과정이라고 설명할 수 있다.

인간도 타락 이전에는 완벽한 하나님의 형상을 지니고 있었지만 타락 이후에는 하나님의 형상을 잃어버렸다. 그러나 완벽한 하나님의 형상을 지니신 예수께서 인간의 몸을 입고 이 땅에 오셨다. 곧 그리스도의 형상은 하나님의 형상을 완벽하게 보여주시는 것이다. 우리는 보이지 않는 하나님의 형상을 보지 못한다. 그러므로 인간의 몸을 입고 오신 하나님의 형상인 그리스도를 닮는 것이 곧 하나님의 형상을 회복하는 길이다. 그렇기에 그리스도를 따르는 것이 영성의 핵심이 되는 것이다.

3) 바울이 이해한 하나님의 형상

이렇게 창세기의 인간 창조에 대한 해석학적 배경을 바탕으로 바울이 어떻게 "하나님의 형상"을 이해하고 사용했는지 살펴보자. 신약에서 바울만이 '형상'(eikōn)이나 '모양'(morphē)이라는 단어를 쓴다. "하나님의 형상"을 "그리스도의 형상"과 동일시하는 것은 바울에게 특징적인 것이다.[53] 학자들은 이것을 '형상 기독론'이라고 부르기도 한다. 바울은 그리스도인들의 삶의 최종 목표가 그리스도를 닮는 것임을 강조한다(롬 8:29; 롬 12:2; 고전 15:49; 고전 15:52; 고후 3:18; 빌 3:21; 갈 4:19; 골 3:9-10; 엡 4:24).

바울은 부활하신 예수님에게서 하나님의 형상을 보았다. 그리고 동시에 첫 창조시에 하나님의 형상으로 창조된 아담을 생각하게 되었

---

[53] 바울은 그의 서신에서 하나님의 형상이라는 개념을 그리스도와 관련하여 세 번 사용한다(고후 4:4; 빌 2:6; 골 1:15). 하나님의 형상으로서 그리스도는 그의 창조 능력으로 입증된다. 성육신하신 그리스도는 하나님의 형상으로서 보이지 않는 하나님을 계시한다.

다. 첫 아담을 통해서 인간의 첫 창조가 시작된 것처럼, 마지막 아담인 예수를 통해서 새 창조가 시작되었다는 것을 바울은 깨달았다. 옛 언약의 시대가 지나고 새 언약의 시대가 도래한 것이다. 그래서 바울은 그리스도를 종말의 아담, 곧 '마지막 아담'(ho eschatos adam)으로 인식하고 동시에 새 창조의 시대가 밝아왔다는 것을 확신하게 되었다.

바울이 예수님을 마지막 아담으로 여긴 것은 창조시에 하나님께서 아담을 하나님의 형상대로 창조하셨다는 것을 기억했기 때문이다. 동시에 아담 형상론을 통해서 죄의 대표성과 은혜의 대표성을 동시에 설명하기 위한 것이기도 하다. 한 사람으로 말미암아 죄가 세상에 들어오고, 한 사람의 죄로 말미암아 사망이 왕 노릇 하고, 한 사람이 순종하지 아니함으로 많은 사람이 죄인이 된 것 같이, 한 사람으로 말미암아 은혜의 선물이 많은 사람에게 넘치고, 한 사람이 순종함으로 많은 사람이 의인이 되고, 한 사람으로 말미암아 은혜가 생명 안에서 왕 노릇 하고, 한 사람으로 말미암아 부활과 영생에 이르게 되었다(롬 5:12-22). 그리스도 이전에는 죄와 사망의 법이 다스렸다면, 하나님의 형상으로 회복된 사람은 생명의 성령의 법이 다스린다.

바울은 우리에게 하나님의 형상대로 지음 받았다는 것을 인식하고, 그 하나님의 형상을 회복하기 위해서 그리스도의 형상을 닮으라고 말한다. 하나님의 형상으로 변화되는 것은 사람의 힘으로가 아니라 하나님께서 하시는 것이다. 변화는 인간이 주체가 되지 않고 하나님께서 주체가 되신다. 바울에게 '형상'은 하나님과 근본적으로 닮은 것을 뜻하고, '모양'은 온전함을 향해 가는 과정이라고 설명한 교부들의 의견과 일맥상통한다. 바울 역시 하나님 형상의 본질적인 부분에 대해 말할 뿐만 아니라, 온전한 하나님의 형상으로 변화되어야 함을 강조한다.

'형상'을 의미할 때는 히브리어의 '체렘'과 같은 의미인 헬라어 *eikōn*(에이콘)을 사용하고, 변화를 강조할 때는 히브리어의 '데무트'의 뜻을 의미하는 헬라어 *morphē*(모르페: 모양)를 사용했다. 하나님께서는 창조 시부터 하나님의 형상을 따라 창조하셨을 뿐만 아니라 완성을 향해 가는 존재(데무트, 모르페)로 창조하셨다. 창세기에서 하나님께서 인간을 창조하신 하나님의 의도를 사도 바울은 정확히 꿰뚫고 있었던 것이다. 하나님의 형상이라는 존재론적 표현을 할 때는 *eikōn*이라는 말을 쓰지만, 변화라는 말을 쓸 때는 *morphē* 또는 그 합성어를 사용한다. 즉 "그리스도의 형상을 본받으라"고 할 때 *summorphousthai*, "형상에 이를 것"을 의미할 때는 *metamorphousthai*라는 단어를 사용한다.

예를 들어, 그 아들의 형상을 '본받게 하다'(롬 8:29)에서는 *morphē*의 합성인 *summorphos*를, 주의 영광을 보매 그와 같은 형상으로 '변화하여'(고후 3:18)에서는 *metamorphoō*를, 우리의 낮은 몸을 자기 영광의 몸의 형체와 같이 '변하게 하시리라'(빌 3:21)에서는 *summorphos*를 사용했다. 갈라디아 교인들을 향해 너희 속에 그리스도의 형상이 이루기까지 너희를 위하여 해산하는 수고를 한다고 말할 때(갈 4:19) '형상이 이루기까지'라는 말로 *morphoō* 라는 단어를 사용했다. "너희는 이 세대를 본받지 말고 오직 마음을 새롭게 함으로 변화를 받아"(롬 12:2)에서 '변화를 받아'도 *metamorphoō*를 사용했다. 하나님의 형상으로 재창조되었지만 계속해서 온전한 하나님의 형상으로 닮아가야 하는 과제는 사람에게 있다. 이 과정 역시 성령님께서 개입하셔서 우리를 인도해 가신다.

인간이 타락한 후에는 하나님의 형상이 훼손되었는데 그리스도가 인간의 몸을 입고 성육신하셔서 '하나님의 형상'을 완벽하게 보여주셨다. 하나님께서는 신자들이 하나님의 형상으로 회복되도록 그리스도 안에서 그리스도와 연합하게 하셨다. 성도들은 성령 안에서 자신이 온전한 하나님의 형상으로 변화될 것이라는 믿음과 소망을 품고 하루하루 그에 걸맞은 삶을 살아야 한다. 이것을 성화의 삶이라고 말할 수 있다. 결국에는 하나님께서 우리를 완전하게 예수님과 같은 영광의 몸으로 변화시키실 것이다. "우리의 시민권은 하늘에 있는지라 거기로부터 구원하는 자 곧 주 예수 그리스도를 기다리노니 그는 만물을 자기에게 복종하게 하실 수 있는 자의 역사로 우리의 낮은 몸(to sōma tēs tatei-nōseōs)을 자기 영광의 몸(tō sōmati tēs doksēs)의 형체와 같이(summor-phon) 변하게 하시리라(metaschēmatisei)"(빌 3:20-21).

바울은 고린도전서 15장 42-54절에서도 빌립보서 3장 20-21절과 같은 말을 한다. 고린도전서 15장 44절에서는 "영광의 몸"을 "신령한 몸"으로 부르고, "낮은 몸"을 "육의 몸"으로 부른다. 바울은 궁극적인 구원을 "흙에 속한 자"(ho choikos, 고전 15:47)의 형상과 "육의 몸"을 떠나 마지막 아담 곧 "하늘에 속한 자"(ho epouranios, 고전 15:47)의 형상과 신령한 몸을 입는 것으로 표현한다.

4) 바울이 말하는 닮음의 영성

바울이 말하는 닮음의 영성은 미래의 완벽한 하나님의 형상을 바라보며 하루하루 그리스도의 형상을 닮은 자로서 살아가는 것이다. 신자들은 하나님의 형상의 본질이 회복된 자들이며, 온전한 하나님의 형상에 열려 있는 자들이다. 여기서도 'Already but not yet'의 종말론적인 구조가 적용된다. 이미 하나님의 형상이 이루어졌지만 아직 완성된 것은 아니다.

바울은 고린도후서 4장 16절에서 "그러므로 우리가 낙심하지 아니하노니 우리의 겉사람은 낡아지나 우리의 속사람은 날로 새로워지도다"라고 말한다. 여기에서 속사람은 새로운 피조물이 된 사람을 의미한다. 이전 것이 지나갔다고 해서 첫 창조가 없어졌거나 소멸되었다는 것은 아니다. "속사람은 날로 새로워지도다" 할 때 새로워진다고 하는 말씀은 '날마다 새로워지게 하신다'라는 말의 수동태형이다. 즉 우리를 새롭게 하시는 주체는 우리가 아니라 하나님이시다. 믿는 자들은 그리스도 안에서 새로운 시대에 살고 있지만 동시에 악한 세대 가운데서 계속 살아가야 한다.

바울은 구원의 과정을 골로새서 3장 9-10절에서 잘 보여준다. "옛 사람과 그 행위를 벗어 버리고 새 사람을 입었으니 이는 자기를 창조하신 이의 형상을 따라(kat'eikona) 지식에까지 새롭게 하심을 입은 자니라"(골 3:9-10). 이 말씀에서 벗고 입는다는 것은 세례를 상징한다. 세례는 그리스도와 합하여 죽고(롬 6:3), 그리스도와 합하여 다시 태어나 새 사람으로 옷을 입은 것을 말한다(갈 3:27; 골 3:9-10). "창조하신 이의 형상을 따라 지식에까지 새롭게 하심을 입은 자니라"라는 말씀은 "창조하신 분의 형상을 따라 끊임없이 새로워져서, 참지식에 이르게 됩니다"(새번역)라는 의미다. 하나님이 형상을 따라 끊임없이 새로워지게 하시기 위해 하나님은 고난을 사용하기도 한다. 고난은 예수의 부활의 삶이 우리의 죽을 몸에 나타나는 과정이기도 하다(고후 4:10-18; 빌 3:10). 신자들은 세상을 본받지(suschēmatizesthe) 말고 하나님의 선하시고, 기뻐하시고, 온전하신 뜻에 순종함으로 "변화를 받는 것"(metamorphousthe)이 마땅하다(롬 12:2). 이것이 창조하신 분의 형상을 따라 끊임없이 새로워지는 길이다.

5. 세움의 영성

바울의 세움의 영성을 이해하려면 '그리스도의 몸'(*soma Christou*)
의 영성은 매우 중요하다. '소마 크리스투'의 영성은 바울의 교회론을
핵심적으로 보여주는 것이기도 하다. 바울은 교회가 어떤 모습이 되어
야 할지를 논리적으로 설명하기보다는 '그리스도의 몸'의 메타포를 통
해서 교회 공동체의 핵심을 그림으로 보여준다. 기독교 영성을 탐구할
때 '공동체의 영성'에 대한 논의는 필수불가결한 요소다. 구약에서도
공동체로서 이스라엘을 불렀고, 신약에서도 하나님께서 새로운 언약
의 백성으로 '성도'를 부르신 것이다.

1) 그레코-로만 세계에서 몸 메타포

바울이 사역하던 당시의 역사적·문화적 배경은 그레코-로만 세계
다. 바울은 유대인 디아스포라로 태어나 가말리엘 밑에서 철저한 유대
적 교육을 받았지만 그가 이방인의 사도로 활동한 무대는 그레코-로
만 세계다. 따라서 바울은 자신의 설교나 편지에서 당시의 문화적인
유산들을 채택하고 활용했다. '몸 메타포' 역시 바울 당시 그레코-로만
세계에서 로마의 시민들에게 익숙한 표현 방식이었다.[54] 바울은 당시

---

54 이상목은 스토아 철학자 세네카의 '몸 메타포'와 성령론을 바울의 그것들과 비교하여
  설명한다. 이상목, "바울의 성령이해와 그리스도의 몸이 지닌 공동체적 의미: 대안
  사회로서의 고린도 교회,"「신약논단」23, no.2(2016 여름): 441-76. 고린도 교회

의 사람들에게 익숙했던 몸 메타포를 통해서 자신의 '소마 크리스투'
(그리스도의 몸) 사상을 전개한다. 바울의 'soma Christou' 사상의 독특
성을 알기 위해서 당시의 그레코-로만 세계에서 '몸 메타포'가 어떻게
사용되었는지 살펴보는 것이 바울의 사상과 그의 영성을 이해하는 데
도움이 된다.

유승원은 그레코-로만 세계에서 몸 메타포가 어떻게 사용되었는
지 연구했다.[55] 그에 따르면 그레코-로만 세계에서 몸 메타포는 매우
흔하게 사용되었다. 그레코-로만 세계에서 몸 메타포는 주로 '일치'를
강조하기 위해서 사용되었는데, 그 '일치'는 모두가 평등한 가운데서
가 아니라 하부구조에 있는 사람들이 상부구조의 사람들에게 순응할
것을 요청한다.

그레코-로만 세계에서 유명한 몸의 우화가 있다. 주전 5세기에 로
마에서 평민들의 반란이 일어났다. 평민들은 지배층이 일은 하지 않고
놀고먹기만 한다고 불평하면서 반란을 일으켰다. 이에 대해 당시 로마
의 원로원 회원이었던 메네니우스 아그리파(Menenius Agrippa)는 몸
의 메타포를 사용해 농민들을 설득해서 반란을 평정했다. 그가 사용한
몸의 메타포는 이런 것이다.

몸의 각 부분은 일하지 않고 먹기만 하는 배에 대해서 불평한다.

교인들 중에 스토아 철학의 영향을 받은 사람들이 있다는 것을 연구한 논문으로는
Terence Paige, "Stoicism, *eleutheria*, and Community at Corinth," in *Chris-
tianity at Corinth: The Quest for the Pauline Church*, edited by E. Adams, D.
G. Horrell(Louisville: Westminster John Knox Press, 2004), 208-18; Albert
V. Garcilazo, *The Corinthian Dissenters and the Stoics*(New York: Peter Lang,
2007), 11-78 등을 참고하라.

55 유승원, "그레코-로만 세계의 몸 메타포와 바울의 교회 공동체 개념," 「신약논단」 7
(2000): 149-66.

그래서 몸의 각 지체, 즉 손과 입, 이들이 더 이상 음식을 배에 공급하지 않기로 공모한다. 그런데 이 일로 인해 결국 몸은 영향을 공급받지 못해 빈사 상태가 되었다.[56]

메네니우스 아그리파가 이 메타포를 통해서 전하고자 하는 메시지는 분명하다. 지배층이 몸의 배처럼 아무것도 하지 않고 받아먹기만 하는 것 같은데, 사실은 영양을 공급하고 몸을 지탱하는 데 보이지 않게 중요한 역할을 한다는 것이다. 다른 지체들이 열심히 일한 것을 보이지 않는 곳에서 피를 나누어주고 몸을 유지하게 하는 일을 배가 한다고 역설한 것이다. 이렇게 역설함으로써 배에 해당하는 지배층도 중요하다는 것을 강조했던 것이다. 이렇게 그레코-로만 세계에서 몸의 메타포는 다분히 정치적이고 경제적이며 체제 유지를 위한 일치를 목적으로 사용된 것을 알 수 있다. 로마는 당시 피라미드형으로 위계질서가 짜여 있었고 이렇게 규정된 위계질서 속에서 자신의 역할을 감당할 것에 대한 이유와 근거로 몸 메타포를 사용한 것이다.[57] 유승원은 그레코-로만 세계의 몸의 메타포를 연구한 후에 다음과 같은 결론을 내린다.

사회 구성원의 일치를 역설하는 고대의 정치적 합심연설[58]이 전제하고 있는 것은 사회가 위계질서로 짜여져 있고 이것이 깨지면 사회 전체

---

56 유승원, *Ibid.*, 151.

57 Ramsay MacMullen, *Roman Social Relations 50 B.C. to A.D. 284*(New Haven: Yale University, 1974), 88-94.

58 '합심연설'을 라틴어로 '콘코르디아'(*concordia*)라고 하는데 이것은 단결과 일치를 호소하는 고대의 정치연설을 뜻한다. 헬라 표현으로 '호모노이아'(*homonoia*) 연설이라고 한다. Dale B Martin, *The Corinthian Body*(New Haven and London: Yale University Press, 1995), 38.

에 질병이 온다는 것이었다. 그래서 사회체 내에 다양한 갈등이 일어났을 때 연사들은 '우주의 위계질서'에 호소하거나 '가족으로서의 국가'의 모습을 강조한다. 그레코-로마 세계에서는 이렇게 근본적으로 보수 이데올로기가 지배적이었고 이를 '관대한 가부장주의'(benevolent patriarchalism)라 부른다. 일치 호소의 연설들은 주로 하층 계급에게는 권위에 복종할 것을 요구하고 상류계급에게는 친절하고 인자하게 다스릴 것을 호소함으로써 사회를 붙들고 있는 위계질서를 보존하여 통일성을 유지하려 노력하였다.[59]

2) 바울이 사용한 몸 메타포(고전 12:12-27)

그레코-로만 사회에서 사역을 했던 바울은 몸 메타포를 어떤 방식으로 사용했을까? 바울은 몸의 메타포를 고린도전서 12장 12-27절에서 자세히 언급하고, 로마서 12장 4-5절에서 요약 형식으로 다시 말한다.[60] 따라서 고린도전서 12장 12-27절을 중심으로 바울이 몸의 메타포를 어떻게 사용하고 있는지 살펴보자.

고린도 교회는 파당이 있어서 분열이 되었다.[61] 바울은 고린도전서

---

59 유승원, *Ibid.*, 154.
60 고전 12:12와 롬 12:4-5를 보면 두 곳에서 모두 Καθάπερ(just as) - οὕτως(thus)의 형식이어서 구조적인 유사점을 볼 수 있다. Καθάπερ γὰρ τὸ σῶμα ἕν ἐστιν καὶ μέλη πολλὰ ἔχεί πάντα δὲ τὰ μέλη τοῦ σώματος πολλὰ ὄντα ἕν ἐστιν σῶμά οὕτως καὶ ὁ Χριστός(고전 12:12); καθάπερ γὰρ ἐν ἑνὶ σώματι πολλὰ μέλη ἔχομεν τὰ δὲ μέλη πάντα οὐ τὴν αὐτὴν ἔχει πρᾶξιν οὕτως οἱ πολλοὶ ἕν σῶμά ἐσμεν ἐν Χριστῷ τὸ δὲ καθ εἷς ἀλλήλων μέλη(롬 12:4-5).
61 고린도 교회는 분쟁이 심각했다. 철학과 수사학을 자랑하던 고린도의 전통을 이어 받아, 지식과 언변에 열광했던 사람들은 아볼로를 선호했고, 고전 8-10장에서 언급된 "약한 자들"이라고 불린 사람들이 있었는데 이 사람들은 음식 규칙 등을 지키며 유대

에서 인사말이 끝나자마자 파당 문제를 이야기하면서 교회 공동체의 일치를 강변한다(고전 1:10). 바울은 당시의 사람들에게 익숙했던 몸의 메타포를 '그리스도의 몸' 메타포로 바꾸어 설명한다. 그레코-로만 사회에서는 계급사회 속에서 하나됨을 강조하는 메타포였다면 바울은 이 개념을 뛰어넘어 자신이 품고 있는 공동체 영성에 대해 구체적으로 설명해준다. 고린도전서 12장 12절은 교차 대구 구조로 기술되어 있다.

(A) 몸은 하나인데(Καθάπερ γὰρ τὸ σῶμα ἕν ἐστιν)

(B) 많은 지체가 있고(καὶ μέλη πολλὰ ἔχει)

(B′) 몸의 지체가 많으나(πάντα δὲ τὰ μέλη τοῦ σώματος πολλὰ ὄντα)

(A′) 한 몸임과 같이(ἕν ἐστιν σῶμα)

(C) 그리스도도 그러하니라(οὕτως καὶ ὁ χριστός)

고린도전서 12장 12절은 하나 속에 다양함[(A)(B)], 다양함 속에 하나를 언급한다[(A′)(B′)]. 이것을 교차 대구를 통해 동일한 비중이라고 가르친다. 즉 '하나 속의 다양함'이 '다양함 속에 하나됨'보다 더 중요하거나 덜 중요한 것이 아니라 교차 대구를 통해서 양쪽의 요소를 말함으로 하나의 아이디어(다양성 속의 하나됨)를 부각해서 권면한다. 그러면서 가장 강조가 되고 있는 문장은 (C) "그리스도도 그러하니라"

교적인 입장을 취했던 사람들로 베드로를 따랐다. 또한 일단의 무리는 아볼로파와 게바파에 대항하여 그들의 원사도였던 바울의 가르침에 충실해야 한다고 주장했다. 또 다른 무리로는 바울, 아볼로, 게바 등 인간들의 가르침에 얽매이지 않고 성령을 통하여 부활하신 그리스도와 직접 교제하는 것이 중요하다고 주장한 그리스도파가 있었다. 김세윤, 『고린도전서 강해』, 개정판(서울: 두란노아카데미, 2008), 46-47.

이다. 이 문장에서 οὕτως(hutōs, thus)라는 단어가 Καθάπερ(kathaper, just as)라는 단어와 연결되면서 앞에서 강조한 '하나 속의 다양성', 또는 '다양성 속의 하나됨'이 "그리스도도 그러하니라"와 연결된다. 여기에서 그는 "그리스도"와 "교회"가 동일한 관계성을 지니고 있다고 말한다. 따라서 교회는 하나 속의 다양성, 다양성 속의 하나가 되어야 한다고 권면한다.

바울은 고린도전서 12장 13절에서 이것을 좀 더 구체적으로 예시를 들어 설명한다. "우리가 유대인이나 헬라인이나 종이나 자유인이나 다 한 성령으로 세례를 받아 한 몸이 되었고 또 다 한 성령을 마시게 하셨느니라." 유대인이나 헬라인이나 종이나 자유인이 모습이 다양하지만 모두 성령으로 세례를 받아 한 몸이 된 것이다. 즉 그리스도인들은 그리스도의 죽음과 함께 장사지내고 그리스도의 부활과 함께 다시 살아난 자들이다. 세례는 이 믿음의 사건을 극화(劇化)한 것이다(롬 6장). 그리고 성령을 마셨다는 것은 성령이 생명을 주는 물을 상징하고 있다는 것을 보여준다(요 3:5; 4:10; 7:38-39 등). 그리스도의 몸인 교회는 다양성속에 하나됨, 하나됨 속의 다양성이 있는 것을 상징한다. 바울이 말하고자 하는 공동체의 영성은 획일한 것이 아니다. 다양하면서도 존재론적으로는 하나인 것이다. 바울의 몸의 메타포와 그레코-로만 사회에서 사용하는 몸의 메타포는 본질적인 차이가 있다.

고린도전서 12장 15-16절에서는 몸의 지체들의 유기체적 관계성에 대해 설명한다. 발이 이르되 나는 손이 아니니 몸에 붙지 않았다 할지라도 몸에 붙지 않은 것이 아니다. 귀가 나는 눈이 아니니 몸에 붙지 않았다 해도 몸에 붙지 않은 것이 아니다. 모든 지체는 다 몸에 연결되어 있다. 바울은 이어서 고린도전서 12장 17-18절에서 그리스도 몸의 지체의 독특성에 대해 설명한다. 만일 온 몸이 눈이면 들을 수가 없다. 온 몸이 듣는 곳이면 냄새를 맡을 수 없다. 다 지체만 있으면 몸이 있을 수 없다. 각각은 각자마다 고유한 특색이 있고 역할이 있다.

바울이 사용한 메타포는 상호 존중성을 강조한다(고전 12:21-25). 눈이 손더러 너는 쓸데없다 하거나 머리가 발더러 너는 쓸데없다 하지 못할 것이다. 그레코-로만 시대에는 몸의 지체들에도 우등한 것이 있고 열등한 것이 있다고 생각했다.[62] 일반적으로 눈이나 머리는 더 우등한 존재이고 손이나 발은 더 열등한 존재로 여겼다. 그러나 바울은 그렇게 평가할 수 없다고 명확하게 말한다. 더 나아가 바울은 더 약하게 보이는 몸의 지체가 오히려 더 요긴하고, 덜 귀히 여기는 지체들을 더욱 귀한 것들로 입혀주며, 아름답지 못한 지체는 더욱 아름다운 것을 얻는다고 말한다. 아름다운 지체는 더 입혀주거나 꾸며줄 필요가 없다. 바울은 하나님이 부족한 지체에게 귀중함을 더하신다고 말한다. 그리고 하나님이 여러 지체가 서로 같이 돌보게 하신고 말한다.

바울이 사용한 몸 메타포는 그레코-로만 세계에서 사용한 목적과는 차이가 있다. 오히려 바울의 메타포는 그레코-로만 사회의 상류계급의 이데올로기를 전복하는 경향을 갖는다.[63] 기존의 체제를 유지

---

62 플라톤은 사람의 몸의 위쪽이 우등하고 아래쪽이 열등하다고 생각했다. 2세기 그리스의 학자로서 꿈에 관한 연구를 했던 아르테미도로스(Artemidorus)는 꿈속에 등장하는 몸은 각각의 의미가 있다고 여겼다. 예를 들면, 머리는 아버지를, 발은 노예를 가리키는 것이다. 또한 오른손은 남자 가족들, 왼손은 여자 가족들을 의미한다는 식이다. 유승원, "그레코-로마 세계의 몸 메타포와 바울의 교회 공동체 개념," 152, 각주 9를 보라. 문화인류학자인 메리 더글라스는 "사회체(social body)는 신체(physical body)를 인식하는 방식을 규정한다"라고 말했다. Mary Douglas, *Rules and Meanings*(Harmondsworth: Penguin Education, 1973), 93.

63 유승원, *Ibid*., 155.

하고 정치적·경제적으로 자신들의 기득권을 공고히 하려고 했던 당시의 기득권자들의 몸의 메타포와는 질적으로 다른 것이다.

이렇게 바울은 몸의 메타포를 통해서 다양성 속의 하나됨(unity in diversity), 유기체적 관계성, 지체의 독특성, 지체 간의 상호 존중성을 강조한다. 바울이 몸의 메타포를 통해서 말하고자 한 교회의 가장 중요한 본질은 그리스도의 몸처럼 교회도 나뉘지 않는 유기체이며 나뉘는 순간 더 이상 몸이 아니라는 것이다. 교회는 고통도 함께 받고, 영광도 함께 받는 한 몸 공동체라는 가르침을 준 것이다.

3) 바울이 추구한 세움의 영성

'그리스도의 몸'의 영성은 세움(*oikodomē*)의 영성을 의미한다. 바울은 공동체를 세우는 것에 대해 관심이 깊었다. 바울에게 '그리스도의 몸', 즉 교회를 세우는 것은 그의 여러 선교 사명 중에 가장 중요했다. 그가 선교를 하여 사람들을 주님께로 인도한 것은 하나님의 백성을 그리스도의 몸된 교회로 세우기 위함이었다. 그에게 교회란 예수 그리스도를 주로 고백하는 사람들이 모임이다(고전 1:2; 12:12).

교회는 그리스도의 몸으로서 부활하신 그리스도가 현존하는 방법이며 성령의 전(殿)이다(고전 3:16; 6:19). 세례를 받음으로 신앙 공동체의 일원이 되고(고전 12:13; 롬 6:3; 갈 3:27), 성찬식을 통해 그리스도의 몸에 참여하게 된다. 따라서 바울은 교회를 세우는 것을 선교의 최우선 과제라 생각했다. 그렇기에 신앙 공동체 자체가 선교의 최우선 목표요 대상이라고 말할 수 있다(고후 10:8).[64]

고린도 교회는 공동체를 파괴하는 요소들이 많이 있었다. 파당의 문제뿐만 아니라 문란한 성도덕, 우상숭배, 예배 때 여자들의 복장, 성찬식의 문제, 성령의 은사들, 부활 신앙에 대한 잘못된 견해, 바울의 사도권에 대한 도전 등 문제가 즐비했다. 바울은 이런 상황에서 교회를 올바로 세우기 위해 고린도 교회에 편지를 쓴다.

바울은 시기와 분쟁 가운데 있는 것은 육신에 속한 것이라고 질책한다. "너희는 아직도 육신에 속한 자로다 너희 가운데 시기와 분쟁이 있으니 어찌 육신에 속하여 사람을 따라 행함이 아니리요"(고전 3:3). 분쟁 가운데 있는 교회를 책망하면서 바울은 "너희는 하나님의 집, 곧 하나님의 성전"(고전 3:16)이라고 선언한다. 즉 하나님의 영이 거하시는 곳이다. 여기서 말하는 성전은 개인을 말하는 것이 아니라 신앙 공동체인 교회를 가리키는 것이다.[65]

바울의 이 선언은 매우 담대한 것이었다. 바울이 이 이야기를 할 당시 예루살렘에는 예루살렘 성전이 건재했다. 당시 유대인들이 생각한 성전의 유일성과 절대성을 인식한다면 바울의 이 선언은 신성모독에 가까운 발언이었을 것이다. 여기서 바울이 사용한 '성전'이라는 단어는 '나오스'다. 성전을 의미하는 또 다른 단어는 '히에론'인데 이것은 성전 구역을 의미하는 말이다. 반면에 '나오스'는 하나님이 거하시는 지성소를 의미한다.[66] 바울이 '나오스'라는 단어를 사용함으로 고린도

---

64 현경식, "바울의 '오이코도메(*oikodomē*)'의 윤리," 「신약논단」 10, no.2(2003 여름): 374-75.

65 C. K. Barrett, 『고린도전서』(*First Epistle to the Corinthians*), 국제성서주석 35(서울: 한국신학연구소, 1985), 116.

66 코이네 헬라어에서 이 두 단어가 혼용해서 쓰이기도 하지만, 70인역에서는 두 단어를 차별화해서 사용한다. 즉 '나오스'는 성소를, '히에론'은 성전 구역을 의미한다. 바울이 구약을 인용할 때 70인역을 사용한 것으로 보아 바울 역시 이 두 단어의 차이를 염두에 두었을 것이다. Gordon Fee, 『고린도 전서』(*The First Epistle to the Corinthians*),

교회 공동체가 '지성소'라고 선언한 것이다. 이것은 "세상을 뒤흔들어 놓는 해석상의 혁명"이고 "유대교의 성스러운 공간을 중심에서부터 와해하는 것"67이었다. 이제는 하나님께서 예루살렘 성전이 아니라 예수를 주님으로 고백하는 공동체 안에 임재하고 계신 것이다(고후 6:16; 엡 2:21-22).68 이와 같은 성전을 더럽히면 하나님께서 그 사람을 멸하실 것이다(고전 3:17). 성전을 더럽힌다는 것은 세속적 지혜, 자랑, 분열로 성령을 버리는 것을 의미한다. 특별히, 바울이 말하고 있는 문맥 구조에서는 파벌이나 분당을 염두에 두고 한 말이다. 공동체를 훼손하는 것은 하나님의 성전을 더럽히는 것이다. 공동체를 파괴하는 것은 성전을 파괴하는 것 같은 행위로 엄중한 심판을 받게 되어 있다.

바울은 건축자의 비유를 통해 하나님의 집을 세우는 것이 얼마나 중요한지 말한다(고전 3:10-17). 하나님의 집의 터는 예수 그리스도다 (3:11). 그 위에 누구나 금이나 은이나 보석이나 나무나 풀이나 짚으로 하나님의 집을 세울 것이다. 마지막 날에 공적(ergon)을 밝힐 것인데, 그리스도의 터 위에 세운 공적만 남고 그에 대한 보상을 받게 될 것이다 (3:14-15). 여기서 바울이 말하는 공적은 공동체를 세우기 위해서 애쓴 업적뿐이다.69 고린도전서 3장 17절에서 바울은 "누구든지 하나님

최병필 옮김(서울: 부흥과개혁사, 2019), 210.

67 Richard B. Hays, 『고린도전서: 현대성서주석』(First Corinthians), 유승원 옮김(서울: 한국장로교출판사, 2006), 114.

68 당시 쿰란 공동체도 자신의 공동체를 성전이라고 규정하고 엄격한 규율에 따른 성결된 삶을 살았다. 이들은 구별되고 엄격한 삶이 이스라엘 땅을 속죄할 수 있다고 믿었다. 쿰란 공동체가 자신들의 거룩한 삶을 통해서 자신들의 공동체가 하나님의 성전을 이루고 있다고 생각한 반면 바울은 행위 때문이 아니라 성령께서 공동체에 임하시기 때문에 성전이라고 불렀다. Richard B. Hays, Ibid., 115.

69 현경식, "바울의 '오이코도메(oikodomē)'의 윤리," 377.

의 성전을 더럽히면 하나님이 그 사람을 멸하시리라 하나님의 성전은 거룩하니 너희도 그러하니라"라는 말로 건축자의 비유를 마무리한다.

바울은 주님의 몸된 교회를 세우는 것을 강조하지만 이 땅에서 완전한 '세움'이 이루어질 것이라고 생각하지 않았다. 온전한 세움(oikodomē)은 묵시적이고 종말론적이다.[70] 이 말은 완전한 세움을 소망하면서 현재를 종말론적인 관점에서 살아간다는 뜻이다. 바울은 이렇게 말한다. "만일 땅에 있는 우리의 장막 집이 무너지면 하나님께서 지으신 집(oikodomē ek theou) 곧 손으로 지은 것이 아니요 하늘에 있는 영원한 집이 우리에게 있는 줄 아느니라"(고후 5:1). 완벽한 공동체, 영원한 집은 우리의 장막 집이 무너지면(우리가 죽으면) 다다르게 된다. 그런데 이 소망이 너무나 확실하기 때문에 우리는 마치 지금 영원한 집에 살고 있는 것처럼 생활하고 행동할 수 있다. 이것이 묵시적이고 종말론적인 삶이다.

바울은 그리스도의 몸인 공동체를 지키는 데에 힘을 쏟았다. 고린도 교회에는 음행을 하는 사람들이 있었는데 이것을 매우 심각한 문제로 여겼다. 음행이 공동체를 파괴하기 때문이다. 바울은 이런 행위를 하는 자를 육(sarks)으로 규정하고 공동체에서 추방할 것을 명령했다(고전 5:2, 13). 공동체의 영(pneuma)을 파괴하는 육(sarks)을 없애고 공동체를 지키는 것이 바울에게는 급선무였을 것이다(고전 5:5).[71]

고린도 교회는 우상에게 바쳤던 고기를 먹는 문제로 교회가 어려움을 겪자 바울에게 질문하는 편지를 보냈다. 우상에게 바쳤던 고기는 아무것도 아니라는 '강한 자들'과 우상에 바쳤던 고기를 먹는 것에 대

---

70 *Ibid.*, 373.
71 *Ibid.*, 378.

해서 양심의 가책이 있는 '약한 자들' 사이에 의견의 차이가 있었다. 바울은 이 문제가 교회의 하나됨을 해칠 수 있는 또 다른 중요한 문제로 여기고 고린도전서 8-10장에서 많은 지면을 할애하여 권면한다.

바울은 비록 신학적인 면에서는 '강한 자들'과 의견을 같이하지만 '약한 자들'이 실족한다면 자신이 가지고 있는 행동의 자유마저 내려놓겠다고 했다. "모든 것이 가하나 모든 것이 유익한 것은 아니요 모든 것이 가하나 모든 것이 '덕을 세우는 것'은 아니니"(고전 10:23). 우리말로 번역된 '덕'이라는 말은 헬라어로 *oikodomē*로서 문자적으로는 '집을 세우는 것'을 뜻한다. 바울은 이것을 공동체를 세운다는 의미로 사용한다. 자신은 우상에게 바쳤던 고기를 먹을 수 있지만 이로 인해 약한 형제가 실족을 당한다면 먹지 않겠다고 한 것이다. 즉 공동체를 세우는 것이 우선이라고 여긴 것이다. 예배시에도 마찬가지다. 예배의 요소들이 영적인 것들이고 거룩한 것이라 할지라도 이조차도 공동체를 세우는 것이 아니면 절제를 해야 한다. "그런즉 형제들아 어찌할까 너희가 모일 때에 각각 찬송시도 있으며 가르치는 말씀도 있으며 계시도 있으며 방언도 있으며 통역함도 있나니 모든 것을 덕을 세우기 위하여 하라"(고전 14:26; 롬 15:2 참조).

세움의 영성은 자신의 유익보다는 남의 유익을 먼저 구하는 것이다 (고전 10:23-24; 10:33; 12:7). 바울은 '서로'(*allelon*)라는 단어를 많이 사용한다. 서로 우애하고, 서로 존경하고, 서로 마음을 같이하고, 서로 덕을 세우고, 서로 돌보고, 서로 지체가 되고, 서로 돕고, 서로 종 노릇하고, 서로 화답하고, 서로 사랑하고, 서로 위로하고 등의 권면을 한다. '서로'는 일방적인 것이 아니고 쌍방적이고 상호적인 것이다. 바로 이런 '서로'(*allelon*)의 윤리가 공동체를 세우는 삶의 방식이다. '서로'를 생각하면서 남의 유익을 먼저 구하고 공동체를 먼저 생각하는 것이 공동체를 세우는 방식이 된다.

그리스도의 몸으로서 공동체를 이루고 살아가는 사람들은 새로운 법에 따라 살아간다. 그것을 바울은 '그리스도의 법'(갈 6:2) 또는 '성령의 법'(롬 8:2)이라고 말한다. 그리스도의 몸이라는 새로운 공동체 안에서 새롭게 창조된 사람들은 이렇게 새로운 기준에 따라서 살아가야 하는 것이다(갈 6:15). 바울이 말하는 '그리스도의 법', '성령의 법'은 한 마디로 말하면 사랑이다(롬 12:9-21; 13:8-14; 고전 13:1-13). 그리스도의 몸된 교회는 이 사랑을 이루기 위해서 존재한다. 바울은 모든 것을 완성하는 것은 사랑이라고 강조한다(롬 13:10; 고전 13:8, 13; 갈 5:6, 13).[72]

6. 사도 바울의 영성 요약

지금까지 사도 바울의 영성을 주석적이며 성서신학적인 방법으로 살펴보았다. 이렇게 고찰한 바에 따르면 바울의 영성을 크게 다섯 가지로 구분할 수 있다. 1) 만남의 영성, 2) 소망의 영성, 3) 거함의 영성, 4) 닮음의 영성, 5) 세움의 영성.

만남의 영성은 바울이 다메섹에서 부활하신 주님을 만남으로 생겨난 영성이다. 이 만남을 통해서 바울은 예수가 누구인지에 대해서 정확하게 알았다. 전에 유대교에 열심이었을 때는 신명기 21장 23절의 말

---

72 현경식, "공동체의 구원을 위하여: 바울의 몸 사상을 중심으로,"「신약논단」9, no.1 (2002 봄): 192.

씀을 따라 나무에 달린 자는 저주 받은 자라고 생각했는데 부활하신 주님과 만남을 통해 예수의 바로 그 저주 받음이 다름 아닌 우리를 위한 것임을 깨달았다. 이를 통해서 십자가의 진정한 의미도 알게 되었다. 십자가를 통해서 과거의 옛 사람은 죽고, 그리스도와 함께 다시 산 경험을 한 것이다. 바울은 예수와 십자가의 의미가 죄인들을 향한 진정한 복음임을 깨달았다. 그뿐만 아니라 하나님의 저주 가운데 있던 죄인들이 어떻게 하나님과 화목하게 되었는지도 완전히 이해하게 되었다. 이 모든 일은 복음적 사건이었다. 바울은 부활하신 예수와 만나고 복음의 진리를 깨달았다. 그러기에 만남의 영성은 십자가와 복음에 대한 바른 이해의 영성이다.

소망의 영성은 종말론적 영성으로도 표현할 수 있다. 바울은 예수의 십자가와 부활을 통하여 마지막 날이 이미 여기에 와 있다는 것을 인식했다. 'Already but not yet'의 종말론적인 패러다임 속에서 오늘을 살고 있다는 것을 알게 되었다. 즉 현재의 구원과 미래의 온전한 구원 사이에서 소망을 가지고 종말론적인 삶을 사는 것이 신자의 삶의 여정임을 확신했다. 신자들이 현재의 삶이 새 시대요 새로운 언약의 시간임을 자각하고, 성령이 보증해주고 인쳐준 그 소망을 가지고 오늘을 살아가는 것이 바울이 말하는 소망의 영성이다.

거함의 영성은 '그리스도 안에'(*en Christō*) 있는 영성을 뜻한다. 그리스도 안에 있다는 것은 그리스도와 연합하고 교제하고 연결된 상태를 가리킨다. 그리고 신자들은 자신들의 인생을 주관하고 다스리는 통치권의 변화가 생겼음을 인식하고 산다. 전에는 죄와 사망의 법이 사람들을 통치했다면, 그리스도 안에 있는 사람은 그리스도 예수 안에 있는 생명의 성령의 법이 통치한다. 그래서 '그리스도 안에' 있는 삶은

'성령 안에' 있는 삶을 말하기도 한다. 성령 안에서 그리스도와 연합을 통해 삶의 전 영역이 변하고 그리스도의 성품을 닮게 된다.

닮음의 영성은 '하나님의 형상'(*eikōn theou, imago dei*)을 닮는 것이다. 보이지 않는 하나님의 형상을 보이게 드러내주신 분이 성육신하신 그리스도다. 그러므로 그리스도의 형상을 닮으면 하나님의 형상을 닮게 된다. 바울은 그리스도인들의 삶의 최종 목표가 그리스도를 닮는 것이라고 강조한다. 신자들이 하나님의 형상을 회복하기 위해서는 그리스도 안에서 그리스도와 연합해야 한다. 바울이 말하는 닮음의 영성은 미래에 온전히 완성될 하나님의 형상을 바라보며 하루하루 하나님의 형상을 닮은 자로 살아가는 것이다.

세움의 영성은 '그리스도의 몸'(*soma Christou*)의 영성으로 설명될 수 있다. 그레코-로만 세계에서 사용한 몸 메타포와는 다르게 바울은 그리스도의 몸이라는 메타포를 통해서 교회 공동체의 다양성 속의 하나됨, 유기체적 관계성, 지체의 독특성, 지체 간의 상호 존중성을 강조한다. 세움의 영성은 자신의 유익보다는 남의 유익을 먼저 구하는 것이다. 그리스도의 몸이라는 새로운 공동체는 사랑을 이루기 위해서 존재한다. 바울은 모든 것을 완성하는 것은 사랑이라고 강조한다.

IV. 사도 바울 영성의 적용

1. 영성이 갈급한 시대

과학과 기술문명이 발달하면 사람들이 육체적으로 편리해짐에 따라 영적인 면에 관심을 갖지 않거나 영적으로 나태해질 것이라고 일반적으로 생각한다. 표면적으로는 그렇게 생각할 수 있다. 그러나 기술 문명이 그들을 행복하게만 하지는 않는다. 더 중요한 부분들을 잃어버리기도 한다. 인간의 내면을 깊이 들여다보면 오히려 영적인 갈망이 더 심화될 것이다.

톰 라이트(Tom Wright)라는 신약학자는 이런 현상을 '숨겨진 샘'이라는 비유로 설명한다.73 어떤 독재자가 있었는데 마을에서 솟아나는 샘을 모두 콘크리트로 덮었다. 물이 생수이기는 하나 때로는 범람하기도 하고 오염이 되기도 하니 콘크리트로 덮어버리고 수도관을 통하여 물을 공급하겠다는 생각이었다. 독재자의 결정대로 물이 솟아날 수 있는 모든 샘을 아주 두꺼운 콘크리트로 덮었다. 이제는 물이 범람하거나 오염되는 일도 없었다. 독재자는 사람에게 좋은 성분을 물에 첨가하여 수도관을 통해 각 가정에 공급했다. 물 때문에 발생한 잡음이 다 사라졌다. 시민들은 이 편리한 혜택을 누리면서 독재자를 칭송했다. 시간이 흐르면서 물맛이 이상하기도 하고 때로는 자연에서 흘러나오는 생수를 그리워하기도 했다. 그러나 편리함에 익숙해진 시민들은 불평 없이 수도관에서 흐르는 물을 마시면서 자족했다. 만사가 형통한 것처럼 보였다.

많은 세월이 흘렀다. 그러던 어느 날 갑자기 콘크리트로 덮였던 샘물이 더 이상은 견딜 수 없다는 듯이 화산처럼 폭발해버렸다. 도로가 파괴되고 온 도시가 혼란에 빠졌다. 수도관을 관리하던 사람들은 당혹스러웠다. 새로운 상황이 벌어진 것이다.

---

73 N. T. Wright, 『톰 라이트와 함께하는 기독교 여행』(Simply Christian), 김재영 옮김 (서울: IVP, 2007), 37-42.

톰 라이트는 이 비유를 통해 언젠가는 폭발하고야 말 영성에 대해서 말하고 있다. 이 비유에서 독재자는 서구의 편의주의 철학이고, 마을의 사람들은 서구의 편의주의와 물질주의를 추앙하는 서구의 시민들이며, 물은 영성, 즉 인간의 마음과 사회에 줄기차게 흐르는 숨겨진 샘이라는 것이다.

이 비유의 요점은 사람들이 아무리 편의주의와 물질주의에 편승해 영적인 일에 관심 없이 사는 것 같아도 그들의 내면에는 영성에 대한 강한 갈급함이 있다는 것이다. 과학과 문명의 발달로 인간의 삶은 편리해지고 풍요로워진 것 같아도 그 밑바닥에는 영성의 샘이 줄기차게 흐르고 있다는 것이다.

그러기에 오늘날과 같은 4차 산업혁명 시대에 교회와 신학대학이 할 일은 여전히 많고 중요하다. 위기의 시대가 왔다고 좌절하고 포기하지 말고 오히려 생각을 바꾸어보면 감당해야 할 책임과 사명이 많이 있다는 것을 알 수 있다.

2. 바울 영성의 적용

필자는 이 글의 대부분을 바울의 영성을 관찰하는 데 할애했다. 지금까지 고찰한 바울의 영성을 어떻게 현장에 적용할 것인가는 또 다른 큰 과제다. 이 과제는 어느 한 사람의 역량으로 해결할 수 없다. 여러 사람의 협업이 필수적이다. 이 글에서는 필자가 관찰한 바울의 영성을 필자가 몸담고 있는 학교 현장에 한정하여 적용하겠다.

1) 만남의 영성

만남의 영성을 위해서 학생들이 예수 그리스도를 인격적으로 만날 수 있는 기회를 많이 만들어주어야 한다. 영성 수련회, 영성 세미나, 영성 소그룹 모임, 봉사활동 등을 통해서 학생들이 예수님과 인격적으로 만나고 성령 체험을 할 수 있도록 학교 교과 과정이나 학교 정책을 만들어야 한다.

그뿐만 아니라 말씀을 통해서 하나님을 아는 지식을 더하게 해야 한다. 왜냐하면 말씀 속에서 계시된 하나님을 만날 수 있기 때문이다. 성경은 하나님의 계시를 드러내주는 책이다. 성경이 아니고서는 하나님을 아는 지식을 습득할 수 없다. 성경을 바르게 해석하고 전달하며 실천하는 것은 영성 형성에서 가장 근본적인 것이다. 바울처럼 옛 사람은 십자가에 못 박히고 새 사람으로 거듭나는 역사가 일어날 것이다.

학생들은 자신들이 그리스도를 만나야 할 뿐만 아니라 다른 사람들에게 그리스도를 전해야 한다. 바울이 회심하면서 이방인을 위한 소명을 받았듯이 학생들도 그리스도를 인격적으로 만나면 하나님께서 확실하게 각자에게 주신 소명을 발견할 수 있다. 전도, 선교, 양육, 섬김, 봉사 등의 사명이 주어진다는 것을 깨닫게 된다. 무엇보다 자신이 있는 곳이 하나님의 부르심의 현장인 것을 알게 된다.

만남의 영성을 위해서는 현장 중심 교육(Experimental Learning)이 중요하다. 만남의 역사는 현장에서 일어나기 때문이다. 바울이 예수님을 만난 곳은 교실이나 책상이 아니다. 다메섹 도상이다. 지금까지 전통적인 교육을 보면 교실 중심의 교육이 이루어졌다. 이렇게 해서는 진정으로 능력 있는 일꾼을 길러낼 수 없다.

지금 현장은 아주 빠르게 변화하고 있다. 현장을 통해 배우지 않으면 조금 전에 배운 것도 쓸모없게 된다. 쓸모 있는 교육을 하기 위해서는 현장에서 학습이 이루어져야 한다. 시대가 필요로 하는 일꾼은 현장에서 길러진다. 현장에서 부딪힘을 통해서 새로운 만남의 역사가 시작된다.

2) 소망의 영성

바울이 지녔던 소망의 영성을 확고히 하기 위해서는 종말론적인 신학 또는 희망의 신학을 고취해야 한다. 새 시대 새 언약의 백성임을 알아야 한다. 그리스도와 합하여 세례를 받음으로 새로운 피조물로 창조되었음을 인식해야 한다. 이전에 품었던 가치관이나 세계관을 믿음의 관점에서 재정립해야 한다. 이를 위해 학교가 할 수 있는 일은 기독교 신앙 고전들을 많이 읽게 하여 학생들에게 기독교적 세계관과 역사관을 심어주는 것이다. 'Already but not yet'의 종말론적인 패러다임을 정확하게 인식하고 오늘을 믿음 가운데 살아갈 수 있는 능력을 길러주어야 한다. 과거나 현재가 우리 삶을 지배하는 것이 아니고 미래의 소망이 우리 삶을 이끌어갈 수 있는 종말론적 믿음을 소유하게 해야 한다. 현재의 고난이 미래의 완성을 위한 하나님의 개입이라는 걸 알 수 있게 해야 한다.

3) 거함의 영성

바울이 아주 중요하게 여겼던 거함의 영성, 즉 그리스도 안에 있는 영성을 계발하기 위해서는 묵상훈련이나 기도훈련 등을 강화해야 한다. 그리고 나의 주재권(Lordship)이 주님에게 있음을 알고 그분 안에 머무는 훈련을 많이 해야 한다. 영성훈련센터를 통하여 구체적인 영성 프로그램 운영이나 영적 지도(spiritual direction)를 해주면 좋을 것이다.

금식기도, 철야기도, 새벽기도, 산기도, 통성기도, 방언기도, 합심기도, 중보기도 등 한국적 기도의 유산도 잘 간직해야 한다. 그와 더불어 기독교 전통의 중요한 유산 중의 하나인 말씀을 숙고하면서 기도하는 렉시오 디비나(*lectio divina*: 거룩한 독서) 같은 것을 잘 활용하면 좋겠다. 교회의 역사 속에서 진지한 영성을 추구했던 사람들은 '거룩한 독서'를 중시했다. 이런 거룩한 독서의 습관을 들인다면 기도 생활이 더 풍성해질 것이다. 학교 당국은 이 방법에 대해 학문적으로 검토하고, 오늘의 이민 사회와 교회에 맞게 잘 적용해야 한다. 또한 침묵과 고독의 훈련도 거함의 영성에서 중요하다.

4) 닮음의 영성

닮음의 영성을 위해서 제자도에 대해 많이 가르쳐야 한다. 개신교회는 칭의의 교리에 대해서 많이 강조하는 데 비해 상대적으로 성화의 교리와 삶에 대한 언급이 적다. 세상에 순응하지 않을 수 있는 용기와 단순한 삶, 균형 잡힌 삶, 성숙한 삶으로 나아갈 수 있도록 인도해야 한다. 매일의 삶 가운데 하나님의 형상이 드러나도록 해야 한다. 하나님의 성품이 드러날 때 영광이 나타난다. 신학교가 해야 할 일은 교회 현장에서 제자 훈련을 잘할 수 있는 제자 훈련 교과 과정과 교재 그리고 워크북 등을 만드는 것이다. 이것들을 가지고 먼저 신학생들을 훈련하고 현장에서 활용할 수 있도록 해야 한다.

닮음의 영성을 모방할 수 있는 보고는 기독교 전통 속에 있다. 기독교 역사 수천 년 동안 쌓인 유산은 매우 귀중한 보물 창고다. 초기 기독교 교부들은 성경적 진리를 고수하고자 치열한 싸움을 벌였다. 특별히 기독론에 대한 논쟁을 치열하게 벌였다. 또한 초대 교회는 공동체적인 삶을 구현해나갔다. 모든 신자가 한마음으로 그리스도의 몸을 이뤘다.

중세기는 기독교 역사에서 암흑기였지만 이에 저항한 운동이 일어나기도 했다. 교회의 세속화에 반대해서 수도원 운동이 일어난 것은 중세시대의 특징 중 하나다. 수도원 운동으로 기독교 영성의 특별한 형태를 형성하게 되었다. 수도원에서 기도와 성경 중심의 독서, 내면적인 명상과 사색, 규칙적인 삶, 학문의 연구가 이루어졌다. 수도원 영성운동이 신비주의나 금욕주의 같은 건강하지 못한 운동으로 빠지기도 했으나 공동체적 영성을 추구하고 세속에 대항하여 단순성을 추구하는 긍정적인 면도 많았다. 이런 부분들은 현대를 살아가는 우리에게 영성의 귀한 유산이기도 하다. 수도원의 공동체 영성이나 단순함의 영성 등은 오늘날에도 좋은 영향을 주고 유사한 공동체들을 통하여 계승되며 좋은 열매들을 맺고 있다. 이렇게 기독교 역사 속에 존재했던 기독교의 전통과 영성의 대가들을 통해 영적인 삶에 대해서 배우는 것은 닮음의 영성에 매우 큰 도움이 된다.

닮음의 영성을 실현하기 위해서 교수의 역할이 중요하다. 학생들은 교수들을 닮기 때문이다. 교수는 확실한 성경 지식이 있고, 존경받는 기도 생활을 해야 하며, 열심에 모범을 보이고, 투명한 삶을 살아야 한다. 무엇보다 학생들을 존중해주는 사람이어야 한다. 자기 분야에 탁월한 전문가여야 하고 그 분야에서 학생들을 바른 길로 인도할 수 있는 사람이어야 한다. 기독교적 지성을 바탕으로 삶의 다양한 문제에 대해 답을 줄 수 있어야 한다.

5) 세움의 영성

세움의 영성을 위해서는 공동체의 소중함을 알아야 한다. 바울이 사용한 그리스도의 몸(소마 크리스투)의 메타포를 온전히 이해해야 한다. 그리스도의 몸은 유기적이고 상호 존중적이며, 다양성과 독특성이 있다. 그리스도의 몸에서 떨어져나가면 더 이상 그리스도의 몸이 아니다. 바울은 그의 편지에서 우리가 그리스도 안에서 한 몸이라는 것을 매우 중요시한다. 믿음 안에서 서로 격려하며 세워주기(*oikodomeō*)를 강조하고(롬 1:12; 14:19), 성령의 은사들은 그리스도의 몸을 세우기 위해 주어진다(고전 12:7; 고전 14:12; 엡 4:12)고 말한다. 그리스도인이 된다는 것은 그리스도 안에 있다는 것을 의미하며, 그리스도의 몸으로서 마땅히 성육신적인 삶을 살아야 한다는 것을 뜻한다.

바울이 덕을 세운다고 했을 때 '덕'은 헬라어로 *oikodomē*인데 이 말은 '집을 짓는다'(build)는 의미다. 따라서 바울이 말한 덕을 세운다는 것은 공동체를 세운다는 뜻이다. 공동체를 세우기 위해서 가장 좋은 방법은 소그룹을 활성화하는 것이다. 예수 공동체는 '그리스도의 법' 또는 '성령의 법'에 지배되는데 이 법들을 한 마디로 정의하면 사랑이다. 그리스도의 몸인 교회는 사랑으로 통치되는 공동체다. 이를 위해서 신학교가 할 수 있는 일은 다양하다. 먼저 소그룹 지도자들을 잘 훈련해야 한다. 신학 교육을 받은 사람들로서 목양의 마음을 지닌 사람들을 소그룹 지도자로 키워야 한다. 또한 소그룹 안에서 상담이나 코칭, 영적 지도를 잘 할 수 있도록 다양한 기술들도 가르쳐야 한다. 동시에 인문학에도 관심을 많이 갖게 해야 한다.

또한 공동체를 세우기 위해서는 문화적 민감성이 있어야 한다. 문화를 알지 못하고서는 사람을 제대로 알 수 없고 그들을 온전히 섬길 수 없다. 문화적 차이는 지역적인 차이나 전통의 차이에서 올 수도 있고 세대 간의 차이에서 올 수도 있다. 문화적 차이를 극복하기 위해서는 서로를 존중해주고 서로의 말을 경청해야 한다. 문화적 존중과 민감성이 없이는 하나님의 말씀을 오늘 이곳에 의미 있는 말씀으로 해석해서 선포할 수 없다. 따라서 영성이란 존중과 경청이며 아픔과 기쁨을 함께 누릴 수 있는 공감 능력이 된다. 이런 사랑에 근거할 때만 성경적 메시지가 다른 문화권에서 작동할 것이다.

팀 티칭(Team Teaching) 역시 학교 교육에서 세움의 영성을 실천할 수 있는 방식이 된다. 학생들이 학교에 다니는 동안 팀을 만들어준다. 이 팀 자체가 실습의 장이 되고 훈련의 장소가 될 수 있다. 팀으로 공부도 하고 토론도 한다. 팀으로 봉사도 하고 전도나 선교를 한다. 팀원들 간에 시너지 효과가 크게 나타날 수 있다. 소그룹으로 가정에서 만나 친교도 나눌 수 있다. 가정에서 기도 모임을 할 수도 있고, 독서 모임을 할 수도 있다. 팀 안에서 코칭이나 멘토링을 할 수도 있다. 졸업 후에 이 팀들이 교회를 개척할 수도 있다. 이민 교회를 시작하는 데 가장 큰 장애물은 예배당 건물이다. 대여비가 비싸서 감당할 수 없다. 처음에는 가정을 돌아가면서 모이는 방법도 있다. 온라인 학생의 경우는 지역별로 학생들이 모임을 가질 수 있다.

3. 디지털 시대와 영성 교육

감리교신학대학의 교수인 장성배는 미래를 진단하는 학자들의 말을 인용해 앞으로 교육은 초가속화(Hyper-Speed), 초지능화(Hyper-Intelligence), 초연결화(Hyper-Connectivity), 초감성화(Hyper-Emotion), 초융합화(Hyper-Fusion), 초고령화(Hyper-Aging) 시대가 될 것이라고 내다보았다.[74]

오늘날 디지털 시대에 하이테크 하이터치(High-Tech High-Touch, HTHT) 교육이라는 말이 교육 현장에서 많이 사용된다. 하이테크 교육이란 고도로 발전된 디지털 기술을 교육 현장에 적용하는 것이다. 하이터치 교육은 교수와 학생, 학생과 학생 사이에 더욱 친밀한 관계에서 수업을 진행하는 것이다. 감성과 영성이 강조되는 교육이다.

현재 대부분의 학교가 하이테크 교육을 강화하고 있다. 4차 산업혁명 시대의 상징이라고 할 수 있는 AI가 교육에 혁신적으로 활용되고 있다. 스마트 강의실에서 잘 디자인된 강의들을 만들어 학생 주도적 학습이나 맞춤 학습체제(adaptive learning system)를 도입하고 있다. 학생 개개인이 스스로 과목을 선정하고 자신의 수준과 속도에 맞게 맞춤 학습을 할 수 있는 시대가 되었다. Data Literacy(데이터를 분석하고 활용하는 역량), Technological Literacy(컴퓨터 역량), Human Literacy(인문학적 역량) 등을 강조하고 있다.

디지털 시대에 영성 교육을 강화하기 위해서는 하이터치 교육이 필요하다. 하이터치 교육이 되기 위해서는 무엇보다 학생과 교수, 학

---

74 장성배, "선교적 신학교를 위한 새로운 교수학습 방법 연구," 「신학과 세계」 99(2020년 12월호): 207.

생과 학생 사이에 사랑과 신뢰 관계가 형성되어야 한다. 이를 위해서 교육 환경을 함께 만들어가고, 교수가 진정으로 학생들의 성장을 위해서 헌신해야 한다. 학생들 역시 서로 간의 성장을 위해 진지한 노력을 기울여야 한다. 하이터치 교육이 되기 위해서는 교수가 전통적인 교육 방식에서 완전히 새로워지는 혁신적인 교육 방식으로 패러다임의 변화를 일으켜야 한다. 그래야만 진정한 하이터치 교육이 될 수 있다.

오늘날 신학교에서 더욱 필요한 교육이 학생 중심의 교육을 하는 것이다. 장성배는 학생 스스로 자신이 처한 상황을 이해하고, 현장의 눈과 경험으로 정보를 해석하며, 신학적 지식을 삶에 적용할 수 있도록 교수가 도와야 한다고 제안한다. 그러면서 신학교의 존재 이유는 교수가 아니라 학생이라고 말하면서 학생을 위한 섬김의 교육이 중요하다고 강조한다.[75] 이렇게 하는 것을 '세움 학습'이라고 부를 수 있다. 교수는 학생들에게 동기를 부여하고 학생 스스로 주도해서 공부할 수 있도록 이끌어주어야 한다. 학생들은 자신들이 처한 현장이 다르다. 하나님께서 학생들을 그 현장으로 부르셨다. 그렇다면 그 현장과 삶에 맞는 교육을 해야 한다. 자기주도 학습을 할 때 코칭 시스템을 활용하는 것도 좋을 것이다. 코치가 학생과 함께하면서 학생이 세운 목표에 스스로 다다르도록 도와줄 수 있다. 이 과정에서 코치의 역할은 학생의 말을 경청하고 좋은 질문을 해주는 것이다. 디지털 시대에 디지털 기술을 잘 활용하면 학생 중심의 교육을 실현하는 데 큰 유익을 얻을 수 있다.

---

75 *Ibid.*, 212.

V. 나가는 말

이 글에서는 우선적으로 영성과 영성 형성의 개념에 대해서 살펴보았다. 영성의 개념이 광범위하고 학자들마다 정의가 다르기 때문에 기독교 영성의 역사를 개괄하고, 성경이 말하는(주로 바울 서신) 영성과 영성 형성에 대해 소개한 후, 영성학자들과 신학자들이 말하는 영성의 정의를 살펴보았다. 이런 과정에서 필자는 몰트만의 정의가 가장 단순하면서도 성경적인 핵심을 잘 나타내준다고 생각하여 그의 의견을 채택했다.

> 문자적으로 영성은 하나님의 영 안에서의 삶이고 하나님의 영광의 살아 있는 관계이다. 엄격히 기독교적으로 말해서, 영성이란 바울이 말하는 '성령 안에서'(*en pneumati*)의 새로운 삶을 의미한다.[76]

이렇게 기독교적인 영성의 개념을 정의하고, 바울의 서신서들을 주석적으로 접근하여 사도 바울 영성의 핵심 다섯 가지를 제시했다. 만남의 영성(새 창조의 영성), 소망의 영성(종말론적인 영성), 거함의 영성(엔 크리스토의 영성), 닮음의 영성(이마고 데이의 영성), 세움의 영성(소마 크리스투의 영성) 등이 그것이다. 바울은 다메섹에서 부활하신 주님을 만나고 새로운 피조물로 거듭났다. 그리고 그곳에서 복음의 핵심인 십자가와 예수의 부활에 대한 깊은 의미를 깨달았다. 소망의 영성은

---

76 Jürgen Moltmann, *The Spirit of Life: A Universal Affirmation*(Minneapolis: Fortress Press, 1992), 83, 지인성, "현대 기독교 영성과 목회," 『영성목회 21세기』, 정원범 편(서울: 한들출판사, 2006), 66에서 재인용.

종말론적인 신앙을 가지고 오늘을 어떻게 살아갈지에 대한 답을 준다. 완성된 미래가 그리스도의 부활로 말미암아 현재 속에서도 작동하고 있다는 것을 믿으면서 살아가는 것이다. 거함의 영성을 통해 '그리스도와의 연합'을 경험하고, 성령 안에서 신자의 삶의 전 영역이 변화한다. 닮음의 영성을 통해서는 그리스도인들의 삶의 최종 목표가 그리스도를 닮은 것임을 말해준다. 미래의 완전히 완성될 하나님의 형상을 인식하면서 하루하루 하나님의 형상을 드러내며 살아가는 것이다. 세움의 영성을 통해 하나님의 백성인 교회 공동체가 나갈 길을 제시한다. 바울이 교회 공동체를 완벽하게 설명하고 있는 그림이 '그리스도의 몸'(소마 크리스투) 메타포다. 교회 공동체는 자신의 유익보다 남의 유익을 먼저 구한다. 바울은 모든 것을 완성하는 것은 사랑이라고 강조한다.

바울의 영성을 적용하기 위해서 필자가 몸담고 있는 신학 교육에 한정해서 살펴보았다. 바울이 제시한 다섯 가지 영성 분야를 신학 교육에서 어떻게 실천할 수 있는지 나름대로 제시했다. 마지막으로는 디지털 시대의 영성 교육에 대해서 간단하게 고찰하고 글을 마무리했다.

기독교 영성은 삶과 분리될 수 없다. 개신교 전통에서 '영성'은 신앙과 일상이 완전히 통합되는 것이다. 바울과 루터, 칼뱅 등의 사상을 볼 때 그들에게 신앙과 일상이 분리된 적은 결코 없다. 그들은 세상에서 탈출하는 것이 아니라 세상에 있으면서 하나님의 생명을 구현한 사람들이다. 종교개혁가들은 신앙과 일상을 하나로 보았을 뿐만 아니라 모든 신자가 성직을 가지고 있다고 말했다. 모든 평신도가 제사장이며 하나님의 백성이라는 관점을 회복시켰다. 또한 영성의 초점을 수도원에서 가정으로 옮겼다. 루터가 가톨릭교회 신부이면서도 나중에 결혼을 한 이유 중 하나가 바로 가정생활에서 이루어지는 신앙의 중요성을 깨달았기 때문이다. 장 칼뱅이 지적했듯이, 하나님을 안다는 것은 하나님에 의해 변화되는 것을 의미한다. 재세례파들의 열정적이고 헌신적이며 구별된 삶이 왜 기독교 역사의 변두리에 머물러 있어야 했는가? 세상으로 도피하여 분파를 형성하고, 소위 사회학자들이 말하는 '기독교를 사유화'했기 때문이다. 기독인은 세상에서 도피하는 사람들이 아니라 세상 속에서 하나님의 말씀에 응답하는 사람들이다. 이 땅에서 기독인의 책임을 다하는 것이다. 이것이 바로 바울 영성의 핵심이라고 말할 수 있지 않겠는가?

참고문헌

김수천. "시편에 나타난 삶의 세 주기(Oriented, Disoriented, Reoriented)의 영성 고찰."「한국기독교신학논총」103(2017): 257-282.

김서준. "바울서신의 '속죄'와 '화해' 용어에 대한 비판적 고찰: ιλαστηριον과 κατ αλλαγη의 해석의 문제를 중심으로."「성경원문연구」47(2020): 98-130.

김성민. "융의 심리학과 영성."『영성목회 21세기』. 정원범 편. 서울: 한들출판사, 2006.

김세윤.『고린도전서 강해』. 개정판. 서울: 두란노아카데미, 2008.

_____.『바울신학과 새 관점』. 서울: 두란노, 2002.

김재성. "제국적 지배 이데올로기와 바울의 '그리스도의 몸'으로서의 공동체 해석." 「신학사상」108(2000 봄): 103-119.

김정우. "성경의 영성과 성경적 영성."「헤르메니아 투데이」32(2005): 72-84.

_____. "성경의 영성과 성경적 영성."「신학지남」72(2005 가을): 18-19.

김준. "성경적 영성: 산드라 슈나이더스(Sandra M. Schnieders)의 연구를 중심으로."「한국기독교신학논총」106(2017. 10.): 231-255.

김철홍, "바울이 아라비아로 간 까닭은?: 갈 1:17에 나타난 바울의 선지자적 자의식." 「신약논단」17, no.1(2009 봄): 173-198.

김태훈. "바울은 다메섹에서 예수를 어떻게 인식했는가? - 고린도후서 4:4-6을 중심으로."「신약논단」21, no.1(2014 봄): 199-232.

남기정. "영성, 영성학, 영성신학: 영성의 정의, 윤곽, 접근법에 대한 역사적 고찰." 「신학과 세계」99(2020. 12.): 321-361.

문석호. "현대 기독교와 영성."「신학지남」280(2004. 9.): 167-213.

박익수.『누가 과연 그리스도의 참 사도인가』. 서울: 대한기독교서회, 1999.

배재욱. "바울의 갱신 사상과 1907년 평양 대부흥운동 - 고린도후서 5:11-21절의 '새로운 피조물'을 중심으로." 한국신학정보원.「성서학 학술세미나」(2007. 5.): 329-347.

성종현. "엔 크리스토: 바울의 윤리." 「기독교사상」 34(1990): 232-239.

심상법. 『바울의 영성: 떨림(십자가), 울림(윤리), 어울림(공동체)』. 서울: 생명의말
　　쏨사, 2006.

유승원. "그레코-로마 세계의 몸 메타포와 바울의 교회 공동체 개념." 「신약논단」
　　7(2000): 149-166.

유해룡. "영성학의 연구방법론 소고," 「장신논단」 15(1999): 428-450.

윤주현. "영성의 바탕으로서의 신학적 인간학," 「신학전망」 187(2014. 12.): 244-
　　270.

이강학. "기독교 영성학 방법론과 그 적용: 샌드라 슈나이더스(Sandra M. Schneiders)
　　와 Graduate Theological Union의 기독교 영성 박사과정의 경우." 「한국
　　기독교신학논총」 102(2016): 221-245.

이상목. "바울의 성령 이해와 그리스도의 몸이 지닌 공동체적 의미: 대안 사회로서의
　　고린도 교회." 「신약논단」 23, no.2(2016 여름): 441-476.

이승현. "바울과 그리스도, 그리고 신비주의 영성신학." 「영산신학 저널」 48(2019):
　　7-44.

이한수. 『언약신학에서 본 복음과 율법』. 서울: 생명의말씀사, 2003.

임창복. "성경에 근거한 기독교 영성의 특성에 관한 연구." 「장신논단」 23(2005.
　　6.): 425-460.

장성배. "선교적 신학교를 위한 새로운 교수학습 방법 연구." 「신학과 세계」 99(2020.
　　12.): 203-249.

전경연. 『원시기독교와 바울』. 서울: 대한기독교서회, 1982.

조갑진. "바울의 다메섹 사건에 관한 연구." 「신약논단」 22, no.1(2015 봄):
　　133-178.

조영모. "바울이 말하는 새 창조와 성령, 그리고 그 신학적 함의." 「오순절 신학논단」
　　9(2011): 11-38.

최승기. "영성학 방법론 탐구: 산드라 슈나이더스(Sandra M. Schneiders)를 중심으
　　로." 「신학논단」 77(2014): 297-327.

현경식. "공동체의 구원을 위하여: 바울의 몸 사상을 중심으로." 「신약논단」 9, no.1

(2002 봄): 183-206.

현경식. "바울의 '오이코도메(*oikodome*)'의 윤리." 「신약논단」 10, no. 2(2003 여름): 367-389.

홍순원. "바울의 몸 개념의 사회 윤리적 지평." 「한국기독교신학논총」 104(2017): 83-104.

홍인규. "사도 바울과 영성." 「신약논단」 14(2007): 455-489.

Barrett, C. K. *Commentary on the Second Epistle to the Corinthians*. Black's New Testament Commentaries. London: A. & C. Black, 1973.

_____. 『고린도전서』(*First Epistle to the Corinthians*). 국제성서주석 35. 서울: 한국신학연구소, 1985.

_____. 『고린도후서』(*Commentary on the Second Epistle to the Corinthians*). 한국신학연구소 옮김. 서울: 한국신학연구소, 1991.

_____. *Paul: An Introduction to His Thought*. Louisville: Westminster/John Knox Press, 1994.

Beker, J. Christian. *Heirs of Paul: Paul's in the New Testament and in the Church Today*. Minneapolis: Fortress Press, 1991.

_____. 『사도 바울: 바울의 생애와 사상에서의 하나님의 승리』(*Paul the Apostle: The Triumph of God in Life and Thought*). 장상 옮김. 서울: 한국신학연구소, 1991.

Bruce, F. F. *1 and 2 Corinthians*. New Century Bible. London: Oliphants, 1971.

_____. *Paul: Apostle of the Heart Set Free*. Grand Rapids: W. B. Eerdmans, 1977.

Brueggemann, W. *The Bible Makes Sense*. Atlanta: John Knox, 1985.

Bultmann, R. *Theologie des Neuen Testaments*. Tübingen: Mohr Verlag, 1948-1952.

Douglas, Mary. *Rules and Meanings*. Harmondsworth: Penguin Education, 1973.

Engberg-Pedersen ed. *Paul in His Hellenistic Context*. Minneapolis: Fortress, 1995.

Fee, D. 『고린도전서』(*The First Epistle to the Corinthians*). 개정판. 서울: 부흥과개혁사, 2014.

Furnish, V. P. *II Corinthians*. New York: Doubleday, 1984.

Garcilazo, Albert V. *The Corinthian Dissenters and the Stoics*. New York: Peter Lang, 2007.

Harris, Murray J. *The Second Epistle to the Corinthians: A Commentary on the Greek Text*. New International Greek Testament Commentary. Grand Rapids: W. B. Eerdmans, 2005.

Hays, Richard B. *Echoes of Scripture in the Letters of Paul*. New Haven & London: Yale University Press, 1989.

Hengel, Martin, and Anna M. Schwemer. *Paul Between Damascus and Antioch*. Louisville: Westminster John Knox Press, 1997.

Hoekema, Anthony. *Created in God's Image*. Grand Rapids: W. B. Eerdmans, 1986.

_____. 『개혁주의 인간론』(*Created in God's Image*). 류호준 옮김. 서울: 기독교문서선교회, 1990.

Kim, Seyoon. *The Origin of Paul's Gospel*. Grand Rapids: W. B. Eerdmans, 1982.

_____. 『바울 복음의 기원』(*The Origin of Paul's Gospel*). 홍성희 옮김. 서울: 도서출판 엠마오, 1994.

_____. *Paul and the New Perspective: Second Thoughts on the Origin of Paul's Gospel*. Grand Rapids: W. B. Eerdmans, 2002.

Leech, Kenneth. *Soul Friend*. London: Sheldon Press, 1977

Longenecker, Richard N. *The Road from Damascus: The Impact of Paul's Conversion on His Life, Thought, and Ministry*. Grand Rapids: W. B. Eerdmans, 1997.

Lohse, Eduard. *Colossians and Philemon: A Commentary on the Epistle to the Colossians and to Philemon.* Philadelphia: Fortress Press, 1971.

Louth, Andrew. 『서양 신비사상의 기원』(*The Origins of Christian Mystical Tradition from Plato to Denys*). 배성옥 옮김. 왜관: 분도출판사, 2002.

Manson, T. W. *On Paul and John.* SNTS 38. London: Cambridge Library Press, 1967.

MacMullen, Ramsay. *Roman Social Relations 50 B.C. to A.D. 284.* New Haven: Yale University, 1974.

Martin, Dale B. *The Corinthian Body.* New Haven and London: Yale University Press, 1995.

Martin, Ralph P. *2 Corinthians.* Word Biblical Commentary 40. Waco, Tex.: Word Books, 1986.

_____. 『고린도후서』(*2 Corinthians*). 김철 옮김. 서울: 솔로몬, 2007.

McGinn, Bernard. "The Letter and the Spirit: Spirituality as an Academic Discipline." In *Minding the Spirit: the Study of Christian Spirituality.* edited by Elizabeth A. Dreyer and Mark S. Burrows, 25-29. Baltimore, Maryland: The Johns Hopkins University Press, 2005.

Moltmann, Jürgen. *The Spirit of Life: A Universal Affirmation.* Minneapolis: Fortress Press, 1992.

_____. 『희망의 신학: 그리스도교적 종말론의 근거와 의미에 대한 연구』(*Theologie der Hoffnung*). 이신건 옮김. 서울: 대한기독교서회, 2017.

Paige, Terence. "*Stoicism, eleutheria,* and Community at Corinth." In *Christianity at Corinth: The Quest for the Pauline Church.* edited by E. Adams, D. G. Horrell, 208-18. Louisville: Westminster John Knox Press, 2004.

Plummer, Alfred. *A Critical and Exegetical Commentary on the Second Epistle of St. Paul to the Corinthians.* The International Critical Commentary 34; Edinburgh: T. & T. Clark, 1915.

Polhill, John B. *Paul & His Letters*. Nashville: Broadman & Holman Publishers, 1999.

Ridderbos, Herman. *Paul: An Outline of His Theology*. Grand Rapids: W. B. Eerdmans Publishing, 1975.

Schneiders, S. "Biblical Foundations of Spirituality." In *Scripture as the Soul of Theology*. edited by Edward J. Mahoney. Collegeville: Liturgical Press, 2005.

Schneiders, Sandra M. "Theology and Spirituality: Strangers, Rivals, or Partners?." *Horizon* 13, no. 2(1986): 253-274.

Schreiner, Thomas R. "'Works of Law' in Paul." *Novum Testamentum* 33(1991): 217-244.

Sheldrake, Philip. *Spirituality and History*. Revised edition. Maryknoll, New York: Orbis, 1995.

Thielman, Frank. *From Plight to Solution: A Jewish Framework for Understanding Paul's View of the Law in Galatians and Romans*. Novum Testamentum Supplement Series 61. Leiden: Brill, 1989.

_____. *Paul & the Law: A Contextual Approach*. Downers Grove: IVP, 1994.

Volf, Judith M. Gundry. *Paul & Perseverance: Staying In and Falling Away*. Louisville: Westminster/John Knox Press, 1990.

Williams, Rowan. *The Wound of Knowledge: Christian Spirituality from the New Testament to St. John of the Cross*. London: Longman & Todd, 1979.

Witherington, Ben III. *Paul's Narrative Thought World: The Tapestry of Tragedy and Triumph*. Louisville: Westminster/John Knox Press, 1994.

Wright, N. T. *The Climax of the Covenant: Christ and the Law in Pauline Theology*. Minneapolis: Fortress Press, 1992.

Wright, N. T. 『톰 라이트와 함께하는 기독교 여행』(*Simply Christian*). 김재영 옮김. 서울: IVP, 2007.

교회 음악의 영성

— 기독교 영성을 통한 교회 음악의 영성 발견

윤임상 월드미션대학교 음악과 교수

I. 들어가는 말

영국 영어사전 콜린스는 매해 하나의 단어를 선정하여서 그것으로 한 해의 모든 것을 함축해 표현하는 것으로 유명하다. 지난 2020년에는 'Lockdown'(봉쇄)을 뽑았다. 그해는 코비드-19가 전 세계로 전파되어 엄청난 파괴력을 갖고 모든 나라를 무아지경으로 몰아넣었던 해였다. 그것으로 한 해 동안 모든 사람이 공포로 떨었던 것을 기억한다. "국가적인 교착 상황에서 정상적인 일상생활을 구성하는 거의 모든 것이 중단됐다"[1]며 선정 이유를 밝혔다. 2021년에는 NFT(non- fungible token: 대체 불가 토큰)를 선정했다. NFT는 블록체인 기술을 활용해서 디지털 콘텐츠에 고유한 인식 값을 부여한 것이다. 영상과 그림,

---

1 이병준, "올해의 단어로 락다운 선정," 〈중앙일보〉, 2020년 11월 10일, https://www.joongang.co.kr/article/23917103#home.

음악 등을 복제하더라도 고유한 인식 값이 새롭게 부여되기 때문에 디지털 진본과 복제본의 구별이 가능하고, 소유 경로를 추적 가능하다는 등의 장점이 있다. 이 때문에 NFT를 활용한 콘텐츠가 신종 디지털 자산으로 주목을 받으며 전 세계에 가상자산 거래 붐을 일으키고 있다.[2] 한편 콜린스 측은 2022년에는 한 해를 돌아보며 'Permacrisis'(영구적 위기)라는 단어를 선정하고 그 이유를 이렇게 설명했다. "많은 사람에게 2022년이 얼마나 끔찍했는지 요약하는 단어다. 영국이 유럽연맹으로부터 탈퇴한 브렉시트(Brexit), 지속적으로 확장해나가며 우리를 괴롭히고 있는 코비드19, 기후 변화, 정치적 불안정, 끝이 보이지 않는 러시아와 우크라이나 전쟁, 인플레이션. 이런 것들을 겪으며 사람들은 현재 불확실한 일상을 살고 있다"[3]라고 설명했다.

지난 3년 동안 콜린스가 선정한 위의 세 개 단어를 보면서 불안과 공포 속에 하루가 다르게 모든 것이 극도로 변화하는 불확실한 시대를 살고 있다는 것을 실감한다. 하지만 이런 수많은 변화 속에서도 변하지 않는 진리가 하나 있다. 그것은 어제나 오늘이나 동일하게 신실하신 하나님의 사랑이다. 그리고 성경은 그 사랑에 반응하여 인간들이 실천해야 할 중요한 일을 가장 첫째가는 계명으로 가르친다. 구약 신명기에서 이스라엘 백성들에게 '쉐마 이스라엘'(Here, O Israel)[4]의 중심 말씀에서 밝히 나타냈다.[5] 신약에서 예수께서 또한 가장 중심 말씀으로 제

---

2 신진호, "영국 콜린스 사전이 선정한 올해의 단어는 NFT," 〈서울신문〉, 2021년 11월 25일, https://www.seoul.co.kr/news/newsView.php?id=20211125500010.
3 전민재, "영국 콜린스 사전, 올해의 단어로 '영구적 위기' 선정," 〈SBS News〉, 2022년 11월 5일, https://news.sbs.co.kr/news/endPage.do?news_id=N1006958957.
4 신 6:4-9(개역개정).
5 신 6:5.

자들에게 가르치신 것을 볼 수 있다.[6] 우리는 복음을 믿고 그것으로 인해 소망을 갖고 사는 사람들이지만 결국 복음의 주체가 되신 예수님께서 명령하신 가장 크고 첫째가 되는 말씀은 하나님을 사랑하라는 이 명령임을 기억해야 할 것이다. 그렇기에 피조물인 인간은 조물주이신 창조주 하나님의 사랑을 깨닫고 그것에 반응하여 일상의 삶에서 하나님을 바라보고, 하나님과 교제하며, 하나님을 드러내는 삶을 살아내야 한다. 필자는 이것이 일반적인 기독교 영성이요 영적인 삶이라고 정의한다.

한편 필자는 교회 음악의 영성을 "하나님의 사랑을 음악 예술을 통해 녹여내어 하나님의 영원한 아름다움을 드러내는 삶의 여정이다"라고 정의한다. 음악 자체는 하나님을 찬양하기 위한 도구요, 그 안에 담겨 있는 가사를 표현하기 위한 수단이다. 하지만 우리는 음악 예술이 주는 유혹으로 인해 가사를 위한 음악이 아닌 음악을 위한 가사를 만들어 균형을 잃어버린다. 음악에 심취해 음악을 위한 음악을 만들어버리는 오류를 종종 범하게 되는 것이다. 그렇기 때문에 교회음악의 영성을 다룰 때 주요 과제는 그 찬양 안에 담긴 가사가 무엇을 말하려 하는지 깊은 관심을 두고 연구하고 묵상하는 것이다. 이를 위해 찬양을 만든 작곡가와 작시자의 의도를 이해하고 성경 안에서 그 찬양에 담긴 가사를 탐구하는 일에 주안점을 두어야 한다. 이것이 교회 음악 사역의 본질이다.

환경의 변화에 따라 문화와 제도, 형식은 달라질 수 있지만 근본적인 본질은 절대 변할 수 없다. 하지만 상황이 비록 바뀐다 할지라도

---

6 마 22:37-38.

다른 것과 구별하여 그 무엇을 그것으로 만들어주는 절대적인 기준, 즉 영원한 본질은 존재할 수 없다[7]고 주장하는 이론들을 내세워 현실 상황에 맞추어 본질까지 바꾸는 모습을 자주 접한다. 이것은 잘못된 길로 갈 수 있는 위험이 있다. 이러한 사실에 대해 영국의 극작가 체스터턴(Gilbert Keith Chesterton, 1874~1936)은 오래 전에 이렇게 지적한 바 있다. "사람은 스스로에 대해 의심을 품되 진리에 대해서는 의심을 품지 말았어야 했다. 그런데 이것이 거꾸로 뒤집혔다. 요즘 사람이 내세우는 부분은 사실 내세우지 말아야 한 부분이다. 바로 그 자신이다."[8] 어떠한 일을 판단할 때에 내가 중심이 되면 오류를 쉽게 범하며 궁극적으로 좁은 세계로 퇴보할 수밖에 없다. 하지만 깊어가는 영성을 추구할 때 자연스럽게 더 넓은 세계로 나아가 하나님의 관점에서 나를 진단하고 그분을 닮는 삶의 여정으로 변화할 수 있는 것이다. 이것을 배우고 깨달으려고 할 때 가장 중요한 도구는 역사(history)라는 거울이다. 그렇기에 영국의 작가 C. S. 루이스(Clive Staples Lewis, 1898~1963)는 역사를 잘 이해하면 우리 시대가 무시하고 있는 진리를 발견할 수 있는 중요한 단서를 발견하게 될 것이다[9]는 이론을 펼친 것이리라. 일반적으로 역사를 이해함으로써 과거라는 거울을 통해 오늘을 진단할 수 있을 뿐 아니라 미래를 설계하는 데 필요한 지혜를 얻을 수 있다. 그것을 통해 오늘의 나를 바로 볼 수 있는 통찰력이 생기는 것이다. 따라서 너무나 빠르게 변화하고 있는 불확실한 오늘의 세상에서

---

7 오승성, "온라인 예배도 예배인가?,"「신학사상」191, no.1(2020): 49.

8 Gilbert K. Chesterton, 『정통』(*Orthodox*), 홍병룡 옮김(서울: 아바서원, 2022), 111.

9 Clive S. Lewis, 『피고석의 하나님』(*God in the Dock*), 홍종락 옮김(서울: 홍성사, 2020), 111.

역사를 통해 예배와 음악의 영성의 본질을 발견하는 것은 지극히 현명한 방법이다.

이를 위해 필자는 기독교 역사에서 영성에 큰 영향을 주었던 인물들 중 두 명을 선정하여 그들이 정의하는 영성을 살펴보고 기독교 영성의 정의를 구체화하려 한다. 이것을 바탕으로 교회 음악의 영성을 접목하고자 한다. 이를 위해 예배와 음악의 역사에서 가장 중요한 접점이 되는 세 부분, 즉 성경에서 이야기하는 최초의 공식 예배인 모세의 시내산 예배와 공식적인 성전 음악이 제정된 다윗의 성전 음악, 초기 기독교 교회와 속사도 시대 예배자들의 찬양 그리고 종교개혁의 주역인 마틴 루터와 장 칼뱅의 찬송관, 교회 음악 철학관과 이것을 기초로 한 그들의 실제적 열매인 코랄(Choral)과 시편 찬송(Geneva Psalter)을 연구하고자 한다. 이를 통해 교회 음악의 영성을 발견하고 실천해야 할 요소를 제시하겠다. 아울러 이 글이 일반적인 기독교 영성을 바탕으로 한 교회 음악 영성에 대해 연구 고찰한 것임을 명시한다.

II. 기독교 영성

기독교 영성이란 끊임없이 하나님의 사랑에 반응하여 일상의 삶에서 하나님을 바라보고 하나님과 교제하며, 하나님을 드러내는 삶이라 정의 내린 바 있다. 『루』라는 소설로 베트남 보트피플에서 2018년 노벨문학상 최종 후보가 되어 일약 세계적 작가로 발돋움한 킴 투이(Kim Thu'y, 1968~)라는 소설가가 한국의 어떤 미디어와 인터뷰한 기사를 본 적이 있다.[10] 베트남 전쟁 중에는 깊은 구덩이나 곳곳에 지뢰들의 위험성이 도사리고 있었는데 그의 어머니는 항상 "혹시 구덩이에 빠지게 되면 하늘을 바라보라. 생의 마지막 시간을 깜깜한 굴이 아니라 푸른 하늘로 기억하라"라고 늘 자신에게 권유했다고 한다. 이 땅에서 보내는 소중한 시간에 어둠이 아니라 빛을 보고, 땅굴이 아니라 하늘을 바라보라는 어머니의 현명한 가르침이었다. 킴 투이 어머니의 권유처럼 우리는 삶의 마지막 순간까지 하나님께 눈을 고정시켜놓고 하나님의 사랑을 세상에 나타내는 삶을 추구해야 한다. 이와 같은 전제를 바탕으로 하나님의 사랑이 성화되어가는 단계를 제시하며, 그 단계에서 양극화의 갈등을 겪으며 깊은 영성의 세계로 인도하는 두 명의 영성 지도자들을 만나보자.

1. 클레르보의 베르나르 수도사

클레르보의 베르나르(Bernard of Clairvaux, 1090~1153) 수도사는 하나님을 사랑하는 네 단계를 이야기하며 영성이 점점 깊게 변화되는 과정을 알려준다. 역사상 가장 경건한 사람 중 한 명으로 칭송받는 베르나르는 프랑스의 디용(Dijon)에서 성장했고 22세에 시토(Citeaux)에 있는 베네딕토회 수도원에 들어갔다. 그 후 교회에서 그에게 높은 직위들을 주었지만 그는 죽을 때까지 클레르보에 남아 있었다. 이후에 그의 책은 마틴 루터와 장 칼뱅에게도 지대한 영향을 끼쳤다.[11] 그는

---

10 백수진, "어머니는 말했다… 구덩이에 빠지면 하늘을 봐," 〈조선일보〉, 2020년 10월 21일, https://www.chosun.com/culture-life/culture_general/2020/10/21/ZFA XMEVMMFCALJTIST37H2N4SY.

11 Richard J. Foster and James Bryan Smith, 『신앙고전 52선』(*Devotional Classics*), 송준인 옮김(서울: 두란노, 1998), 73.

"하나님을 사랑해야 할 이유는 하나님이 바로 하나님 자신이기 때문이다"[12]라고 정의한다. 마치 하나님이 누구신가에 관해 성경에 기록된 문장으로 "태초에 하나님이 천지를 창조하시니라"(창 1:1)라고 만물의 창조주로 표현하는 것처럼 하나님이 하나님 자신이기에 우리의 사랑을 받으실 자격이 있는 것이다. C. S. 루이스는 "우리의 가장 고귀한 행동은 주도가 아니라 반응이어야 한다. 그래서 하나님의 사랑을 허상이 아니라 실체로 경험하면 우리는 그분이 요구하시는 대로 순복하고 그분이 바라시는 대로 따라가게 된다"[13]라고 말했다. 이처럼 베르나르는 네 가지 사랑을 정의하며 주도가 아닌 반응으로의 사랑을 통해 영적 성숙을 다음과 같이 네 단계로 이야기한다.[14]

1) 나를 위해 나를 사랑하는 단계

첫 번째 단계로 자기를 위해서 자기를 사랑하는 것이다.[15] 사랑은 하나님에게서 비롯된다. 그러므로 첫째가는 계명이 "주 너의 하나님을 사랑하라"는 것이다. 하지만 인간의 본성은 연약해서 하나님보다 자신을 먼저 사랑하려 한다. 인간 세계에서는 어디를 가나 사람들은 자기를 위하고 자기를 사랑하게 마련이다. 이로 인해 자기를 사랑하라는 말은 이웃을 사랑하라는 계명으로 늘 견제되어야 한다. 그리고 이웃을 사랑하려면 먼저 하나님이 사랑하심의 원천임을 알아야 한다.

---

12 *Ibid.*, 74.
13 Clive staples Lewis, 『문장들』(*A Mind Awake*), 윤종석 옮김(서울: 두란노, 2022), 146.
14 Foster, 74-79.
15 *Ibid.*, 75.

2) 나를 위해 하나님을 사랑하는 단계

두 번째 단계는 자기를 위해서 하나님을 사랑하는 것이다.[16] 하나님께서는 우리를 보호하심으로 축복해주신다. 그러면 우리는 아무런 어려움이 없기 때문에 복된 삶을 살게 된다. 그것이 하나님의 은혜인데 우리는 교만하기에 우리가 잘나서 안전하게 지낸다고 생각한다. 그러다가 어려움을 만나면 하나님께 돌아와 도움을 청하며 하나님에 대한 사랑을 고백한다. 이것이 비록 우리 자신을 위한 것이기는 하지만 하나님을 사랑하는 데 의의가 있다.

3) 하나님을 위해 하나님을 사랑하는 단계

세 번째 단계는 하나님을 위해 하나님을 사랑하는 것이다.[17] 하나님께서 모든 필요를 채워주시고 우리를 재난에서 구해주시면 우리는 쉽게 하나님에 대한 사랑을 고백할 수 있다. 하지만 우리가 끊임없이 시련과 곤경에 처하고 그때마다 어려움을 겪게 되면 사랑을 고백하기 어렵다. 이때 이 세 번째 단계인 하나님을 위해 하나님을 사랑하는 것을 깨닫게 되면 우리 마음이 아무리 돌과 같이 단단하게 굳어져 있다고 해도 그 구원자이신 하나님으로 인해 우리의 마음은 부드러워질 것이다. 그리하여 우리는 우리 자신을 위해서만이 아니라 하나님을 위해서도 하나님을 사랑하기 시작한다. 이러한 고백이 시작되면 "네 이웃을 네 몸과 같이 사랑하라"고 하신 둘째 계명을 실천하기가 어렵지 않게

---

16 *Ibid.*, 76.
17 *Ibid.*, 77.

된다. 이러한 단계에 도달하면 우리는 다음과 같이 말할 수 있다. "하나님을 찬양하라 그는 선하시기 때문이다." 이렇게 될 때 우리는 우리 자신을 위해서가 아니라 하나님을 위해서, 진실로 하나님을 위해 하나님을 사랑하게 된다.

4) 하나님을 위해 나를 사랑하는 단계

네 번째 단계는 하나님을 위해 자기를 사랑하는 것이다.[18] 이 단계가 되면 말할 때에도 자신이 존재하지 않는 것처럼 자신을 내세우지 않으며 자신을 전혀 의식하지 않고 온전히 자신을 비우게 된다. 이 사랑의 단계에 이르면 하나님과 한 마음이 되고 또 우리 뜻과 하나님의 뜻이 하나가 될 것이다. 작은 물 한 방울이 많은 포도주 속에 섞이면 그 자체의 모습은 완전히 없어지고 포도주의 맛과 포도주의 색깔을 띠게 된다. 쇳덩어리가 달구어져서 빛나게 되면 원래 모습은 사라지고 불덩어리 같이 보이게 된다. 그리고 대기가 태양 빛으로 가득하게 되면 눈부신 빛의 모습으로 바뀌어서 그 빛 자체인 것처럼 보이게 된다. 이와 같이 자신은 완전히 녹아 없어지고 전적으로 하나님의 뜻에 순복하는 자들의 삶도 그러하다. 그러나 이러한 깨달음을 주시는 것은 하나님의 권한에 속해 있는 것이지 우리 자신의 노력으로 얻어지는 것은 아니다.

---

18 *Ibid.*, 78.

2. 헨리 나우웬

헨리 나우웬(Henri J. M. Nouwen, 1932~1996)은 예일 대학, 하버드 대학, 노트르담 대학 등 유수 명문대학에서 가르쳤던 가톨릭 사제요 심리학자다. 그는 하버드 대학교 신학부 교수직을 3년 만에 내려놓고 1986년부터 캐나다 온타리오 주의 리치먼드 힐즈(Richmond Hills)로 이주했다. 그곳에서 장 바니에(Jean Vanier, 1928~2019)가 창립한 국제적인 공동체 라르쉬(L'Arche)의 캐나다 토론토 공동체인 데이브레이크(Daybreak)에 들어가 발달장애인들을 주로 섬기며 봉사했다. 그리고 1996년 9월에 심장마비로 세상을 떠났다. 일반적으로 헨리 나우웬의 영적인 민감성은 참신할 뿐 아니라 예언자적이고 평한다.[19] 나우웬은 사람들이 걱정과 근심이라는 양극점 사이를 왕래하며 불안하게 매달려 살아가는데 이 양극점들이 영적인 삶에 대해서 말할 수 있는 배경을 제시해준다고 말한다. 예수 그리스도의 영으로 삶을 살아가려고 몸부림치는 사람들은 모두 이중 극점을 알아차릴 수 있기 때문이라고 한다. 그는 세 개의 양극점을 제시한다.[20]

1) 외로움과 고독

첫 번째 양극점은 우리가 자신과 맺는 관계에 대한 것이다.[21] 이것

---

19 *Ibid.*, 161.
20 Henri J. M. Nouwen, 『영적 발돋움』(*Reaching Out: The Three Movements of the Spiritual Life*), 이상미 옮김(서울: 두란노서원, 1999), 14-15.
21 *Ibid.*, 22-71.

은 외로움(loneliness)과 고독(solitude) 사이의 양극이다. 오늘날의 사회는 더 많이 윤택해가지만 그에 반해 삶의 만족도는 더 떨어지고 있다. 자살율도 심각하게 증가한다. 정신과 의사들이나 임상심리학자들에 따르면 외로움이 자살의 제1원인이라고 한다. 이처럼 외로움은 오늘날 인간 고통의 가장 보편적인 원인 중 하나다. 그렇다면 이 본질적인 외로움을 어떻게 처리해야 할까? 감히 답을 해보자면, 그 외로움을 지켜서 그것을 생산성 있는 고독으로 바꾸어야 한다. 영적인 삶을 살려면 먼저 외로움의 광야로 들어가서 조용하고 끈기 있는 노력을 통해 그 광야를 고독의 동산으로 바꾸는 용기와 강한 믿음이 필요하다. 거칠고 메마른 광야에서 오색찬란한 꽃밭이 열릴 수 있다고 믿기가 힘든 것처럼 우리의 외로움 속에 미지의 아름다움이 감추어져 있다고 믿기란 마찬가지로 어렵다. 하지만 외로움에서 고독으로 이행하려는 이 노력이 바로 영적인 삶의 시작이다.

일반적으로 고독이란 말은 격리된 곳에 혼자 있는 것을 암시한다. 하지만 여기서 표현하고자 하는 것은 마음의 고독이다. 즉 물리적으로 떨어져 있는 것에 좌우되지 않는 내적인 소양 혹은 태도를 일컫는다. 이것을 통해 영성에 대한 바른 이해가 필요하다. 이 세계를 부정해야지 우리가 이 세상 안에서 살 수 있고 인위적으로 자신이 유도한 평온을 통해서만 영적인 삶을 살 수 있다는 뜻은 아니다. 진정한 영적인 삶은 우리를 둘러싼 세계에 대해 민감하게 의식하도록 만들어서 세상에서 벌어지는 모든 일을 우리의 명상과 묵상의 일부로 삼게 하고 또 우리가 자유롭고 담대하게 반응할 수 있도록 우리를 인도한다. 그러므로 외로움에서 고독으로 향하는 움직임은 점점 더 뒤로 물러나는 것이 아니라 오히려 앞을 향해 나아가고 우리 시대의 가장 중요한 문제들에 더 깊이 개입하는 것이다.

2) 적개심과 환대

두 번째 양극점은 적개심과 환대다. 우리는 다른 사람과 맺는 관계의 기본을 적개심을 없애고 환대로 바꾸려고 애써야 한다.[22] 이것은 어렵고 힘든 일이다. 하지만 이 적개심(hostility)을 환대(hospitality)로 바꾸는 것, 즉 원수를 손님으로 바꾸어서 형제애와 자매애를 이루는 것이 영성을 향한 두 번째 발돋움이 된다. 환대에 대한 영적인 이해가 먼저 필요하다. 환대라는 것은 사람을 우리 옆에다 데려다 놓는 것이 아니라 선을 그어줌으로써 침해당하지 않는 자유를 그 사람에게 주는 것이다. 좋은 책이나 이야기나 일로 교양 있게 협박하는 것이 아닌 무서움에 질린 마음을 자유롭게 해주어서 폭넓은 선택과 위탁을 할 수 있도록 장을 열어주는 것이다. 이를 통해 적개심에서 환대로 바꿀 수 있는 빈 공간을 마련해주는 것이다. 이것은 내적인 사건이기에 인위적으로 바꿀 수 없고 다만 안에서 발전되어야 한다. 우리가 나무를 자라게 할 수는 없지만 그 성장을 막는 잡초와 돌멩이는 없앨 수 있듯이 개인적이고 사사로운 마음의 변화를 누구에게도 강요할 수 없지만 이런 변화의 자리를 마련해줄 수는 있다.

적대감에서 따뜻한 환대로 향하는 움직임은 외로움에서 고독으로 향하는 움직임과 끊임없이 내적인 관계를 맺지 않으면 생각할 수 없다. 외로움을 느끼는 한 우리는 따뜻하게 환대하는 자세를 보일 수 없고,

---

22 *Ibid.*, 75-119.

상대방에게 자유로운 공간을 마련해줄 수 없기 때문이다. 내면의 외로움에서 나오는 내적인 갈망을 잠재우려는 우리의 욕구가 상대방을 위해 자리를 마련해주는 대신 오히려 그들에게 집착하게 된다. 사실 외로움에서 고독으로, 적개심에서 환대로 향하려는 고민은 어떻게 하면 자기 내면의 자아를 동료 인간에게 발돋움하게 할 수 있는가 하는 문제와 같은 것이다. 그렇다면 하나님께 발돋움하기 위한 고독 또한 중요하다. 그렇지 않다면 고독과 환대라는 말로 떠벌리기에만 좋은 모호한 이상일 뿐 매일의 삶에는 적용할 수 없는 비실제적인 것이 된다. 그래서 환상에서 기도로 향하는 움직임은 지금까지 이야기한 모든 것을 뒷받침하는 영적인 삶의 가장 중요한 움직임이다.

3) 환상과 기도

세 번째 양극점은 하나님과 맺는 관계의 바탕을 이루는 것으로 환상에서 기도로 바뀌는 움직임이다.[23] 이 환상에서 기도로 향하는 움직임은 외로움에서 고독으로 향하는 움직임과 적대감에서 따뜻한 환대로 향하는 움직임을 뒷받침하며, 그 움직임을 가능하게 하며 또 우리를 영적인 삶의 핵심으로 이끈다. 기도는 하나님의 선물이다. 우리는 혼자 힘으로 기도할 수 없다. 우리 안에 기도하는 성령은 하나님의 영이 호흡하는 것이고 이를 통해 우리는 하나님의 내적인 생명과 친교를 나누는 일원이 된다. 그러므로 기도의 역설적인 면은 기도는 오로지 선물로만 받을 수 있고 진지한 수고를 요구한다는 것이다.

---

23 *Ibid.*, 134-83.

우리가 통제할 수 있다는 환상을 버리고 하나님에게 팔을 뻗을 수 있으면 그것은 우리가 영적으로 성숙했다는 증거다. 하지만 하나님께 발돋움하면 우리가 아픔과 고생에서 해방될 것이라고 생각하는 것은 또 다른 환상에 지나지 않는다. 기도란 결코 달콤하거나 쉬운 것이 아니다. 기도는 우리의 가장 큰 사랑을 표현하는 것이기에 우리에게서 고통을 없애주지 않는다. 오히려 기도는 우리에게 더 고난을 준다. 하나님을 향한 우리의 사랑은 고난당하시는 하나님에 대한 사랑이고 우리가 들어가게 되는 하나님과의 친밀함은 그분이 사랑으로 인간의 모든 고통을 품으시는 친밀함이기 때문이다. 그러므로 우리가 꼭 명심해야 할 것은 영광 가운데 계신 하나님을 보았다면 비참한 가운데 있는 하나님도 보아야 한다는 것이다. 또한 모욕당하신 예수 그리스도를 보았다면 그분의 변화된 아름다운 모습도 보아야 한다.

3. 기독교 영성의 이론적, 실천적 적용

베르나르가 하나님의 사랑이 성화되어가는 이론적인 단계를 제시했다면, 헨리 나우웬은 그 사랑이 성화되어가는 과정에 나타나는 내면적인 양극화의 갈등 속에서 궁극적으로 꽃피는 하나님의 사랑을 발견하도록 우리를 도와주었다. 이것을 통해 영적으로 성숙되어가는 세계를 우리에게 제시해주었다.

1) 베르나르의 이론적 영성 적용

베르나르는 하나님의 사랑이 성화되어가는 과정을 네 개의 단계로 나누었다. 첫 번째, '나를 위해 나를 사랑하는 단계'는 세상의 인간들뿐 아니라 모든 피조물이 기본적으로 갖고 있는 사랑의 단계다. 두 번째, '나를 위해 하나님을 사랑하는 단계'부터는 모든 피조물 중 인간만이 가능한 단계다. 이것은 극히 제한적이고 조건적인 사랑의 단계일 수밖에 없다. 하지만 많은 기독교인이 이 단계를 벗어나지 못하는 듯하다. 이 단계는 모든 조건이 풍족해야만 가능할 수 있는, 즉 내가 원하는 대로 이루어지지 않으면 절대 사랑할 수 없는 단계이기 때문이다. 하지만 세상의 모든 원리는 항상 좋은 것으로만 채워질 수 없다. 그렇기에 때때로 극한 시련과 역경에 처하면 하나님의 사랑을 쉽게 잊어버리고 만다.

노진준 목사가 쓴 『예배 사색』의 서문을 보면 보스턴 대학교 종교학부 교수인 스티븐 프로테로(Stephen R. Prothero)가 쓴 『아메리칸 지저스』(*American Jesus*, 1960) 책의 일부를 소개한다. 프로테로에 따르면 사람들은 예수를 아이돌로 대한다. 무슬림도 불교인도 무신론자도 모두 예수를 좋아한다. 마치 아이돌에게 열광하듯이 모든 사람의 친구가 되고 상처를 싸매어주며, 원수도 품어주는 예수에게 미국인들은 열광하며 찬양을 올린다. 하지만 그들이 열광하며 찬양하는 것은 하나님의 아들이신 예수 그리스도와 그분의 죽으심과 부활을 통한 구원이 아니라 그 이미지가 주는 위로와 평안함이라고 스티븐 프로테로는 꼬집어 말한다.[24] 이들의 열광은 곧 자기의 만족이고 자기를 사랑하기 위함이지 예수 그리스도의 사랑과는 아무 상관이 없는 것이다. 필자는 이런 현상은 차라리 낫다고 생각한다. 우리는 매 주일 하나님께 헌신하고

---

24 노진준, 『예배 사색』(서울: 죠이출판, 2022), 10.

뜨겁게 봉사한다. 그것으로 하나님을 예배한다. 하지만 그런 행위들이 자신의 만족을 위한 헌신은 아닌지 내면을 깊이 들여다보아야 한다. 결국 우리가 하는 모든 행위는 수단에 지나지 않는데 그 행위 자체를 궁극적인 것으로 만들어 자기만족을 합리화할 수 있다는 것이다. 정말 중요한 것은 그것들을 통해 누구를 사랑하기 위함인지 우리 자신을 깊이 성찰해야 한다. 오늘날 많은 기독교인이 자기만족의 단계에 머물러 있으면서도 이 안에서 깊은 영성을 찾는다고 말한다. 하지만 그것은 분명 얕은 물가에서 쉽게 있다가 없어지는 영성의 단계일 것이다.

베르나르는 이제 나를 위해 하나님을 사랑하는 단계를 벗어난 세 번째, '하나님을 위해 하나님을 사랑하는 단계'와 마지막 단계인 '하나님을 위해 나를 사랑하는 깊은 영성의 세계'로 인도한다. 세 번째 단계인 하나님을 사랑하되 자신을 위해서가 아닌 하나님을 위해 사랑하는 단계는 어떠한 조건 속에서도 전심으로 하나님을 사랑하는 단계다. 20세기 세계 최고의 설교자로 손꼽혔던 영국의 데이비드 마틴 로이드 존스(David Martin Lloyd-Jones, 1899~1981) 목사는 『영적 침체』라는 책에서 죄에 대한 정의를 이렇게 내렸다. "술주정 같은 특정 행동이 죄라는 생각은 이제 접으십시오. 매스컴에 나오는 범죄자들의 이야기도 잊으십시오. 저와 여러분이 적용해야 할 시금석은 이것입니다. 나는 전심으로 하나님을 사랑하는가? 전심으로 하나님을 사랑하지 않는 사람은 죄인입니다. 이것이 시금석입니다."[25] 모든 조건과 형편을 떠나 하나님을 사랑하지 않는 것은 죄라고 단정 짓는 마틴 목사의 래디컬한 직언이 결코 과하다고 생각하지 않는다.

---

25 D. Martin Lloyd-Jones, 『영적 침체』(*Spiritual Depression*), 정상윤 옮김(서울: 복 있는사람, 2014), 46.

매해 겨울이면 미국에서는 '내셔널 프로 풋볼'이 한창이다. 지난 2023년 1월 첫 월요일 밤 풋볼 경기로 버팔로 빌스와 신시내티 뱅갈스 팀이 격돌했다. 1쿼터 중반 즈음, 버팔로 빌스의 수비수 다마르 햄린 (Damar Hamlin)이 상대팀의 공격수에게 태클을 시도하다 가슴에 심한 충격을 받고 심정지 상태로 쓰러졌다. 현장에 있던 의료진들이 심폐소생술을 해서 다말의 심장이 가까스로 살아났고, 경기장 가까이에 있는 신시내티 병원으로 이송되었지만 그는 의식 불명 상태가 되었다. 이후 의료진들의 큰 노력의 결실로 3일 만에 의식을 되찾았다. 다말이 필담으로 소통이 가능해졌을 때 의료진에게 최초로 던졌던 질문은 "경기에서 누가 이겼죠?"였다. 의료진은 그의 첫 질문에 "바로 당신이 이겼다. 그리고 당신은 인생이라는 게임의 승리자다"라고 답했다고 한다.[26] 사경을 헤매다 깨어나 무의식 속에서 처음으로 던진 그의 질문은 "여기가 어디인가요? 내가 다시 살아난 것인가요? 건강에 어떤 문제가 있나요?" 등 자신에 대한 질문이 아니었다. 필자는 그 기사를 접하고 그가 마지막까지 뼛속 깊이 담고 있던 정신을 알게 되었다. 즉 자신의 건강과 삶보다 본인이 소속되어 있는 버팔로 빌스가 그의 전부였던 것이다. 하나님을 위해 하나님을 사랑하는 영성의 세계는 비록 생사의 갈림길에 있어도 "내가 믿는 나의 하나님 당신이 나의 전부 입니다"라고 하나님에 대한 사랑을 고백하는 단계다. 이 단계가 되면 하나님을 사랑하되 자신을 위해서가 아니라 바로 하나님을 위해서 사랑할 수 있게 되는 것이다.

---

26 박강수, "'누가 이겼나요?' 심정지 3일 만에 깨어난 풋볼 선수 질문에…," 〈한겨레〉, 2023 1월 6일, https://www.hani.co.kr/arti/sports/sports_general/1074724. html.

오직 하나님만을 위해 자기를 사랑하는 네 번째 단계가 이 세상에서 온전히 실현될 수 있는 것인지 확신이 서지 않는다[27]고 베르나르 자신도 이야기하는 것처럼 이 단계는 심오하고 깊은 영성의 세계로의 단계로 여겨진다. 이 단계에 도달하면 하나님과 마음이 하나가 되고 영이 하나가 되어 삶 전체가 오직 여호와의 공의만을 드러내게 된다. 1963년 5월 어느 날 셔우트 워트라는 저널리스트가 당시 캠브리지 모들린 칼리지에 있던 C. S. 루이스의 연구실로 찾아가 이런 질문을 던졌다. "몇 년 뒤에는 어떤 일이 벌어질까요?" 그러자 루이스 교수는 "저로서는 알 길이 없습니다. 하지만 매일을 그날이 마지막인 것처럼 살아가되 세상이 백년도 더 유지될 것처럼 계획을 세우며 자기 자리를 지키는 하나님의 자녀 이 얼마나 멋집니까?[28] 루이스가 이런 고백을 할 수 있었던 이유는 복음의 출발이 되는 하나님의 사랑 그리고 예수 그리스도의 사랑의 본질을 깊이 이해하고 하나님만을 위해 자기 자신을 사랑하는 큰 소망의 확신을 품었기 때문이라고 생각한다.

베르나르가 펼쳐 보여준 사랑의 네 단계는 하나님의 사랑에 대해 우리의 생각을 바르게 정돈해주는 고귀한 선물이다. C. S. 루이스는 "하나님께서 우리를 만드신 주된 목적은 하나님이 우리를 사랑하셔서 우리로 하여금 그 사랑에 아주 기쁘게 머무를 수 있는 대상으로 만드시려는 데 있다"[29]라고 말한다. 결국 우리가 하나님을 더 깊이 사랑하는 영성의 단계를 통해 알아가게 되는 것은 하나님이 우리를 얼마나 깊이

---

27 Foster, 80.
28 Clive Staples Lewis, 『피고석의 하나님』(*God in the Dock*), 홍종락 옮김(서울: 홍성사, 2020), 362.
29 Clive Staples Lewis, 『고통의 문제』(*The Problem of Pain*), 이종태 옮김(서울: 홍성사, 2018), 70.

사랑하고 계신지 깨닫게 되는 것이다. 그리고 그것을 삶에서 드러내게 된다는 것이다. 19세기 후반에 만 16년을 하와이의 몰로카이 섬에서 나병환자들을 위해 선교 사역을 했던 벨기에 출신 조셉 데미안(Joseph Damien, 1840~1899) 신부가 있었다. 그는 1884년 어느 주일 아침 예배를 인도하러 가기 전에 뜨거운 물을 먹으려 컵에 붓다가 실수로 자신의 발에 쏟았다. 그런데 아무 감각이 없었다. 두려운 마음에 다시 뜨거운 물을 부었는데 역시 아무 감각이 없었다. 그는 즉각적으로 자신에게 무슨 일이 일어났는지 알게 되었다. 쏟아지는 눈물을 씻으며 예배당에 들어갔고 그의 설교시간이 되어 그가 평소에 오프닝을 했던 "나의 동료 신자 여러분"이란 말에서 말을 바꾸어 "나의 동료 나환자 여러분"이라고 인사했다. 드디어 그는 그들을 동료라고 부를 수 있었고 진정 그들과 하나가 될 수 있기에 감격의 눈물을 흘렸다. 그로부터 5년을 나병환자로 지내며 선교 사역을 하다 49세를 일기로 세상을 떠났다.[30] 우리 주님은 하늘의 영광을 버리고 우리와 하나가 되시기 위해 인간의 몸을 입고 이 땅에 오셨다. 마치 데미안 신부가 드디어 자신도 나환자가 되었다고 고백한 것처럼 인간이 아닌 예수님께서 인간의 옷을 입고 사랑의 왕으로 이 땅에 오신 것이다. 그리고 친히 십자가를 지시고 갈보리 언덕 위에서 십자가에 달려 죽임을 당하신 것이다. 이 일을 통해 하나님이 우리를 사랑하시는 깊이의 척도를 깨닫게 된다. 그리고 이때에 비로소 하나님을 위해 나를 사랑한다는 고백에서 자유로울 수 있을 것이다.

---

30 노진준, 54-55.

2) 헨리 나우웬의 실천적 영성 적용

헨리 나우웬은 예수 그리스도의 영 안에 산다는 것에 대한 의미를 세 개의 양극점으로 풀어 영적 발돋움의 깊은 단계를 설명해주었다. 우리는 인생 여정의 많은 시간을 슬픔과 근심으로 가득 찬 가운데 갈등을 겪으며 살아간다. 그런 가운데 우리가 예수 그리스도의 영 안에 산다는 의미는 아픔의 한가운데에서 발돋움하여 그리스도의 사랑으로 그 아픔들을 기쁨으로 바꾸어간다는 것이다. 세계적인 대문호 도스토옙스키는 사형을 선고받고 감옥에서 죽음을 기다리다 신약성경을 읽고 그리스도를 만났다. 그리고 나중에 이런 말을 남겼다. "누군가 내게 그리스도는 진리가 아니라 증명한다 해도 나는 그리스도와 같이 있고 싶다. 나는 진리보다는 차라리 예수님과 함께 있고 싶다. 기적으로 부터 신앙이 나오는 것이 아니라 신앙으로부터 기적이 나온다."[31] 이 말은 우리가 기적을 경험하면서 신앙을 쌓아가는 것이 아니라 바른 신앙생활로 매순간 기적을 만들어가는 삶을 살 수 있다는 진리를 깨닫게 한다. 도스토옙스키는 이 깨달음을 통해 예수 그리스도의 영 안에 산다면 어떤 악조건 속에서도 그리스도의 사랑으로 그 아픔들을 기쁨으로 바꾸어갈 수 있다는 확신을 갖게 된 것이다.

그렇기 때문에 우리의 생애 가운데 느끼는 외로움과 적개심 그리고 환상을 거부하거나 피할 필요는 없다. 그것을 지닌 채 그 속에서 조금씩 고독과 따뜻한 환대와 기도로 변화해갈 수 있기 때문이다. 우리의

---

31 어느 사형수의 마지막 5분 [감동실화] - 인생을 돌아볼 수 있는 이야기 & 간증, 초신 자의 시선, 2022년 10월 16일, video, 6:22, https://www.youtube.com/watch? v=TAH98Yw5gwY.

옛 자아는 결코 사라지지 않을 것이다. 마치 어른이 되어도 젊은 날의 갈등의 흔적이 남아 있듯 우리의 고독에도 외로움이 남아 있게 된다. 따뜻한 환대 안에도 적대감이 남아 있다. 그리고 신실한 우리의 기도 안에도 환상이 남게 마련이다. 단, 그 가운데서 자신이 지속적으로 고독과 대화하며 남들을 환대하고, 하나님과 깊은 기도의 세계 속에서 하나님의 사랑을 깨닫고 세상에 그것을 드러내는 것이 깊은 영성을 지닌 채 영적인 삶을 살아내는 척도가 되는 것이다.

　이러한 영성을 소유하고 멋있는 삶을 살아냈던 한 인물을 필자가 지척에서 보았다. 임동선 목사(1923~2016). 그가 삶의 마지막 순간까지 변함없는 이 영성을 유지할 수 있었던 비밀을 그의 자서전에서 발견할 수 있다. 그는 이렇게 기술했다. "나는 이 업무를 잘 수행하게 해달라고 매일 새벽 제단에 엎드려 무릎에 굳은살이 박이도록, 얍복강가에서 천사와 씨름하던 야곱이 환도뼈가 부러지기까지 투쟁한 것처럼 그런 투쟁을 계속 하고 있다. 그래서 나름대로 다섯 가지 소망의 푯대를 정하였다. 첫째, 확고부동한 소명감, 둘째, 철저한 체험, 셋째, 성령 충만, 넷째, 계속적 성장, 다섯째, 순교를 각오."[32] 결국 그는 이 소망의 푯대를 가지고 예수께서 실천하셨던 지상에서의 사역(마 9:35)을 본받아 선교, 교육, 봉사의 사역을 실천했다. 즉 교회를 세우고 학교를 세우고, 선교회를 세워 40여 개국에 선교지를 순회하며 선교지를 세웠다. 그리고 그의 마지막 소명대로 많이 병약해진 가운데 죽음을 예견하고 남미 선교를 마치고 돌아와 93세를 일기로 영면했다. 그는 분명 그의 사역에서 영광 가운데 계신 하나님을 보았고, 비참함 가운데 있는 하나님도

---

32 임동선, 『지구촌은 나의 목장이다』(서울: 쿰란출판사, 2004), 278-79.

보았다. 모욕당하신 예수 그리스도의 모습도 보았고 변화된 아름다운 모습도 보았다. 그 모든 조건에서 그는 흔들리지 않고 일관되게 복음만을 향해 정진했다. 진정 이 시대의 훌륭한 영성 소유자였던 것이다.

4. 기독교 영성을 맺으며

필자가 제시한 기독교 영성의 정의를 구체화하기 위해 두 명의 영성학자의 견해와 삶에의 적용을 서술했다. 베르나르를 통해서 하나님을 위해서 나를 사랑하는 단계로까지 영성으로 깊어져가는 네 단계를 제시했다. 또한 나우웬을 통해서 하나님의 사랑을 실천하는 데 있어 자신과 타인 그리고 하나님과의 관계에서 일어나는 실제적인 내면의 갈등들을 극복하여 바꾸어가는 기도 방법을 제시했다. 이것들을 통해 하나님을 사랑하는 깊이를 더하게 된다. 그런데 이 속에서 갖게 되는 깊은 통찰은 결국 우리가 하나님을 사랑함에 앞서 먼저 하나님이 우리를 사랑하신다는 복음이다. 체스터턴은 하나의 진리를 깨닫고 강한 어조를 써서 다음과 같이 표현했다. "나는 내 나름의 이단을 창설하려고 노력했는데 거기에 마지막 손질을 가하고 보니 그것이 정통 신앙이라는 것을 발견했다."[33] 물론 필자가 이 연구를 통해 영성의 이단을 창설하려 노력한 것은 아니지만 하나님이 당신을 사랑하라고 명령하신 그 명령의 깊이를 더하다 보니 결국 하나님이 우리를 사랑하셨다는 진리를 알고 그 증표가 복음이라는 사실을 알게 하는 것이다. 십자가의 고통은 우리의 죄 때문에 받는 벌이나 구원을 위한 희생이라기보다는 하나님

---

33 Chesterton, 15.

께서 우리를 사랑하사 함께하시어 우리를 보듬어주시는 시간이라는 사실에 더욱 근본적인 의미가 있다는 걸 알게 되었다. 그렇기 때문에 기독교 영성의 깊은 핵심으로 들어가는 것은 복음의 깊이를 앎을 더해 가는 것이다.

III. 교회 음악의 영성

앞서 하나님을 알고 그 사랑의 깊이를 더해가는 과정 그리고 삶에서 하나님을 드러내는 과정에서 하나님이 나를 사랑하신다는 그 복음의 깊이를 앎을 더해가는 것이 기독교 영성이라 정의했다. 이를 바탕으로 교회 음악의 영성인 '하나님의 사랑을 음악 예술을 통해 녹여낸 것으로 하나님의 영원한 아름다움을 드러내는' 삶의 여정을 구체화하기 위해 탐구해보기로 한다. 이에 필자는 예배와 음악의 역사적 사건들을 추적해서 그 속에서 예배 음악 영성의 요소들을 발견하고 오늘날 적용해야 할 요소들을 제시하고자 한다.

1. 모세의 시내산 예배와 다윗의 성전 음악

성경에 나오는 최초의 공식적인 예배는 모세의 시내산 예배다.[34] 하나님께서 이스라엘 백성을 애굽에서 탈출하게 하시고 홍해를 건너게 하신 후 하나님과 백성들 간에 언약을 맺은 것이 바로 시내산 사건이

---

34 출 24:1-8.

다. 이 언약을 성취하는 증거로 드리는 예배가 오늘날 공중 예배의 본질을 보여주고 있으며, 이 요소들은 후대의 유대교나 기독교의 예배 가운데서 더 상세히 드러난다.[35] 그 예배를 구성하는 요소는 총 다섯 가지였다.

첫째, 만남을 소집한 주체는 하나님이시고,[36] 둘째, 이스라엘 백성들은 각자 역할이 있었다. 즉 예배에 참여하는 모든 사람에게는 각자 맡은 역할이 있었다[37]는 사실에 유념해야 한다. 셋째, 하나님의 말씀 선포가 있었다.[38] 넷째, 그 말씀을 듣고 순종하기로 다짐하며 매 순간 하나님과의 약속을 갱신했다. 그리고 마지막으로 이스라엘 백성들과 하나님께서 세우신 언약을 확인한 모습을 보게 된다.[39]

시내산 예배에서 이스라엘 백성들은 각기 역할을 분담하여 전원이 참여했다. 아론과 나답과 아비후와 이스라엘 장로 70인은 멀리서 하나님께 경배했고, 이스라엘 청년들은 모세의 지시대로 번제와 화목제를 드리기 위해 각자의 소임을 담당했다.[40] 히브리 예배에서 모든 백성은 모세가 가져온 언약서를 낭독한 말씀에 "여호와여 모든 말씀을 우리가 준행하리이다"[41]라고 응답함으로써 각자의 역할 속에 능동적으로 참가했음을 증거한다.[42] 우리는 여기서 단순히 지도자들과 몇몇 회중을

---

35 Robert E. Webber, 『예배학』(*Worship – Old and New*), 김지찬 옮김(서울: 생명의 말씀사, 1996), 25.
36 출 24:1-2.
37 출 24:3-6.
38 출 24:7.
39 출 24:8.
40 출 24:5.
41 출 24:7.
42 김대권, 『예배와 음악』(서울: 그리심, 2014), 36.

보는 것이 아니라 모든 회중이 한데 어우러져 능동적으로 참여하여 예배를 드리는 모습을 보게 된다. 이 같은 사실은 참여(participation)가 예배의 기본적 요소라는 것을 웅변으로 보여준다.[43]

한편 아론과 나답과 아비후와 이스라엘 장로 70인이 중심이 되어 예배에서 찬양을 이끌어가는 것을 볼 수 있다. 이것이 모체가 되어 후에 다윗에 의해 이스라엘 12지파 중 가장 뛰어난 레위지파를 세워 공식적인 음악 기관을 설립하게 된 뿌리라고 추측하게 된다. 성경에서 가장 처음으로 음악에 대해 언급한 부분은 아담의 7대 후손인 야발과 유발에 대한 이야기에서 볼 수 있다.[44] 여기에서 히브리 예배의 두 요소가 제사제도(animals for a burnt sacrifice)와 찬양(Sacrifice of Praise)이었다는 것을 알 수 있다. 성경에서는 구체적인 방법을 제시하지 않았지만 이렇게 예배에서 찬양을 드린다는 것은 자신의 최상의 것으로 하나님께 영광을 돌리는 일이었다는 걸 짐작케 한다.[45]

성경에서 처음으로 언급한 음악 예배(Musical Worship)는 바로 최초의 공중 예배인 시내산 예배가 있기 전 모세와 이스라엘 백성이 애굽을 탈출해 홍해를 건넌 이후 드리는 찬양 예배였다. 모세와 그의 누이 동생인 미리암이 이스라엘 온 백성과 함께 애굽의 군병들을 물리치고 구원을 주신 승리의 하나님께 찬양을 올리는 내용을 담고 있다.[46] 이것을 예배에서 회중 찬양의 모체로 보아도 무리는 아닐 것이다. 이처럼 히브리 예배의 처음 예배는 음악과 함께 태어났고 예배에서 모든

---

43 Webber, 25.

44 창 4:20-21.

45 Donald P. Hustad, *Jubilate II*(Carol Stream, IL: Hope Publishing Company, 1993), 131.

46 출 15:1-21.

회중이 함께 참여하여 하나님의 위대한 권능을 드높였다. 이는 이사야 선지자를 통해 하나님의 인간 창조 목적[47]을 이룬 예배에서 올바른 찬양관을 보는 중요한 단서가 된다.

한편 성경에 기록된 것으로, 공식적인 예배 음악 기관을 만들고 체계적으로 예배 찬양을 드리기 시작한 시기는 용서와 인내의 리더십으로 남 유다와 북 이스라엘을 통일한 다윗 왕 때의 일이다. 그는 공식적인 음악 기관을 설립했는데[48] 이것으로 구약 시대에 큰 영적 변화를 일으켰다.[49] 이것은 모세 시대에 존재하지 않았던 일로 찬양이 하나님께서 맺으신 언약에 대한 최종적인 결과라는 사실을 시사하는 것이다. 이때 성전 음악인들은 중요한 세 가지 요소를 갖추어야 했다. 첫째, 성전 음악인들은 구별된(set apart) 사람들이었다.[50] 즉 어떤 특별한 목적을 가지고 구별되어 일하는 사람을 지칭했다. 그렇기 때문에 이들은 전문적인 음악 분야에 탁월성은 물론이거니와 풍부한 영성을 지닌 구별된 자들이어야 했다. 둘째, 이들은 신령한(Prophesy) 노래를 하는 자들이었다.[51] 성령의 충만함을 받아 하나님의 크신 권능을 드러내는 노래를 하는 자들이다. 그리고 셋째, 왕의 선견자(seer by the words of God), 즉 하나님의 영에 감동된 찬송시를 가지고 왕에게 전달하는 자들이다.[52]

---

47 사 43:21.
48 대상 6:31-48, 25장.
49 대상 15:16-24.
50 대상 25:1 상.
51 대상 25:1 하.
52 대상 25:5.

2. 초기 기독교와 속사도 시대

초대 교회의 예배는 회당을 중심으로 한 교회 예배와 가정에서 성도들이 모여 공동체를 이루어 드린 예배로 나뉜다. 회당 전통의 예배는 예수님께서 갈릴리 사역에서 흩어져 사는 유대인들의 회당을 이용했다.[53] 사도 바울은 전도 여행을 할 때 흩어져 사는 유대인들, 즉 거룩한 땅에는 거주하지 않으나 조상 대대로 내려오는 그들의 신앙을 지켜야 하는 유대인들의 회당을 이용했다.[54] 이처럼 이스라엘의 소망과 구원을 전파하기 위한 장소로 회당을 사용한 것은 바울뿐만이 아니었다. 아볼로도 에베소에서 그와 똑같은 일을 했다.[55] 유대인의 회당은 그 예배 형태가 기독교의 예배 형태에 영향을 미친 것 이상으로 중요한 역할을 하였다.[56] 가정 교회의 예배 전통은 사도행전에서 찾아볼 수 있다.[57] 이들이 함께 교제하고 나누며 하나님을 찬미하는 예배의 삶을 살았던 것을 볼 수 있다.

초대 교회 예배의 내용은 신약성경 사도행전에서 찾아볼 수 있는데[58] 여기에는 두 가지 중요 요소가 담겨 있다. 하나는 말씀에 강조점을 둔 말씀의 전례(Service of the Words)이고 다른 하나는 성찬의 전례(Service of the Table)이다. 여기서 볼 수 있는 말씀의 전례는 당시

---

53 막 1:21-28; 3:1-6; 마 4:23; 눅 4:15; 16-31; 요 6:59.
54 행 13:5; 14:1; 17:1, 10, 17; 18:4, 19.
55 행 18:26.
56 Ralph P. Martin, *Worship in the early Church*(Grand Rapids, MI.: William B. Eerdmans Publishing Company), 24.
57 행 2:46-47.
58 행 2:42.

회당의 전통에서 이어져온 말씀의 가르침으로 볼 수 있고 성찬의 전례
는 예수님이 제자들과 함께한 최후의 만찬에서 기원을 찾을 수 있다.
위와 같은 요소에 강조점을 두고 기도와 찬송이 수반되는 2부 구조로
예배를 구성하게 되었다.[59] 신약의 저자들은 구약의 저자들이 즐겨했
던 찬송시를 잘 쓰지 않았다. 그 이유는 신약의 저자들이 구약의 시편
을 완전하고 매우 감동적이며, 영적인 감동에 의한 찬송이라고 생각했
기에 구약의 표현보다 더 좋은 것으로 만들 수 없다고 판단했기 때문이
다. 이런 일로 초기 기독교 교회에 음악이 중요하게 취급되지 않았다고
생각해서 후에 교회 지도자들이 예배시에 음악 사용하는 것을 회피하
거나 무심하게 여긴 나머지 금기시했던 때도 있다. 하지만 구약의 시편
이 초기 기독교인들의 예배에서 아주 중요한 찬송이었다는 것을 기억
해야 한다.[60]

　　초대 교회의 예배 내용은 그리스도의 사건이 주된 것이다. 구약의
예배가 시내산 사건을 기념하는 것과 동일한 방법으로 신약의 예배는
제2의 출애굽 사건인 그의 백성을 죄의 노예 됨에서 해방하기 위해
그리스도께서 이 세상에 오신 사건을 기념한다.[61] 그 후 예수 그리스도
가 중심이 되었고 그가 구약에 있는 모든 예언의 성취이심을 믿는 신앙
이 굳어지게 되었다.[62] 한편 바울을 연구한 신학자 랄프 마틴(Ralph
P. Martin, 1925~2013) 교수는 이것을 바탕으로 "초대 교회는 찬양, 기
도, 교훈이라는 세 개의 기본 요소들이 있다"[63]라고 말하며 초대 교회

---

59 Webber, 57.
60 Russel N. Squire, 『교회음악사』(*Church Music*), 이귀자 옮김(서울: 호산나음악
　　사, 1990), 37-38.
61 Martin, 38.
62 정장복, 『예배의 신학』(서울: 장로회신학대학교출판부, 1999), 78에서 재인용.

는 노래 속에 태어났다고 이야기한다. 이를 증명하는 것으로 그들에게는 복음을 찬양하는 찬송과 하나님께 영광을 돌리는 찬양이 있었다는 걸 들며, 그들은 뜨겁게 찬양하는 공동체였고 신약성경에 나오는 예배 송가의 증인들이었다고 정의 내린다.[64] 또한 복음서의 내용을 자세히 보면 놀랍게도 증명된다. 바울이 고린도 교회에 보낸 편지에서도 이들이 모일 때마다 뜨거운 찬송이 있었음을 쉽게 발견할 수 있다.[65] 초기 기독교인들은 분명 그리스도 십자가 복음에 대한 확신을 바탕으로 찬양할 때 매우 열정적이었다.[66] 찬양을 통해 그들은 깊은 영성을 발전시켜나갔다.

속사도 시대, 즉 초기 기독교 마지막 사도들이 다 죽은 뒤에가 기독교 역사상 가장 핍박이 심한 시기였음에도 기독교 공동체 예배자들이 뜨겁게 찬양했다는 것을 당시 증언자들은 증명해준다. 순교자 저스틴(Justin Martyr, 100~165)은 139년경에 집필한 그의 저서에서 말하기를 "기독교인들은 찬송을 드림으로 하나님께 대한 그들의 감사를 나타내었다"[67]라고 당시 찬양의 영성을 표현했다. 기독교 교부 알렉산드리아의 오리게네스(Origen of Alexandria, 185~253)는 반(反)그리스도교 철학자 셀수스(Celsus: 기독교인을 야만인으로 취급함)에 항변하는 글을 쓰면서 말하기를 "그리스인은 그리스어로 기도하고, 로마인은 라틴

---

63 Martin, 24.

64 *Ibid.*, 39.

65 고전 14:26.

66 약 5:13.

67 Justin Martyr, "The First Apology of Justin," in *The Apostolic Fathers with Justin Martyr and Irenaeus*, by Ignatius of Antioch et al., vol. I of *The Ante – Nicene Fathers*, eds. Alexander Roberts, James Donaldson, and Arthur Cleveland Coxe(Buffalo: Christian Literature Co., 1885), 166.

어로 기도하며, 모든 민족은 그들 자신의 언어로 하나님께 최고의 찬양을 드린다"[68]라고 말하며 언어와 풍습이 달라도 찬양으로 자신들의 영성을 드러내고 있다는 것을 나타냈다. 신학자 알렉산드리아의 클레멘트(Clement of Alexandria, 150~215)는 당시 교회 음악을 묘사하며 다음과 같이 말했다. "보라 새 노래의 위력을! 그것은 인간을 몽매함과 야만스러움에서 깨어나게 하여 진실한 생명을 소유하지 못한 사람에게 노래를 들음으로 생기를 불어넣어주고 우주에 선율적 질서를 주어 모든 불협화한 요소를 잘 조화하고 융화하게 하였다. 하나님의 말씀과 새로운 노래를 가진 이 악기는 무엇을 원하는가? 눈먼 자에게는 보게 함을, 귀머거리에게는 듣게 함을, 절름발이를 바로 일으켜 세움을 원한다. 또한 불의를 바로 잡고 어리석은 일을 멈추게 하며, 타락의 길을 막고 죽음까지도 극복하며, 거역하는 자식을 아비에게로 돌아오게 하는 것이다. 하나님의 악기는 인간을 사랑한다."[69] 초기 속사도 시대의 찬양이 가히 폭발적이었다는 사실을 당시 세 명의 학자와 증언자들을 통해 생생하게 들을 수 있다. 이처럼 속사도 시대 기독교인들은 환경과 지역을 초월해서 찬양을 통해 자기들의 신앙을 고백하고 확인하며 깊은 영성의 세계를 탐구했다.

한편 이들이 당시 어떤 음악으로 찬양했는지 구체적으로 알려진

---

68 "Origen," in *Tertullian – Origen – Minucius Felix*, by Tertullian, Origen, and Minucius Felix, vol. IV of The *Ante – Nicene Fathers*, eds. Alexander Roberts, James Donaldson, and Arthur Cleveland Coxe(Buffalo: Christian Literature Co., 1885), 653.

69 Clement of Alexandria, "Exhortation to the Heathen," in *Hermas – Theophilus – Tatian – Athenagoras – Clement of Alexandria*, by Hermas et al., vol. II of *The Ante – Nicene Fathers*, eds. Alexander Roberts, James Donaldson, and Arthur Cleveland Coxe(Buffalo: Christian Literature Co., 1885), 172.

것은 없다. 하지만 주로 구약의 시편과 신약에 나타난 찬가들을 통해 삼위 하나님을 찬송했던 것을 3세기경에 옥시링쿠스(Oxyrhynchos) 지역에서 발견된 그리스적인 기독교 찬송들에서 유추해볼 수 있다. 이는 바니(Burney)의 인용문에서 나타난다. "팔레스타인과 이에 인접한 나라들에서 사도들과 그들의 후계자들이 사용한 것은 찬미가와 히브리인들이 시편을 노래한 것과 같은 그런 종류의 영창일 것이다."[70] 초기 기독교와 속사도 시대 예배자들은 로마의 폭정이 극에 달해가는 이때 목숨을 내놓고 길거리에서, 카타콤에서, 속세를 떠나서, 심지어 로마의 극심한 폭정 속에 원형 경기장에서 동물들에 의해 생명이 끊어지는 그 순간에도 구약 시편의 내용들을 가지고 하나님의 영광을 송축하며 하나님의 사랑을 노래했다. 아울러 찬미가와 구원의 역사를 이룬 그리스도의 복음을 찬양하며 하나님 사랑으로 인한 그리스도의 사랑을 찬양했다.

3. 종교개혁 시대에 나타난 두 개혁가

중세 교회의 타락은 새로운 개신교를 낳았다. 그 시대에 두 개혁가가 나타났다. 종교개혁을 주도했던 인물인 마틴 루터와 그 개혁을 완성하는 데 결정적인 역할을 했던 장 칼뱅. 그들은 비록 그들의 성격만큼이나 서로 다른 예배관과 찬양관을 가졌지만 예배와 음악을 개혁하겠다는 기본 정신에서는 견해가 같았다. 당시 그들은 온 마음과 온 뜻과

---

70 Charles Burney, *General History of Music from the Earliest Age to the Present Period(1789)*, 2 vols(New York: Harcourt, Brace and Co., 1935), *op. cit.*, Russel N. Squire, 『교회음악사』, 45에서 재인용.

정성을 모아 하나님을 섬기는 예배가 부재하고 신령과 진정으로 예배를 드리는 무리들이 시들어갈 때 주의 몸 된 교회는 병들고 인간의 심성은 부패할 수밖에 없다는 진리를 경험하게 된다.[71] 그리하여 그들은 각자의 모습으로 예전(Liturgy)을 세우고 교회 음악을 만들었다. 그들의 찬양관과 교회 음악 철학 그리고 그들이 만든 음악(코랄, 시편가)을 비교해보며 그것을 증명해보고자 한다. 그리고 이를 통해 그들의 교회 음악의 영성을 탐구하고자 한다.

1) 마틴 루터

마틴 루터(Martin Luther, 1483~1546)가 본격적인 개혁의 불을 댕기며 사용한 도구는 음악이었다. 음악이 없는 그의 개혁은 성공할 수 없었다. 아니 성공할 수 있었더라도 그 시기가 많이 지연됐을 것이라고 필자는 단언한다. 그는 모든 음악을 그의 기준하에 받아들여 교회에 사용했다. 마틴 루터는 자유와 책임의 역설적 이론을 바탕으로 음악을 사용해서 민중을 동요시키고 개혁의 정당성을 알린다. 이를 통해 개혁의 속도를 앞당겨 빠르게 세상에 퍼지게 하는 계기를 만든 것이다. 이처럼 루터가 음악의 효용성을 가지고 영성을 형성하는 과정을 추적해보며 그 안에서 음악의 영성에 대해 탐구해보자.

(1) 찬양관

마틴 루터가 비텐베르크 대학 성당 정문에 95개 조항을 붙인 지

---

71 정장복, 『예배의 신학』, 80-81.

6년이 지난 1523년부터 구체적인 종교개혁의 불길이 붙기 시작했다. 이때 결정적 계기가 된 것은 그해 7월 1일 루터를 따르던 두 젊은이 하인리히 뵈즈(Heinrich Voes)와 요한 에쉬(Johann Esch)가 화형을 당한 사건이었다. 루터는 이 부당한 사실을 모든 민중에게 알리기 위해 음악을 사용하기로 결정한다. 이때 만들어진 곡이 그의 처음 찬송가가 된 〈새로운 찬송가의 시작〉(A New Song Now Shall Be Begun)이다. 루터는 이 곡으로 음악 개혁자로서 첫 걸음을 내딛으며 로마 교황청의 타락에 음악을 통해 저항한다. 또한 노래를 통해 앞으로 진행될 모든 개혁 활동에 하나님의 은혜를 구한다.[72] 이처럼 루터는 음악의 효용성에 대해 너무나 잘 알았고 그것을 그의 사역에 효과적으로 사용했다.

이에 그가 갖고 있던 아홉 가지 찬양관을 소개하고자 한다. 첫째, 루터는 음악을 하나님이 인간에게 주신 최고의 선물이라며 그것이 성경을 통해 증명된다고 말한다. 즉 하나님이 하나님을 위해 만든 음악을 통해 인간들로 하여금 그것을 사용하여 하나님을 송축하게 하기 위해 만들었다는 이론이다. 둘째, 찬송으로는 하나님 이외에 그 어떤 것도 찬양하지 말아야 한다. 이 말은 찬송하는 이유는 인간들 자신이 은혜받기 위한 목적이 아니라는 뜻이다. 찬송의 대상이 절대적인 하나님이시기에 찬송을 들으시는 이는 오직 하나님 한 분만 되셔야 한다는 것이다. 셋째, 음표가 가사를 살아 있는 것으로 만든다. 가사의 중요성을 피력하는 말이다. 즉 음악은 절대적으로 가사를 위해 존재해야 한다는 의미다. 넷째, 이미 잘 알려진 노래의 멜로디를 창작에 응용해서 사용했다. 이 이론이 루터로 하여금 종교개혁을 성공적으로 이루게 한 밑거

---

72 김철웅, 『추적! 마틴 루터도 CCM 사역자였는가?』(서울: 예영커뮤니케이션, 2009), 253-54.

름이었다고 말할 수 있다. 다섯째, 한 음표에 한 음절씩 가사를 붙였다. 이전에 음악들은 여러 음표에 한 가사를 넣게 하는 멜리스마틱(Melis-matic) 형태의 음악이 많았다. 이것은 다분히 음악을 위한 가사가 되는 경향이 있었기에 이 기준은 가사에 대한 중요성을 강조하는 그의 또 하나의 찬양관이다. 여섯째, 모든 성도가 모국어로 찬송해야 하고 또 성경을 읽어야 한다. 가사에 대한 중요성을 또다시 나타내고 있는 것이다. 일곱째, 많은 독일어로 된 찬송과 노래들을 지었고, 라틴어로 된 노래들을 번역했다. 이것도 결국 가사를 이해하고 가사에 담긴 메시지를 적용하게 하기 위함이다. 여덟째, 찬송은 기쁨으로 불러야 한다. 모든 환경에서 하나님의 하나님 되심을 인정하고 마음에 담고 찬양해야 한다. 마지막으로 젊은이들의 찬양대 교육에 지대한 관심을 두었다. 루터는 젊은이들의 도덕관 및 가치관은 합창음악 교육을 통해서 바르게 인도할 수 있다고 여겼다.[73] 루터의 찬송관에서 유추되는 그의 이론은 찬양에서 가사에 대한 깊은 이해와 적용이 가장 중요한 관건임을 확인하게 된다.

마틴 루터가 이런 찬양관을 갖고 음악으로 개혁을 이끌어 큰 영향력을 끼쳤던 것은 대단한 일이라고 표현하는 것으로 충분치가 않다. 오히려 무서웠다는 표현이 적절할 정도였다. 실제로 루터의 음악은 그의 설교보다 더 큰 영향을 끼쳤다.[74] 그것을 증명할 수 있는 문헌은 교회음악가 스티브 밀러(Steve Miller)가 당시 마틴 루터를 공격했던 사람들의 평가를 직접 인용해 그 당시의 음악이 지녔던 놀라운 영향력에

---

73 김철륜, 『교회음악론』(서울: 호산나음악사, 1992), 77-94.
74 Thomas H. Pattison, *Public Worship*(Philadelphia: American Baptist Publi-cation Society, 1900), 161.

대해 했던 말이다 "당시 예수회 소속이었던 콘제니우스(Conzenius)는 '루터의 찬양은 그의 글이나 설교보다 더 강하고 힘이 있다.' 스페인 가톨릭 수도사인 토마스 예수(Tomas a Jesu)조차도 '마틴 루터의 음악이 유럽에 루터란 교단을 팽창시키는 데 결정적 역할을 했다는 것은 그리 놀랄 일이 아니다.' 그 당시 마틴 루터의 음악은 일터에서, 장터에서, 길거리에서 또는 벌판에서도 불리고 있었다."[75] 이처럼 루터의 음악이 회중들로 하여금 종교개혁의 불길을 일으키는 데 결정적 역할을 했던 것을 충분히 입증할 수 있다.

(2) 교회 음악 철학

루터가 가지고 있던 교회 음악 철학을 현대의 사조로 설명하는 데에 두 명의 루터 학자인 칼 샬크(Carl F. Schalk, 1929~2021)와 로빈 리버(Robin A. Leaver 1939~)의 견해가 기준이 되어왔다. 이들이 정의해놓은 다섯 가지 루터의 철학을 김철웅 교수가 보충하여 소개했다.[76] 첫째, 하나님의 창조물로서 음악이다. 음악은 하나님이 창조하신 것이기에 하나님의 것이라는 사실이다. 이것이 루터가 지닌 음악 철학의 시작이다. 둘째, 신학에 버금가는 하나님의 선물로서 음악이다. 이것은 루터가 음악 속에서 신학을 발견하고 음악을 다시 강조했던 것으로 확인할 수 있다. 셋째는 말씀 선포로서 음악이다. 루터는 음악을 설교와 동일하게 인식했던 대표적인 인물이었다. 이 일에는 필자도 동의하는 바이다. 루터는 다윗이 성전 음악을 제정하고 백성들에게 준 사명 중 하나를 하나님의 말씀을 받들어 섬기는 종의 역할로 보았다.[77] 이러한

---

75 김철웅, 257.
76 *Ibid.*, 268.

루터 철학의 말씀 선포와 찬양이 항상 구원받은 자의 마음속에서 우러나오는 불가항력적 기쁨의 결과라는 데서 공통분모를 지닌다고 칼 샬크는 이야기한다.[78] 넷째, 예배 예전적 요소로서 음악이다. 무엇보다 루터는 음악을 예배와 분리해서 생각하지 않았다. 이런 그의 철학은 회중 찬송이라는 형태로 실제화되었고 오늘날까지 그 전통이 계속 유지되고 있다. 마지막으로 교회를 이어주는 교량 역할로서 음악을 이야기했다. 종교개혁이란 가톨릭 전통과의 단절이 아니고 가톨릭 전통에 기반을 둔 개혁의 또 다른 움직임이었다. 이에 루터와 그의 추종자들은 예배와 음악의 개혁에서 전통적인 라틴어 예배의 성격을 그대로 유지한 채 나름대로 그것을 정화하려고 노력했다.[79] 루터의 음악 철학은 하나님이 주신 가장 소중한 선물이었고 루터는 이것을 하나님을 나타내고 하나님을 송축하기에 가장 중요한 도구로 여겼다.

(3) 코랄

루터가 만든 코랄(Choral) 장르는 회중들의 입을 열게 하여 교회 개혁에 불을 지피게 하는 큰 원동력이 되었다. 결국 오늘날까지 그 명맥이 이어져 개신교 회중 찬송의 출발점이 되었다. 그래서 루터를 일컬어 종교개혁자라는 간판 위에 개신교 찬송의 아버지라는 영광스런 명함을 또 하나 얹어주었다.[80] 그뿐만 아니라 코랄은 서양음악 역사에

---

77 대상 25:5.

78 Carl F. Schalk, *Luther on Music: Paradigms of Praise*(Saint Louis: Concordia publishing House, 1988).

79 Luther D. Reed, *Worship in What Lutherans are Thinking*(Columbus, Ohio: The Wartburg Press, 1947), 396.

80 김철웅, 320.

지대한 영향을 주었던 중요한 음악의 장르가 되었다. 코랄은 루터의 절친한 친구인 작곡가 요한 발터(Johann Walter, 1496~1570)의 도움으로 1524년 비텐베르크 성가집으로 출간되어 최초의 개신교 찬양집으로 기록되었다.[81] 이후 루터는 왕성한 작곡 활동을 하여 4권의 성가집을 발간했고 그가 평생 동안 지은 코랄은 기록에 남는 것만도 총 37곡에 이른다.[82] 그가 만든 코랄의 특징은 다양한 자료들을 접목했다는 것이다. 라틴 찬송이나 찬트, 당시 유행하던 대중 노래, 새로운 작곡 등을 음악에 사용했고 가사는 주로 시편의 내용을 당시의 언어로 바꾸어서 기존에 있는 멜로디에 집어넣는 콘트라팍툼(Contrafactum) 형태의 음악을 만들었다. 루터 자신이 회중 찬송을 만들면서 "이것을 만든 목적은 회중을 위한 찬송을 만들어서 하나님의 말씀이 그들 안에 살아 있게 하기 위한 것"[83]이라고 말했다. 즉 음악은 철저히 그 무엇을 이루기 위한 도구이지 그 자체가 목적이 될 수 없다는 것이다. 이에 교회 음악의 영성을 다룸에 있어 실제적인 영적 성장의 핵심은 음악이 아닌 그 음악에 담긴 하나님의 말씀이다.

루터 연구가 윌리엄 로버트 밀러(William Robert Miller, 1927~1970)는 마틴 루터의 사역과 철학을 종합해서 이렇게 정의 내렸다. "그는 어느 누구에게도 복종당하지 않는 기독교인의 자유를 말했다. 그러면서도 모든 사람을 위해 살아야 하는 섬김의 책임을 강조했다."[84] 루터

---

81 *Ibid.*, 254.

82 John Makujina, *Measuring the Music Debate*, 2nd ed.(Willow Street, PA: Old Paths Publications, 2022), 228.

83 김대권, 『교회음악철학』(서울: 중앙아트, 2006), 36.

84 William Robert Miller, *The World of Pop Music and Jazz*(Saint Louis: Concordia Publishing House, 1965), 8.

가 간직한 음악의 자율성, 즉 당시에 나타난 모든 음악을 교회에 받아들일 수 있다는 것이다(물론 루터 자신이 그 가운데 엄격한 규율로 분별을 했다). 하지만 가사에 대해 규율이 엄격했고 가사 위에 음악을 표현하려는 요소들을 엄격히 규제하려 하였다. 사도 바울은 분란과 어려움에 처해 있는 고린도 교회에 보낸 편지에서 자유와 책임에 대한 역설을 이야기했다.[85] 이와 같이 루터를 통해 발견되는 교회 음악의 영성은 자유와 섬김의 책임 가운데 꽃피는 역설의 열매들이라 말할 수 있다.

2) 장 칼뱅

필자는 장 칼뱅(John Calvin, 1540~1549)을 떠올리면 가장 먼저 "오직 말씀으로"(*Sola Scriptura*)라는 단어가 연상된다. 그만큼 칼뱅은 그의 날카로운 모습만큼이나 진리 앞에서 타협이나 협상이란 일체 없는 단호함의 아이콘이다. 그러기에 그는 교회 음악에 대해 대체적으로 부정적인 태도를 취했다. 하지만 그 내면을 살펴보면 당시 루터나 츠빙글리 같은 다른 개혁들처럼 음악에 식견이 깊었다. 반면 그는 분명한 기준을 갖고 구별해서 음악을 제한되게 사용했다. 무엇이 그를 그렇게 만들었는지 추적해보며 그 안에서 음악의 영성을 탐구해보자.

(1) 찬양관
칼뱅은 음악에 담긴 가사에서 주는 말씀을 효과적으로 표현하는 데에 음악보다 더 좋은 예술 행위는 없다고 이해했다. 이는 "찬양이야

---

85 고전 6:12.

말로 하나님의 백성들이 할 수 있는 최고의 헌신이며 그 믿음의 진정한 증거다"[86]라고 하는 말에서 그 의미를 유추해볼 수 있다. 하지만 음악을 사용할 때에 그는 혹시 그 음악으로 인해 그 안에 담겨 있는 하나님의 메시지가 희석되어 하나님과는 아무 상관없는 예술 행위가 되는 것은 아닐까 극히 우려했다. 하나님께서 인간들에게 주신 소중한 선물이 음악이기에 그것이 잘못 사용되지 않도록 각별한 주의를 기울였던 것이다.

그가 갖고 있던 찬양관을 다섯 가지로 나누어 전개하고자 한다.[87] 첫째, 모든 악기 사용을 반대했다. 그는 초대 교회 예배를 도입했다. 그때에는 신약 시대 전통을 따라 악기 사용을 하지 않았다. 신약 시대에는 율법 시대가 아닌 믿음의 시대로 생각하여 악기 사용이 구약에 많이 나타난 것과 연관시켜 율법의 잔재로 생각했다. 무엇보다 악기에는 가사가 없다는 이유가 칼뱅에게는 악기 사용을 반대한 가장 큰 이유였다. 둘째, 단성 성악 음악만 예배에서 허용했다. 다성 음악은 말씀을 분명하게 전달하지 못하고 미적 아름다움에 빠져들어 하나님의 영광을 가리게 된다는 것이다. 셋째, 그는 성경 안에 있는 노래 가사(시편가, 칸티클)만 사용해야 한다고 주장했다. 그는 시편을 교회의 기도라고 생각했고 회중이 이것을 불러야 한다고 여겼다. 그리고 복음서에 나오는 그리스도에 관한 찬송인 칸티클은 초대 교회 때부터 사용한 것으로 이것 또한 회중이 함께 불러야 한다고 생각했다. 하지만 루터와 다르게 가사를 그 시대 언어로 바꾸지 않고 성경 내용을 그대로 부르게 하였다. 넷째, 뜻을 모르고 부르는 라틴 가사의 찬송을 거부했다. 당시 로마

---

86 김의환, 『기독교 교회사』(서울: 총신대학교출판부, 1998), 184.
87 홍정수, 『교회음악개론』(서울: 장로회신학대학출판부, 1988), 35-39.

가톨릭 예배에서 자신이 부르는 노래의 뜻도 모르는 가운데 부르는 건 위험한 것이라 여겼다. 칼뱅은 만인 제사장의 개혁 정신을 바탕으로 과감히 자국의 언어로 찬양토록 하였다. 마지막으로 어린이 음악 교육에 큰 관심을 가졌다. 칼뱅은 "음악은 하나님이 주신 큰 선물"이라고 아우구스티누스와 같은 말을 하여 음악의 중요성을 강조했다. 그는 이 신시편가를 청소년 교육과 예배를 위해 사용했고 제네바(Geneva)에 성악을 위한 가창 학교를 설립했으며, 음악가들로 하여금 시편가를 출판하게 했다. 지금까지 칼뱅의 찬송관에서 보았듯 음악은 철저히 말씀을 말씀대로 이해하게 하는 도구로 여겼다는 사실이 명확하다.

(2) 교회 음악 철학

칼뱅은 마음을 움직여 감동시키는 신비하고 놀라운 힘을 지닌 음악의 효율성에 대해 아주 민감하게 반응했다. 이 작용력이 하나님을 기쁘게 하는 방향으로 생각하기보다는 타락과 자기도취를 위해 오용되는 것을 크게 걱정했던 것이다.

그의 교회 음악 철학을 포괄적으로 세 부분으로 나누어 이야기할 수 있다. 첫째, 마음을 다할 수 있는 찬양이 되어야 한다. 노래는 마음으로 해야 한다고 말하여 순전히 외적으로 부르는 노래가 아닌 진심에서 우러나오는 노래를 부르도록 하였다. 오직 곡조에만 주의를 기울이지 않도록 조심해야 하고 우리의 마음속에 가사의 영적 의미를 담아 고백할 수 있게 해야 한다고 하였다. 둘째, 거룩한 찬양이 되어야 한다. 그의 음악의 오용에 대한 깊은 염려는 세속화되고 부패한 중세 가톨릭교회의 부정을 타파하기 위한 개혁 정신을 바탕으로 매우 단호하게 표출하게 된 것이다. 음악은 하나님의 선물이기에 오용되지 않도록 각별히 주의를 기울여야 하며, 만약 잘못 사용된다면 그것은 많은 악의 원인이 될 수 있음을 호소한다.[88] 셋째, 음악이 품위 있어야 하고 간결해야 한다는 것이다.[89] 너무 현란하지 않게 단순성을 지닌 찬송이어야 한다고 주장한다. 그는 단순함을 유지하기 위해 복잡한 다성 음악을 배제하고 악기 또한 배제한다. 교회사를 통틀어 칼뱅처럼 찬양의 표현 양식을 엄격하게 규제하고 절제한 인물도 드물다. 그런 그가 찬양이야말로 하나님께는 최상의 가치를 지닐 뿐 아니라 최고의 헌신이라고 한 것은 찬양의 본질이 외형적인 음악에 있지 않다는 의미이다.[90]

(3) 시편가

칼뱅의 시편 찬송가는 개혁 교회의 유산이다.[91] 그는 1537년 1월 16일 "제네바 시에서 교회 조직과 예배에 관한 논문(The Articles of 1537)을 시의회에 제출했다. 이 논문은 네 가지 조치를 다루고 있는 것으로 그중 두 번째에 공중 예배에서 시편 찬양을 다루어 그의 교회 음악 사상을 바탕으로 한 구체적 찬양의 모습으로 시편가를 주장한다."[92] 이후 1539년부터 1562년까지 장장 23년에 걸쳐 150편의 시편 전체를 완성한다. 시인 마로(Clement Marot, 1496~1544)에게 시편 가사를 운율화해줄 것을 부탁하고 제네바에 있는 부르주아(Louis Bourgeois, 151~1559)에게 작곡을 요청했다. 처음 시편가는 1539년 스트라스부르

---

88 이승희, "칼빈의 교회음악 사상," 『칼빈과 개혁신학: 정규오 목사 은퇴 기념 논총』 (February, 1999): 385-409, https://kirs.kr/data/calvin/calvin_173.pdf.
89 서창원, 『칼빈의 시편 찬송가』(서울: 시편찬송가편찬위원회, 2009), 5.
90 김대권, 53.
91 서창원, 5.
92 이승희, 398.

시편가로 이름 붙은 22편으로 구성되어 나오게 되었다. 이후 1542년 30편의 시편이 시인 마로에 의해 출간되었다. 이후 마로와 칼뱅이 함께 19편의 시편을 더 운율화해서 만들었다. 그리고 마로는 1544년 안타깝게도 지병으로 사망했다. 이후 칼뱅은 시편 운율 작업을 계속할 마땅한 인물을 찾던 중 1548년 제네바에서 베제(Theodore de Beze, 1519~1605)를 만나게 되었고 그와 함께 운율 작업을 계속하게 되어 1551년 총 83편의 시편가를 만들었다. 이후 1562년까지 베제가 나머지 시편을 마치고 드디어 마로와 베제에 의해 150편의 완성된 시편가가 나오게 된 것이다. 이 시편가들은 칼뱅이 철저하게 감독하고 편집한 것으로 성경 본문을 기초로 하여 이루어진 시와 노래가 운율화된 회중 찬송이었다. 이것은 칼뱅의 『제네바 시편가』(Genevan Psalter, 1562)라는 이름으로 1562년 25판 이상 발행되었다.[93] 이와 같은 칼뱅의 예술관과 교회 음악관을 바탕으로 한 그의 시편 찬송은 종교개혁과 함께 20여 개국 유럽 전역으로 퍼져 나가게 되었고, 교회 음악사에 큰 업적으로 남게 된다.

칼뱅은 시편가를 부를 때 유념해야 할 세 가지를 언급한다. 이것은 오늘의 교회에서도 교회 음악인들이 무슨 찬양을 하든지 꼭 유념해야 할 지점이다. 첫째, 시편 찬송을 부를 때는 마음을 다하여야 한다. 칼뱅은 1536년 발행한 『기독교 강요』에서 "마음속 깊이 우러나오지 않는 소리나 노래는 하나님 앞에서 아무 유익이나 가치가 없다"라고 말한다.[94] 내면에서 깊은 고백이 없는 찬양은 하나님 앞에 아무 가치가 없는 찬양이 된다. 둘째, 시편 찬송을 부를 때는 먼저 가사를 이해해야

93 서창원, 6.
94 이승희, 393.

한다. 칼뱅은 시편 찬송 서문을 통해서 예배자는 자신이 무엇을 말하며 그 내용이 무엇이었는지 이해해야 한다고 주장했다. 이 말은 당시 교회의 모든 언어가 라틴어로만 되어 있었기에 찬양의 모든 가사 또한 라틴어로 되어 있어서 뜻을 모르고 읊어대는 찬양에 대한 경고다. 하지만 오늘날은 이것과 더불어 음악의 심미주의에 대한 경고도 엄숙히 받아들여야 한다. 오늘날 음악은 아름다움에 심취되어 정작 내용을 이해하지 못하고 부르는 찬양이 되고 있다. 이것은 하나님과는 아무 소용이 없는 노래가 되는 것이다. 셋째, 시편 찬송을 부를 때에는 암기하여 부르기를 강조한다. 암기하여 부르려면 제시하는 두 가지를 모두 충족할 수 있기에 적극 권장한다. 즉 마음을 다하고 가사를 이해할 수 있는 방법은 암기를 통해 쉽게 성취할 수 있기 때문이다.

필자는 칼뱅이 뛰어난 신학자이자 음악에 대한 깊은 식견을 지닌 음악평론가라고 생각한다. 그는 우리가 일반적으로 인식하듯이 음악의 소양이 낮은 사람이 결코 아니다. 오히려 음악에 대한 지식이 깊었기에 그 음악의 작용력을 누구보다 잘 알았던 신학자였던 것이다. 그렇기에 그 음악에 하나님의 말씀이 이용당하는 것은 절대 용납할 수 없다는 강한 신념이 그로 하여금 제한적으로 음악을 사용하게 한 것이다. 그리고 한 가지 더 칼뱅의 견해에서 음악을 제한적으로 사용한 것은 그 당시의 시대적·문화적 상황을 감안하면 이해할 수 있다. 만약 오늘날의 칼뱅으로 그가 환생한다면 그렇게 제한적으로 음악을 사용하지 않았을 것이다. 하지만 지금까지 그의 찬송관, 음악 철학, 시편가를 만들어 회중들에게 보급하는 사역을 보며 시대나 상황에 따라 절대 변하지 않을 그의 음악사상은 하나님의 사랑을 표현하는 말씀이 단 일점일획이라도 희석될 수 있는 음악적 요소가 보인다면 단칼에 잘라낼 것이다. 사도 바울이 로마 교회에 보낸 편지에서 "분별하라"[95]고 했던 말은 하나님의 뜻을 바로 인정하라는 깊은 의미로, 칼뱅은 분명 분별의식을 갖고 구별하여 음악 예술을 교회에 접목시킨 뛰어난 신학자이자 음악 평론가였다. 이것이 기초가 되어 칼뱅은 교회 음악의 영성이 형성되어 꽃을 피운 열매들이라 말할 수 있다.

4. 교회 음악 영성의 실천적 적용

우리는 하나님의 사랑을 닮아 실천하는 것에서 출발하여 하나님이 우리를 사랑하시는 복음의 진리를 깨닫는 과정에서 형성되는 기독교 영성을 발견했다. 이를 바탕으로 음악 예술을 통해 하나님의 사랑을 녹여내고 영광의 하나님을 찬양하며, 그에 합당한 삶을 살아내는 교회 음악 영성을 탐구했다. 이것을 통해 세 가지로 교회 음악 영성의 요소 들을 알아냈다.

1) 신령하게 섬기는 영성(출 24:1; 대상 25:1)

최초의 공중 예배가 된 모세의 시내산 예배에서는 이스라엘 백성은 모두가 예배 공동체의 일원으로서 각자의 역할에 최선을 다해 섬기며 신령한 노래를 하나님께 드렸다.[96] 하나님이 아브라함에게 주신 약속 을 다윗 때에 이루어 모든 천하를 통일한 뒤 그 성취에 대한 표시로 다윗은 성전 음악과 지도자들을 양성하는 기관을 만들었다. 그곳에서

---

95 롬 12:2.
96 출 24:1.

예배 음악인들이 갖추어야 할 덕목 중 가장 핵심이 신령한 노래를 하는 것이었다.[97] 이것은 클레르보의 베르나르가 묵상한 하나님의 사랑의 세 번째 단계인 '하나님을 사랑하기 위해 하나님을 사랑하는 단계'와 헨리 나우웬이 영성의 실천 단계에서 본 환상에서 깊은 기도의 세계로 들어가 신령한 세계를 바라보는 것을 깊은 영성의 단계로 여긴 것과 연결된다. 이에 교회 음악의 영성 형성은 구별되어 신령함을 추구하는 가운데 영적인 꽃을 피워 열매를 맺는다.

교회 역사를 보면 1517년 종교개혁 이후에 가톨릭에서 1545～1563년에 이탈리아 북부 도시 트렌트 지역에서 개최되었던 트렌트 종교회의가 있었다. 이것을 소위 반종교개혁(counter reformation)이라 한다. 이때 제기된 여러 의제 중 하나가 바로 음악에 관한 심각한 내부 비판이었다. 이 회의에서는 두 가지 문제 제기가 있었다. 첫째, 교회 음악 가사에 세속적인 선율들, 즉 권주가나 사랑에 관한 곡조들을 이용해 교회 음악 가사를 사용 덧씌우는 형식 때문에 순수한 교회 음악 모습을 찾기가 힘들다는 것이었다. 둘째, 당시 크게 발전하고 있는 다성 음악이 너무 무분별하게 사용되다보니 가사를 잘 알아들을 수 없다며 당시 가톨릭 지도자들에게 강한 비판이 대두되었다. 결국 가사를 위한 음악이 아닌 음악을 위한 가사가 되었고 단순히 미를 추구하는 음악으로 전개되어 그 속에서 진정한 영성을 찾을 수 없다는 불만이었다.

이때 이탈리아의 작곡가 조반니 피에르루이지 다 팔레스트리나 (Giovanni Pierluigi da Palestrina, 1525년경～1594)는 이런 이론들에 반박하며 기존의 다성 음악을 그대로 유지하게 하였다. 그는 오늘날 미사

---

97 대상 25:5.

음악의 아버지라 칭함 받는 자였다. 그는 〈교황 마루첼루스〉라는 표제를 담은 '6성부 미사곡'을 작곡하여 다성 음악 양식이 가사를 이해하는 데 결코 방해가 될 수 없다는 것을 보여주었다. 그가 작곡한 이 음악은 트렌트 종교회의 기간 중에 불렸는데, 신비로울 만큼 철저한 협화음과 선율의 순차 진행을 바탕으로 가사와 음악이 일치된 '카논'(돌림노래 형태)과 '호모포니'(homophony) 구조를 적절히 배합해서 가사가 정확하게 들리도록 하였다. 아울러 완벽한 기량으로 만들어진 가장 순수한 영적 멜로디인 찬트를 선율로 사용하여 영감이 넘치는 음악으로 만들어 들려줌으로써 다성 음악이 지니고 있는 참된 가치를 공의회에 확인시켰고, 나아가서는 다성 음악에 적대감을 갖고 있던 반대자들을 침묵시켰던 것이다.

팔레스트리나는 당시 작곡가들이 음악에 가사를 붙여오던 관행을 벗어나 하나님을 높여드리는 가사에 아름다운 음악 예술을 창조하여 조화롭게 균형을 이루었다. 그것은 분명 그에게 신령하게 섬기는 영성으로 형성된 열매라고 말할 수 있다. 팔레스트리나가 오늘날 교회 음악인들에게 주는 두 가지 교훈이 있다. 첫째, 전문적인 음악성 위에 말씀이 담긴 가사 연구에 깊은 관심을 기울여야 한다. 둘째, 음악을 통해 나를 드러냄이 아닌 오직 하나님만을 드러내기 위해 부단히 힘써야 한다.

노진준 목사는 "복음적인 예배란 무엇인가?" 강의를 통해 현대 교회는 나르시시즘(narcissism) 예배에 물들어가고 있다[98]고 이야기한다. 이 나르시시즘이란 말은 정신분석학적 용어로 자신의 외모나 능력과

---

98 노진준, "복음적인 예배란 무엇인가?"(강연, 월드미션대학교 예배목회 수업, 로스앤젤레스, CA, 2020년 10월 13일).

같은 어떠한 이유를 들어 자기 자신이 뛰어나다고 지나치게 믿거나 아니면 사랑하는 자기도취적 성격을 말한다.[99] 즉 오늘날의 예배자들 특히 예배 인도자들이 이런 나르시시즘에 물들어가고 있다고 경고하는 말이다.

15세기 이탈리아 피렌체의 유명한 설교자인 지롤라모 사보나롤라 (Girolamo Savonarola, 1452~1498)라는 사람이 있었다. 그가 한번은 피렌체의 한 교회에서 설교하게 되었다. 그 교회는 너무 아름다워서 인상적인 마리아 동상이 있었다. 그곳에 며칠 머무는 동안 그는 연세가 지긋한 한 여인이 거의 매일 동상 앞에서 기도하는 것을 보았다. 참 귀하다 싶어 그는 그 교회에서 오랫동안 섬긴 신부님에게 이야기를 꺼냈다. "참 경건하고 귀한 분을 만났습니다. 매일 마리아 동상 앞에 나와서 진실하게 기도하는 분이었습니다." 그러자 신부님은 의외의 대답을 했다. "보이는 것에 속지 마세요. 아주 오래전에 한 조각가가 저 마리아 동상을 조각하는 데 모델이 필요했습니다. 아름다운 한 여인을 모델로 삼았지요. 저 할머니가 바로 그 모델입니다. 할머니는 옛날 자기 모습에 예배하고 있는 것입니다."[100] 즉 모든 일의 주체가 하나님이 아닌 자신이 되는 것에 익숙해져간다는 말이다. 무대 위에서 뛰어난 연주자가 되어 어떻게 하면 아름답게 예술 음악을 펼쳐 회중들의 귀를 즐겁게 할 수 있을지 고민하는 일에만 집중을 하니 자신이 중심이 되어 음악을 준비하게 되는 것 말이다. 이것이 오늘날 교회 음악인들에게 큰 경종으로 울린다. 이를 통해 우리는 더욱더 인기 영합주의, 심미주

---

99 Wikipedia, s.v. "Narcissism," accessed December 30, 2022, https://en.wiki-pedia.org/wiki/Narcissism.
100 노진준, 『예배 사색』, 19.

교회 음악의 영성 _ 윤임상 | 311

의에 관심을 갖고 그것에 물들어가고 있다.

심리학자 폴 투루니에(Paul Tournier, 1898~1986)는 이렇게 고백했다. "나는 사람들이 내 글에서 대중을 즐겁게 하는 저술 기법을 익히려고 할까 봐 염려된다. 나는 지금처럼 단순함을 유지하고 내가 경험하고 생각하는 것을 아무런 꾸밈없이 기술하기만을 바랄 뿐이다."[101] 오늘의 예배 음악인들에게 하나님을 향해 이런 떨림의 고백이 매 순간 있어야 할 것이라 생각한다. 회중에게 감동을 주고 영향을 주는 일은 중요하지만 그 중요성은 오직 하나님을 온전히 예배하는 도구로만 쓰이는 목적이 되어야 한다.[102] 오늘날에는 유난히 더 나르시시즘에 물들지 않게 스스로를 점검해야 한다. "하나님 내가 아닙니다. 하나님이십니다." 이때에 비로소 하나님만을 위해 하나님만을 드러내려는 신령한 섬김의 영성 세계를 맛볼 것이다.

2) 진리를 위해 저항하는 영성(갈 6:17)

초기 기독교 교회와 속사도 시대를 통해 교회 음악의 영성을 정의하자면 저항 속에 진리를 사수하며 예수의 흔적만을 드러내 꽃을 피워 열매를 맺어갔던 시대였다. 이것은 사도 바울이 갈라디아 교회에 보낸 편지 속에서 여실히 볼 수 있는 단면이다.[103] 이들은 비록 진리를 위해 목숨을 가볍게 여긴 것처럼 보이지만 진정 하나님 안에서 자신들을

---

101 Paul Tournier, 『모험으로 사는 인생』(L'Aventure de la Vie)(서울: 한국기독학생회출판부, 2017), 88.
102 노진준, "복음적인 예배란 무엇인가?"
103 갈 6:17.

사랑한 역설의 축복이 있던 예배자들이었다. 이 사실을 보며 그들은 클레르보의 베르나르가 묵상한 하나님을 사랑하는 네 번째 단계인 '하나님을 위해 나를 사랑하는' 깊은 영성을 소유한 자들이었다. 그리고 헨리 나우웬이 실천적 영성을 통해 보인 것처럼 그들은 자신들을 괴롭히는 자들을 향해 적개심이 아닌 환대의 깊은 영성 세계로 들어간 것이다. 그렇기에 초기 기독교 시대와 속사도 시대 예배자들은 삼위 하나님을 높이는 입술의 고백을 끊이지 않으며 진리를 향해 저항했다. 기독교는 이것들을 통해 복음의 깊이를 더해가는 영성의 세계로 발돋움하게 되었다.

모차르트(Wolfgang Amadeus Mozart, 1756~1791)의 천재성에 대해 모르는 사람은 없을 것이다. 그가 35세라는 짧은 생애 동안 작곡한 600여 개 작품의 완성도에 이의를 제기하는 사람도 거의 없다. 그가 음악을 만들 때 발휘한 비범함은 그의 깊은 신앙의 삶과 뗄 수 없는 것이었다. 그에 대한 일화가 많지만 하나만 소개하고자 한다. 그것은 그가 가장 왕성하게 활동하며 최고조의 인기를 누렸던 시기인 1781년 돌연 궁정 악장의 자리를 내려놓고 음악가 역사상 최초의 프리랜서로 활동하게 된 일이다. 당시 사회는 봉건적이고 권위주의적인 구체제에 맞서 만민 평등주의와 개인주의 정신에 근거한 계몽주의(Enlightenment) 혁명이 진행되던 전환기였다. 이런 변화에도 궁정의 군주들은 구시대적 잔재들을 버리지 못하고 또 성직자들마저 교권을 남용하고 타락하는 모습에 환멸을 느끼며 궁정과 교회 소속을 모두 내려놓게 된 것이다. 이러한 결정은 경제적 수입을 모두 포기해야 했던 것이다. 이것으로 그는 아주 빈곤하고 궁핍한 삶으로 말년을 보내게 된다. 이런 고통 가운데서도 그는 하나님을 사랑함과 하나님이 나를 사랑하셨다는 복음에 대한 깊은 믿음을 품고 자유로운 가운데 음악을 만들었고 음악을 통해 하나님의 영광을 표현하려 했다.

스위스 출신으로 20세기의 가장 위대한 개혁 신학자인 칼 바르트 (Karl Barth, 1886~1968)는 "내가 천국에 가면 어거스틴이나 토마스 아퀴나스, 루터나 칼뱅, 슐라이에르 마허보다 우선적으로 모차르트를 만나 안부를 묻고 싶다"[104]라고 말했던 일화가 있다. 바르트가 얼마나 모차르트를 추앙했는지 알 수 있는 대목이다. 그는 모차르트의 음악을 들으며 자유를 느꼈고 모차르트가 누렸던 그 자유는 하나님에게서 온 것이라고 여겼다. 모차르트, 그는 짧은 35세의 생을 살며 숱한 고통을 당하면서도 자신의 음악 세계는 오직 하나님의 영광을 위한 그 진리를 놓치지 않았던 위대한 음악가였다.

초기 기독교 예배를 연구하는 듀크 대학의 레스터 루스(Lester Ruth, 1959~) 교수는 오늘날 미국교회에서 드리는 찬양의 가사를 연구하며 다음과 같은 흥미로운 통계를 내놓았다. 주일날 드리는 찬양 중 하나님 아버지를 정확하게 언급하는 곡은 다섯 곡 안에서 한 곡에도 미치지 못한다. 기도 찬양으로 하나님 아버지에 대해 직접 언급된 찬양은 열 곡 중 한 곡도 채 안 된다. 반면 예수 그리스도에 대해 언급하는 것은 열 곡 중 다섯 곡이나 된다. 하지만 예수 그리스도가 중심이 되어 직접적으로 언급된 곡은 다섯 곡 중 한 곡뿐이라는 연구 조사 결과였다.[105] 사도행전에 나타난 초대 교회 역사를 보면 예수님의 승천 이후 기독교

---

104 문성모, "신학거장 칼바르트, 모짜르트를 말하다?," 「예배음악매거진」, 2020년 6월 4일, http://www.worshipmusic.co.kr/13024.
105 Lester Ruth, "예배의 역사를 통한 리셋"(강연, 월드미션대학교 예배포럼, 로스앤젤레스, CA, 2022년 6월 10일).

예배의 주 내용은 예수 그리스도의 삶과 죽으심, 부활하심 그리고 승천과 다시 오심이었다. 그렇기에 앞서 이미 언급했듯이, 초기 기독교 시대와 속사도 시대의 교회는 예배자들이 시편송과 함께 구약의 찬양 형식인 송가(Canticle)를 이어받아 가사의 내용이 그리스도가 중심이 된 찬양을 만들어 뜨겁게 찬양하며 진리를 향해 저항했던 예배 공동체였다. 이 시대 예배자들이 드렸던 찬양을 보면 오늘날 우리가 잊고 있는 부분이 있다. 삼위 하나님을 송축하는 그 찬양에 익숙함보다는 내가 중심이 된 나의 고백에 더 익숙해져 있다는 것을. 이러한 유행이 찬양의 대세로 자리 잡게 될까 염려된다.

21세기 초 C. S. 루이스가 당시 사회를 비판하며 주창한 불버리즘 (bulverism)이란 단어가 있다. 이것은 누군가의 생각이 틀린 이유를 설명하기에 앞서 그가 틀렸다는 사실을 입증해야 하는데, 논의도 없이 그가 틀렸다고 가정한 후 그가 어떻게 어리석게 되었는지 부지런히 설명하는 방법이다. 그런 식으로 주의를 분산시켜 무작정 그가 틀렸다고 가정한 사실에 우리가 주의를 기울이지 못하게 하는 것이 비결이다. 이런 악습을 보며 루이스는 불버리즘이라는 이름으로 그것을 명명하였다.[106] 오늘날 찬양을 만들고 연주하는 교회 음악인들에게 불버리즘이라는 말에 담긴 의미가 깊은 경종으로 다가온다. 초기 기독교 시대와 속사도 시대 예배자들은 삼위일체 하나님에 대해 혼란을 주는 이론들 속에서도 굳건히 흔들리지 않고 입술을 열어 삼위 하나님을 찬양하며 진리를 위해 저항했다.

---

106 Clive Staples Lewis, 『피고석의 하나님』(*God in the Dock*), 370.

3) 자유와 책임과 구별됨의 영성(고전 1:2; 롬 12:2)

마틴 루터와 장 칼뱅, 이 두 개혁자의 교회 음악은 분명히 달랐다. 하지만 결론은 놀랍게도 매우 똑같았다. 그 이유는 이들이 음악을 사용하는 목적을 이루기 위한 접근법을 달리 표현했기 때문이다. 그로 인해 그 음악의 형태가 너무 대조적으로 나타났던 것이다. 하지만 그들이 같은 목적을 가지고 본질에 접근했기에 결국은 종착점이 같았던 것이다. 즉, 그들이 갖고 있던 가장 중요한 관심은 음악에 담겨진 하나님의 말씀이 일점일획이라도 희석되거나 의미 없이 표현되는 것을 절대 용납하지 않겠다는 것이다. 이것이 그들의 교회 음악 철학이요 찬양관이었으며, 영성 형성의 핵심이었다. 그들의 이런 사상을 통해 음악의 영성을 도출하게 된 것이다. 클레르보의 베르나르가 묵상한 하나님 사랑인 '하나님을 사랑하기 위해 하나님을, 그리고 나를 사랑하는 단계'에 이들은 깊이 물들었던 것이다. 그리고 헨리 나우웬이 영성의 실천 단계에서 본 것처럼 루터와 칼뱅은 교회의 개혁을 강하게 추동하면서 때로는 목숨의 위협을 당하며 자신에게는 외로움을 고독으로, 자신을 대적하려 하는 자들에게는 적개심에서 환대를 그리고 하나님을 대할 때는 환상에서 깊은 명상의 기도로 나아갔던 영성의 대가들이었다. 이것이 그들의 음악 영성에 영향을 주어 음악을 다룰 때에 루터는 자유 가운데 책임을,[107] 칼뱅은 엄격한 분별력을[108] 갖고 각자의 사역에 음악을 사용했던 것이다.

멘델스존(Felix Mendelssohn, 1809~1847)은 여느 작곡가들과는

---

107 고전 10:2.
108 롬 12:2.

다르게 깊은 신앙을 소유한 개신교 음악가였다. 유태인인 그의 아버지는 자녀들의 장래를 위해 루터교로 개종하여 세례를 받게 하면서 기독교인이 되었다. 멘델스존은 항상 성경을 가까이 하며 말씀을 이해하고 원본을 충실히 해석하여 그것을 음악에 접목하려 부단히 노력했다. 그것은 그가 쓴 두 개의 오라토리오 가사를 만드는 과정을 유추해보면 알 수 있다. 그의 첫 오라토리오 〈사도 바울〉(St. Paul, Op. 36)을 쓸 때는 바울에 대한 깊은 이해를 갖기 위해 그의 절친한 친구인 개신교 목사 줄리어스 슈브링(Julius Schubring, 1806~188)과 사도행전 내용을 구약과 연관해 연구하여 원본을 충실히 하며 가사로 접목해 음악에 대입했다. 한편 그는 자신의 대표작이라 할 수 있는 두 번째 오라토리오 〈엘리야〉(Elijah, Op. 70)의 극음악을 만들 때에 당시 극적인 대본을 가장 잘 만든다고 소문났던 칼 클링게만(Karl Klingemann 1798~1861)에게 부탁했다. 하지만 각 장면들의 극적인 요소는 잘 나타났지만 성경의 원본을 의역하여 드라마틱한 장면을 만드는 모습을 보고는 바로 클링게만과 손을 떼고 다시 슈브링과 손을 잡고 작품을 완성했다. 이처럼 그는 말씀을 말씀대로 올바로 해석해서 음악에 붙이려 했고 음악 때문에 가사가 애매하게 이해되는 것을 보지 못했던 루터와 칼뱅과 같은 영성을 가진 음악인이었다. 그렇기에 필자는 멘델스존을 단순한 예술 행위와 연주를 위해 음악을 만들고 연주한 것이 아닌 하나님 사랑의 성품과 복음을 드러내기 위한 음악을 만들려고 부단히 노력했던 교회 음악의 영성을 깊게 소유한 영적 지도자라고 생각한다.

　이 복음의 확실한 진리를 가슴에 담고 "이 복음의 근원이 되시는 하나님과의 관계에서 필수적인 기초는 '그분이 나의 하나님이십니다'"라는 원초적 고백이 동기가 되어 그분께 존귀와 영광을 드리는 멘델스존은 음악가로 다양한 분야에 영향을 주었던 뛰어난 예술인이었고, 균형 잡힌 신앙인이었다. 그러나 무엇보다 귀한 것은 그가 품었던 교회 음악에 대한 이해가 오늘을 사는 교회 음악 지도자들에게 신선한 충격으로 다가온다는 것이다. 그는 단순히 무대 예술을 위해 음악을 했던 당시 유명한 작곡가들과는 다르게, 찬양의 본질에 대해 깊이 주목하며 성경을 성경대로 음악에 접목하려 했던 진정성 있는 교회 음악인이었다.

어떤 사람이 아주 친한 사람에게 장미로 장식된 예쁜 십자가를 받았다. 그 십자가 아래 "소망은 먼지를 일으키지 않습니다"라는 글이 적혀 있었다. 선물을 받은 사람은 이 말의 의미가 무엇일까 곰곰 생각해보았다. 굉장히 멋있는 말 같은데 무슨 말인지 잘 몰라 찾아보았다. 그 문장은 프랑스 시인인 폴 엘뤼아르(Paul Eluard, 1985~1952)가 다다이즘 (dadaism)이라는 철학적 견해에서 한 말이었다. 20세기 초 유럽에서 나타난 다다이즘이란 사상은 고의적인 비합리성과 전통적인 예술적 부정에 기초한 예술과 문학의 운동[109]으로 난해한 표현들을 사용해서 현존하는 모든 미적·사회적 가치를 부인하는 아방가르드 운동이다. 그 십자가 아래 소망이라는 단어가 들어가 있어서 무언가 심오하게 들릴 수 있지만 사실은 아무 의미가 없다. 이처럼 다다이즘의 견해에서 자본주의 사회에서는 물질에 의해 원래의 가치가 상실되었기 때문에 사용하는 모든 그럴듯한 단어들이 사실은 아무 의미 없다는 것을 풍자적으로 표현한 말이다.[110]

---

109 Wikipedia, s.v. "Dada," accessed December 20, 2022, https://en.wikipedia.org/wiki/Dada.
110 노진준, 『예배 사색』, 96.

교회 음악에 대해 루터와 칼뱅 그리고 멘델스존이 공통적으로 경계했던 것은 음악의 다다이즘이었다. 음악의 아름다운 예술성에 물들어 가사에 담긴 하나님의 말씀을 뜬구름 잡듯 모호하게 표현하지 말아야한다는 것이 그들의 공통적인 견해였다. 이것이 오늘의 교회 음악인들에게 주는 경고다. 교회 음악 역사상 오늘날만큼 음악의 홍수시대가 없다. 그만큼 하나님을 찬양하기에 다양하고 아름답고 멋있게 찬양할수 있는 자유로움이 있어서 좋다. 하지만 거기에는 분명한 책임이 있어야 한다. 그리고 찬양의 본질을 바르게 보고 구별해야 한다는 전제가있다. 우리가 무엇을 믿고 찬양해야 하는지 애매해 하거나 추상적이지말아야 한다. 즉 하나님의 사랑과 복음의 절대성이 분명해야 한다. 우리가 하나님을 사랑해야 함을 그리고 예수 그리스도인 그분은 동정녀몸에서 태어나셨고 우리를 위해 십자가 고난을 받으사 죽임을 당하시고 장사한 지 사흘 만에 부활하셔서 그것으로 하나님의 사랑을 입증하셨다는 이 분명한 사실을 찬양으로 바르게 표현해야 한다. 이를 통해우리는 깊은 영성의 세계의 환희를 맛볼 수 있게 된다.

5. 교회 음악 영성의 실천적 과제

필자는 지금까지 교회 음악의 영성을 연구하며 다음과 같은 최종결론에 도달했다. 영적 성장에 가장 큰 영향을 주는 예술 행위는 음악이다. 하지만 그 근본은 음악 자체가 아닌 그 음악 안에 담겨져 있는하나님의 메시지다. 21세기 오늘날 음악의 나르시시즘, 불버리즘, 다다이즘이 주는 세련됨과 품위 있어 보임이 우리를 크게 유혹하여 눈과귀를 흐리게 한다. 하지만 우리는 그것에 저항해야 한다. 이를 위해 텍스트에 담긴 깊은 의미를 연구하여 그 안에서 삼위 하나님의 영광, 복음의 내용들을 발견해야 한다. 그리고 그것을 음악에 담아 바르게 표현해야 한다. 이럴 때에야 비로소 영성 깊은 세계에서 하나님의 영원한 아름다움을 표현할 수 있다.

이에 교회 음악 지도자들은 각 찬양곡 안에 담겨 있는 메시지를 해석해서 그 의미를 바르게 알고 음악에 적용하는 훈련을 해야 한다. 여기에는 찬양을 쓴 작시자가 텍스트를 쓰게 된 동기를 알아내고 그것을 말씀에 적용하는 연구 작업이 수반된다. 그리고 그것을 작곡자에게 어떻게 음악에 담아내게 했는지 탐구해야 한다. 그리고 찬양을 드리는 예배자들은 가사의 의미에 집중해서 그 안에 담긴 의미를 이해하려고 노력하며 입술로 고백하는 훈련을 해야 한다. 이것이 음악 영성 형성의 시작이자 마지막이 되는 것이다. 그러므로 필자는 찬양곡 5편(찬송가 2편, 시편가 2편 그리고 오라토리오 1편)을 선정해 제시한 기준으로 텍스트를 연구한 것을 제시하고자 한다.

1) 아이작 왓츠와 〈주 달려 죽은 십자가〉

'페라프레이즈'(Paraphrase)라는 음악 기법이 있다. 이것은 기존에 있는 선율이나 가사를 변형하여 새롭게 음악에 접목하는 창작 기법이다. 이 기법은 14~16세기에 걸쳐 교회 음악에서 단성 성가의 선율을 자유롭게 변형하던 기술에서 출발했다. 대표적인 작곡가는 조스캥 데 프레(Josquin des Prez, 1450~1455)로 그는 하나의 선율을 변형해 여러 성부에 대입하여 음악을 확대해나갔다. 한편, 교회 음악 찬송 역사에서 가사의 페라프레이즈 기법을 유용하게 사용하여 교회 음악의 큰 변화를 주동했던 인물로 종교개혁자 마틴 루터와 아이작 왓츠(Isaac Watts, 1674~1748)를 꼽을 수 있다. 이들은 기존에 있던 시편 내용을 바꾸어 그 당시의 언어로 재구성해서 찬송을 만들었다. 그것으로 한 명은 종교개혁을 확대했고, 다른 한 명은 영국 찬송가 역사에 새로운 변화를 일으키는 계기를 만들었다. 이 글에서는 아이작 왓츠의 페라프레이즈 기법을 중심으로 논의를 전개하겠다.

아이작 왓츠는 영국의 신학자이자 찬송 작가로 1674년 영국 사우샘프턴에서 태어났다. 당시 회중교회 장로인 그의 아버지는 국교인 성공회를 따르지 않는다는 이유로 두 번이나 감옥에 투옥되었다. 이런 신앙 배경에서 자란 왓츠는 영국 스토크 뉴잉톤(Stoke Newington)에 있는 아카데미(당시 영국 국교인 성공회에 반대하는 하나의 독립교단, non-conformist academy)에서 4년 동안 신학을 공부했다. 전해지는 말에 따르면, 나이 20세에 다시 사우샘프턴에 있는 부모 곁으로 돌아온 왓츠가 어느 주일날 제네바 시편가를 부르는 당시 교회 예배의 전통에 대해 몇 가지 이유로 논박하며 아버지에게 불평을 털어놓았다. 그때는 영국 국교인 성공회 교단을 제외한 모든 개신교 교회는 칼뱅의 운율 시편가인 제네바 시편가(Genevan Psalter)만을 예배에서 불렀다.

왓츠가 제시한 문제점을 세 가지로 요약해볼 수 있다. 첫째, 그는 구약의 문화에서 만들어진 시편을 문자 그대로 찬양하는 것은 맞지 않다고 주장했다. 둘째, 찬송가는 단순히 먼 과거의 사건을 회상하는 것이 아니라 오늘의 언어로 바꾸어 생각과 감정을 바로 표현해야 한다는 것이다. 그리고 무엇보다 시편에는 예수 그리스도 복음의 언어가 직설적으로 표현되어 있지 않다고 주장하며 문제점들을 제시한 것이다. 그것이 계기가 되어 그는 시편뿐 아니라 복음서와 서신서에 나오는 복음에 관한 메시지들을 그 당시 언어로 페라프레이즈하여 가사를 만들기 시작했다. 이것을 통해 그는 구약의 내용을 기초로 예수 그리스도의 복음을 조명하여 아들의 관점에서 아버지 하나님을 바라볼 수 있게 했다. 그리고 그리스도의 임재를 표현하게 했다.

왓츠는 그의 생애 동안 750편의 복음 찬송을 만들어서 영국 찬송가의 아버지라는 칭호를 받으며 영국교회 예배에 새로운 찬송 시대의 장을 열었다. 그뿐 아니라 그의 찬송은 미국에서 1720~1890년 3차에 걸쳐 전개되었던 대각성 부흥운동(The Great Awaking Movements) 시기에 전파되어 주된 찬송으로 불리면서 미국의 복음 찬송을 만드는 촉매제 역할을 한다. 왓츠가 쓴 〈주 달려 죽은 십자가〉(When I Survey the Wondrous Cross)는 그가 쓴 찬송 가운데 가장 훌륭한 찬송 중 하나로 널리 인정받고 있다. 1707년 만든 이 작품은 〈Crucifixion to the World by Christ of Christ〉라는 제목으로, 성경 갈라디아서 6장 14절 "그러나 내게는 우리 주 예수 그리스도의 십자가 외에 결코 자랑할 것이 없으니 그리스도로 말미암아 세상이 나를 대하여 십자가에 못 박히고 내가 또한 세상을 대하여 그러하니라"를 중심으로 쓴 것이다. 그리고 이 곡이 같은 해에 왓츠의 최초 영국 찬송가 모음집인 *Hymns and Spiritual Songs*로 출판되었다. 이것이 1824년 미국 작곡가 로웰 메이슨(Lowell Mason, 1792~1872)에 의해 미국의 복음 찬송으로 알려지며 오늘에 이르게 된 것이다.

이 찬송 안에 담긴 중심 내용은 십자가의 도이다. 잠시의 일들이었지만 예수님의 제자들은 그리스도의 십자가 처형 이후 뿔뿔이 흩어져 자신들의 길을 갔다. 당시 제자들도 기적을 일으키며 능력을 행사하던 예수님은 취하고 모욕과 고통의 십자가는 버리고 싶었던 것이리라. 진정으로 예수님을 원한다면 십자가도 가져가야 하는데 말이다.

예수님의 사랑을 이해하려면 고통의 십자가의 대가를 치러야 한다. 예수님은 우리가 순종과 헌신을 보이기 이전에 우리를 무조건 사랑하셔서 우리를 위해 십자가의 길을 가신 사랑의 하나님이시다. 그렇기에 예수님을 원한다면 십자가도 함께 가져가야 한다. 우리를 위해 고난의 길을 가심으로 우리의 죄를 용서하시고 우리를 하나님의 자녀가 되게 하신 십자가를 두고 예수님을 섬기며 예수님을 따르는 제자가 된다고 말할 수 없다.

물질 만능의 시대, 모든 것이 점점 더 편리해지는 이 시대에는 영광의 예수님을 원하지만 고통의 십자가에는 점점 더 희미하게 반응하도록 우리를 유혹할 수 있다. 위대한 찬송 작가 아이작 왓츠는 결국 찬송을 통해 희미하게만 비추어졌던 복음의 핵심 예수 그리스도를 선명하게 비추어내며 그 안에서 십자가의 도를 발견하여 페라프레이즈 기법을 사용하여 찬송의 개혁을 일으켰다.

2) 작곡가 나운영과 〈여호와는 나의 목자시니〉

20세기 초부터 서양 음악이 한국으로 보급되기 시작한 이래 초기 대표적인 교회 음악 작곡가들 중 한 인물을 꼽으라면 나운영 선생님(1922~1993)이 떠오른다.

그는 일제 강점기, 6.25 전쟁의 혼란스러운 한국의 역사 속에서 젊은 시절을 보내며 음악 재능을 발견하고 일본에서 음악을 공부고 좀 더 깊은 음악 연구를 위해 프랑스 유학을 결정한다. 하지만 그의 셋째 형인 나순영(경성제대 의학부 졸업, 서울대학교 의과대학 미생물학 조교수)

이 6.25 때 북한군에 의해 납북되어서 연좌제가 적용되어 파리 국립음악원에서 입학을 허락받았지만 유학이 좌절되었다.

그러함에도 그는 끊임없는 노력으로 한국적인 우리 전통 음악과 서양 음악을 통합하여 여러 찬송가를 작곡한다. 이를 통해 한국 교회 음악 발전에 좋은 영향력을 끼친다. 그의 가장 대표 작품은 〈여호와는 나의 목자시니〉로 이 곡은 오늘날까지도 교회에서 많이 애창되고 있는 극히 한국적인 시편 성가곡이다. 한편 이 작품을 쓰게 된 배경을 살펴보면 내면에 담긴 깊은 의미를 생각하게 한다.

이 곡은 전쟁으로 황폐화되고 암울했던 시절에 하나님이 나운영 작곡가를 사용하셔서 삶이 평탄하든 험하든 상관없이 하나님의 변함없는 생수를 마시는 법을 우리 민족에게 배우게 한 소중한 메시지를 주셨던 작품으로 필자에게 다가온다.

'나운영기념사업회'의 기록에 따르면 6.25 전쟁으로 인해 큰 고통을 겪고 있던 시절에 나운영 선생님은 부산에서 피난생활을 하고 있었다. 그러던 중 1953년 5월 3일 주일에 그곳 해군 정훈학교 채플에서 찬양을 지휘하게 되었다. 당시 그 채플에 담임으로 섬기고 계신 분은 정달빈 목사님(후에 초대 해군 군종감이 되심)이셨는데 그가 나운영 선생님에게 "외국의 유명 성가들도 좋지만 한국인이 만든 성가를 만들어 한국의 정서가 깃든 음악을 만들면 어떻겠는가?"라는 주문을 하였다. 이 말을 듣고 피난 보따리로 가득 찬 네 식구가 비좁게 지내던 단칸방으로 돌아온 그는 그날 밤 아픔과 고통 속에 있는 우리 민족에게 시편 23편에 나타난 하나님의 위로를 떠올리게 되었다. 그리고 거기에서 영감을 받은 대로 오선지에 멜로디를 써내려갔다. 그렇게 몰입하여 4분이 채 안 되는 시간에 모든 곡을 완성했고 그 이후로 이 곡은 한 번도 수정되지 않은 채 지금까지 불려오고 있다.

베르디(Giuseppe Fortunino Francesco Verdi, 1813~1901)는 자신의 민족이 오스트리아의 정치적 속국으로 머물고 있는 아픔을 그리며 이탈리아적인 오페라 〈나부코〉(Nabucco)를 만들었다. 바그너(Wilhelm Richard Wagner, 1813~1883)는 중세 독일의 영웅 서사시 니벨룽겐의 노래에 빗대어 오페라 역사상 가장 위대한 걸작이라는 〈니벨룽겐의 반지〉(Der Ring des Nibelungen)를 만들어 독일의 민족성을 여실히 드러냈다. 본 윌리엄스(Ralph Vaughan Williams, 1872~1958)는 2차 세계대전의 전운이 감돌자 1차 세계대전 참전 용사였던 자신과 자신의 조국 영국이 전쟁으로 큰 아픔을 겪었던 것을 기억하며 평화를 호소하는 칸타타 〈주여 우리에게 평화를 주시옵소서〉(Dona Nobis Pacem)라는 작품을 썼다. 이들의 공통점은 자기 민족의 얼과 혼을 기반으로 하나님이 주신 창조성을 기발하게 사용하여 자신들의 언어와 선율이 담긴 음악으로 독특하게 만들어 민족 음악을 드러냈던 것이다. 마찬가지로 나운영 선생님은 당시 우리 민족의 아픔을 국악의 선율은 아니지만 전형적인 한국의 목가적 형태로 서양적 작곡 기법에 우리 민족의 선율을 천재적인 영감으로 담아놓았다.

유명한 성경 주석가이자 신학자인 영국의 스펄전(Charles Haddon Spurgeon, 1834~1892) 목사는 시편 23편을 들어 "이 시를 새에 비유한다면 종달새에 비유할 수 있을 것이다"라고 이야기했다. 그 이유는 종달새는 노래하면서 날아오르고, 날아오르면서 노래하고, 마침내 멀리 날아가 눈에 보이지 않을 때도 노랫소리는 끊이지 않기 때문이라고 말했다. 나운영 선생님도 이 곡의 시상을 떠올리며 이와 같은 마음을 가졌던 것 같다. 그렇기에 전쟁의 폐허 속에 끝이 보이지 않는 상황에도 하나님은 우리 민족을 끊임없이 사랑하시기에 우리도 조건이 아무리 열악해도 하나님을 송축하는 노래를 계속해야 한다는 사실을 선율 속에 담아놓았던 듯하다. 이것을 통해 하나님께서 우리 민족을 향해 주시고자 하는 교훈을 C. S. 루이스의 말을 인용해 추측해 본다. "하나님께서 우리를 만드신 주된 목적은 우리로 하여금 하나님을 사랑하게 하려는데 있는 것보다 하나님이 우리를 사랑하심으로써 우리를 그의 사랑에 아주 기쁘게 머물 수 있는 대상으로 만드시려는 데 있다." 우리는 끊임없이 이 하나님의 창조 목적을 마음에 되새겨야 할 것이다.

3) 페니 크로스비의 〈예수로 나의 구주 삼고〉

'예수마을'이라는 작은 북클럽 모임에 참여하기 위해 필자는 일주일에 한 번씩 가까운 거리에 있는 '라카나다'라는 도시를 방문한다. 모임이 아침 이른 시간이라 동이 막 틀 무렵에 고속도로를 타고 북쪽을 향해 올라간다. 얼마 전 그 모임을 위해 가는 여정에 필자는 깊은 인상을 받고 작은 깨달음을 얻은 일이 있다. 그곳을 향해 높은 곳으로 점점 올라가다 보면 도시에서 느끼지 못하는 새벽 아침 공기에서 풍기는 상큼하고 깨끗한 향내, 길 양편으로 자욱하게 펼쳐진 아침 안개 사이로 스쳐 보이는 아름다운 집들 그리고 정면으로 다가오는 거대하고 웅장한 산세들, 이 모든 것이 어우러져 만들어내는 신비로움에 매료되어 깊은 황홀경에 빠지게 된다. 이것이 마치 천성을 향해 올라갈 때 펼쳐지는 모습이 아닐까 하는 생각까지 들면서 머리를 스치는 것이 하나 있었다. 나그네의 여정이 다하는 시간에 세상에 남겨져 있는 모든 것을 아낌없이 내려놓고 이 기쁨을 소유한 채 마지막을 맞이하고 싶다는 소망을 품게 되었다.

이 장면을 생각하며 필자는 유명한 찬송 작가 페니 크로스비(Fanny Crosby, 1820~1915)와 그녀의 찬송 〈예수로 나의 구주 삼고〉(Bless the Assurance, Jesus is Mine)를 떠올렸다. 크로스비는 생후 6주 즈음에 의사의 실수로 평생을 맹인으로 살아야 했다. 하지만 그녀는 장애를 넘어 여섯 살 때부터 찬송시를 만들기 시작해서 95년 생애 동안 약 8,000여 편의 찬송시를 남기며 19세기 후반 미국의 3차 부흥운동 시기에 가장 위대한 찬송 작가로 미국의 부흥운동에 지대한 영향을 주었다. 그녀는 15세에 뉴욕시각장애인연구소(New York Institute of the Blind)의 학생이 되었고 22세에 연구소에서 수사학과 역사를 가르치는 교수가 되었다. 한편 미국 상원에서 공식적으로 연설한 최초의 여성으로 남기도 하였다.

그녀가 83세 된 해에 어느 기자와 인터뷰를 한 내용들을 보며 필자는 큰 감동을 받았다. 그녀는 평생 장님으로 사는 것은 전적인 하나님의 복된 섭리라고 담대히 말한다. 자신을 맹인이 되게 한 그 의사에게 가족들은 유감을 표명하지만 자신은 그를 만나면 다음과 같은 말을 건네고 싶다고 이야기했다. "당신의 실수를 통해 그렇게 된 것이라면 나를 장님으로 만들어주어서 오히려 고맙고 거듭 감사합니다." 그녀는 그 이유를 두 가지를 들었다. 하나는 "자신을 장님이 되게 한 것이 의사의 실수였을지 모르지만 하나님의 실수가 아니라는 것을 알기 때문입니다"라는 고백이었다. 하나님을 찬양하는 노래를 더 잘 준비하고 다른 사람들도 그렇게 하도록 격려하기 위해 육체적으로 어둠 속에 살게 하신 것이 하나님의 의도였다는 사실을 크로스비 자신은 바로 알았던 것이다.

다른 하나는 "비록 세상의 멋진 광경들을 볼 수 있는 기회를 박탈당했지만 세상의 매우 어지럽고 불쾌한 것들을 보지 않게 하신 하나님께 감사합니다"라는 고백이었다. 하나님께서 그녀의 눈에 손을 얹으셔서 세상의 잔인함과 쓰라림 그리고 불행을 보지 못하게 덮으신 것을 오히려 감사하게 생각했던 것이다. 이러한 크로스비의 마음이 영향력 있는 천상의 시로 쓰이게 되었고 그것이 찬양으로 만들어진 것 중 하나가 바로 〈예수로 나의 구주 삼고〉이다. 이 찬송을 작곡한 포에비 팔머 냅 (Phoebe Palmer Knapp, 1839~1908)은 1873년 어느 날 자신의 집에 대형 오르간을 설치하고 친구인 크로스비를 초청한다. 그런데 그날 그 오르간은 완성되지 못하고 피아노로 방금 떠오른 멜로디라고 하며 선율 하나를 크로스비에게 들려주었다. 그리고는 이 멜로디를 통해 떠오르는 영감이 무엇이냐고 묻자 크로스비는 즉흥적으로 "Bless the assurance, Jesus is mine"(축복의 확신. 예수님은 나의 것, 나의 전부)라고 말을 대답했다. 이것을 기반으로 가사가 만들어졌고 피바 냅이 곡조를 붙이게 된다.

이 찬송은 1873년 7월호 'Palmer's Guide to Holiness and Revival Miscellany'에 실렸고 당시 미국의 3차 대각성 부흥운동에 가장 영향력 있는 찬송 중 하나로 쓰임 받게 되었다. 크로스비는 후렴구에 지속적으로 고백한다. "This is my Story, This is my Song(이것이 나의 고백이요 찬송입니다). 나 사는 동안 끊임없이 구주를 찬송하리로다." 이것이 하나님께서 인간을 창조하신 목적에 반응하여 우리가 행해야 할 사명이다. 한편 이것이 곧 우리를 육신적으로 건강하게 하는 하나님의 방법이라는 사실을 또한 알아야 한다.

미국 최고 의사로 11차례나 선정된 세계적인 암 치료 권위자 김신의 박사(MD 앤더슨 암치료센터)가 어느 강연회에서 말했던 내용 가운데 흥미로운 것이 있어 인용해본다.

"과학적으로 조사해보니 음악을 좋아하는 사람들, 특히 모차르트나 브람스의 음악을 좋아하는 사람들은 다른 사람들보다 치료가 더 잘 됩니다. 이유는 백혈구 안에 NKC(Natural Killer Cells, 모든 병에 저항해서 싸우는 세포)가 보통 사람보다 1,000배가 더 높게 조사됩니다. 그런데 더 많이 조사해보니 교회 찬송가를 부르는 사람들은 1,500배가 더 높습니다. 그래서 이들은 훨씬 암에 덜 걸리고 걸려도 빨리 낫게 되는 것을 봅니다." 필자가 이 글을 인용한 이유는 오래 살려면 찬송을 많이 하라는 의미가 아니다. 오늘날 교회의 예배자들이 현대 문명이 주는 이기로 예배에서조차 찬양을 드리기보다 오히려 찬양을 구경하는 때가 많은 것이 안타깝기 때문이다.

예배에서 구경꾼이 되지 말고 끊임없이 땀을 흘리며 연주(Perform)하는 찬양자, 예배자가 되어야 한다. 이를 통해 우리의 모든 삶에서 그리고 생이 다하는 마지막 순간까지 크로스비의 이 아름다운 고백처럼 하나님을 찬양하는 삶을 살아야 하겠다.

영국의 극작가 체스터턴(G. K Chesterton)은 그의 책 『정통』(Orthodoxy)에서 "미치광이가 되는 일은 쉽다. 이단이 되는 것도 쉽다. 현 시대를 그냥 따라가는 편이 언제나 쉬운 법이다. 어려운 것은 자신을 잃지 않고 지키는 일이다"라고 말했다. 이처럼 어떠한 상황에서도 자신을 잃지 않는 것은 엄청 힘든 일이다. 하지만 크로스비 여사는 평범하지 않은 자신의 상황에서 그리고 세상적으로 닥치는 어떠한 난관에서도 하나님의 섭리를 알고 자신의 것을 잃지 않고 끝까지 지켰다.

4) 베토벤, 그의 부활 찬양 〈할렐루야 합창〉

음악의 화성에 피카르디 3도(Picardy third) 혹은 피카르디 종지
(Picardy cadence)라는 하모니가 있다. 이것은 단조 음악을 마지막 코
드에 3음에 반음을 올려 장조로 전환해서 끝내는 방법이다. 르네상스
이전에 작곡가들은 단조의 화성으로 곡이 끝나는 것은 무언가 부족하
다고 생각해서 이러한 종지를 사용하여 환희와 기쁨 그리고 완벽을 표
현하며 음악을 종결하려 했다. 이 용어는 1768년 스위스 출신의 프랑
스 철학자이자 작곡가인 장 자크 루소(Jean-Jacques Rousseau, 1712~
1778)가 처음 공식적으로 이름을 붙였고 작곡가들이 이 화성을 사용하
게 되었다.

유명한 음악가 베토벤(L. v Beethoven, 1770~1827)의 생애를 보면
이 피카르디 종지가 떠오른다. 아울러 그가 쓴 유일한 수난 오라토리오
(Passion Oratorio Music) 〈감람산 위의 예수〉(Christ on the Mount of
Olives, Op. 85)를 보면 이 종지 화성을 연상하게 된다. 이것을 통해
그리스도의 수난 속에 승리의 부활을 나타내며 복음의 완성을 표현한
것으로 여겨지기 때문이다.

베토벤은 중도장애인으로 평생을 살아야 했기에 불행했지만 위대
한 음악의 유산을 남겨 인류 역사에 큰 공헌을 했기에 결코 불행하지
않았다. C. S. 루이스가 "제가 민주주의를 지지하는 것은 인간의 타락
을 믿기 때문입니다"라며 대부분의 사람들이 이야기하는 반대를 표방
하며 역설을 펼쳤던 것처럼 베토벤은 음악가 중 자신의 고통을 승리로
승화했던 대표적인 역설의 주인공이다. 그 원동력은 그가 갖고 있는
부활 신앙에서 나타날 수 있는 위대한 힘이라 말할 수 있다.

그는 20대 후반부터 점점 심해지는 청각 장애로 사회생활과 음악인으로서 큰 어려움을 겪었다. 그러다 급기야 자살 충동까지 느끼게 되었다고 그가 형제들에게 보낸 편지인 '하일리겐슈타트'(Heiligenstadt)를 통해 밝혔다. 베토벤과 비슷한 시기를 살았던 프랑스 시인 알프레도 드 뮈세(Alfred de Musset, 1810~1857)는 마치 베토벤이 고통을 통해 깨달은 모습을 연상하듯 이런 시를 남겼다. "인간은 견습생, 고통은 그의 스승이니 고통 받지 않는 한 그 누구도 자신을 알지 못한다. 이것은 참기 어려운 법칙이지만, 최고의 법칙이다. 세상처럼 오래된 법칙인 것이다. 이 법칙은 우리가 불행의 세례를 받고 슬픈 값을 다 치른 뒤에 사야 하는 운명이다." 한편 "시시각각 불청객처럼 찾아오는 마음의 작은 틀어짐과 소요 속에서 또 인생의 배가 뒤집힐 만한 거친 풍랑 속에서 예수의 품을 파고들라고 우리를 다독인다"라고 이어령(1934~2022) 선생님이 표현한 글이 당시 베토벤의 마음을 대변하는 것처럼 필자는 생각되었다. 결국 베토벤은 큰 고통의 대가를 치르고 나서 그의 내면에 담겨 있는 아직 꺼내지 못한 예술의 세계를 담아야 한다는 깊은 깨달음을 얻게 된다. 급기야 1801년경 그는 완전히 귀머거리가 되었다. 이런 인간적인 고통의 절정을 거치고 난 이후로 깊은 영감을 음악으로 담아내어 주옥같은 명곡들을 남기게 된다. 그 선율들이 오늘의 우리에게 슬픔을 위로해주며 희망과 환희를 선사해주고 있다.

베토벤의 삶에 극적인 전환이 된 1년 후인 1802년에 드디어 그는 자신의 생을 표현하듯 수난 오라토리오를 작곡한다. 베토벤은 이 시기가 예수 그리스도 공생애의 마지막을 극적으로 묘사하는 데 적합하다고 생각했다. 그 이론을 증명하는 것이, 일반적으로 작곡자들은 수난 음악을 쓸 때는 그리스도의 수난만을 집중적으로 묘사한다. 하지만 베토벤은 이 수난 오라토리오를 작곡하면서 겟세마네 동산에서의 예수님의 수난 과정을 극적으로 재구성하고 마지막에 사망권세를 이기시고 부활하신 그리스도를 크게 부각했다. 그것이 이 오라토리오의 마지막 곡인 〈할렐루야 합창〉으로 베토벤 특유의 웅장함으로 부활의 대서사시로 승리하신 예수 그리스도를 천사들이 할렐루야로 찬양하는 모습을 표현하며 수난 오라토리오의 대미를 장식했다.

예수 그리스도는 인류 최대의 형벌이라는 십자가형, 그 불행의 세례를 받고 모진 고통을 당하셨다. 하지만 사망권세를 이기시고 부활하시어 복음의 완성을 이루셨다. 그리고 우리에게 영광의 면류관을 안겨주셨던 것이다. 이것을 통해 하나님은 우리로 하여금 하나님을 사랑하게 하려는 데 있는 것보다 하나님이 우리를 사랑하심으로써 우리를 그의 사랑이 아주 기쁘게 머물 수 있는 대상으로 만드시려는 데 있다는 창조 목적을 가르쳐주셨다.

인류 역사상 이 그리스도의 부활 신앙이 가장 뜨거웠던 때는 그리스도의 행적을 직접 목격했던 초기 기독교 공동체 시기였다. 이 부활 신앙의 전통이 이어져 카타콤 기독교인들은 그 혹심한 핍박 속에서도 매번 서로 만나면 첫 인사가 'He is Risen'(주님이 부활하셨습니다)이었다고 한다. 이들이 지녔던 부활 신앙이 1세기 후반부터 4세기 초반까지 장장 250여 년의 혹심한 박해 속에서도 기독교가 절대 말살되지 않고 건재할 수 있었던 원동력이었다.

진리는 영원불변한 것이다. "그리스도의 죽으심 그리고 부활하심, 이것이 기독교가 주는 분명한 메시지입니다"라고 C. S. 루이스가 말한 것처럼 초기 기독교인들은 복음의 핵심인 그리스도의 고난과 부활을 매일의 삶 속에서 확인하며 살았다. 그렇기 때문에 이들의 부활 신앙이 오늘을 사는 우리에게도 똑같아야 한다는 말이다. 혹독한 오늘의 현실 속에 바른 진리들을 사수하며 사는 것이 정말 힘들다. 그런 가운데 우리가 모든 것을 잃더라도 한 가지는 결코 놓치지 말아야 것이 있다. 그것은 기독교가 주는 분명한 메시지, 즉 "그리스도의 죽으심 그리고 부활하심"이다.

예수님의 부활을 생각하며 영원히 불완전할 것 같은, 그러나 완전하게 종지를 만든 피카르디 종지 화성을 떠올린다. 결코 헤어나지 못할 것 같은 암울한 고통을 벗어나 화려하고 웅장하게 그리스도의 부활을 천사들의 합창으로 할렐루야를 표현했던 베토벤을 생각해본다. 이것을 통해 우리만의 우아함과 화려함 그리고 웅장함을 갖고 기독교가 주는 분명한 메시지, 즉 그리스도의 부활을 찬양해야 하겠다. 그리고 초기 기독교 교인들이 일상에서 외쳤던 "주님이 부활하셨습니다!"(He is Risen!). 이것이 우리 일상의 외침이 되어 그 부활 정신을 따라 살아야 하겠다.

5) 레반도프스키와 시편 150편

이 시대 한국 지성의 거장이었던 이어령 교수께서 지난 2022년 2월 26일 생을 마감하며 마지막에 남긴 말은 "너무 아름다웠어요, 고마웠어요"이다. 이것은 오늘날 신앙인으로 살다가 삶의 마지막 무대에서 마무리를 어떻게 해야 하는지 실제적 교훈이 된다. 그는 삶이 다하는 순간까지 "감사합니다"를 놓지 않았다.

예수님이 가장 최후에 남긴 말씀이 사도행전 1장 8절에 기록되어 있다. "오직 성령이 너희에게 임하시면 너희가 권능을 받고 예루살렘과 온 유대와 사마리아와 땅 끝까지 이르러 내 증인이 되리라." 이 말씀을 읽으면 그리스도의 종으로 사는 우리가 이 세상의 삶에서 무엇을 위해 살아가야 할지 바른 교훈을 받게 된다. 그것은 '증인의 삶'이다. 하나님의 피조물인 인간에게 창조주이신 하나님을 송축하고 높이는 찬양 행위는 매우 중요한 일이다. 그것을 올바르게 제시하고 모범을 보여주는 성경은 시편에서 찾아볼 수 있다. 그중 시편의 결론인 마지막 장 150편에서 구체적으로 제시되고 있는 것을 보게 된다. 그것은 우리가 찬송을 부르는 근본적인 목적이 믿음에 대한 우리의 반응을 표현하거나 그에 대한 우리의 감정을 나누려는 것이 아니라, "하나님의 자비와 은혜를 기억하며 하나님을 송축하며 찬양하는 삶"을 살기 위함임을 알려준다. 이것에 대한 실제적인 내용을 시편의 종결인 150편에서 네 가지(Where, What, How, Who)로 나누어 제시해보겠다.

첫째, 어디(Where)에서 찬양해야 하는지 제시한다(1절, 할렐루야 그의 성소에서 하나님을 찬양하며 그의 권능의 궁창에서 그를 찬양할지어다). 성소와 권능의 궁창, 이것은 하나님의 임재가 있는 모든 공간을 가리킨다. 그곳에서 찬양하라고 명령하신다.

둘째, 무엇(What)을 찬양해야 하는지 제시한다(2절, 그의 능하신 행동을 찬양하며 그의 지극히 위대하심을 따라 찬양할지어다). 능하신 행동과 지극히 위대하심은 하나님의 창조, 구원 및 보존의 섭리뿐만 아니라 구속사의 전개 과정 중에 보여주신 크신 권능들을 통틀어서 지칭하는 표현이라고 말할 수 있다.

셋째, 어떻게(How) 찬양해야 하는지 제시한다(3-5절, 나팔 소리로 찬양하며 비파와 수금으로 찬양할지어다. 소고 치며 춤추어 찬양하며 현악과 통소로 찬양할지어다. 큰 소리 나는 제금으로 찬양하며 높은 소리 나는 제금으로 찬양할지어다). 관악기(나팔)와 현악기(비파, 수금), 목관악기(퉁소) 그리고 타악기(소고) 등이 총동원되었다. 이는 오늘날 사용하는 모든 악기가 포함된 것이다. 그것은 모든 악기를 총 동원해서 하나님을 찬양하라고 명령하는 것이지만, 내 삶의 주어진 상황과 환경에서 조건에 맞게 다양한 방법으로 신령과 진정으로 하나님을 찬양하라는 뜻이다.

마지막으로 누가(Who) 찬양해야 하는지 제시한다(6절 호흡이 있는 자마다 여호와를 찬양할지어다 할렐루야). 즉 호흡이 있는 모든 것은 여호와를 찬양하라고 명령한다. 모든 악기를 연주함은 물론이고 온갖 지정의가 담긴 영혼의 소리로 아름다운 찬양을 드려야 할 것을 가르치고 있다. 멋있는 시편의 종결이다.

전통적으로 오늘날까지도 여러 작곡가가 이 시편 150편을 가사로 해서 음악을 만들어왔다. 하지만 초기의 합창 음악으로 이 시편을 작곡한 사람인 19세기 유명한 유대인 작곡가 루이스 레반도프스키(Louis Lewandowski, 1821~1894)가 떠오른다. 그는 폴란드 유대인으로 태어나 고아로 12세 때 독일로 건너와 독일 유대인으로 활동하다 독일에서 죽음을 맞이했다. 그는 특히 베를린의 노이에 회당(Neue Synagogue)에서 음악 감독으로 재직하는 동안 오늘날 전 세계 회당 예배의 회중 음악의 많은 곡을 남기며 유대 음악에 지대한 공헌을 했다. 그의 음악은 당시 독일의 멘델스존의 음악과 유사한 고전/낭만주의의 전통적 형식 구조인 'ABA' 형태를 취했다. 그의 가장 대표적인 찬양인 시편 150편이 그러한 형태를 취하여 작곡된 곡이다. 이 찬양은 우리 교회 음악의 뿌리가 된 유대인들이 어떠한 형태로 찬양을 만들어 회중들과 교감을 하고 하나님을 찬양하는지 좋은 교본이 된다.

그리스도의 복음을 소유하고 영원한 삶을 소망하는 우리가 생을 살아가며 모든 조건과 환경에서 잊지 말아야 할 고백은 이것이다. "감사합니다." 그리스도 복음의 빚진 자로 예수님의 마지막 명령인 "내 증인이 되라"는 지상 명령을 우리는 늘 기억하고 실천해야 할 것이다.

마지막으로 하나님께서 이사야 선지자를 통해 말씀하신 인간을 창조하신 목적(사 43:21, 이 백성은 내가 나를 위하여 지었나니 나를 찬송하게 하려 함이니라)을 잊어서는 안 된다. 그렇게 되기 위해 조나단 에드워즈(Jonathan Edwards, 1703~1758)가 쓴 천지 창조의 목적에서 "우리는 자신을 우리 자신으로부터 떠나서 하나님께 드리고 우리 자신을 위해서가 아니라 하나님을 위해서 사용해야 하며 우리 자신을 위해서가 아니라 하나님을 위해서 행동해야 한다"라는 사실을 늘 기억해야 할 것이다. 우리는 우리의 호흡이 종결되는 그 순간까지 하나님을 송축하고 찬양해야 한다. 이것이 하나님께서 천지를 창조하신 목적이고 나를 창조하신 목적이기 때문이다.

IV. 나가는 말

사람들이 아날로그의 답답함에서 벗어나 디지털의 날렵하고 세련됨에 매료되어 그 세계로 전환했다. 그런데 이제는 컴퓨터 안에 갇혀 있어야만 하는 그 디지털의 갑갑함이 싫어서 다시 아날로그로 전환하는 비율이 점점 늘어나고 있다. 예전에 볼 수 없었던 아날로그의 풍부하고 여유로움이 주는 안정감과 편안함의 속성을 디지털 안에서 발견할 수 있었기 때문이다. 하지만 아날로그는 그 사이에 어떤 것도 바뀌어 진화된 것이 없다. 그냥 옛날 있었던 그대로의 모습이다. 단지 그때는 사람들이 그 아날로그에 담긴 보석을 발견하지 못했을 뿐이다.

하나님의 사랑은 어제나 오늘이나 변함없이 동일한 보석으로 우리에게 반짝이고 있다. 필자가 미국에서 30여 년 동안 가까이에서 지켜본 교회 음악인이 한 분 있다. 85세까지 바이올라 대학(Biola University)에서 강의했던 윌리엄 락(William Lock, 1932~2022) 교수다. 그는 평생을 교회 음악에 깊은 관심을 갖고 연구하여 바른 이론을 제시했던 학자요 연주자였다. 그가 지난 2022년 7월, 90세의 일기로 소천하기 전 가장 마지막으로 썼던 일기가 그의 장례식에서 공개되었다. 이 문장이 그의 나그네 인생 여정에서 남긴 최후의 고백이다. "저의 목표는 믿음의 창조자요 완성자이신 예수님께 제 눈을 끝까지 고정하는 것입니다 (My goal is to keep my eyes fixed on Jesus the founder and perfecter of my faith)."

노 교수의 생의 마지막까지 하나님을 향한 끝없는 사랑을 놓치지 않으려 했던 절규가 깊은 울림으로 우리에게 다가온다. 지금까지 필자가 연구해왔던 기독교 영성 그리고 그것을 중심으로 해서 교회 음악의 역사적 사건들을 가지고 발견했던 음악 영성과 그 열매들을 이 한 문장 안에 고스란히 농축해놓았다. 이에 필자는 모든 연구를 마치면서 다음과 같은 소원을 마음에 담고 끝을 맺으려 한다. "하나님, 제가 지옥 형벌을 면키 위해서, 아니면 천국에 들어가는 것을 목적으로 하나님을 섬기지 않게 하소서. 오직 하나님의 사랑을 영원한 아름다움의 소리로 표현하여 하나님께 드리는 것을 목적으로 당신을 섬기게 하소서. 생애가 끝나는 그날까지…!"

참고문헌

김대권. 『교회음악철학』. 서울: 중앙아트, 2006.

_____. 『예배와 음악』. 서울: 그리심, 2014.

김의환. 『기독교 교회사』. 서울: 총신대학교출판부, 1998.

김철륜. 『교회음악론』. 서울: 호산나음악사, 1992.

김철웅. 『추적! 마틴 루터도 CCM 사역자였는가?』. 서울: 예영커뮤니케이션, 2009.

김춘해. 『한국교회 예배와 음악개혁』. 서울: 도서출판 동연, 2020.

노진준. "복음적인 예배란 무엇인가?" 강연, 월드미션대학교 예배목회 수업, 로스앤
젤레스, CA, 2020년 10월 13일.

_____. 『예배 사색』. 서울: 죠이출판, 2022.

문성모. 『민족음악과 예배』. 서울: 한들출판사, 1997.

서창원. 『칼빈의 시편 찬송가』. 서울: 시편찬송가편찬위원회, 2009.

오승성. "온라인 예배도 예배인가?" 「신학사상」 191, no.1(2020): 49-77.

이상일. "루터의 음악신학과 예배에서의 음악 사용." 「장신논단」 48, no.4(2016):
92-118.

이승희, "칼빈의 교회음악 사상," 『칼빈과 개혁신학: 정규오 목사 은퇴 기념 논총』
(February, 1999): 385-409, https://kirs.kr/data/calvin/calvin_173.pdf.

임동선. 『지구촌은 나의 목장이다』. 서울: 쿰란출판사, 2004.

정장복. 『예배의 신학』. 서울: 장로회신학대학교출판부, 1999.

홍세원. 『교회음악 역사』. 서울: 연세대학교출판부, 1999.

홍정수. 『교회음악개론』. 서울: 장로회신학대학교출판부, 1988.

Chesterton, Gilbert. 『정통』(Orthodox). 홍병룡 옮김. 서울: 아바서원, 2022.

Nouwen, Henri J. M. 『영적 발돋움』(Reaching Out: The Three Movements of the
Spiritual Life). 이상미 옮김. 서울: 두란노서원, 1999.

Bainton, Roland H. Here I stand: A life of martin Luther. Nashville TN:

Abingdon Press, 1976.

Blackaby, Henry. 『영적 리더십』(*Spiritual Leadership*). 윤종석 옮김. 서울: 두란노서원, 2020.

Clement of Alexandria, "Exhortation to the Heathen." In *Hermas – Theophilus – Tatian – Athenagoras – Clement of Alexandria*, by Hermas, Theophilus, Tatian, Athenagoras, and Clement of Alexandria. Vol. II of *The Ante – Nicene Fathers*, edited by Alexander Roberts, James Donaldson, and Arthur Cleveland Coxe, 172. Buffalo: Christian Literature Co., 1885.

Foster, Richard and J Smith, James Bryan. 『신앙고전 52선』(*Devotional Classics*). 송준인 옮김. 서울: 두란노서원, 1998.

Squire, Russel N. 『교회음악사』(*Church Music*). 이귀자 옮김. 서울: 호산나음악사, 1990.

Lewis, Clive S. 『피고석의 하나님』(*God in the Dock*). 홍종락 옮김. 서울: 홍성사, 2020.

_____. 『문장들』(*A Mind Awake*). 윤종석 옮김. 서울: 두란노서원, 2022.

Lloyd-Jones, Martin. 『영적침체』(*Spiritual Depression*). 정상윤 옮김. 서울: 복있는 사람, 2014.

Hustad, Donald P. *Jubilate II*. Carol Stream, IL: Hope Publishing Company, 1993.

Martin, Ralph P. *Worship in the Early Church*. Grand Rapids, MI: William B. Eerdmans Publishing Company, 1998.

Martyr, Justin. "The First Apology of Justin." In *The Apostolic Fathers – Justin Martyr – Irenaeus*, by Ignatius of Antioch, Irenaeus, Justin Martyr, Papias of Hierapolis, Clement of Rome, Barnabas, and Polycarp. Vol. I of *The Ante – Nicene Fathers*, edited by Alexander Roberts, James Donaldson, and Arthur Cleveland Coxe, 166. Buffalo: Christian Literature Co., 1885.

Origen. "Origen." In *Tertullian – Origen – Minucius Felix.* by Tertullian, Origen, and Minucius Felix. Vol. IV of *The Ante – Nicene Fathers.* edited by Alexander, James Donaldson, and Arthur Cleveland Coxe, 653. Buffalo: Christian Literature Co., 1885.

Schalk, Carl F. *Luther on Music: Paradigms of Praise.* Saint Louis: Concordia publishing House, 1988.

Pattison, Thomas H. *Public Worship.* Philadelphia: American Baptist Publi‐cation Society, 1900.

Tournier, Paul. 『모험으로 사는 인생』(*L'Aventure de la Vie*). 정동섭, 박영민 옮김. 서울: 한국기독학생회출판부, 2017.

Tozer, Aiden W. 『이것이 예배이다』(*The Missing Jewel*). 이용복 옮김. 서울: 규장, 2012.

Walker, Wilson A. *History of the Christian Church.* 4th ed. New York: Scribner, 1985.

Webber, Robert E. 『예배학』(*Worship – Old and New*). 김지찬 옮김. 서울: 생명의 말씀사, 1996.

기독교 상담 영성

― 디지털 시대의 실천적 적용

송경화 월드미션대학교 상담학 교수

I. 여는 글

'영성'(spirituality)은 21세기를 뜨겁게 달구고 있는 유행 중 하나
다.[1] 하지만 '영성'이라는 단어가 무엇을 의미하는지 뚜렷한 정의를
내리지도 않은 채 마구잡이식으로 유행을 쫓듯 매우 다양한 상황에서
'영성'이라는 단어가 사용되고 있다. 미국기독교상담학회 임원인 올쉬

---

1 George Gallup and Timothy Jones, *The Next American Spirituality: Finding God
in the Twenty-First Century*(Colorado Springs, CO: Victor/Cook Communicati-
ons, 2000); Edith Humphrey, "It's Not About Us: Modern Spirituality Begins
and Ends with the Self; Christian Spirituality, with the Alpha and Omega,"
Christianity Today 45, no.5(2001): 66-71; George Ohlschlager and Tim Clinton,
"Smorgasbord Spirituality Versus The Road Less Traveled," in *Competent Chris-
tian Counseling*, ed. Tim Clinton and George Ohlschlager(Colorado Springs:
Waterbrook Press, 2002), 1; 유해룡, "한국적 상황에서의 영성의 연구동향," 「신학과
실천」 47(2015): 178-79.

기독교 상담 영성 _ 송경화 | 341

레이저(George Ohlschlager)와 클린턴(Tim Clinton)은 이런 현대의 '영성' 유행에 대해, 사람들이 자기를 초월한 대상을 추구하는 점은 바람직하지만 결과적으로는 대중의 기호에 부합하도록 조작된 잡동사니 영성이 양산되고 있는 문제가 발생한다고 평가했다.[2]

이렇게 '영성'이라는 말이 흔하게 사용되고 있는 이 시대는 기독교 상담자에게 기독교 상담의 영성이 어떤 것인지, 그리고 상담에서 어떤 영성을 구현해야 하는지 주의 깊게 고찰해보아야 할 도전을 준다. 또한 급격히 발전하고 있는 첨단 기술로 상담의 형태도 달라지고 있는 시대를 살고 있는 기독교 상담자는 이런 기술의 발달로 인해 누리게 되는 기회들을 상담 과정을 촉진할 수 있는 도구로 잘 활용할 수 있어야 할 뿐 아니라 이로 인한 윤리적·기술적 문제들에 대해 기독교적 비판과 대안도 제시해야 한다.

이런 시대적인 도전과 과제에 주목하여, 이 글에서는 현대 기독교 상담학자들이 처한 상황을 직시하고 우리가 지켜야 하는 영성에 대해 분명히 하고자 한다. 현재 벌어지고 있는 우리 삶의 현실 경험에 대해 신학적인 해석과 반응을 하는 것을 실천신학이라 여겼던 실천신학자 아스머(Richard Osmer)는 실천신학자의 네 가지 과제에 대해 말한 바 있는데, 이 글에서 다루고자 하는 논지는 아스머가 말한 네 가지 과제에 대한 응답이기도 하다.[3] 아스머에 따르면 실천신학자의 중심 과제는 현재 벌어지고 있는 상황에 대해 포괄적으로 이해하여 기술하는

---

2 George Ohlschlager and Tim Clinton, "Smorgasbord Spirituality Versus The Road Less Traveled," 1.

3 Richard Osmer, *Practical Theology: An Introduction*(Grand Rapids, MI: William M. Eerdmans Publishing Company, 2008).

기술-경험적 과제(descriptive-empirical task), 그것에 대해 분석적이고 체계적인 해석을 하는 해석적 과제(interpretive task), 이 상황에서 어떻게 하는 것이 바른 것인지 제시하는 규범적 과제(normative task) 그리고 그 규범에 따라 현재 상황에 선한 영향력을 미칠 수 있는 구체적인 방법을 제시하는 실용적 과제(pragmatic task)로 구분할 수 있다.[4]

이 글에서는 먼저 기술-경험적 과제에 대한 응답으로, 지금까지 기독교 상담 역사에서 그리고 현재의 기독교 상담에서 이해되고 있는 영성 개념과 함께 세속 상담에서 말하는 영성 개념 그리고 디지털 시대의 모습에 대해 기술하여 현재 기독교 상담자가 처한 상황에 대한 포괄적인 조망을 제시할 것이다. 또한 해석적 과제와 규범적 과제에 대한 응답으로, 이런 조류와 변화에 대한 기독교 상담적 이해와 비판적 해석을 제시할 뿐 아니라, 앞으로 기독교 상담자가 나아가야 할 방향에 대해 논할 것이다. 마지막으로 실용적 과제의 차원에서, 이런 논의를 바탕으로 하여 필자가 감독하고 있는 한인기독교상담센터에서 실험적으로 적용해볼 수 있는 기독교 상담자 영성 훈련 프로그램을 제시할 것이다.

II. 펴는 글

1. 기독교 상담에서 영성

기독교 상담이란 기독교인 상담사가 기독교적인 가치관과 자원을

---

4 *Ibid.*, 4.

직접 혹은 간접적으로 사용하여 내담자의 전인적인 치유와 성장을 추구하는 상담 사역을 말한다.[5] 기독교 상담은 기독교의 역사에서 각 시대와 지역의 상황이나 문화와 상호작용하며 다양한 형태로 존재하여 지금의 형태에 이르렀다. 시대와 장소를 막론하고 기독교 상담사 개인에 따라 상담 현장에서 기독교적 자원이 얼마나 명시적으로 드러나는지는 정도의 차이가 있지만, 모든 기독교 상담에서는 기독교 영성이 바탕이 되며 상담 과정에서 어떤 모습으로든 표현되었다. 이 장에서는 기독교 상담의 영성이 시대와 역사에 따라 어떻게 표현되어왔는지 개관하고, 기독교 상담에서 중요한 의미를 갖는 몇 가지 영성에 대해 논의하고자 한다.

1) 기독교 상담에서 영성 개념

영성은 종교인들을 포함하여 많은 사람의 인격과 삶에 아주 중요한 한 요소이지만 '영성'을 한 마디로 정의내리기는 힘들다. 시대와 상황에 따라, 그리고 종교적·문화적 배경에 따라 영성은 다양하게 이해되

---

5 기독교 상담의 정의는 기독교 상담학자에 따라 다양하게 정의될 수 있다. 샹양 탄에 따르면, "기독교 상담이나 심리치료는 그리스도 중심적이며, 성경에 근거를 둔, 성령으로 충만한 기독교인이 행하는 상담"이다. Siang-Yang Tan, *Counseling and Psychotherapy: A Christian Perspective*(Grand Rapids, MI: Baker Books, 2011), 363; 미국기독교상담학회(AACC) 회장인 팀 클린턴과 동료들은 기독교 상담의 정의가 매우 다양하다는 것을 지적하면서, 기독교 상담에서 상담사·내담자·성령의 삼각 구도의 중요성과, 기독교 상담의 목표가 내담자의 문제 해결뿐 아니라 내담자가 예수님을 더욱 닮아가고 하나님과 타인을 향한 깊은 친밀감을 얻도록 돕기 위함이라는 것을 강조한다. Tim Clinton, et al. "Christian Counseling," in *The Popular Encyclopedia of Christian Counseling*, ed. Tim Clinton and Ron Hawkins(Eugene, OR: Harvest House Publishers, 2011), 11.

어왔으며 그중 어느 것이 배타적으로 맞는 정의라 단정하기 어렵다. 그래서 영성을 정의하고자 하는 시도로 영성의 핵심적인 특징들을 집약한 몇 개의 정의를 제안하거나, 영성이라는 말이 사용되어온 역사를 추적하여 영성 개념의 변천을 보거나, 혹은 영성을 몇 개의 범주로 분류하여 이해하기도 한다.6 이런 다양한 시도 중에서 여기에서는 기독교 상담의 관점에서 영성을 이해하기 위한 방법으로, 영성 개념을 인간성과 신성이라는 두 개 범주로 나눠서 이해해보고자 한다.

첫째, 영성을 인간성의 본질적 부분으로 이해할 수 있다. 이는 "인간 실존의 가장 깊이 있는 차원"으로 모든 인간이 공통적으로 지니고 있는 "궁극적인 존재론적 관심"을 의미한다.7 인간성을 전인적으로 이해할 때 한 개인의 가장 본질적인 영역, 가장 심오한 의식의 중심이며 인간을 다른 피조물과 구별해주는 가장 핵심이 되는 특성이 바로 영성이다. 이 영성 개념은 종교와는 무관하며 모든 인간에게 공통되는 것으로 이해된다. 특히 21세기에 많은 상담과 심리 치료 영역에서 유행하고 있는 영성의 개념이 이것이라 볼 수 있다.

권수영은 이런 인간성 차원의 영성을 개인의 전인적인 완성을 이루는 "기능"적 차원의 영성이라 보았다.8 비슷한 맥락에서, 유해룡은 이와 같은 기능적 영성을 보편적인 인간적 경험 측면에서 영성을 보는

---

6 영성의 개념을 정의하고자 하는 이와 같은 시도에 대해서는 다음을 참고하라. 이종태, "기독교 영성, 영성 형성, 영성 훈련," 영성연구회 평상, 『오늘부터 시작하는 영성 훈련』(서울: 두란노, 2017), 18-23; 남기정, "영성, 영성학, 영성신학: 영성의 정의, 윤곽, 접근법에 대한 역사적 고찰," 「신학과 세계」 99(2020. 12. 30.): 321-61; 유해룡, "영성과 영성신학," 「장신논단」 36(2009): 303-31.
7 권수영, "기독(목회) 상담에서의 영성 이해: 기능과 내용의 통합을 향하여," 「한국기독교신학논총」 46, no.1(2006): 252.
8 Ibid., 258.

"귀납적 접근법"으로 영성에 대한 "아래로부터의 정의"라고 하였다.[9] 영성을 이렇게만 이해한다면, 영성은 자신의 내면 깊이 존재하는 내적 궁극적 실체를 만나는 것이며, 이런 내적 열망을 실현하는 데 반드시 특정 종교가 필요하지는 않게 된다.[10]

영성을 이해하는 두 번째 개념은 영성을 신성과 관련하여 이해하는 것이다. 즉, 신적인 영과의 연결 속에서 영성을 이해하는 것인데, 이때에는 종교적인 영성의 의미가 부여된다. 기독교적 관점에서 영성은 하나님의 영, 즉 성령과의 접촉과 연결, 성령의 충만함, 하나님과 교제를 나누며 하나님의 뜻에 따라 사는 삶, 그로 인한 다양한 삶에서의 긍정적인 성품과 성숙 등을 영성이라 할 수 있겠다. 권수영은 앞서 인간성 차원의 영성을 전인 건강의 기능이라 본 반면, 이와 같은 신성 차원의 영성을 영성의 "내용"이라 보았고, 기독교 상담을 할 때에 어느 한 쪽만 강조하는 게 아니라 영성의 기능과 내용 모두를 통합하는 것의 중요성을 강조한 바 있다.[11] 유해룡 역시 인간성을 강조한 "아래로서의 영성"과 대조하여 이런 신성 중심의 영성을 "교리적 입장에서 본 연역적 접근법"으로서, 영성에 대한 "위로부터의 정의"라 부르며 "초월적 활동으로서의 영성", "종교성으로서의 영성"이라 보았다.[12] 영성을 이해함에 있어 신성을 핵심으로 하는 경우에는 한 개인을 초월하는 존재를 어떤 모습으로든 가정하게 된다. 이 개념의 영성에서는 그 초월자와의 접촉과 교제를 추구하는 것을 중요하게 여긴다.

---

9 유해룡, "영성과 영성신학," 312.
10 유해룡, "한국적 상황에서의 영성의 연구동향," 182.
11 권수영, *Ibid.*, 253.
12 유해룡, "영성과 영성신학," 312, 316-22; 유해룡, "한국적 상황에서의 영성의 연구동향," 180-81.

영성을 인간성의 본질로 보는 개념과 신적 존재와의 관계로 보는 개념은 둘 다 기독교 상담에서 중요한 의미를 갖는다. 권수영이 강조한 대로 이 두 가지 영성을 잘 통합하여 내담자의 전인적인 건강과 영적 성장을 도모하는 것이 기독교 상담의 주요 목적이기 때문이다.[13] 기독교 상담사는 내담자의 정신 건강에만 몰두하는 것이 아니라, 정신 건강과 밀접한 관련이 있는 신체적 건강 그리고 그의 심오한 내면의 핵심 부분인 영적 건강까지 개선될 수 있도록 도와야 한다. 그뿐 아니라, 내담자와 하나님과의 관계를 함께 탐색해보면서 내담자가 하나님을 더욱 사모하고 하나님과 날마다 친밀한 교제를 나누며, 하나님이 주시는 평강 속에서 강건해질 수 있도록 안내할 필요가 있다.

이 두 가지 영성 개념 중 어느 하나를 도외시하지 않고 통합하는 것은 기독교 상담사에게 상당한 긴장을 유발한다. 인간성의 본질으로서 영성 개념의 강조는 최근 심리학 분야에서 유행처럼 번지고 있는데, 여기에는 불교, 도교, 힌두교, 이슬람교 등의 다양한 종교들과 무종교, 토착 종교, 인본주의 운동, 뉴에이지, 뇌신경 과학 등이 참여하여 인간성의 본질인 영성을 돌보고 계발하는 것이 마치 자기들의 것인 양 자기들 만의 용어와 이론 체계, 수련 방법들을 적극적으로 개발하고 그 영향력을 넓혀가고 있다. 이런 거대한 조류 속에서 기독교 상담학자들의 반응은 몇 가지로 나뉜다. 일부는, 인간성의 본질로서 영성(영성의 기능)을 강조하고 계발하는 것은 비기독교인들에게 속한 것이라 여기면서, 그것에 가담하는 것이 마치 세속적인 조류에 편승하는 것이고 비성경적이며 영적으로 위험한 것이라는 생각에 기피하고, 신성이 강조된

---

13 권수영, *Ibid.*

영성(영성의 내용)에만 몰두한다. 또 다른 일부는, 인간성의 본질로서 영성을 돌보고 계발하는 것의 실제적인 심리 치료적 효과를 부인할 수 없기에 비판적인 시각으로 이것들을 관찰하면서 기독교식으로 적용할 수 있는 가능성을 찾는 시도를 한다. 또한 미국과 유럽의 기독교 상담학자들과 소수의 한국 기독교 상담학자들은 이런 심리학적 조류를 조금 더 적극적으로 받아들여 기독교 상담의 장면에서 실제로 사용하기도 한다. 하지만 이 모든 경우에 기독교 상담학자들은 공통적으로 매우 조심스러운 태도를 견지하고 있다. 인간성의 본질로서 영성을 돌보고 계발하는 것과 관련된 현대 조류에서의 이론과 방법들에서 기독교적인 가치관이 결여되었다고 생각하기 때문에, 그 이론과 방법을 비판적으로 접하다 보니 결과적으로 그 핵심에 있는 인간의 본질로서 영성 개념 자체를 부인하거나 배제하게 되는 문제가 생긴다. 이는 인간 존재의 한 부분을 무시하게 되어 결과적으로 전인적인 돌봄과 상담을 저해하는 부정적인 결과를 가져올 수 있다.

인간성의 본질로서 영성은 모든 인간에게 공통되는 것으로, 모든 기독교 상담사와 내담자의 인격의 한 부분이다. 이를 무시하지 않고 소중하게 돌보는 것도 기독교 상담사의 중요한 책임이다. 또한 이 영성을 돌보는 비기독교적인 방법이 현재 난무한 상황이어서, 마치 영성 돌봄이 '그들'의 것인 듯한 느낌이 들 수도 있지만, 이것은 '그들'만의 것이 아니라 오히려 기독교 상담사들이 더욱 적극적으로 기독교적인 가치관과 방법으로 '우리'의 방법과 용어를 개발하는 일에 동참해야 한다.

그러나 기독교 상담학자는 인간성의 본질로서 영성을 돌보는 데만 관심을 둘 것이 아니라 하나님과의 관계를 더욱 친밀히 하는 것 또한 강조해야 한다. 기독교 상담사가 한 개인을 돌볼 때, 그의 영성을 돌보고 영적 성숙을 돕는 것이 상담의 주요 목적이 되며, 이때 인간성으로서 영성(영성의 기능)과 하나님과의 관계로서 영성(영성의 내용)은 둘 다 무척 중요한 영역이 된다. 둘 중 어느 하나를 무시하거나 소홀히 해서는 안 되지만, 그렇다고 두 영성의 중요성이 동등할 수는 없다. 목회상담학자인 헌싱거(Deborah van Deusen Hunsinger)는 심리학과 신학을 통합하는 데에 칼케돈 방식을 적용할 것을 제안했는데, 이는 이 글에서 말하는 두 가지 영성 개념을 통합하는 데에도 적절한 준거 틀이 되리라 생각한다.[14]

헌싱거는 칼케돈 신조에서 예수의 신성과 인성을 설명하는 데에 두 성품은 서로 혼합되지 않고 완전히 분리되지도 않은 각각의 독자적인 성품이 하나를 이루지만 신성에 더 우위가 부여되는 것처럼 신학과 심리학의 통합에서도 두 학문이 각자 고유한 영역으로 독자적으로 통합되어야 하지만 신학이 심리학보다 인식론적 우위에 있어야 함을 주장했다.[15] 마찬가지로, 인간성과 신성으로서의 영성을 이해할 때, 기독교 상담학자는 두 범주의 영성을 모두 독자적인 것으로 인정하고 어느 한 쪽을 없애려 하거나 이 두 가지를 합해서 하나로 단일화하려는 게 아니라 각각의 돌봄과 개발에 힘써야 하지만, 이 중에서 신적 개념의 영성에 더 우위를 부여함으로써 인간의 영성 이해에서 하나님과의 관계를 가장 중요하고 절대적인 것으로 분명히 해야 한다.

---

14 Deborah van Deusen Hunsinger, *Theology and Pastoral Counseling: A New Interdisciplinary Approach*(Grand Rapids, MI: William B. Eerdmans Publishing Company, 1996), 75-88.

15 *Ibid.*, 75-88.

2) 역사

　기독교 상담은 2,000여 년 전부터 교회의 목회적 돌봄/상담의 형태로 교회와 역사를 같이하며 발전하여, 2차 세계대전 이후 현재와 같은 구조화된 모습을 갖추게 되었다.[16] 즉, 기독교 상담은 상담심리학의 한 분야로 근대에 새로 생긴 분야가 아니라, "목회적 돌봄이라는 교회의 중추적이면서도 오랜 사역의 한 형태로 발전해온 것"으로 교회의 역사만큼 오래된 것일 뿐 아니라 그 자체로 기독교 영성을 풍부하게 반영하고 있다.[17]

　목회적 돌봄은 신체뿐 아니라 마음과 영혼의 아픔으로 고통 받는 사람들을 돌보고 치료하는 영혼 돌봄(*cura animarum*)의 전통에 기원하는데, 맥닐(John McNeil)은 구약 시대부터 현자와 서기관, 랍비를 통해 영혼 돌봄이 이루어졌고, 예수님 이후 교회의 영적 지도자들을 통해 지금까지 꾸준히 이어져오고 있다는 것을 다양한 문서와 기록을 통해 보여주었다.[18] 클렙쉬(William A. Clebsch)와 재클(Charles Jaekle)은 영혼 치유 혹은 목회 상담을 "궁극적 의미와 관심(ultimate meanings

---

16　Tim Clinton and George Ohlschlager, "Competent Christian Counseling: Definition and Dynamics," in *Competent Christian Counseling*, ed. Tim Clinton and George Ohlschlager(Colorado Springs: Waterbrook Press, 2002), 19.

17　*Ibid*.

18　영혼 돌봄(*cura animarum*)에서 *cura*는 돌봄(care)과 치유(cure, healing)를 모두 뜻하는 것으로, *cura animarum*은 영혼 돌봄과 영혼 치유의 두 가지 의미를 띤다고 할 수 있다. John T. McNeill, *A History of The Cure of Souls*(New York: Harper & Row, 1965); Albert L. Meiburg, "Care of Soul(*Cura Animarum*)," in *Dictionary of Pastoral Care and Counseling*, ed. Rodney J. Hunter(Nashville: Abingdon Press, 1990), 122. William A. Clebsch & Charles Jaekle, *Pastoral Care in Historical Perspective*(New York: Jason Aronson, 1983), 4.

and concerns)의 맥락에서 고통 받고 있는 사람들을 기독교 지도자가 도와서 치유, 지탱, 안내, 화해(healing, sustaining, guiding, and reconciling)를 얻게 하는 것"이라 정의하는데, 이 네 가지 영혼 돌봄 기능은 시대와 상황에 따라 모습이 다르고 강조점이 달라지긴 했지만 꾸준히 목회 상담의 공통적인 핵심 기능이 되어왔다.19 즉, 구약 시대로부터 근대의 과학과 심리학의 직접적 영향을 받기까지, 영혼 돌봄/목회 상담은 교회 안에서 교역자에 의해 이루어지던 사역의 하나로 성도들의 영적 건강뿐 아니라 신체와 정신, 인간관계 등 전인적인 건강을 도모해 왔다.

그렇게 면면히 교회 사역에서 이어져오던 영혼 돌봄의 전통은 종교 개혁 시대를 지나 20세기에 이르러 심리학과 사회과학의 영향으로 새로운 모습을 띠게 되었다. 목회신학자 패튼(John Patton)은 근대 심리학이 교회의 영혼 돌봄 사역에 영향을 미치기 시작했던 20세기 기독교 상담 시대를 임상적 시대(clinical paradigm)로 명명하여 그 이전의 영혼 돌봄 사역인 전통적 시대(classical paradigm)와 구별했다.20 패튼이 지적했던 바와 같이 이전의 전통적 시대의 영혼 돌봄은 기독교 신학과 전통에 바탕하여 성경을 통해 드러나는 하나님의 메시지에 초점을 맞췄다면, 근대 이후 임상적 시대의 기독교 상담은 돌봄을 주고받는 개인에게 집중하게 되었다. 이것은 당시 학계에서 두드러졌던 심리학의 유행의 영향으로 나타난 현상인데, 이 과정에서 심리학이 기독교

---

19 William A. Clebsch & Charles Jaekle, *Pastoral Care in Historical Perspective* (New York: Jason Aronson, 1983), 4.

20 John Patton, *Pastoral Care in Context*(Louisville, KT: Westminster John Knox Press, 1993), 4.

상담 현장에서 큰 유익을 주기도 하였다.[21]

　이 시기에 기독교 상담 내부에서 다양한 견해가 나오게 되고 관점에 따라 분파들이 나뉘기도 했다. 기존의 영혼 돌봄 사역에 심리학을 적극적으로 수용하여 교회 안에서 심리학적 상담을 적용해보려 시도했던 일단의 목회자들은 목회 상담이라는 명칭으로 학회를 만들고 목소리를 높이기 시작했다. 하지만 목회상담자들이 세속적 심리학에 지나치게 의지하여 기독교 정체성을 상실했을 뿐 아니라 그들의 신학이 너무 자유롭다고 느꼈던 신학자들은 이들과 분리하여 자체적인 상담학파를 만들고 기독교적인 정체성을 분명히 하여 상담을 하고자 도모했다.[22] 시간이 지난 뒤 목회상담학자들 내부에서도 기독교의 정체성을 회복해야 한다는 목소리가 높아져 그 이후의 목회적 돌봄은 전체적으로 다시 기독교의 전통적 모습을 회복하면서 더욱 발전하는 방향으로 나아가게 되었다. 패튼은 이런 운동을 목회 상담의 공동체적·상황적 시대(communal, contextual paradigm)라 명명했다.[23]

　각 시대에서 강조되었던 바에 따라 기독교 상담의 영성도 조금씩 다른 모습으로 표현되었다. 전통적 시대의 기독교 상담에서는 전통적이고 공동체적인 의례 그리고 성령의 치유 역사를 중개하는 교회 지도자의 영적 권위가 강조되는 영성이었다면, 임상적 시대에서는 상담자와 내담자 사이의 관계, 내적 치유 과정에서 성령의 역사 그리고 한 개인을 전인적으로 돌보는 데 필요한 상담자의 헌신과 믿음의 영성이

---

21 *Ibid.*, 4.
22 Gary Collins, "Evangelical Pastoral Care," in *Dictionary of Pastoral Care and Counseling*, ed. Rodney J. Hunter(Nashville: Abingdon Press, 1990), 373.
23 Patton, 4-5.

더 강조되었다. 또한, 공동체적·상황적 시대에는 기독교 상담에 관여하는 교회 공동체의 연합과 상호 도움의 영성 그리고 다양한 억압과 불의의 상황에서도 하나님의 뜻을 실행하고자 하는 선지자적 영성이 상대적으로 더 중요시되고 있다.

이렇게 시대에 따라 강조되고 표현되는 영성의 양태들은 조금씩 다르지만, 기독교 상담의 역사에서 기독교 영성의 함양, 돌봄, 성장과 발달은 언제나 상담의 핵심에 자리 잡았고, 그로 인한 하나님과의 친밀한 교제와 하나님 능력으로 인한 전인적 치유는 항상 기독교 상담의 궁극적인 목표가 되어왔다.

3) 기독교 상담 영성의 실재

기독교 상담에서 치유와 성장의 원천과 목표의 중심에는 항상 성령, 곧 하나님이 있었다. 기독교 상담을 상담자·내담자·성령이라는 삼각 구도로 이해하는 것과 성령의 치유하심이 내담자 회복의 근원이 된다는 것, 그렇기 때문에 기독교 상담자는 자신의 전문성에 지나치게 의지하는 게 아니라 상담에서 역사하시는 성령의 능력에 의지해야 하다는 것은 굳이 말하지 않아도 모든 기독교 상담자가 암묵적으로 전제하고 있는 기본적인 신념이다.[24] 기독교 상담 현장에서 구현되는 영성을 한두 가지로 단정하기는 어렵지만, 여기에서는 그중 필자가 판단하기에 가장 구체적이고 실재적으로 표현되는 네 가지의 영성 실제에 대해

---

24 Tim Clinton and George Ohlschlager, "Competent Christian Counseling," 61, 65; Ron Hawkins and Tim Clinton, *The New Christian Counselor*(Eugene, OR: Harvest House Publishers, 2015), 41.

논의하고자 한다.

　기독교 상담은 기본적으로 내담자의 고통스러운 실존에 함께함으로써 내담자를 위로하고 힘을 주는 것이라 할 수 있으며 이는 예수님의 성육신을 반영한 영성이라고 하겠다. 그리고 기독교 상담이 내담자의 고통에 동행하면서 그를 전인적으로 돌보는 것이라 할 때, 돌봄의 영성이 기독교 상담 영성의 중심에 있다고 할 수 있다. 또한, 기독교 상담을 통해 내담자의 전인 건강을 추구한다고 할 때, 전인성에는 여러 가지 요인이 있겠지만 전인 건강에서 가장 중요하고 근본적인 핵심이 바로 영성의 계발과 성장이다. 마지막으로 조금 더 적극적으로 기독교 상담 회기에서 내담자에게 영적 훈련들을 가르치고 함께 연습하는 것은 내담자의 영적 성장을 크게 격려할 수 있기 때문에 최근의 기독교 상담에서는 이런 적극적인 시도가 이루어지고 있다. 요약하면, 기독교 상담에서의 성육신의 영성, 돌봄의 영성, 전인 건강의 핵심인 영성 그리고 영적 훈련을 통한 영적 성숙에 대해 논의해보겠다.

성육신의 영성

　기독교 상담자는 내담자의 고통 외부에 존재하면서 내담자보다 우월한 상황에서 자신의 전문성을 활용하여 내담자를 구해낸다기보다는, 내담자의 고통 현장에 동행하여 그 고통에 함께 참여하면서, 자신의 전존재로 내담자를 지탱하고 위로하는 사역자다. 이것을 'Ministry of presence'(있어줌의 사역, 함께함의 사역, 존재의 사역)라고 부른다. 'Ministry of presence'는 자기를 비워 사람들과 같이 되시고 사람의 모양으로 나타나시고 십자가에 죽기까지 사람을 사랑하시고 그들의 고통의 삶 속에 함께 거하셨던 예수님의 성육신(빌 2:6-11)에 근거한다.[25] 마땅한 영광을 사양하시고 기꺼이 고통스러운 인간 삶에 동참하신 예수님의 성육신은 기독교 상담자가 고통 속에 있는 내담자와 어떤 관계를 유지해야 하는지 잘 보여준다.

'Ministry of presence'는 말 그대로 상담자의 존재 자체로 내담자에게 위로와 든든함을 주는 것이다. 이 세상이 아무리 험해도 나 혼자가 아니라 나에게 관심을 갖고 나를 걱정해주며 위로해주는 누군가와 함께 있다면 용기를 낼 수 있다. 종종 상담의 현장에서 어떤 말보다도 상담자의 존재가 가장 강력한 능력일 때가 있다.[26] 그러므로 기독교 상담자는 내담자와 함께하면서, 언제든 내담자가 필요할 때 도움을 얻을 수 있다는 상담자의 가용성(availability)을 시사해주어야 한다.

내담자가 가장 가기 힘들어하고 수치스러워 하는 그의 삶의 한 자리에 상담자가 기꺼이 함께 가서 내담자의 고통에 동참하기 위해서는, 상담자 역시 내담자와 크게 다르지 않게 고통과 한계를 지닌 존재라는 것을 인정하는 게 필요하다.[27] 이를 통해 상담자는 겸손하게 내담자와 고통을 나누고 그들이 공유하는 죄성과 유한성의 실존을 함께 감내하는 것이다. 이런 과정을 통해 내담자는 이 세상에 나 혼자뿐이 아니라는 위안과 안전감을 얻을 수 있다.

내담자의 고통 속에 상담자가 함께하고 있다는 것을 느낄 때, 이를 통해 내담자는 또한 임마누엘의 하나님을 간접적·대리적으로 경험할

---

25 Gabriel Fackre, "Ministry of Presence," in *Dictionary of Pastoral Care and Counseling*, ed. Rodney J. Hunter(Nashville: Abingdon Press, 1990), 950.

26 Ron Hawkins and Tim Clinton, *The New Christian Counselor*, 60.

27 Tim Clinton and George Ohlschlager, "Christian Counseling and Compassionate Soul Care," in *Competent Christian Counseling*, ed. Tim Clinton and George Ohlschlager(Colorado Springs: Waterbrook Press, 2002), 22-24.

수 있다. 이것은 특히 애착 형성이 불안정하거나 인간관계에서 상처를 많이 받은 경우에 교정적인(corrective) 경험이 될 수 있다. 상담자가 내담자의 고통에 함께 머무르며 완벽한 상담자(Wonderful Counselor)이고 위로자(Companion, Comforter)인 성령을(사 9:6; 요 14:26) 그 자리에 초대하고 성령의 능력을 의지하는 것을 보면서, 내담자 역시 성령의 임재를 경험하고 상담자처럼 성령에게 더 나아갈 수 있도록 무의식 중에 격려를 받는다. 그러므로 'Ministry of presence'는 하나님의 거룩한 임재하심을 경험하며 예배할 수 있는 기회가 된다.[28]

그런데 내담자의 고통에 함께 동참하고 안정을 유지하면서 그 고통을 견디는 것은 쉬운 일이 아니다. 즐거운 자들과 함께 즐거워하는 것이 우는 자들과 함께 우는 것보다 상대적으로 수월하다. 내담자의 고통이 상담자에게 공감 피로(empathy fatigue)를 유발하거나 상담자 내면에 감춰져 있던 무언가를 자극할 수도 있고, 부정적인 이야기를 듣는 것 자체가 기분을 침체시키기 때문에 'Ministry of presence'를 위해서 상담자는 내담자의 고통을 감내할 수 있는 정서적·영적 안정성을 키우는 것이 중요하다.

돌봄의 영성

영성가인 나우웬(Henri Nouwen)은 돌봄이란 "깨어지고 무력한 사람들의 세상 속에 들어가 그곳에서 연약한 사람들끼리 교제를 나누는

---

28 Winnifred Fallers Sullivan, *A Ministry of Presence: Chaplaincy, Spiritual Care, and the Law*(Chicago: University of Chicago Press, 2014), 175. Accessed November 3, 2022, https://search-ebscohost-com.fuller.idm.oclc.org/login.aspxdirect=true&db=e000xna&AN=796692&site=ehost-live&scope=site.

것", "고통당하는 사람들 곁에 있어주되 상황이 호전될 가능성이 전혀 없을지라도 계속 같이 있어주는 것" 그리고 "돌보는 사람과 돌봄을 받는 사람이 내적 치유와 해방과 평화를 경험하는 것"이라고 표현했다.29 이런 돌봄을 주고받는 관계에서, 하나님의 자비하심과 같이 자비로운 자가 되어(눅 6:36) 그 자비를 삶과 사역 속에서 실천하는 것이 돌봄을 베푸는 기독교 상담자 영성의 중요한 자세이다.

나우웬이 잘 표현했듯이, 돌봄은 주님의 길을 따르는 소명이다.30 기독교 상담자에게 상담은 수입원으로서 사업이 아니라 주님의 뜻을 이루고자 감당하는 사역이다. 상담은 무언가를 해내야 하는 과업이라기보다는 살아내야 하는 삶의 방식이다. 고통 중에 있는 연약하고 상한 영혼들을 안타깝게 여기시는 하나님의 마음을 알고, 그들을 위로하라는(사 40:1) 하나님의 뜻에 순종하는 것이 기독교 상담자의 출발점이다. 소명인 까닭에 그 과정에 어려움이 있어도 기도하면서 극복해나가는 것이고, 희생도 감수하는 것이다. 그리고 그 과정에 상담자 본인도 성장하고 하나님과 더욱 친밀해지며 하나님의 마음을 더 알아가게 된다.

돌봄의 영성을 논의할 때 함께 주목해야 하는 것은 관계의 영성이다. 기독교 상담은 상담자와 내담자의 관계를 매개로 하여 거기에 하나님께서 역사하시는 치유의 사역이다. 나우웬이 표현한 돌봄의 관계에서는 돌보는 자가 돌봄을 받는 자의 이야기를 진심을 다해 들어주고, 그의 고통을 공감해주며, 때로는 한계를 수용하면서, 두 사람이 함께

---

29 Henri Nouwen, 『돌봄의 영성』(*A Spirituality of Caregiving*), 윤종석 옮김(서울: 두란노, 2014), 24-25.
30 *Ibid.*, 29-43.

성장하는 모습이 잘 나타난다.31 기독교 상담에서 상담자와 내담자의 관계는 이렇게 경청, 공감, 수용을 통해 서로가 함께 치유되고 성장하는 관계다. 내담자의 있는 모습 그대로를 수용하고, 하나님의 자녀로 그를 존귀하게 대하며, 상담자의 전 존재를 드려서 내담자를 품어주는, 이런 관계는 부버가 말한 I-Thou(나와 너)의 관계의 모습을 보여준다.32 이와 같은 상담자와의 관계를 통해 내담자는 하나님과의 관계도 간접적으로 경험하게 된다.

나우웬은 기독교 상담의 영성에서 매우 중요한 또 한 가지 요소를 지적하는데, 그것은 돌봄은 자기 것을 주기만 해서 소진되는 게 아니라 베푸는 만큼 채워지고 풍성해져서 넘쳐흐른다는 것이다.33 이를 위해 나우웬은 날마다 주님과 함께하는 시간과 공간을 떼어놓으면서 침묵과 묵상 속에서 주님으로부터 영적 공급을 받는 것과 공동체를 통해 돌봄을 받는 것, 그리고 돌봄 관계가 아닌 친밀한 인간관계를 가꿀 것을 강조한다.34 자칫 탈진하기 쉬운 기독교 상담자에게 남을 돌보는 것만큼 중요한 것이 자신을 돌보는 것이며, 끊임없는 자기 돌봄을 통해 상담 사역을 지속해나갈 수 있는 힘을 공급받는 것이 아주 중요한 영성 관리의 한 부분이다.

전인 건강의 원천인 영성

기독교/목회 상담학자였던 클라인벨(Howard Clinbell)은 기독교

---

31 *Ibid.*, 45-73.
32 Martin Buber, *I and Thou*, trans. Ronald Gregor Smith(Edinburgh: T & T Clark, 1937).
33 Nouwen, 100-19.
34 *Ibid.*, 102-09.

상담의 목표를 '전인 건강'으로 보았는데, 그는 전인 건강을 위해 7가지 차원의 영역이 있으며 이 7가지 영역에서 사랑으로 그것들을 건강하게 돌볼 수 있을 때 그 사람이 건강한 것이라 하였다.[35] 클라인벨은 이 7가지 차원의 가장 중심부에는 영성이 자리 잡고 있으며 영적 건강이 모든 다른 영역의 건강에 기본이 된다는 것을 강조했다.[36] 클라인벨에 따르면, 모든 인간에게는 공통적으로 영적 갈망이 있는데, 그것은 하나님과의 관계 속에서 사랑을 경험하고자 하는 갈망, 영적인 절정을 경험하고자 하는 갈망, 생명력 있는 영적 신념에 대한 갈망, 그 신념대로 실천하며 살고자 하는 갈망, 자신 내면의 영적 자아를 발견하고 계발하고자 하는 갈망, 자연과 타인들을 포함한 대상들과의 공동체적 연대감에 대한 갈망 그리고 내적 고통의 치유를 위한 영적 자원에 대한 갈망이다.[37] 클라인벨은 전인성의 핵심이 되는 영성은 사랑과 자유의 성령과 더욱 친밀해지는 것이라 언급하면서, 이런 영적 갈망을 건강한 방법으로 충족시키는 것이 전인 건강에서 가장 중요한 부분이라고 강조하였다.[38]

심리학의 영향을 받은 현대의 목회상담 운동을 선봉에서 이끌었던 클라인벨이 개인의 내면 심리를 지나치게 강조하던 시대 사조와는 달리 당시에는 많은 관심을 끌지 못했던 지구 환경을 돌보는 생태학적

---

35 Howard Clinebell, *Well Being: A Personal Plan for Exploring and Enriching the Seven Dimensions of Life*(New York: Harper Collins, 1991), 7. 7가지 차원의 건강은 영성, 마음, 몸, 인간관계, 일, 여가와 놀이, 전 지구적 생태계의 건강을 말한다.
36 *Ibid.*, 7.
37 *Ibid.*, 24-36.
38 *Ibid.*, 7.

건강, 일과 여가의 균형, 정신 건강과 불가분의 관계에 있는 몸의 건강, 가족과 중요한 사람들과의 인간관계의 건강 등을 개인 내면의 정신 건강과 동등한 수준으로 강조했다는 것은 매우 의미 있는 통찰이라고 여겨진다. 그래서 개인 내면의 정신 건강만 지나치게 강조하는 게 아니라 다차원적인 영역에서 건강이 균형을 이룬 전인 건강을 기독교/목회 상담의 목적으로 제안한 것은 시대를 앞서가는 지혜로 보인다. 무엇보다 당시에 지나치게 심리학에만 의존하여 기독교/목회 상담의 정체성 자체가 흔들렸던 상황에서 전인 건강의 핵심으로 영적 건강을 최우선적으로 강조한 것은 기독교 상담에서 영성의 가치를 유지할 수 있도록 기여한 것이다. 즉, 비록 20세기에 심리학이 교회와 기독교 상담 분야를 갑작스럽게 주도했지만 그 거센 물결에도 영성은 기독교 상담의 핵심 위치를 유지할 수 있었다.

하지만 여기에서 한 가지 주의해서 보아야 할 것이 있다. 비록 클라인벨이 영성을 기독교 상담의 핵심으로 강조했지만 그가 설명하는 영성은 다소 포괄적인 것이다. 즉, 앞에서 언급한 것처럼 영성을 인간성(기능)과 신성(내용)으로 나누어 생각할 때 클라인벨은 신성을 강조하는 기독교 전통의 영성을 언급하면서도 동시에 타 종교인이나 비종교인에게도 여전히 발견되는 인간성의 부분도 암묵적으로 가정하고 있다.39 클라인벨은 영성이라는 단어 속에 인간성과 신성의 요소를 모두 포괄하는 애매한 태도를 취한다. 이는 혼합주의적인 모습으로 보일 수도 있지만, 인간성의 영성과 신성의 영성의 통합이라는 현재 기독교 상담학자들의 과제를 생각할 때, 이를 위한 전조 단계 혹은 과도기적

---

39 예를 들어 다음을 참고하라. Clinebell, 39-42.

형태라는 의미를 부여할 수도 있다.

한편 클라인벨은 종교나 영성이 무조건 다 좋은 것이라는 순진한 가정에 도전하면서, 억압적이고 병들게 하는 영성(종교)과 건강하며 구원에 이르게 하는 영성(종교)을 구별해야 한다고 역설한다.[40] 죄책감과 공포심, 자기혐오와 낮은 자존감, 수치심, 억압, 소외, 지나친 의존성 등을 유발하는 영성(종교)의 해악을 우리는 상담 현장에서 드물지 않게 직면하곤 한다. 프로이트(Sigmund Freud)와 같은 심리학자들이 종교에 대해 곱지 않은 시선을 보낸 것 역시 이와 같은 억압적 영성(종교)의 영향을 편향적으로 지적했던 것이라 할 수 있다. 클라인벨은 억압적이고 병적인 영성(종교)은 개인과 인간관계에 고통을 주는 것이므로 경계해야 하며, 구원에 이르는 영성을 추구해야 한다고 강조했는데 이는 기본적인 영적 갈망들을 세속적이거나 중독적인 방법이 아닌 건전하고 성장 지향적인 방법으로 충족시키는 것을 말한다.[41]

영성 형성의 방법을 통한 영적 성숙

기독교 상담의 목적은 단순히 내적 치유나 마음의 행복감을 얻게 하는 것이 아니다. 물론 기독교 상담 과정에서 그런 것들을 얻기도 하지만, 기독교 상담의 궁극적인 목적은 거기에서 더 나아가 혹은 그것을 얻지 못하더라도, 내담자가 영적으로 더 성숙해지고 하나님과 더욱 친밀한 관계를 맺도록 돕는 것이다.[42] 기독교 상담자이며 미국기독교

---

40 Clinebell, 24.

41 *Ibid.*, 24-25.

42 Tim Clinton and George Ohlschlager, "Competent Christian Counseling," 55.

상담학회(American Associations of Christian Counselors) 회장인 클린턴(Tim Clinton)은 이 궁극적 목적을 이루기 위한 가장 주된 방법은 바로 영성 형성 활동들(spiritual formation activities)이라고 말한다.[43]

기독교 상담과 영적 지도(spiritual direction)는 기독교의 영혼 돌봄의 전통을 공유하고 있기 때문에 기독교 상담에 영적 지도를 통한 영성 형성 방법을 통합하는 것은 어려운 일이 아니며 오히려 자연스럽고 바람직한 일이다.[44] 기독교 상담학자인 맥민(Mark McMinn)과 영성신학자인 홀(Todd Hall)은 한목소리로 기독교 영성과 기독교 상담은 통합적인 대화를 통해 서로를 더욱 강하게 해줄 수 있다고 강조했다.[45] 또한 기독교 상담학자인 탄(Siang-Yang Tan)은 "영적 훈련이 기독교 상담에서 핵심적 역할을 해야 한다"라고 힘주어 말한 바 있다.[46] 그리고 기독교 상담학자 힌슨(Edward Hindson)과 동료들이 강조한 대로, 기독교 상담자는 내담자에게 영성 형성의 방법들을 가르치고 적용하기에 앞서 먼저 자신이 이런 활동들에 풍부하게 참여해야 하고, 상담자 본인이 먼저 영적으로 성숙한 삶을 영위해야 한다.[47] 그러므로 다양한 영성 훈련의 방법을 통한 영성 형성은 기독교 상담자에게 선택이 아니

---

43 *Ibid.*, 55.

44 김기철, "영혼 돌봄에 기반을 두는 목회상담: 영성지도의 속성을 받아들이는 상담," 「신학과 실천」 63(2019): 239, 242.

45 Todd W. Hall and Mark R. McMinn, *Spiritual Formation, Counseling, and Psychology*(New York: Nova Science Publishers, Inc., 2002).

46 Siang-Yang Tan, "The Spiritual Disciplines and Counseling," *Christian Counseling Today*, 6(2): 8.

47 Edward Hindson et al., "Roots of Spirituality: Spiritual Formation in Scripture, the Church, and Counseling," in *Competent Christian Counseling*, ed. Tim Clinton and George Ohlschlage(Colorado Springs: Waterbrook Press, 2002), 130.

라 필수이며, 스스로의 경험적 참여를 통해 다양한 영성 형성 활동들을 잘 알고 이것을 내담자에게 안내해줄 수 있어야 한다.

기독교 전통에서 발견되는 영성 형성 방법들을 분류하는 방법은 다양하지만, 대체적으로 내적 영성과 외적 영성의 균형을 이룬 훈련을 강조한다. 예를 들어 영성학자인 윌라드(Dallas Willard)는 영성 형성 방법을 절제 훈련(고독, 금식, 검소, 희생, 절제)과 참여 훈련(연구, 예배, 기도, 봉사, 친교)으로 분류하고,[48] 포스터(Richard Foster)는 내적 훈련(명상, 기도, 금식), 외적 훈련(검소, 고독, 봉사) 그리고 공동 훈련(예배, 회개, 축하)의 세 가지로 분류하고 있다.[49] 기독교 상담자는 이런 훈련들을 평소에 익히고 실천해서, 이것들을 상담 현장에서 내담자에게 가르침으로써 내담자가 영적으로 성숙해지고 하나님과 더욱 친밀해질 수 있도록 도와야 한다. 영적 훈련은 내담자의 속사람을 더욱 강건하게 변화시키기 때문에 예방적이고 강점-기반 접근이라 할 수 있다.[50] 이것은 내담자의 문제를 직접적으로 다룬다기보다는, 여러 가지 문제에도 불구하고 내담자의 강점과 인격을 더 발달시킴으로써 그것들을 잘 극복하고 견딜 수 있게 힘을 키워주는 차원의 개입이다.

힌슨과 동료들은 구체적인 예로 기독교 상담에서 사용할 수 있는 여섯 가지 영성 형성 방법을 소개한다.[51] 상담자와 내담자가 함께 하나님께서 좋은 것을 주실 것을 기대하며 예배로 나아가는 것, 상담 전과

---

48 Dallas Willard, *The Spirit of the Disciplines*(San Francisco: HarperSanFrancisco, 1988), 158.

49 Richard Foster, *Celebration of Discipline*, 20th annual edition(San Francisco: HarperSanFrancisco, 1998).

50 Edward Hindson et al., "Roots of Spirituality," 130.

51 *Ibid.*, 134-39.

진행 중에 상담자가 기도하는 것 그리고 적절한 시기에 상담자와 내담자가 함께 기도하는 것, 내담자와 함께 성경을 읽고 묵상하는 것, 조용한 곳에서 홀로 하나님의 임재를 경험하는 것, 죄를 직면하고 회개하도록 권면하는 것 그리고 욕심을 버리고 검소한 삶을 살며 신앙 공동체에 참여하도록 하는 것이 그 대표적인 방법들이다. 김기철은 기독교 상담에서 사용할 수 있는 영적 훈련의 예로, "하나님의 임재에 대한 인식 아래, 성령님이 주도하시는 의식 성찰, 영적 감정을 통한 하나님과의 소통… 몸, 직관을 통한 알아차림, 분심과 잡념에서 벗어난 순수한 상태에서 이루어지는 인격적 만남, 이를 위한 묵상과 성찰, 침묵과 질문, 경청과 환대를 위한 훈련"을 제안한다.[52] 기독교 상담자들은 상담 현장에서 이와 같은 영성 형성의 방법들을 구체적으로 소개하고 함께 실천하며, 내담자가 일상에서 혼자서도 실천하는지 점검함으로써 내담자의 영적 성장을 도울 수 있다. 이것은 기독교 상담자가 꼭 해야 하는 중요한 역할이다. 즉, 기독교 상담에서 영성은 단순히 기독교 상담자가 내적으로 소유하고 있는 영적 특성에만 그치는 게 아니라 내담자와의 관계 속에서 실제적인 실천으로 나타나며, 그것이 내담자를 더욱 영적으로 성장하게 하고 하나님께 친밀하게 다가가게 할 수 있는 직접적인 방법이 된다는 점에서 경험적이고 구체적인 것이다.

2. 현대 일반 상담 분야에서 영성

역사적으로 볼 때, 종교와 상담은 사이가 좋은 편은 아니었다. 최근

---

52 김기철, 264.

까지도 소수를 제외한 대부분의 정신건강 전문가들은 종교에 무관심했거나 종교를 경시하거나 심지어는 적대시하곤 했고, 반대로 교회나 종교 전통들 역시 상담이나 심리학을 인본주의의 대표로 간주해 불신했다.[53] 하지만 포스트 모더니즘 이후로 대부분의 학술 영역에서 '영성'이 핵심 키워드로 각광을 받음에 따라, 21세기에는 미국상담학회(American Counseling Association)의 2000년도 연례학술대회에서 영성 관련 주제 강연이 30여 개가 될 만큼 '일반 세속 상담'[54]에서 영성은 중심 주제가 되고 있다.[55]

현대에 와서 괄목할 만한 현상은 영성과 종교의 분리다. 점점 더 많은 사람이 스스로를 '영적이지만 종교적이지는 않다'고 인식한다.[56] 이런 부류의 사람들을 'Spiritual But Not Religious'의 첫 자를 따서 SBNR 그룹으로 부르기도 하는데 이들은 스스로를 매우 영적이라고 믿지만 특정 종교 전통에 소속되지 않거나 종교 전통이 필요하지 않다고 여긴다. 이들은 자기를 초월하는 신적 존재에 대한 신앙이나 예배에는 무관심하며, 자기 내면에 있는 신적 특성을 개인적으로 경험하는

---

53 Tim Clinton and George Ohlschlager, "Christian Counseling and Compassionate Soul Care," 28-31.

54 본 논문에서 일반 상담이라 함은 기독교 상담이 아닌 상담을 말한다. 기독교 상담과의 차이를 조금 더 부각시키고자 본 논문에서는 앞으로 일반 상담을 '세속 상담'으로 호칭할 것이다.

55 *Ibid.*, 30.

56 Michael Lipka and Claire Gecewicz, "More Americans Now Say They're Spiritual But Not Religious," *Pew Research Center*(Sep. 6, 2017). Accessed on Nov. 3, 2022. https://www.pewresearch.org/fact-tank/2017/09/06/more-americans-now-say-theyre-spiritual-but-not-religious. 기사에 따르면 2017년 조사에서 본인을 SBNR이라 밝힌 미국인은 27%에 해당하는데 이는 직전 5년 동안 8% 상승한 수치이며 성별이나 인종, 정치 성향 등과 상관없이 전반적인 증가를 보였다.

것에 집중한다.57 이들은 종교 전통과 의식 그리고 공동체가 여러 가지 형식과 헌신을 요구하면서 개인을 억압하고 있다고 여기고, 결과적으로 개인의 영적 건강에 도움이 되기보다는 오히려 피해를 준다고 생각한다. 그러다 보니 점점 신앙 공동체로부터 멀어져 개인주의적인 영성 추구가 유행하게 되는 추세다.

물론 어느 정도는 일리 있는 주장일 수도 있다. 우리 각자의 내면에는 하나님의 형상이 여전히 존재하므로 내면에 있는 깊은 영적 자아에 접촉하는 것은 하나님과의 교제로 나아가기 위해 필요하다. 하지만 문제는 하나님께로 향한 방향성을 상실한 채, 내적 영성에만 심취해서 자아도취 상태에 빠져 그것으로 만족하고 그것을 목표로 삼게 되는 것이다. 또한 종교 전통에서 종종 지도자들의 타락, 엄격한 율법주의, 차별과 억압, 완벽주의, 종교의 이름으로 가해지는 학대 등이 발견되는 것도 사실이지만, 그와 반대로 신앙 공동체를 통해 서로를 돌보고 치유해주며, 함께 영적으로 성장해나가는 것도 사실이기 때문에, 어느 한쪽만을 지나치게 강조하는 것은 문제가 있다. 신앙 공동체의 부정적인 일면을 너무 크게 해석하기보다는 그것을 예방하고 치유해나가는 방향으로 노력하는 것이 바람직할 것이다. 이런 점을 고려하여 기독교적인 관점에서 볼 때, SBNR에 속하는 사람들은 균형 있는 영적 성장을 추구하고 있다고 보기 어렵다.

이렇게 영성을 추구하는 사람들이 점점 더 늘어나는 가운데, 전반적으로 모더니즘, 포스트 모더니즘 시대를 지나 현대에 이르기까지

---

57 "Meet the 'Spiritual But Not Religious'," Research Release in *Faith and Christianity*(Apr. 6, 2017). Accessed on Nov. 3, 2022. https://www.barna.com/research/meet-spiritual-not-religious.

사람들은 더욱더 영적 경험에 관심을 갖고, 자기보다 큰 궁극적 존재나 초월적 존재와의 조우와 친밀감을 추구한다.[58] 또한 목회상담학자 양병모의 지적과 같이, 현대 세속 상담 현장에서 관심을 갖는 영성은 기독교 상담 전통에서 이어져 내려온 영성과는 달리 "심리학화된 영성"으로, 이는 "현대 심리학이 영적인 삶을 이해하는 데 미치는 치료적 영향력"을 의미한다.[59] 즉, "내담자의 정서적, 신체적 안녕에 영향을 미치는 기능적 또는 실용적 요소로서의 영성이나 내담자의 자기이해의 확장이나 자기실현 또는 자기만족이나 행복의 추구에 영향을 주는 개인적 요소로서의 영성에 한정"되어 있는 것이 현대 세속 상담에서 크게 유행하고 있는 영성의 개념이다.[60]

앞에서 영성 개념을 두 가지로 구분한 바 있는데, 영성을 한 개인의 인간성의 본질과 신성을 향한 추구로 나눠 본다면 현대 상담 분야에서 영성 이해는 그 첫 번째인 인간성의 본질에만 치우쳐 있다고 할 수 있다. 기독교 상담자가 내담자의 전인적인 건강과 성장을 위해 돕는다고 할 때, 두 가지 면의 영성이 균형 있게 계발되고 성장하는 것이 중요한데 현대의 일반 상담을 통해서는 한쪽으로 치우친 성장을 초래하는 문제가 생긴다. 그 대표적인 예가 심리 치료의 제3물결이라 불리는 것들인데 이는 마음챙김 기술(Mindfulness Skill)을 심리 치료에 활용한 것으로서 매사추세츠 의과대학의 정신과 교수였던 카밧진(Jon Kabat-Zinn)이 대학 병원의 입원 환자들과 외래 환자들을 대상으로 개발한

---

58 Tim Clinton and George Ohlschlager, "Christian Counseling and Compassionate Soul Care," 25.
59 양병모, "목회상담에서의 영성의 이해와 적용," 「복음과 실천」 53(2014 봄): 250.
60 Ibid.

마음챙김 기술 중심의 스트레스 감소 기법(Mindfulness Based Stress Reduction, MBSR), 인지행동치료에 마음챙김 기법을 통합한 마음챙김 기반 인지행동치료(Mindfulness Based Cognitive Therapy, MBCT), 감정조절 장애와 자해, 자살 시도가 많은 경계선 성격장애자들을 위한 변증법적 행동치료(Dialectical Behavioral Therapy, DBT) 그리고 고통을 수용하고 심리적 유연성을 키우며 가치 전념적인 삶을 살도록 안내하는 수용전념치료(Acceptance Commitment Therapy, ACT) 등이다.

이런 현대 상담 기법들을 바라보는 기독교 상담자들의 시선은 조심스럽다. 이것들이 현대 세속 상담 영역에 너무도 전반적으로 퍼져 있어서 그 세력이 매우 강한데다가, 근거기반치료(Evidence-Based Therapy)로 등재됨에 따라 이런 기법들이 실제로 정신적인 문제를 치료하는 효과가 과학적·객관적·통계적으로 검증되어 인정을 받고 있기 때문에 함부로 무시하거나 배격하기 어렵다. 그러나 또 한편으로는 기독교적 세계관과 양립하기 어려운 타 종교의 철학들이 내재되어 있는 듯한 신학적 위험성 그리고 정신적인 문제의 치료 능력을 하나님을 배제하고 전적으로 내담자 본인의 내면에서 찾는 방식에 대한 거부감 등이 기독교 상담자들로 하여금 이런 상담 기법들을 경계하게 만들고 있다. 그래서인지 목회상담학자 현상규가 지적한 것처럼 세속 상담과 심리치료 분야에서는 마음챙김 관련 논의와 연구들이 봇물 터지듯 쏟아져 나오고 있지만, 한국의 기독교/목회 상담 영역에서의 연구 노력은 지지부진하다 못해 거의 전무한 실정이다.[61] 이런 현실에 대해 목회상담학

---

61 현상규, "마음챙김에 대한 기독교적 고찰과 목회상담적 제안들," 「목회와 상담」 29 (2017): 296. 현상규는 논문에서 2017년 당시 한국연구정보서비스 RISS를 이용하여 마음챙김을 검색했을 때 세속 상담 분야의 외국과 한국의 논문이 4,610개인 데

자인 스트라톤(Stephen Stratton)은 서구 기독교인들이 명상을 비기독교적 기원이라는 이유로 "아기를 목욕물과 함께 버리는 실수"를 하였고, 그 결과 마음챙김과 같은 기법에 내포된 종교적·영적 의미를 확인하고 평가하는 작업을 수행하지 못했다고 지적한 바 있다.[62]

　　현상규는 목회/기독교 상담학자들이 "기독교적인 상담의 정체성과 역할을 공고히 함과 동시에 효과적인 상담 사역을 위해 타 종교와 일반 심리학과의 의미 있는 대화를 가져야" 한다고 주장한다.[63] 시대와 조류가 더 복잡해지고 빠르게 변하는 만큼 혼란도 가중될 수 있는 시기에 기독교 상담학자들은 비판적인 시각으로 현재 주류로 등장하고 있는 다양한 담론들을 기독교적으로 비판하고 적절한 대안과 방향성을 제시해야 할 책임이 있다. 그리고 그렇게 하기 위해서는 무엇보다도 그것들이 무엇인지 정확하게 알고 잘 이해해야 한다. 제대로 알지도 못하는 것을 비판할 수는 없기 때문이다. 그저 의심스러운 눈초리로 경계하면서 다가가지 못하고 무턱대고 외면하는 동안, 기독교 상담학자들은 내담자들이 효과가 검증된 상담과 심리 치료를 받고자 인본주의적 명상 치료를 하는 심리치료사들에게 가버리는 뒷모습을 바라만 봐야 할지도 모른다.

비해 한국 기독교/목회 상담 분야에서 관련 논문은 단 한 편뿐이었다고 지적했다. 그 후 5년이 지난 2022년 현재 필자가 시행해본 RISS 검색에 따르면 마음챙김을 주제어로 하는 세속 상담 분야의 논문은 108,516편(이 중 한국인 저자는 2,267편)으로 크게 증가한 데 비해, 한국 기독교/목회 상담 영역에는 단 4편으로 5년 전과 크게 달라지지 않았다. 게다가 그 4편의 논문 저자가 단 2명이라는 점을 고려할 때 여전히 한국 기독교/목회 상담학자들은 이 주제에 무관심하거나 이 주제를 불편해 하고 경계하고 있다는 것을 확인할 수 있다.

62 Stephen P. Stratton, "Mindfulness and Contemplation: Secular and Religious Traditions in Western Context," *Counseling and Values* 60, no.1(2015): 106.
63 현상규, 327.

기독교 상담학자는 선구자적인 지도력을 발휘하여 분명한 정체성을 유지하면서, 기독교 전통과 신학 그리고 사회과학과의 건설적인 대화를 통해 기독교 상담자들이 돌보는 내담자들이 전인 건강을 회복하고 하나님과의 친밀성을 더욱 증대할 수 있도록 신학적으로 적절하면서도 내담자를 실제적으로 도울 수 있는 상담 방법들을 끊임없이 새로 개발하고 가르침으로써 앞으로 나아갈 방향을 제시해야 할 책임이 있다. 이런 책임을 도외시할 때 많은 내담자가 눈에 보이는 결과를 얻을 수 있는 인본주의적 상담사들에게로 발길을 돌리게 될 것이고 결과적으로 기독교 상담학자들이 선한 영향을 미칠 수 있는 범위가 점점 더 좁아질 것이기 때문이다.

3. 기독교 상담 영성, 디지털 시대를 만나다

1) 현대 기독교 상담학자들이 직면한 과제

기독교/목회 상담학자들은 그들이 살고 있는 시대의 학문적·실천적 조류에 민감하게 반응하여 그것들과 건설적인 상호문화적 대화를 통해 시대에 적절한 기독교 상담 방법들을 발전시켜나가는 견인차의 역할을 한다.64 현대를 살고 있는 목회/기독교 상담학자들에게도 시대적인 과제가 주어진다. 이 글에서는 영성과 관련하여 현대 기독교 상담

---

64 목회 상담자인 정연득은 목회 상담자의 정체성에 대해 상호문화적 감수성으로 신학, 인문/사회/자연 과학, 사회문화적 공적 차원의 경계에 서서 각 영역의 전문성을 전제하고 자유로운 창조를 통해 우리 사회에 도움이 필요한 자들에게 다가가고자 하는 사람들이라고 표현했다. 정연득, "정체성, 관점, 대화: 목회 상담의 방법론적 기초," 「목회와 상담」 23(2014): 264.

학자들이 직면하고 있는 과제를 크게 네 가지로 기술하며 이에 대한 필자의 제안을 덧붙여 동시대의 기독교/목회 상담학자들의 건설적이고 창의적인 논의를 더욱 촉진하고자 한다.

영성의 내용과 기능의 통합

앞에서 영성을 크게 두 가지 영역으로 나누어 기술했는데, 첫째는 신학적 의미에서 하나님과의 관계를 핵심으로 하는 영성이고, 둘째는 전인적인 인간성의 본질이 되는 영성이다. 권수영은 이것을 각각 영성의 '내용'과 '기능'이라고 칭하면서, 이 두 가지의 영성을 통합하는 것을 이 시대 기독교 상담학자들의 과제로 제안한 바 있다.[65] 이 두 가지를 통합할 때에 중요한 것은 균형을 이루는 것이다. 현재 세속 상담 분야에서는 마음챙김을 비롯한 다양한 명상 기법을 활용하지만 명시적으로 종교적·영적 요소를 제거했다고 주장함으로써 인간성을 강조하는 영성의 '기능'에만 치우치고, 신성을 강조하는 영성의 '내용'은 의도적으로 삭제하려는 모습을 보인다. 이와는 반대로, 기독교 상담 분야에서는 기독교 색채가 다소 분명한 성경, 기도, 신학적 대화 등의 방법으로 하나님과의 관계에 집중하는 신학적 의미의 영성, 즉 영성의 '내용' 쪽에 치우친 반면 인간성의 본질을 의미하는 영성의 '기능' 면에 대해서는 소극적이고 방어적이며, 경계적이거나 무관심한 경향이 있다. 그러므로 기독교 상담학자가 이 둘 사이의 균형을 이루고 통합하고자 한다면 상대적으로 소홀히 다뤄졌던 영성의 '기능' 측면을 기독교적으로 더욱 발전시켜야 할 필요가 있다. 즉, 인간성의 핵심인 영성을 계발

---

65 권수영.

하여 정신적·육체적인 건강을 증진하는 영역에 더 많은 관심과 발전을 기울여야 그동안 치우쳐왔던 영성의 내용과 기능 사이의 균형을 잡고 더 나아가 통합도 가능할 것이다. 이를 위해서는 그동안 기피했던 것에 용감하게 다가가야 할 필요가 있는데, 현재 세속 상담 분야에서 맹위를 떨치고 있는 마음챙김 기법을 비롯한 다양한 영성 계발의 상담 기법들을 지금보다는 좀 더 적극적인 자세로 비판하고 수용하며 기독교 상담에서 활용할 수 있는 다양한 기법들을 개발하는 것이 요구된다.

그러나 영성의 기능과 내용 사이의 균형을 이루는 것은 이 두 가지가 동등한 의미와 가치를 지닌다는 것을 전제하는 게 아니다. 여기에서 말하는 균형은 기독교 상담학자가 기울이는 학문적·임상적 관심과 연구, 노력 등에서의 균형을 말할 뿐, 영성의 내용과 기능의 본질적인 동등성을 말하는 것이 아니다. 오히려 영성의 내용과 기능에는 그 신학적 중요성과 가치에서 우열의 구별이 존재한다. 앞에서 헌싱거가 제안한 칼케돈 방식의 구별을 언급한 바 있는데, 영성의 내용과 기능의 구별에서도 칼케돈 방식의 관점을 적용하여, 하나님과의 관계를 강조하는 영성의 '내용'이 인간성의 본질인 영성의 '기능'보다 신학적 의미에서 분명한 우위에 있어야 한다.[66] 영성의 내용과 기능의 균형을 이루고 통합을 추구하는 기독교 상담학자는 내용과 기능에서 이와 같은 우선순위를 늘 염두에 두고, 영성의 내용과 기능의 균형과 통합을 위해 그동안 상대적으로 관심을 덜 기울였던 영성의 '기능' 면을 개발하는 데 힘쓰는 동시에, 그런 노력이 지나쳐 영성의 내용과 기능의 우선순위가 바뀌지 않도록 경계할 필요가 있다. 즉, 인간성의 핵심인 영성의 개발

---

66 Hunsinger, 75-88.

을 통해 전인적 건강을 추구하는 것이 앞으로 기독교 상담 분야에서 더욱 촉진되어야 하겠지만, 그것이 하나님과의 친밀한 관계와 동등하게 여겨지거나 혹은 그보다 더 강조되지 않도록 우선순위를 분명하게 유지하면서 이런 균형의 노력을 기울이는 것이 기독교 상담학자들의 과제다.

기독교적 자원의 개발

현대 세속 상담 분야에서 많이 사용되고 있는 마음챙김은 동양 종교 전통에서 기원했지만 상담과 심리 치료 분야에서 사용하기 위해 의도적으로 종교성을 제거하고 치료적 요소를 추가했다고 주장하며, 이를 종교적 마음챙김과 구별하여 "치료적 마음챙김"이라 칭한다. 하지만 이를 순진하게 받아들이기 어려운 이유는 그것의 종교적 기원으로 인해 기저에 기독교와 대치되는 가치관을 담고 있기 때문이다.[67] 한편, 기독교 상담자가 영성의 '기능'적인 면을 개발하기 위하여 반드시 세속 상담에서 사용하는 마음챙김 기술을 그대로 사용해야만 하는 것은 아니다. 치료적 마음챙김과 아주 똑같지는 않더라도 그에 상응하는 영성 수련의 방법들은 선불교를 포함한 동양 종교뿐 아니라 대부분의 종교 전통에 공통적으로 존재해왔으며, 이는 기독교 전통에도 마찬가지였다. 기독교 영성의 역사를 보면 마음챙김 명상에 상응하는 영성 수련들이 존재해왔음을 어렵지 않게 발견할 수 있다.[68] 독특한 것은 기독교의 다양한 영성 수련의 방법 중에서 마음챙김과 유사한 방식인 묵상적,

---

67 김준수, "수용전념치료의 심리적 유연성 분석과 기독교적 평가," 「ACTS 신학저널」 36(2018): 377-78; 현상규, 314.
68 현상규, 319.

명상적, 관조적 기도(Contemplative prayer, 통일된 번역 용어가 없으므로 이 논문에서는 편의상 명상적 기도라고 부르기로 한다)의 방법이 상대적으로 위축되어왔다는 것이다.[69] 여기에는 서구의 영향이 컸는데, 특히 16, 17세기에 서구의 과학적·객관적·기계론적 세계관이 지배하면서 개인의 주관적인 내면세계에 집중하는 방식의 명상적 기도가 대중의 관심에서 멀어졌고, 당시의 신비주의적 종교에 대한 부정적인 대중의 견해는 명상적 기도 중 종종 경험하는 하나님의 임재 경험에 대해서도 거부 반응을 야기했다. 그러다 보니 초대 교회로부터 2, 3세기까지에 이르는 기독교 역사에 매우 풍부하게 존재했던 명상적 기도의 자원도 많은 이에게 서서히 잊혀갔다.[70] 한국에서도 크게 부르짖는 통성기도에 비해 조용한 가운데 하나님의 임재를 경험하는 명상적 기도는 그다지 많이 활용되지 않았다. 현재에는 이렇게 잊히고 그 진가가 충분히 알려지지 않았음에도 명상적 기도는 기독교 초기에 많은 성도들이 하나님과 친밀한 교제를 나누는 데 사용한 중요한 하나의 영성 수련 방법이었다.

　명상적 기도도 여러 가지 방법이 있지만 공통되는 것은 홀로 침묵 가운데 집중하면서 호흡과 함께 현재 순간을 알아차리고, 산만해질 때에는 다시 집중하기 위해 비판단적인 방법들을 사용하는데, 이런 점들은 세속 상담에서 사용되는 치료적 마음챙김과도 공통된다. 명상적 기도가 치료적 마음챙김과 구별되는 한 가지 중요한 차이점은 기도의 궁극적인 목적이 단지 마음을 비우고 현재를 자각하는 데 있는 게 아니라, 하나님의 임재를 경험하고 하나님과 친밀한 교제를 나누고자

---

69 Stratton, 105.
70 *Ibid.*

하는 데 있다는 점이다.[71] 그러므로 명상적 기도에서는 하나님의 임재, 하나님의 행하심, 성경 말씀 등에 집중한다. 기독교 상담학자인 호킨스와 클린턴이 지적하듯, "동양 종교에서 명상이 마음을 비우기 위한 것이라면, 기독교에서 명상은 마음을 하나님의 진리와 하나님과의 관계로 채우기 위한 방법"이다.[72] 그래서 주로 성경 말씀을 묵상하거나, 침묵 중에 다양한 방법으로 말씀하시는 하나님의 음성을 듣고 거기에 집중하는 것, 하나님의 임재하심을 바라는 간단한 기도를 하는 것 등이 사용된다.

예를 들어 렉시오 디비나(*lectio divina*)의 방법은 명상적 방법으로 말씀을 대하는 영성 수련법이다. 또한 예수 기도(주 예수 그리스도, 하나님의 아들이시여, 이 죄인을 불쌍히 여기소서)나 주기도문 같은 짧은 기도를 반복하는 것이나, 한두 개의 거룩한 단어를 되뇌면서 하나님께 마음을 집중하는 센터링 기도도 명상적 기도에 포함된다. 그 외에도 다양한 명상적 기도 방법들이 기독교 전통에 풍부하게 존재했지만 충분히 활용되지 못하고 있다. 이 시대를 살고 있는 기독교 상담자들은 치료적 마음챙김을 따라하지 않고도 그것에 상응하는 기독교적 자원을 다시 살려서 내담자들의 균형 있는 영성 개발을 촉진해야 할 과제를 안고 있다. 특히 세속 상담에서 사용하는 치료적 명상법보다 기독교적 명상이 신체 통증과 심리적 고통을 경감하는 데 훨씬 더 큰 효과가 있었다는 실험 결과를 생각할 때, 기독교 상담자들은 내담자들이 다른 대안 없어 세속의 치료적 명상법에 의존하는 대신, 기독교적인 명상 방법들을 통해 더 효과적인 상담을 받을 수 있도록 그 방법들을 기독교 전통에서 찾아

---

71 *Ibid.*, 107.
72 Hawkins and Clinton, *The New Christian Counselor*, 338.

내고 개발할 책임이 중요하고도 무겁다.[73]

기독교 상담 영성에 대한 연구과 교육

필자는 앞에서 기독교 상담 영성에 대해 크게 네 가지로 기술했다. 필자는 기독교 상담에서 성육신의 영성, 돌봄의 영성, 전인 건강의 핵심인 영성 그리고 영적 훈련을 통한 영적 성숙이 잘 드러나고 추구되어야 한다고 생각한다. 하지만 기독교 상담에서 구현되는 영성은 이 네 가지만으로 제한되지는 않다. 훨씬 더 풍부하게 표현되는 다양한 영성의 형태와 차원들이 있을 것이며, 이는 기독교 상담자 개인에 따라 또한 다를 것이다. 중요한 것은 기독교 상담에서 상담자가 추구해야 할 영성에 대해 더 많은 관심을 가지고 이에 대한 더 많은 연구와 교육이 이루어져야 한다는 것이다. 이것은 세속 상담과 구별되는 기독교 상담만의 정체성을 확립하기 위해서도 필수적인 작업이다.

기독교 상담이 현대적 모습으로 발달하던 초반부에는 심리학과 정신의학의 영향으로 영성적 요소를 최소화하고 개인적인 자기 탐색과 치유에 초점을 맞추었으며, 이때 심각하게 기독교 상담의 정체성 문제가 대두되었던 적이 있었다. 패튼이 임상적 단계로 명명했던 이런 시기가 있었지만, 기독교 상담은 곧 신학과 심리학의 통합 시도를 통해 영성을 회복하고 기독교 상담으로서 정체성을 확립해나갔다. 그런데 현

---

73 Amy B. Wachholtz and Kenneth I. Pargament, "Is Spirituality a Critical Ingredient of Meditation? Comparing the Effects of Spiritual Meditation, Secular Meditation, and Relaxation on Spiritual, Psychological, Cardiac, and Pain Outcomes," *Journal of Behavioral Medicine* 28(2005): 369-84; Amy B. Wachholtz and Kenneth I. Pargament, "Migraines and Meditation: Does Spirituality Matter?" *Journal of Behavioral Medicine* 31(2008): 351-66.

대에는 오히려 영성 개념이 세속 상담에서 중요하게 다뤄지는 반면 기독교 상담에서 영성에 관한 학문적·임상적 노력은 세속 상담에서만큼 성장하지는 않은 듯하다. 기독교 상담에서 영성이 중요하지 않은 적은 없었지만, 기독교 상담에서 표현되고 추구되어야 하는 영성이 구체적으로 어떤 것인지 명시적으로 논의하는 것은 기독교 상담의 정체성을 명료하게 하고 기독교 상담자들로 하여금 좀 더 영적으로 조율된 상담이라는 방향성을 가질 수 있게 해주기 때문에 중요하다.

각 기독교 상담자에 따라 본인에게 의미 있는 기독교 상담 영성이 다를 것이기 때문에, 그것을 표현하고 개발할 수 있도록 격려하는 것은 기독교 상담 영성을 더욱 풍성하고 다차원적으로 발전시켜나갈 수 있는 방법이 된다. 한 예로, 패튼은 현대 기독교 상담은 임상적 단계를 거쳐 공동체적·상황적 단계라고 구분했는데, 이와 유사하게 양병모는 기독교 상담은 "치유적이기보다는 관계적이며 개인주의적이기보다는 공동체적"이라는 점을 강조하여 기독교 상담의 영성을 관계적 영성과 공동체적 영성으로 기술했다.[74] 또한 목회 상담학자 이재현은 내담자를 초월하는 능력을 가진 하나님뿐 아니라 내담자와 함께하시면서 그 모든 고통을 공감하시는 공감적 내주의 하나님을 내담자가 균형 있게 경험할 수 있도록, 상담자 역시 내담자를 초월하는 전문적인 능력과 개별성을 유지하지만 동시에 내담자의 마음을 공감해야 한다고 말하면서, 목회(기독교) 상담이 공감적 내주와 초월의 영성을 함께 지향해야 한다고 주장했다.[75] 또 하나의 예로, 기독교 상담학자 김태수는

---

[74] 양병모, 251-55.
[75] 이재현, "하나님의 공감적 내주: 영성지향적 목회상담을 위한 새로운 관점," 「장신논단」 49, no.2(2017): 299-322.

요한복음에 나타난 예수의 아가페 영성이 기독교 상담의 영성이어야 한다고 제안했다.[76] 이처럼 앞으로도 많은 기독교 상담학자가 기독교 상담의 영성에 대해 다양하고 풍부하게 기술하고 더욱 구체적으로 논의할수록 기독교 상담에 임하는 상담자와 내담자 모두가 그런 영성이 구현되는 상담을 염두에 두며 상담에 임하게 될 것이다.

상담자와 내담자의 영성 훈련

영성을 기능과 내용으로 구분할 때, 영성의 기능은 주로 영성 수련이 내담자에게 주는 치료적 효과에 집중되어 있다.[77] 세속 상담에서 많이 사용하는 기능적 영성 수련의 방법인 마음챙김의 예를 보면, 마음챙김을 상담에서 활용할 때 내담자는 긍정적 감정을 더 많이 느끼고 감정 조절 능력이 향상되며, 대인 관계 증진에 긍정적인 영향을 미치고 전반적으로 신체 및 정신 건강 증진의 효과를 볼 수 있다는 연구 결과들이 많이 소개되고 있다.[78] 또한 상담사가 마음챙김을 꾸준히 실천할 때 상담사는 내담자를 향한 공감 능력이 향상되고, 역전이와 같은 반치료적 영향력이 줄어들며, 자기 돌봄과 스트레스 대처가 향상되어 소진을 예방할 수 있는 유익이 있다.[79] 이와 같은 치료 효과를 고려할 때 상담사와 내담자가 함께 마음챙김과 유사한 영성 수련을 하는 것은 많은 유익이 있다고 할 수 있다.

이와 마찬가지로 기독교적 영성 수련도 여러 가지 유익이 있는데,

---

76 김태수, "요한복음에 나타난 '아가페' 영성의 목회상담학적 적용에 대한 고찰," 「복음과 상담」 11(2008): 187-207.

77 양병모, 249.

78 현상규, 307-08.

79 Ibid., 312.

성경에서는 범사에 유익하며 금생과 내생에도 유익하다고 표현했다.[80] 힌슨은 이런 영적 훈련을 "장성한 자"가 먹는 "단단한 식물"이라고 언급하면서, 먼저 상담자가 여러 가지 영적 훈련을 잘 실천해야 하고, 내담자에게도 가르쳐서 내담자가 영적 성숙과 하나님과의 친밀성을 얻을 수 있도록 안내해야 한다고 강조했다.[81] 그는 또한 상담에서 영적 훈련들을 가르치고 함께 실천하는 것이야말로 상담에 성경적이고 영적 실천을 통합하는 명확한 방법이라고 말했다.[82] 그는 영성 수련의 방법들은 임상적 관점에서 봤을 때 두 가지 역할을 할 수 있는데, 첫째로는 새롭게 일상에 추가하여 영적으로 성장할 수 있는 방법이 될 수도 있고, 둘째로는 오랫동안 가지고 있던 나쁜 습관이나 행동을 대체할 수 있는 활동이 될 수도 있다고 하였다.[83] 힌슨은 기독교 상담자가 내담자와 함께 상담 장면에서 활용할 수 있는 여섯 가지의 방법을 제시했는데, 함께 성령으로 예배드리고, 기도하며, 성경 말씀을 공부하고 묵상하며, 홀로 성령의 음성을 듣는 명상적 기도를 하고, 회개를 실천하며, 검소한 삶을 살고 공동체에서 봉사하는 일을 실천하도록 격려하는 것이다.[84] 이와 유사하게, 호킨스와 클린턴도 기독교 상담에서 지혜·은혜·능력의 성경 말씀을 활용하고, 기도를 가르치고 함께하며, 영적 일지 쓰기, 음악과 이미지의 활용, 명상, 금식을 활용하도록

---

80 딤전 4:7-8. "망령되고 허탄한 신화를 버리고 오직 경건에 이르기를 연습하라. 육체의 연습은 약간의 유익이 있으나 경건은 범사에 유익하니 금생과 내생에 약속이 있느니라."

81 Hindson et al., 130-31.

82 *Ibid.*, 130.

83 *Ibid.*, 131.

84 *Ibid.*, 134-38.

제안했다.85

이처럼 현대를 사는 기독교 상담학자들은 내담자들에게 가르치고 함께 실천해볼 수 있는 다양한 영성 훈련의 방법을 창조적으로 개발해야 할 책임이 있다. 오랜 역사를 통해 면면히 전해오는 영적 훈련 방법들도 있지만, 또한 현대 한국 기독교인 내담자들에게 적합한 새로운 방식의 영적 훈련 방법들도 구상해볼 수 있다. 또한 이런 영적 훈련들을 상담자가 어떻게 상담 장면에서 내담자와 함께해볼 수 있을지 그 구체적인 방법들도 교육해야 한다. 상담자들을 위한 영성 훈련은 더욱 체계적으로 신학교와 상담 대학원에서부터 시작되어야 한다. 이를 위해 대학/대학원의 교과 과목을 기획하고 영적 훈련에 대한 과목이나 강의를 구상하는 것 역시 기독교 상담학자들이 당면하고 있는 과제다. 상담자와 내담자가 상담에서 영적 훈련을 함께 실천하고 각자의 삶 속에서도 이런 훈련들을 규칙적으로 해나감으로써 영적 훈련들이 주는 기능적·내용적 유익을 극대화할 수 있는 다양하고 창조적인 방법들을 구상하는 것이 이 시대 기독교 상담학자들이 함께 힘써나가야 할 과제다.

2) 디지털 시대의 다양한 기술과 접근성

앞에서 현대 기독교 상담학자들의 과제에 대해 논의했는데, 여기에서 한 가지 과제를 더 추가하고자 한다. 그것은 바로 초고속으로 발달하고 있는 첨단 기술력으로 인해 시간과 공간의 제한이 사라진 지구촌

---

85 Hawkins and Clinton, *The New Christian Counselor*, 318-40.

디지털 시대에 최적화된 기독교 상담의 방법들을 적극적으로 개발하고 배포하는 일이다. 첨단 기술을 잘 활용하면 훨씬 더 많은 내담자에게 더 효과적인 기독교 상담을 제공할 수 있는 놀라운 길들이 열린다. 이런 것들을 충분히 활용할 수 있는 지식과 기술을 습득하고 기독교 상담사들에게 교육하는 일은 기독교 상담학자들이 이 시대에 꼭 수행해야 하는 중요한 과제다. 여기에 필자도 몇 가지 제안을 해보려 한다.

먼저 디지털 시대의 특징은 은밀성과 익명성, 시공간 제약의 탈피, 범람하는 정보, 편리성과 경제성 등으로 요약해볼 수 있다. 코로나19로 인한 3년여 간의 팬데믹은 사람들로 하여금 격리하여 사적 공간에 머무르는 시간을 극대화함으로써 디지털 매체에 대한 의존도를 높였고, 이로 인해 디지털 시대의 특징들이 더욱 강화되는 결과를 야기했다. 디지털 시대는 개인들의 삶의 방식과 상황을 급격하게 변화시켰고, 이로 인한 부작용과 유익함이 공존하고 있다. 디지털 시대의 기독교 상담자는 이런 시대적 상황에 민감하게 반응하여 디지털 시대의 문제점들을 잘 인식하고 적절한 기독교 상담적 대응을 제시해야 하는데, 이 대응에는 디지털 시대에 사용 가능한 다양한 첨단 방법이 충분히 포함될 수 있다.

디지털 시대의 특징

디지털 시대의 첫 번째 특징은 은밀성과 익명성이다. 자신을 드러내지 않으면서 은밀하게 행동하는 것은 특히 체면과 눈치를 중시하는 한국 문화에서는 묘한 자유와 해방감을 준다. 현실의 자신과는 다른 이상적인 모습의 아바타를 만들 수도 있고, 현실에서는 하지 못했던 말이나 행동도 대범하게 할 수 있다. 그러다 보니 현실에서 자존감이 낮고 인간관계에 자신이 없었던 사람들도 익명성이 보장되는 디지털 세계에서는 자신만만한 새로운 삶을 사는 게 가능해졌다. 하지만 여기에는 양면성이 있다. 자존감과 자신감의 회복이라는 긍정적인 효과도 있는 반면, 다양한 거짓 자기들의 양산과 현실 도피 그리고 심하면 자기분열과 해리 현상으로까지 발전할 수 있는 위험성이 존재한다.

은밀성과 익명성은 또한 여러 가지 심각한 디지털 범죄의 원인이 된다. 은밀하기 때문에 그런 범죄가 일어나고 있는 것을 추적하기도 힘들고, 한 번에 다수의 피해자를 만들어낼 수도 있으며, 범죄를 저지르기가 매우 쉽다는 것이 디지털 범죄를 더 부추기고 있다. 디지털 성범죄, 디지털 도박, 디지털 왕따, 디지털 폭력이나 폭언 등의 문제가 그 대표적인 예다.[86]

익명으로 이루어지는 사이버 인간관계는 새로운 방식의 관계다. 자신의 실체를 가리면서 그럴듯하게 포장할 수 있고, 상대방의 반응에 따라 원하지 않으면 관계 단절도 어렵지 않다. 이런 사이버 인간관계가 점점 더 현실의 인간관계를 대체함에 따라 현실에서는 외로움과 고독을 더 많이 느끼게 되고, 가족 관계 안에서도 소통의 부재와 가족 해체 현상이 심화될 수 있다. 사이버 공간에서의 인간관계가 현실에서 인간관계의 어려움을 겪는 사람들에게는 좋은 대안이 될 수 있고, 관계에서 받은 상처를 치유할 수 있는 하나의 방법일 수 있지만 위험성도 적지 않다.

---

86 김희선, "사이버 공간에서의 은밀한 범죄: 디지털 성폭력에 대한 목회신학적 성찰," 「목회와 상담」 34(2020): 141-70; 이영주, "디지털 시대 부모-자녀 관계가 청소년의 인터넷 과다 사용에 미치는 영향,"「디지털융복합연구」 9, no.6(2011): 103-11; 김지영, "디지털 시대 청소년의 외로움, 스트레스, 스마트폰 중독의 영향 관계,"「디지털융복합연구」 15, no.9(2017): 335-43.

디지털 시대의 두 번째 특징은 시간과 공간의 제약에서 벗어나게 되었다는 것이다. 이는 곧 편리성, 경제성과도 연결된다. 세계 어디서나 언제든 누구와도 원할 때 연락할 수 있고, 전 세계의 모임에도 참여할 수 있다. 이로 인해 상담의 영역 역시 확장되어, 온라인 플랫폼을 활용하여 시간과 공간의 제약 없이 상담을 받을 수 있게 되었다. 가상현실 기반 활동이나 메타버스를 활용하여 현실에 존재하지 않거나 접근이 어려웠던 다양한 상황에 쉽게 접근하여 마치 현실에서 경험하는 것과 같이 경험하게 되었다. 물론 이런 첨단 기술이 열어준 무궁무진한 가능성과 잠재성이 있지만, 이런 특징들은 마치 인간이 원하면 무엇이든 가상현실에서 이뤄낼 수 있을 것 같은 전능성을 느끼게 해주고, 이는 디지털 시대를 사는 개인들의 영성에 심각한 피해를 줄 수도 있으므로 경계할 필요가 있다.

디지털 시대의 또 하나의 특징은 넘쳐나는 정보와 매우 용이한 접근성이다. 몇 번의 클릭만으로 원하는 정보를 얻을 수 있고 정보가 끊임없이 업데이트되어 항상 새로운 정보를 접할 수 있는 시대다. 그러다 보니 거짓 정보도 많고 너무 많은 정보 속에 적절한 것을 찾고 선택해야 하는 일이 개인의 책임이 되어버렸다. 또한 급변하는 정보 속에서 그것을 활용하지 못하는 사람들은 자연스럽게 주류 사회에서 소외되고 정보 부족으로 인한 여러 가지 불이익을 당하게 됨에 따라, 정보로 인한 불평등이 야기될 수 있다.

편리성과 경제성, 충분히 많은 정보 그리고 은밀성과 익명성 등의 특징은 디지털 미디어에 점점 더 많은 시간을 쓰게 되고 결과적으로 중독의 위험이 존재한다. 점점 더 많은 시간과 에너지를 디지털 미디어에 사용해야 만족감을 느끼고(내성), 디지털 미디어에 접촉하지 않을 때에는 그것에 대해 늘 생각하며(갈망), 일정 시간 접촉하지 않을 때에는 신체적·심리적 불편감을 느끼는(금단 현상) 상황이 되면 디지털 중독이라고 할 수 있다. 너무 어린 연령에서부터 디지털 기기에 노출되고, 스마트폰을 손에서 놓지 않고 생활하며, SNS를 통해 지속적으로 연락을 주고받는 것이 생활화되다 보니 어느새 많은 이가 알게 모르게 디지털에 중독되고 있다. 중독은 그것에 노예가 되는 것으로 일종의 우상숭배로 볼 수 있으며, 이는 결과적으로 하나님과의 관계에 부정적인 영향을 미치게 된다. 그러므로 디지털 시대의 기독교 상담자들은 이런 면에 대해 민감하게 주의하여 내담자들이 적절한 선에서 디지털 미디어를 사용하도록 권면해야 한다.

디지털 시대 기독교 상담의 변화와 과제

디지털 시대를 가능하게 한 첨단 기술은 기독교 상담을 포함한 상담과 정신건강 전문 분야에도 변혁을 가져왔다. 디지털 상담이 가능한 챗봇이 등장하면서 일부 상담학자들은 이런 변화를 위기와 도전으로 받아들이기도 하지만, 상담에 첨단 기술을 통합하여 상담의 영향력을 확장할 수 있는 기회로 수용하고 적극적인 대안을 제시하고자 하는 움직임도 주류 상담학계에서 보이고 있다.[87]

4차 산업혁명과 함께 3년여 간의 코로나 팬데믹으로 인해 전화나 온라인 영상회의 방식의 비대면 상담이 활발하게 이루어지고 자리를 잡게 되었다. 디지털 미디어가 제공하는 은밀성과 익명성은 상담에 임하는 상담자나 내담자에게 좀 더 편안하고 안전감을 느끼는 공간을

---

87 황매향, 황희산, "테크놀로지 기반 상담 실제의 도전과 과제,"「상담학 연구」21, no.4 (2020): 220.

제공해주게 되었으며, 시·공간상의 제약을 없애 상담의 접근성을 극대화해주었다.[88] 시·공간의 제약 해소는 전 세계를 하나의 작은 공동체가 될 수 있게 함으로써 집단 상담이나 상담 세미나 등의 수혜자를 전 지구적으로 확장했고, 이는 상담자들의 영향력이 그만큼 더 강력해졌음을 말해준다.

내담자 입장에서는 온라인 검색 도구를 활용하여 상담자의 프로필을 비교해보면서 가장 마음에 드는 상담자를 발품 팔지 않고도 쉽게 찾을 수 있는 편리함도 증가했다. 이런 현실은 기독교 상담자들이 세속 상담자들과 함께 비교되고 경쟁하는 구도를 만들고 있으며, 더 이상은 '기도하라', '믿음을 가지라', '성경 말씀을 읽으라'와 같은 판에 박힌 '종교적 충고'만으로는 내담자들에게 인정받기 힘들게 되었다. 결국 내담자들은 자기에게 실제적인 도움을 줄 수 있는 실력 있는 상담자를 원하기 때문에, 기독교 상담자가 세속 상담자들 못지않은 상담의 실력과 전문성을 갖추지 않으면 기독교 상담의 내담자들을 세속 상담자들에게 다 내주고 말게 될 것이다. 이는 기독교인 내담자들에게 기독교적 가치관에 기반한 성경 중심, 영성 중심의 돌봄과 상담을 제공해줌으로써 내담자들이 영적으로 성장하고 하나님과의 친밀성을 얻도록 하는 기독교 상담자의 영향력을 축소하는 결과가 될 것이다. 그러므로 디지털 시대에 사역하는 기독교 상담자들은 시대적 도전을 잘 분별하여 이 시대에 가장 적합하고 영향력 있는 기독교 상담자가 될 수 있도록 적극적인 준비와 노력이 필요하다.

현재와 미래에 상담에서 많이 사용될 방식은 상담실에서의 대면 방

---

88 홍구화, "팬데믹을 넘어선 목회 돌봄과 상담," 「신학정론」 39, no.2(2021): 579, 580.

식이라기보다는 온라인, 전화, 문자 등을 활용한 비대면 방식일 것이므로, 기독교 상담자는 비대면 방식의 상담을 진행할 수 있는 온라인 플랫폼을 잘 구축하고 있어야 하며, 그것들을 상담에 사용할 수 있는 숙련된 실력도 갖춰야 한다. 예를 들면, 온라인 화상회의 방식으로 개인 혹은 집단 상담을 진행할 때 온라인상에서 참가자들의 영성 훈련을 병행할 수 있는 자원들을 미리 준비해놓아야 한다. 필요할 때에는 음악이나 비디오 영상을 함께 재생하는 것도 상담을 촉진할 수 있다. 상담에서 자주 사용하는 심리 검사나 영성 검사도 온라인이나 스마트폰 앱을 이용해서 내담자들이 쉽게 할 수 있도록 프로그램을 잘 개발하고 홍보해야 한다. 이런 검사들은 지필 검사를 온라인에 올려놓은 수준에서 더 나아가, 개인의 일상을 모니터하고 신체 바이오 지수들을 계산하거나 목소리나 행동을 측정하여 훨씬 더 풍성하고 정확한 검사를 할 수 있도록 구성되어야 한다.[89] 상담 매체 역시 훨씬 다양해질 수 있는데, 이전에는 상상으로만 진행하던 것을 VR(가상현실)을 활용해서 생생하게 경험할 수 있거나, 미술 치료·음악 치료·모래 치료·춤 치료 등의 다양한 상담 매체를 온라인 방식, 메타버스·VR 등을 활용해서 내담자들이 상담실에 직접 오지 않고도 비대면으로 효과적으로 할 수 있는 방법들을 잘 알고 있어야 한다.[90] 유튜브나 SNS를 통해 내담자들이 영적 성숙을 위해 도움을 받을 수 있는 유익한 콘텐츠를 제작하는

---

89 황매향, 황희산, 226-28.
90 몇 가지 예로 다음을 참고하라. 이상희 외, "디지털 미술 치료의 가능성 및 발전 방향,"「한국 HCI 학술대회 자료」(2009): 1309-15; 한주연, "예술의 유희적 특성을 활용한 디지털 콘텐츠의 예술치료적 활용의 가능성,"「한국영상학회논문집」13(2015): 145-160; 한지운, "미술치료의 서비스 디자인 개선안에 대한 연구: 콜라주 디지털 미술치료를 중심으로,"「디자인지식저널」(2014): 421-30.

데에도 많은 투자와 관심이 필요하다. 마찬가지로, 스마트폰을 이용해서 영적 훈련을 할 수 있는 애플리케이션들을 다양하게 개발할 필요가 있다. 이미 세속 상담에서는 스마트폰 앱이나 유튜브의 콘텐츠를 이용해서 내담자들이 마인드풀 명상이나 CBT(인지행동치료) 기법을 스스로 활용할 수 있도록 다양한 프로그램이 개발되어 사용되고 있다. 기독교 상담이 이런 분야에서 뒤쳐지지 않도록 첨단 기술을 활용한 매체들의 개발이 디지털 시대 기독교 상담자들에게 주어진 시대적 과제다.

한편 기독교 상담학자들은 시대의 조류를 무조건 받아들이기보다는 기독교적 관점으로 비판하여 수용할 것과 거부할 것을 분별하며 기독교 상담의 정체성과 실력을 강화해야 할 책임이 있다. 디지털 시대에 사용되는 위의 다양한 첨단 방법이 무조건 좋은 것이고 꼭 해야 하는 것은 아니다. 이런 것들은 가치가 내재된 것이라기보다는 가치중립적인 도구들로 기능할 뿐이다. 가치중립적인 도구들은 사용자에 따라 가치가 달라지므로 이런 도구들을 기독교 상담에 유익하게 사용하도록 노력해야 하며, 혹시라도 의심되는 문제들이 있다면 그것을 예방할 수 있는 방법들도 함께 개발해야 한다. 그리고 이런 도구들을 사용하는 기독교 상담자들이 먼저 충분한 교육과 신학적 성찰을 통해 위험성에 대해 인식한 상태에서 조심스럽게 도구들을 사용하는 게 필요하다.

사이버 공간, 가상현실, 메타버스 등의 첨단 도구들은 실재하지 않는 것들을 현실감 있게 내담자가 경험할 수 있는 기회를 줌으로써 내담자의 정신 건강에 크게 기여하는 바가 있지만, 이것들은 분명히 현실이 아니고 의도적으로 만들어낸 허구라는 것을 늘 염두에 두어야 한다. 상당히 감각적이고 내담자의 마음에 극적인 효과를 주기 때문에 내담자들이 현실과 허구를 구별하지 못하게 되거나 현실 도피에 빠지거나 심지어는 중독적으로 이런 도구들에 몰입할 가능성이 높다. 가짜는 절대로 진리가 될 수 없기 때문에 이런 가상의 미디어는 "인간을 진리의 세계에서 점점 멀어지게" 만들 위험성이 크다.[91] 한국사이버상담연구원인 박윤정은, "가상현실에 대한 기독교 상담의 통합적 접근은 유일하고 대체할 수 없는 하나님의 창조 세계가 아니라는 인식에서 출발해야 한다"라고 강조하면서, "인간이 하나님의 창조 행위를 가상의 공간에 재현"하려는 시도는 "문명 바벨탑"이 될 수 있다고 지적했다.[92] 그녀는 가상현실은 인간이 만들어낸 허구로, 이 경험을 통해서는 이 세상을 창조하고 설계하신 하나님의 목적을 발견할 수 없으므로 기독교 상담자는 이 세상과 내담자를 창조하고 설계하신 하나님의 목적을 늘 묵상하고 인식하고 있어야 한다고 덧붙였다.[93] 또한 기독교 상담자는 가상현실이라는 도구를 통해 내담자에게 무엇을 어떻게 경험하게 할 것인지를 결정하는 가치평가적 선택을 해야 한다. 상담자는 내담자가 하나님을 더 인식하고 하나님과의 관계를 더 친밀하게 할 수 있는 내용으로 그것을 채워야 한다. 현실과 분리되어 회피하는 게 아니라 하나님을 아는 지식 안에서 현실의 문제들을 용감하게 직면해나갈 수 있는 내용과 방법을 선택해야 한다. 박윤정은 가상현실을 활용하는 것 외의 다른 대안이 없을 때, 그것이 내담자의 고통의 문제를 돕기 위한 유일한 방법이 될 때에만 신중하게 사용하고, 인간이 조작한 미디어로 손쉽게 해결하는 게 아니라 현실에서 하나님과 함께하면서 인내와 훈련을 통해 문제를 해결해나갈 수 있게 안내해야 한다고 강조한다.[94]

---

91 박윤정, "가상현실 문제에 대한 기독교 상담적 고찰," 「복음과 상담」 39(2022): 80.
92 *Ibid.*, 79.
93 *Ibid.*, 81.

아직은 첨단 기술을 활용한 다양한 상담이 본격적으로 실시되고 있다기보다는 준비와 실험 단계에 있다고 할 수 있다. 그렇기 때문에 이런 새로운 방식의 상담이 가져오게 될 위험과 문제들도 아직은 명료하게 알려져 있지 않다. 그렇다 해도, 기독교 상담학자들은 예상되는 위험과 문제들을 파악하고 이에 대처하는 다양한 방법을 미리 구상해 두어야 한다. 여기에는 상담에서의 윤리 규정을 새롭게 추가하거나 수정하는 것도 포함된다. 특히 비대면 상담에서 비밀 보장 문제, 인터넷 사용과 관련된 문제, 비대면 상담에서 자살이나 자해 관련 문제 등에서 윤리적 기준들을 추가해야 한다.

4. 한인기독교상담센터에서의 적용

한인기독교상담센터(Korean American Counseling Center, 이후로 'KACC'로 호칭)는 미국 로스앤젤레스 소재 월드미션대학교의 부설 상담센터로 온라인 방식으로 전 세계 한국인들에게 기독교 상담을 제공할 뿐 아니라, 월드미션대학교의 상담 전공 대학원생들의 상담 실습처 역할을 하고 있다. 본 연구에서는 KACC에서 상담을 제공하고 있는 실습생들이 기독교적 정체성을 분명히 할 뿐 아니라 영성의 내용과 기능을 잘 통합하여 기독교 영성을 충분히 반영하는 상담을 할 수 있도록 훈련하는 2주 영성 훈련 프로그램을 제안한다. 2주 프로그램 시작 전과 마친 뒤에 실습생들은 각각 영성 측정을 위한 도구로 검사를 시행하여 프로그램 효과를 객관적으로 분석할 것이다. 이를 위해 바이올라

---

94 *Ibid.*, 85.

(Biola) 대학의 심리학 교수인 홀(Todd Hall) 박사가 2003년 개발한 Spiritual Transformation Inventory(STI)를 사용할 것이다.

이 프로그램의 실행을 위해 실습생들은 2주 동안 매일 다음의 영적 훈련을 실천하고 매일 각 훈련 경험과 소감을 일지로 작성하고, 또한 매주 함께 모여 한 주 동안의 영적 훈련에 대한 경험을 나눌 것이다. 본 프로그램에서 지정하는 영적 훈련 내용은 다음과 같다.

오전	평온을 비는 기도 낭독과 묵상
오후	명상적 기도
저녁	성경 묵상(*lectio divina*)
자기 전	자기-긍휼 기도
주 1회	각자 선택한 방법

평온을 비는 기도 낭독과 묵상

평온을 비는 기도(Serenity Prayer, 이후로 '기도문'으로 호칭)는 신학자인 라인홀트 니버(Karl Paul Reinhold Niebuhr)가 자주 사용했던 기도문으로, 원 저자가 니버인지는 확실하지 않다. 이 기도문은 중독자들이 12단계 프로그램을 진행할 때 자주 이용하기도 하고, 다양한 상담 상황에 활용된다. 한국어로 번역된 기도문은 다음과 같다.

하나님
바꿀 수 없는 것은 받아들이는 평온을
바꿀 수 있는 것은 바꾸는 용기를
또한 그 차이를 구별하는 지혜를 주옵소서

하루하루 살게 하시고

순간순간 누리게 하시며

고통을 평화에 이르는 길로 받아들이게 하옵시고

죄로 물든 세상을 내 원대로 아니라

예수님처럼

있는 그대로 받아들이게 하옵시며

당신의 뜻에 순종할 때

당신께서 모든 것을 바로 세우실 것을 믿게 하셔서

이 땅에서는 사리에 맞는 행복을

천국에서는 다함이 없는 행복을

영원히 누리게 하옵소서

아멘

이 기도문에서는 현재 세속 상담 치료 분야에서 많이 사용되고 있는
수용-전념 치료(Acceptance-Commitment Therapy, 앞으로 'ACT'로 호
칭)와 유사한 내용들이 발견되는데, 이런 것들이 기독교 영성으로 잘
표현된 기도문이다. 물론 이 기도문이 ACT에 비해 훨씬 오래 전부터
사용되어온 것이고, ACT가 이 기도문을 얼마나 염두에 뒀는지는 확실
하지 않으므로 기도문과 ACT 사이의 직접적인 연관성은 말할 수 없다.
다만 세속 상담에서 ACT와 평온을 비는 기도에서 발견되는 유사한
부분들은 영성의 내용과 기능을 통합하는 차원에서 주의 깊게 살펴볼

필요가 있다.

ACT에서는 언어로 표현되는 생각에 얽매이지 않고 있는 그대로의 현재를 경험하고 누릴 수 있도록 안내한다. 또한 본인이 통제할 수 없는 것을 통제하려 애쓰면서 더 큰 고통을 유발하는 것을 멈추고 그것들을 있는 그대로 수용함으로써 인지적인 유연성을 기를 수 있도록 안내한다.[95] 그와 함께 본인에게 의미 있고 중요한 가치를 명료하게 하고 그 가치에 일치되는 행동을 정해서 거기에 전념함으로써 고통이 존재하는 현실 속에서도 가치를 향해 나아가는 하루를 살 수 있도록 돕는다.[96]

기도문에서 "바꿀 수 없는 것은 받아들이는" 것, "죄로 물든 세상을 내 원대로 아니라 예수님처럼 있는 그대로 받아들이게" 하는 것, "고통을 평화에 이르는 길로 받아들이게" 하는 것을 구하는 것은 수용을 구하는 내용이다. 본인이 통제할 수 없는 것을 통제하려 애쓸수록 이차 고통이 심해지지만, 그것을 있는 그대로 받아들일 때는 기도문의 언급처럼 "평온"과 "평화"를 누릴 수 있게 된다.[97] 기도문에서는 몸소 수용의 본을 보여주신 예수님을 모델로 삼는다. 예수님의 수용을 자신에게 적용하여 실천하는 삶을 추구하는 것이 영성 개발의 중요한 영역이다.

또한 기도문에서는 과거와 미래에 얽매이지 않고 현재에 머무르며 그 현재를 충실하게 살기를 기도한다. "하루하루 살게 하시고 순간순간 누리게 하시며"라는 구절은 ACT에서 강조하는 '현재에 머무르기'와 상당히 유사하다. ACT에서는 과거의 삶에 대한 후회와 미래에 대

---

95 Steven Hayes and Kirk Strosahl, 『수용-전념치료 실무지침서』(*A Practical Guide to Acceptance and Commitment Therapy*), 손정락, 이금단 옮김(서울: 학지사, 2015), 20-21.

96 *Ibid.*, 23-24.

97 이선영, 『꼭 알고 싶은 수용-전념 치료의 모든 것』(서울: 소울메이트, 2017), 34-39.

한 걱정, 불안으로 인해 현재에 머물지 못하는 것이 고통을 증폭시킨다고 여기고, 현재 본인의 내면과 신체, 외부 환경에서 일어나고 있는 것들을 그대로 인지하며 현재에 머물도록 안내한다.[98]

그렇다고 해서 기도문이 수동적이거나 소극적인 자세를 추구하는 것은 아니다. 기도문에서는 수용으로 인한 평온과 함께 적극적이고 도전적인 모습이 균형을 이루고 있는데, "바꿀 수 있는 것은 바꾸는 용기"와 하나님의 "뜻에 순종"하는 의지 그리고 하나님의 선을 향한 굳건한 믿음("당신께서 모든 것을 바로 세우실 것을 믿게 하셔서")이 잘 표현되고 있다. 기도문에는 통제할 수 없는 것을 수용함과 동시에 하나님을 믿는 믿음으로 주님의 뜻에 순종하는 삶을 살아가고자 하는 강한 의지가 나타나는데, 이 역시 ACT에서 말하는 가치전념적 삶의 한 모습으로 볼 수 있다. ACT에서는 고통을 회피하느라 에너지와 시간을 낭비하는 것을 멈추고, 자신이 어쩔 수 없는 고통은 있는 그대로 수용하고 기꺼이 경험하면서도 자신의 삶에서 가장 의미 있는 가치를 명료화해서 그 가치를 향해 전념하는 행동을 실천하도록 도전한다. 이런 ACT의 수용과 전념을 기도문에서도 유사하게 발견할 수 있다. 이런 성격 때문에 임상심리학자인 시즈모어(Timothy Sisemore)는 ACT를 기독교 상담에 적용하기 가장 적합한 이론이라고 주장하기도 했으며,[99] 김준수 역시 "ACT가 강조하는 심리적 유연성을 통한 가치 중심적인 행동의 선택은 기독교 상담에서 활용할 수 있도록 통합하기가 적절한 심리치료의 도구"라고 말한 바 있다.[100] ACT에서 말하는 가치가 기독교

---

98 *Ibid.*, 114, 154-55.
99 Timothy A. Sisemore, "Acceptance and Commitment Therapy: A Christian Translation," *Christian Psychology* 8, no.2(2014): 6.

상담에서는 곧 하나님의 뜻이다. 각자를 향한 하나님의 뜻은 다 다르겠지만 하나님의 성품과 성경을 통해 발견할 수 있는 공통점들도 있다. 자신을 향한 하나님의 뜻을 분별하고 그것을 가치로 삼아 순종하는 것에 전념할 때, 마음의 "평온"과 "이 땅에서의 사리에 맞는 행복", "천국에서의 다함이 없는 행복"을 누릴 수 있다.

지금까지 기도문의 핵심 내용과 일반 상담 분야인 ACT가 통합될 수 있는 가능성에 대해 기술했다. 영성의 내용과 기능을 통합하는 시도에서, 이처럼 세속 상담 분야의 기법들을 기독교적 가치관과 언어로 수정하여 사용해볼 수 있다. 본 영성 프로젝트에 참여하는 실습생들은 매일 아침 정한 시간에 조용한 곳에서 이 시를 소리 내어 읽고, 침묵 가운데 묵상하고, 한번 더 천천히 소리 내어 읽는 실천을 2주 동안 지속한다.

명상적 기도 실천

기독교 전통 중 하나인 명상적 기도(Contemplative Prayer)는 현대 상담 분야에서 사용하는 마음챙김(mindfulness) 명상과 유사한 부분이 많다.[101] 현재 상태를 자각하며 내면과 외부에 일어나는 일에 주의를 집중하고, 판단하지 않고 관찰하는 것은 유사한 점이다. 하지만 두 개를 뚜렷이 구분하는 특성은 기독교 명상 기도에는 분명한 목적이 있는데 그것은 바로 하나님과의 관계에 집중하여 자신의 내면과 외부에 임재하시고 역사하시는 하나님의 일하심을 자각하고 인식하는 것이며, 이는 개인적인 체험으로 상당히 감정적이 될 수도 있다.[102] 하나

---

100 김준수, 377.
101 Stratton, 110.

님과의 관계성 속에서 자신을 인지하게 되면 자신의 죄가 분명하게
인식되어 애통하게 되거나, 하나님의 사랑과 돌봄을 받는 자신을 의식
하여 평안함과 자유를 느끼기도 한다. 이렇게 기독교 명상은 자신을
비우는 데에서 그치는 치료적 마음챙김과는 달리 "자신을 하나님 앞으
로 나아가도록 하는 것"이며, 이 과정에서 하나님의 은혜, 말씀, 감사,
성령 등으로 충만하게 된다.103 즉, 치료적 마음챙김이 자신을 "비우는
과정"이라면, 기독교 명상 기도는 자신을 하나님의 임재와 은혜로 "채
우는 과정"이다.104

스트라톤에 따르면, 기도는 적극적으로 '말하는 기도'(Discursive
Prayer)와 수동적으로 '듣는 기도'(Contemplative Prayer)라는 두 개의
극단 사이의 스펙트럼으로 볼 수 있는데,105 한국 사람들에게 익숙한
기도는 주로 말을 많이 하고 상대적으로 듣는 것이 부족한 '말하는 기
도'에 치우쳐 있다. 대표적인 것이 듣는 여유 시간 없이 기도 제목들을
간절하게 큰 소리로 쏟아놓는 통성기도다. 균형 있는 영성의 개발을
위해 본 프로그램에서는 '말하는 기도'보다는 '듣는 기도'인 명상적 기
도에 집중하기로 한다.

본 프로그램을 위해 KACC 실습생들은 2주 동안 매일 오후에 시간
을 정해 명상적 기도를 20분간 실천한다. 모두가 같은 방법으로 명상
기도를 실천하도록 다음과 같은 구조화된 해설을 낭독하는 음성 파일
을 제공하여 이 안내에 따라 명상 기도를 실천하도록 한다.

---

102 현상규, 319; Stratton, 111.
103 김준수, 381; Hawkins and Clinton, *The New Christian Counselor*, 338.
104 *Ibid.*
105 Stratton, 108-09.

먼저 편한 자세로 앉아 몸을 이완하고, 편안하게 호흡합니다. 하나님께 집중할 수 있도록 눈은 부드럽게 감습니다. (침묵)

천천히 호흡하면서 숨이 나에게로 들어왔다가 잠시 머물고 나가는 것을 느껴봅니다.

호흡과 몸의 감각에 주의를 기울이고 현재에 머물러봅니다. (침묵)

이제 내면으로 주의를 옮겨봅니다. 나의 내면에는 지금 무엇이 있는지 가만히 살펴봅니다. 어떤 말이나 생각, 감정, 기억, 이미지… 무엇이 떠오르든 그것을 인식하고 가만히 마음에서 흘려보냅니다. (침묵)

무언가에 골몰해지거나 산만해지면 다시 호흡으로 의식을 집중하여 현재로 돌아옵니다. (침묵)

이제 마음 깊은 곳에서 하나님을 불러봅니다. 주님, 아버지, 하나님… 가장 하나님을 친밀하게 느낄 수 있는 호칭으로 불러봅니다. 그리고 하나님을 불렀을 때 그분이 어떻게 내 마음에서 느껴지는지 가만히 기다리면서 주의를 기울여봅니다. (침묵)

혹시 다른 생각으로 마음이 산만해지면 다시 부드럽게 하나님을 불러보면서 주의를 주님께로 가져옵니다. (침묵)

주님께서 마음속에서 무얼 보여주시거나 깨닫게 해주시거나 느끼도록 하실 때 주의를 기울여서 거기에 집중해봅니다. 그리고 거기에 대한 나의 반응이 어떤지 살펴봅니다. (침묵)

주님을 다시 한번 불러봅니다. 그리고 그분의 임재하심을 마음 가득히, 그리고 지금 있는 그 장소에 가득히 느껴봅니다. (오랜 침묵)

이제 마음을 정리하고 부드럽게 눈을 뜹니다.

이 명상적 기도를 매일 실천함과 함께, 실습생들은 일상생활을 하는 중에도 순간순간 명상적 기도를 하도록 권유받는다. 현상규는, "기독교적 마음챙김은 하나님뿐 아니라 삶의 전반에 걸친 매 순간의 깨어 있는 주의"라고 말한다.106 즉, 먹고, 걷고, 운전하고, 사람들과 대화하고, 일하고, 누군가를 기다리고, 정원을 가꾸고, 청소하고, 요리하는 등의 모든 일상 중에서도 그 순간에 하나님의 임재하심을 자각하고 하나님과 교제를 나눌 수 있다. 본 프로그램에 참여하는 실습생들은 매일 오후 구조화된 명상적 기도 외에도 일상에서 가능하면 자주, 잠시 멈춰서 하나님의 임재하심에 집중하고 느껴보는 시간을 짬짬이 가지며, 이를 일지에 기록하도록 할 것이다. 이를 통해 일상을 점점 더 하나님의 임재로 채워나가는 것이 기대된다.

성경 묵상

성경 말씀의 묵상은 하나님의 임재를 체험하고 하나님과의 친밀한 관계를 발전시키는 기독교 영성 훈련에서 빠질 수 없는 요소다. 성경 말씀을 통해 하나님의 임재와 하나님의 마음을 느끼고 자신을 향한 하나님의 뜻을 발견하는 것은 영성 훈련에서 아주 중요한 부분이다. 성경 말씀을 묵상하는 방법은 다양하지만, 본 프로그램을 위해서는 기독교의 오랜 영적 읽기 전통인 렉시오 디비나(*lectio divina*)의 방법을 선택했다.

렉시오 디비나는 거룩한 독서, 영적 독서(divine reading, meditative reading, formative reading, spiritual reading, prayerful reading) 등으로 표현되는데, 성경 말씀을 읽고 묵상하며 기도하여 하나님의 현존을

---

106 현상규, 320.

경험하는 영성 형성의 중요한 하나의 방법이다.107 렉시오 디비나는 성경을 읽는 목적이 내용을 이해하고 정보를 얻는 수준에서 그치는 게 아니라 "성경을 통해 하나님의 말씀이 우리를 만나고 형성할 수 있는 시간을 보내는" 것이다.108 즉, 자신이 주인이 되어 말씀을 이해하고 본인의 목적과 뜻에 따라 분석하는 게 아니라, 하나님이 주인이 되어 말씀을 통해 자신을 형성해주시도록 기다리면서 자신을 하나님의 임재와 신비에 개방하는 것이다. 성경 말씀을 통해 하나님의 임재를 경험할 때, 자연스럽게 디모데후서의 말씀처럼 "하나님의 사람으로 온전하게 하며 모든 선한 일을 행할 능력을 갖추게" 되어갈 수 있으며, 이것이 또한 기독교 상담 영성의 중요한 부분인 전인적 영성 형성의 과정이 된다.109

렉시오 디비나는 보통 4단계로 이루어지는데, 읽기(*lectio*), 묵상 (*meditatio*), 기도(*oratio*), 관상(안식; *contemplatio*)이다. 읽기(*lectio*; reading) 단계는 지식을 얻고자 하는 목적이 아니라 말씀이 우리를 변화시키도록 말씀 앞에 자신을 여는 단계다. 이 단계에서는 성경 구절의 단어나 문장을 곰곰이 생각하면서 본문을 깊게 숙고한다. 말씀을 읽으면서 마음에 감동을 주거나 다가오는 단어나 내용에 가만히 주의를 기울이고 그것이 마음에 말하는 것을 경청한다. 묵상(*meditatio*; meditation) 단계에서는 본문을 반복적으로 읽으면서 "말씀이 우리 내면 깊이 뿌리를 내려서 말씀과 내가 하나가 되게 하는 과정"이다.110

---

107 최창국, "영성형성의 실천적 방법으로써 렉시오 디비나(*lectio divina*)," 「복음과 실천신학」 21(2010): 127.

108 *Ibid.*, 135.

109 딤후 3:15-17.

110 최창국, 141.

이 말씀이 내 마음을 어떻게 움직이는지, 나에게 무엇을 말하는지 지·정·의를 동원하여 전인적으로 묵상하며 이 과정에서 말씀 속의 배경이나 주인공과도 대화를 나누고 교훈도 마음에 새기면서 "하나님의 임재를 깊이 생각하며 즐거워하는 단계"다.111 렉시오 디비나에서 기도(*oratio*; speech) 단계는 성경 본문을 통해 하나님이 우리에게 말씀하시고 보여주신 것들에 대한 "나의 생각, 뜻, 결심, 느낌을 동원해서 하나님께 응답하는 단계"다.112 말씀 안에서, 말씀과 함께하는 기도는 자신의 이성이나 감정의 부분이 아니라 전인적으로 하나님과 교제하는 것이다. 관상(*contemplatio*; contemplation) 단계는 말씀을 통해 찾아오신 하나님의 임재에 머물러 거기에서 안식을 누리는 시간이다. 이는 "성령이 나와 하나님과의 관계를 더욱 깊게 해주시고 인도하고 변화시킬 수 있도록 하나님의 품 안에서 깊은 사랑과 평화를" 맛보는 상태다.113

렉시오 디비나는 성경을 지식을 얻는 정보의 원천으로 대하는 게 아니라, "우리의 영혼과 삶을 형성하고 변화시키는 생명력 있는 말씀으로 믿고 받아들이는 과정"으로, 영성 형성의 중요한 방법이다.114 KACC 상담 실습생들의 영성 계발을 위한 프로그램에서는 실습생들에게 렉시오 디비나의 방법을 교육하고 이것을 매일 실천하게 할 것이다. 첫 일주일 동안 매일 저녁 시간에 실습생들은 7개의 성경 구절을 렉시오 디비나 방식으로 읽을 것이다. 두 번째 주에는 첫 주에 읽은

---

111 *Ibid.*
112 *Ibid.*, 143.
113 *Ibid.*, 144.
114 *Ibid.*, 147.

7개의 구절을 다시 반복해도 좋고, 본인이 다른 성경 구절들을 선택할 수도 있다. 첫 주에 읽을 7개 구절은 특히 기독교 상담사로서 소명과 태도에 대해 묵상해볼 수 있도록 선정되었으며, 다음과 같다.

【눅 4:16-21】예수께서 그 자라나신 곳 나사렛에 이르사 안식일에 늘 하시던 대로 회당에 들어가사 성경을 읽으려고 서시매 선지자 이사야의 글을 드리거늘 책을 펴서 이렇게 기록된 데를 찾으시니 곧 주의 성령이 내게 임하셨으니 이는 가난한 자에게 복음을 전하게 하시려고 내게 기름을 부으시고 나를 보내사 포로 된 자에게 자유를, 눈먼 자에게 다시 보게 함을 전파하며 눌린 자를 자유롭게 하고 주의 은혜의 해를 전파하게 하려 하심이라 하였더라 책을 덮어 그 맡은 자에게 주시고 앉으시니 회당에 있는 자들이 다 주목하여 보더라 이에 예수께서 그들에게 말씀하시되 이 글이 오늘 너희 귀에 응하였느니라 하시니

【사 40:1-5】너희의 하나님이 이르시되 너희는 위로하라 내 백성을 위로하라 너희는 예루살렘의 마음에 닿도록 말하며 그것에게 외치라 그 노역의 때가 끝났고 그 죄악이 사함을 받았느니라 그의 모든 죄로 말미암아 여호와의 손에서 벌을 배나 받았느니라 할지니라 하시니라 외치는 자의 소리여 이르되 너희는 광야에서 여호와의 길을 예비하라 사막에서 우리 하나님의 대로를 평탄하게 하라 골짜기마다 돋우어지며 산마다, 언덕마다 낮아지며 고르지 아니한 곳이 평탄하게 되며 험한 곳이 평지가 될 것이요 여호와의 영광이 나타나고 모든 육체가 그것을 함께 보리라 이는 여호와의 입이 말씀하셨느니라

【고후 1:3-5】찬송하리로다 그는 우리 주 예수 그리스도의 하나님이시요 자비의 아버지시요 모든 위로의 하나님이시며 우리의 모든 환난 중에서 우리를 위로하사 우리로 하여금 하나님께 받는 위로로써 모든 환난 중에 있는 자들을 능히 위로하게 하시는 이시로다 그리스도의 고난이 우리에게 넘친 것 같이 우리의 위로도 그리스도로 말미암아 넘치는도다

【시 84:4-7】주의 집에 사는 자들은 복이 있나니 그들이 항상 주를 찬송하리이다(셀라) 주께 힘을 얻고 그 마음에 시온의 대로가 있는 자는 복이 있나이다 그들이 눈물 골짜기로 지나갈 때에 그 곳에 많은 샘이 있을 것이며 이른 비가 복을 채워 주나이다 그들은 힘을 얻고 더 얻어 나아가 시온에서 하나님 앞에 각기 나타나리이다

【사 50:4】주 여호와께서 학자들의 혀를 내게 주사 나로 곤고한 자를 말로 어떻게 도와 줄 줄을 알게 하시고 아침마다 깨우치시되 나의 귀를 깨우치사 학자들 같이 알아듣게 하시도다

【시 127:1-2】여호와께서 집을 세우지 아니하시면 세우는 자의 수고가 헛되며 여호와께서 성을 지키지 아니하시면 파수꾼의 깨어 있음이 헛되도다 너희가 일찍이 일어나고 늦게 누우며 수고의 떡을 먹음이 헛되도다 그러므로 여호와께서 그의 사랑하시는 자에게는 잠을 주시는도다

【사 6:1-8】웃시야 왕이 죽던 해에 내가 본즉 주께서 높이 들린 보좌에

앉으셨는데 그의 옷자락은 성전에 가득하였고 스랍들이 모시고 섰는데 각기 여섯 날개가 있어 그 둘로는 자기의 얼굴을 가리었고 그 둘로는 자기의 발을 가리었고 그 둘로는 날며 서로 불러 이르되 거룩하다 거룩하다 거룩하다 만군의 여호와여 그의 영광이 온 땅에 충만하도다 하더라 이같이 화답하는 자의 소리로 말미암아 문지방의 터가 요동하며 성전에 연기가 충만한지라 그 때에 내가 말하되 화로다 나여 망하게 되었도다 나는 입술이 부정한 사람이요 나는 입술이 부정한 백성 중에 거주하면서 만군의 여호와이신 왕을 뵈었음이로다 하였더라 그 때에 그 스랍 중의 하나가 부젓가락으로 제단에서 집은 바 핀 숯을 손에 가지고 내게로 날아와서 그것을 내 입술에 대며 이르되 보라 이것이 네 입에 닿았으니 네 악이 제하여졌고 네 죄가 사하여졌느니라 하더라 내가 또 주의 목소리를 들으니 주께서 이르시되 내가 누구를 보내며 누가 우리를 위하여 갈꼬 하시니 그 때에 내가 이르되 내가 여기 있나이다 나를 보내소서 하였더니

자기-긍휼 명상 기도

자기-긍휼 명상(Self-Compassion Contemplative)은 상담자로 하여금 내담자의 고통을 공감하느라 지나치게 에너지를 쏟기 이전에 먼저 자신에게 공감과 위로를 채워주는 내적 작업이다. 카밧 진이 마음챙김 기반 스트레스 감소 프로그램(MBSR)에 이 기법을 소개한 이후로 영성의 '기능'을 중시하는 현대 세속 상담 분야에서 내담자의 불안과 우울을 감소시키고 자존감을 향상시키기 위해 광범위하게 사용되고 있다. 자기-긍휼 명상은 내담자의 정신 건강에 유익할 뿐 아니라, 유의미하게 상담자의 탈진을 감소시키고 공감 능력을 향상시킨다는 여러

연구 결과가 있는 만큼, 상담자들이 활용한다면 자기 돌봄과 공감 능력 증진에 큰 도움을 얻을 것이다.[115] 자기-긍휼 명상 기도는 세속 상담에서 사용되는 자기-긍휼 명상을 본 프로그램을 위해 기독교 상담사에게 적합하도록 필자가 수정했다.

본 프로그램에 참가하는 실습생들은 매일 자기 직전에 10분 정도 자기-긍휼 명상 기도를 실천한다. 모두가 동일한 규격화된 기도문을 사용하도록 다음의 기도문을 녹음하여 실습생들에게 배부할 것이며 실습생들은 녹음된 기도문의 안내에 따라 자기-긍휼 명상 기도를 2주 동안 매일 실천할 것이다.

편안한 자세로 앉거나 누워서 진행합니다.

편안하게 호흡하면서 마음을 침착하게 합니다. 현재에 머물러봅니다. (침묵)

이제 이 세상에서 가장 나를 믿고 아껴주는 사람을 한번 떠올려봅니다. 내가 어떤 상황이어도 무조건 내 편이 되는 사람, 나를 사랑해주는 사람, 무조건적으로 나를 위해주는 한 사람을 생각해보세요. (잠시 침묵) 혹시 아무도 생각할 수 없다면, 예수님을 떠올리셔도 좋습니다. (침묵)

그분이 나를 향해 환하게 미소 짓는 표정을 한번 떠올려보세요. 사랑이 가득한 그분의 얼굴을 마음속에서 바라보세요. 그리고 그분의

---

115 김주리, "상담자의 자기자비 불안과 소진의 관계: 자기자비와 공감능력을 매개로," 「인간이해」 38, no.1(2017): 1-16; Kristin D. Neff et al., "Caring for others without losing yourself: An adaptation of the Mindful Self-Compassion Program for Healthcare Communities," *Journal of Clinical Psychology* 76, no.9(2020): 1543-62.

따뜻하고 친절한 사랑 속에 잠시 머무르면서 느껴봅니다. (침묵)

이제 그분의 그 따뜻하고 친절한 시선과 표정 그대로 내가 나 자신을 한번 바라봐주세요. 내가 줄 수 있는 가장 따뜻한 사랑과 친절을, 그분이 그랬던 것처럼, 나 스스로에게 충분히 전해줍니다. (잠시 침묵)

그리고 진심을 담아, 주님께 나 자신을 축복하는 기도를 해봅니다.

주님, 내가 평안하기를 원합니다.

내가 건강하기를, 행복하기를, 나의 상처가 아물기를 간절히 원합니다.

주님, 내가 기쁨이 가득하기를, 지금 이 순간 감사가 넘치기를 축복합니다.

또 어떤 것이든 스스로를 축복하는 기도를 드려보세요. (잠시 침묵)

이제 나의 내담자를 떠올려봅니다. 나 자신에게 주었던 그 따뜻하고 친절한 시선과 표정을 나의 내담자에게도 그대로 전해줍니다.

사랑 가득한 눈으로 내담자를 바라보면서, 진심으로 그분을 축복하는 기도를 합니다.

주님, 나의 내담자가 평안하기를 원합니다.

내담자가 건강하기를, 행복하기를, 내담자의 상처가 아물기를 간절히 원합니다.

주님, 내담자에게 기쁨이 가득하기를, 지금 이 순간 감사가 넘치기를 축복합니다.

또 어떤 것이든 내담자를 축복하는 기도를 드려보세요. (잠시 침묵)

이제 다시 친절하고 따뜻한 시선을 나 자신에게 전해주고, 그 시선으로 주님을 바라봅니다.

그리고 주님께 감사와 찬양의 마음을 전해드립니다. (침묵)

이제 마음의 준비가 되면 부드럽게 눈을 뜹니다.

개인 영성 훈련

본 프로그램을 위해 니버의 기도, 명상적 기도, 렉시오 디비나, 자기-긍휼 명상 기도를 고정된 실천적 방법으로 구성했지만, 영성 훈련의 방법은 훨씬 다양하다. 그리고 각 개인에 따라 더 실천하기 쉽고 효율적인 방법들이 다르다. 이런 점을 고려하여 본 프로그램에 유연성을 더하기 위해 각 개인이 원하는 영성 훈련 방법을 하나 혹은 두 개를 선택하여 주 1회 그것을 시간을 정해 실천하는 것을 포함했다.

영성 훈련의 방법들이 어떤 것이 있으며 어떻게 실천하는가 하는 것은 이미 영적 훈련을 깊이 있게 해온 영적 선배들의 삶을 통해 배울 수 있다. 예를 들어, 나우웬은 영성 개계이란 "마음으로부터 영적인 삶을 살아가는 역량이 점점 커 가는 것"이라 말하면서, 이런 영적인 삶은 "훈련, 실천, 상호책임 없이 개발될 수 없음"을 강조했다.[116]

나우웬은 자신의 영적 훈련에 대한 경험을 바탕으로 크게 세 가지 훈련, 즉 마음의 훈련, 책의 훈련, 신앙 공동체의 훈련이 유익하다고 제안했다.[117] 마음의 훈련을 위해서는 자신의 내면을 관조하는 내성과 명상적 기도를 강조했으며, 하나님의 임재에 집중하고 하나님의 음성에 귀 기울이는 것이라 말했다.[118] 책의 훈련에 관해서는 영적 읽기인 렉시오 디비나와 영적 글쓰기를 제안했고, 마지막으로 신앙 공동체

---

116 Henri Nouwen, 『영성수업』(*Spiritual Direction*), 윤종석 옮김(서울: 두란노, 2007), 9.

117 *Ibid.*

118 *Ibid.*, 9-10.

에서 절기에 맞는 예배에 참여하고 성도들과의 교제와 구제 활동 등에 힘쓰는 것의 중요성을 말했다.[119]

영성 훈련의 방법과 관련해서 참고할 만한 또 다른 예로, 윌라드 (Dallas Willard)는 "기독교 영성 훈련은 그리스도의 인격을 닮아가는 과정"이라 정의하면서, 최종 결과가 아니라 평생 동안 지속되는 과정 이라고 하였다.[120] 그는 영성 훈련을 크게 절제 훈련(뭔가를 하지 않는 영성 훈련)과 참여 훈련(뭔가를 하는 영성 훈련)으로 나누어서 설명했는 데, 절제 훈련에는 "고독(혼자 있기), 침묵, 금식, 근검절약, 순결, 선행 을 알리지 않기, 희생", 참여 훈련에는 "성경 공부, 예배, 축하, 봉사, 기도, 교제, 회개와 죄 고백, 순종"을 각각 포함했다.[121]

이렇게 고전적인 방법에서 본보기를 찾을 수도 있고, 현대에 들어 새롭게 개발되는 영성 훈련의 방법을 적용해볼 수도 있다. 예를 들면, 먹는 것을 절제하는 금식 대신 미디어나 인터넷, 스마트폰 사용을 일정 기간 금하는 훈련을 시도할 수 있고, 스마트폰 앱을 사용한 QT의 실천, 바쁜 일상과 업무에서 잠시 중단하여 쉼의 시간을 갖는 안식하기, 일정 기간 지하철이나 자동차 등의 편리한 교통수단을 사용하지 않고 걸어 다니면서 묵상하기, 지하철 주변의 쓰레기 줍기 등의 방법들을 창의적 으로 고안해볼 수 있다.

---

119 *Ibid.*, 11-15.

120 Jim Wilder, 『달라스 윌라드와의 마지막 영성수업』(*Renovated: God, Dallas Willard, and the Church That Transforms*), 김주성 옮김(서울: 두란노, 2020), 165.

121 Wilder, 236-237; Willard, 158; Neff et al., "Caring for others without losing yourself: An adaptation of the Mindful Self-Compassion Program for Heal-thcare Communities," *Journal of Clinical Psychology* 76, no.9(2020): 1543-62.

본 프로그램을 위한 준비 단계에서 실습생들은 자기가 선택한 1개 혹은 2개의 영성 훈련 방법에 대해 나누고 그것을 일주일 중 언제 실천할 것인지도 정한다. 그리고 정해진 영성 훈련 항목들 외에 그것을 추가하여 2주 동안 실행할 것이다.

영성 훈련 프로그램의 디지털 방식 적용과 계획

앞에서 기술한 대로 KACC 실습생들을 대상으로 상담사들을 위한 2주 동안의 구조화된 영성 훈련 프로그램을 계획했으며, 이 계획은 2023년 학기 중에 실행할 것이다. 실습생들은 매일 오전, 오후, 저녁, 취침 전에 각각 니버의 기도 묵상, 명상적 기도, 렉시오 디비나를 통한 성경 읽기, 자기-긍휼 명상 기도를 매일 실행할 것이며, 주 1회 본인이 선택한 영성 훈련 방법도 실천할 것이다. 매일의 수련 내용은 동일하지만 성경 말씀 묵상은 매일 묵상 본문이 다른데, 1주차에는 주어진 말씀으로 모두가 동일한 성경 구절을 묵상하고 2주차에는 1주차의 말씀들을 반복하거나 각자가 선택한 성경 본문을 묵상할 것이다.

프로그램 실행 전후에 각각 영성 측정 도구를 사용하여 참가자들의 영적 성장의 정도를 측정할 것이며 양적 평가 외에 참가자들의 소감문을 분석하여 질적 평가도 이루어질 것이다.

또한 본 프로그램을 실행하는 데에, 디지털 시대에 활용할 수 있는 다양한 방법들을 동원하여 프로그램 실행을 더욱 효율적으로 진행할 것이다. 가장 먼저 본 영성 훈련 프로그램을 위한 웹 사이트를 별도로 만들어서 모든 활동이 그 사이트를 통해 진행되도록 할 것이다. 이것은 참가자들이 대면하지 않아도 손쉽게 영성 훈련 내용들에 접근할 수 있게 도와줄 수 있고, 참가자들이 영성 훈련을 어떻게 진행하고 있는지 감독자가 쉽게 파악할 수 있게 해준다. 웹 사이트에는 본 영성 훈련 프로그램에 대한 기본적인 안내 사항과 계획표가 포함될 것이다. 참가자들은 캘린더에 표시되는 매일의 계획표를 확인하고 그대로 따를 수 있다.

컴퓨터 사용자들을 위해 웹 사이트를 개설함과 동시에 스마트폰 사용자들을 위해 스마트폰 애플리케이션도 함께 만들 것이다. 앱을 참가자들의 스마트폰에 설치하면 참가자들은 굳이 컴퓨터를 열지 않아도 스마트폰으로 어디에서든 정해진 시간에 이 수련에 참여할 수 있다. 스마트폰 앱을 캘린더나 시계와 연동시킴으로써 참가자들은 본인이 정한 각 실천 사항에 대해 10분 전에 미리 알람을 받게 되고, 각 항목들을 실천할 때 정해진 시간을 지킬 수 있도록 타이머가 작동된다. 또한 앱에서는 매일 오전 정한 시간에 니버의 기도와 성경 묵상을 위한 구절들을 팝업으로 받을 수 있으며, 이것들을 잠금 화면이나 배경 화면에 자동으로 실행시킬 수 있다. 일상에서의 명상적 기도를 위해 정기적으로 알람을 받을 수도 있다.

니버의 기도문이나 명상적 기도, 자기-긍휼 기도문은 감독자가 녹음하여 그 파일을 웹 사이트와 스마트폰 앱에 게시한다. 참가자들은 각자 편한 디바이스를 사용하여 정해진 기도문의 음성 파일을 실행할 수 있고, 정해진 시간에 이 음성 파일을 기도를 위한 안내문으로 사용하게 된다.

또한 웹 사이트와 스마트폰 앱에 개인 영성 훈련 일지를 작성할 수 있는 페이지를 삽입하여, 참가자들이 각 실천 항목들을 실행하면서 출석 체크뿐 아니라 본인의 소감이나 경험을 바로바로 기록할 수 있도록 할 것이다.

주 1회씩 총 2번의 전체 모임을 가지고, 서로의 경험에 대한 집단

나눔을 한다. 매일의 영성 훈련은 개인적으로 진행되지만, 이 집단 모임에서는 서로 나눔을 통해 영적으로 도전을 받고 집단원들과의 관계와 소통을 통해 말씀하시는 하나님을 경험할 수 있는 기회를 가질 수 있다. 이 집단 모임은 현재도 많이 사용되고 있는 온라인 회의 플랫폼 줌(Zoom)을 이용해서 진행한다. 이 모임은 먼저 전체적으로 간단한 명상적 기도의 시간으로 시작하고 3~4명의 소그룹 모임으로 나눠서 그 안에서 일주일 동안의 자신의 영적 훈련 실천에 대한 경험과 깨달음을 나눈다. 그 후에 다시 전체로 모여서 각자 짧게 그동안의 영적 실천뿐 아니라 오늘의 집단 모임을 통해서도 본인이 영적으로 어떤 성장과 도전을 받았는지에 대해 나누는 방식으로 진행된다.

III. 닫는 글

기독교 상담과 세속 상담을 구별하는 핵심은 기독교 영성이다. 기독교 상담은 그 핵심에 기독교 영성이 분명하게 숨 쉬고 있어야 기독교 상담으로서 정체성을 지킬 수 있다. 잡동사니 영성이 난무하는 시대에 기독교 상담의 핵심인 영성이 그 조류에 휩쓸려서 혼탁해진다면 오랜 세월 동안 면면히 내려온 기독교 상담과 돌봄의 전통이 위기에 처할 수도 있다. 하지만 반대로 이런 시대적 안목을 가지고 현대의 기독교 상담자들에게 주어진 것과 막아서야 할 것을 잘 분별하여 정체성을 지켜냄과 동시에 더욱 풍부해진 자원을 잘 활용할 수 있다면, 기독교 상담은 한 단계 더 성장할 것이다. 그런 면에서 현대를 살고 있는 기독교 상담자들은 이런 시대적 변화의 순간을 기회로 바꾸어나갈 선지자적인 책임이 있다.

선지자적인 책임을 감당하기 위해서는 현재의 상황과 위치를 정확히 인지하고 있어야 하며, 앞으로 나아갈 방향을 분명히 제시해야 하고, 그 방향으로 실제로 갈 수 있는 방법과 길을 알아야 한다. 이것이 아스머가 말한 실천신학자의 네 가지 중심 과제다. 이 시대를 살고 있는 기독교 상담자들은 모두가 이런 과제들을 잘 염두에 두고 앞으로 기독교 상담의 영성을 지켜냄과 동시에 내담자들의 외면을 받지 않는 실력 있는 상담자가 되기를 바란다.

아무리 좋은 것을 가지고 있더라도 자기 혼자 외딴 섬에 존재한다면 그 좋은 것으로 아무에게도 영향력을 미칠 수 없다. 등불을 켜서 말 아래 두지 않는 이유는 말 아래 둔 등불은 집을 환하게 비춰주는 등불의 역할을 할 수 없기 때문이다. 등불은 등경 위에 두어야 온 집을 비출 수 있다. 마찬가지로 기독교 상담자들은 그들이 가지고 있는 복음의 힘과 기독교 영성을 자기 혼자만 가지고 있는 게 아니라 세상에서 고통 받고 있는 내담자들의 삶에도 영향을 미치게 해야 한다. 그런 면에서 기독교 상담자들은 안전지대에 머물러 있기보다는 조금 위험해 보이고 경계해야 할 것 같은 이 시대의 조류 속에서도 용감하게 기독교 영성의 정체성을 지키면서, '세상'의 빛과 소금으로 영향력을 미쳐야 한다.

이 글을 통해서 그런 시도를 해보고자 했다. 하지만 이런 시도는 한두 명의 노력으로는 이루어지지 않는다. 많은 기독교 상담자가 함께 마음을 합하여 노력할 때 시나브로 이루어져갈 것이기 때문에, 여러 기독교 상담자들도 함께 동참하기를 바라는 바이다. 이 글에서 제시한 기독교 상담자들을 위한 영성 훈련 프로그램은 단위가 작고 아직 실행해보지 못한 계획에 그치기 때문에 이를 실제로 적용한 이후의 결과에

대한 추후 논문이 곧 나오기를 기대해본다. 또한 이와 유사한 주제의
많은 후속 논문이 시대를 앞서가는 기독교 상담학자들에 의해 꾸준히
나오기를 기대해본다.

참고문헌

김기철. "영혼 돌봄에 기반을 두는 목회상담: 영성지도의 속성을 받아들이는 상담."
　　「신학과 실천」 63(2019): 239-269.

김주리. "상담자의 자기자비 불안과 소진의 관계: 자기자비와 공감능력을 매개로."
　　「인간이해」 38, no.1(2017): 1-16.

김준수. "수용전념치료의 심리적 유연성 분석과 기독교적 평가."「ACTS 신학저널」
　　36(2018): 361-396.

김지영. "디지털 시대 청소년의 외로움, 스트레스, 스마트폰 중독의 영향 관계."「디지
　　털융복합연구」 15, no.9(2017): 335-343.

김태수. "요한복음에 나타난 '아가페' 영성의 목회상담학적 적용에 대한 고찰."「복음
　　과 상담」 11(2008): 187-207.

김희선. "사이버 공간에서의 은밀한 범죄: 디지털 성폭력에 대한 목회신학적 성찰."
　　「목회와 상담」 34(2020): 141-170.

권수영. "기독(목회) 상담에서의 영성 이해: 기능과 내용의 통합을 향하여."「한국기
　　독교신학논총」 46, no.1(2006): 251-275.

남기정. "영성, 영성학, 영성신학: 영성의 정의, 윤곽, 접근법에 대한 역사적 고찰."
　　「신학과 세계」 99(2020. 12. 30.): 321-361.

박윤정. "가상 현실문제에 대한 기독교 상담적 고찰."「복음과 상담」 39(2022): 67-
　　106.

양병모. "목회상담에서의 영성의 이해와 적용."「복음과 실천」 53(2014 봄): 243-
　　267.

영성연구회 평상.『오늘부터 시작하는 영성 훈련』. 서울: 두란노, 2017.

유해룡. "영성과 영성신학."「장신논단」 36(2009): 303-331.

＿＿＿. "한국적 상황에서의 영성의 연구동향."「신학과 실천」 47 (2015): 177-206.

이상희, 원광연, 우성주. "디지털 미술 치료의 가능성 및 발전 방향."「한국 HCI 학술대

회 자료」(2009): 1309-1315.

이선영. 『꼭 알고 싶은 수용-전념 치료의 모든 것』. 서울: 소울메이트, 2017.

이영주. "디지털 시대 부모-자녀 관계가 청소년의 인터넷 과다 사용에 미치는 영향." 「디지털융복합연구」 9, no.6(2011): 103-111.

이재현. "하나님의 공감적 내주: 영성지향적 목회상담을 위한 새로운 관점." 「장신논단」 49, no.2(2017): 299-322.

정연득. "정체성, 관점, 대화: 목회 상담의 방법론적 기초." 「목회와 상담」 23(2014): 233-271.

최창국. "영성형성의 실천적 방법으로써 렉시오 디비나(lectio divina)." 「복음과 실천신학」 21(2010): 124-151.

한주연. "예술의 유희적 특성을 활용한 디지털 콘텐츠의 예술치료적 활용의 가능성." 「한국영상학회논문집」 13(2015): 145-160.

한지운. "미술치료의 서비스 디자인 개선안에 대한 연구: 콜라주 디지털 미술치료를 중심으로." 「디자인지식저널」(2014): 421-430.

현상규. "마음챙김에 대한 기독교적 고찰과 목회상담적 제안들." 「목회와 상담」 29(2017): 294-333.

홍구화. "팬데믹을 넘어선 목회 돌봄과 상담." 「신학정론」 39, no.2(2021): 545-586.

황매향, 황희산. "테크놀로지 기반 상담 실제의 도전과 과제." 「상담학 연구」 21, no.4(2020): 219-245.

"Meet the 'Spiritual But Not Religious'." Research Release in *Faith and Christianity*(Apr. 6, 2017). Accessed on Nov. 3, 2022. https://www.barna.com/research/meet-spiritual-not-religious.

Buber, Martin. *I and Thou*. Translated by Ronald Gregor Smith. Edinburgh: T & T Clark, 1937.

Clebsch, William A., and Charles Jaekle. *Pastoral Care in Historical Perspective*. New York: Jason Aronson, 1983.

Clinebell, Howard. *Well Being: A Personal Plan for Exploring and Enriching the Seven Dimensions of Life.* New York: Harper Collins, 1991.

Clinton, Tim, Ron Hawkins, and George Ohlschlager. "Christian Counseling." In *The Popular Encyclopedia of Christian Counseling,* edited by Tim Clinton and Ron Hawkins, 11-15. Eugene, OR: Harvest House Publishers, 2011.

Clinton, Tim, and George Ohlschlager. "Competent Christian Counseling: Definition and Dynamics." In *Competent Christian Counseling,* edited by Tim Clinton and George Ohlschlager, 36-68. Colorado Springs: Waterbrook Press, 2002.

_____. "Christian Counseling and Compassionate Soul Care." In *Competent Christian Counseling,* edited by Tim Clinton and George Ohlschlager, 11-35. Colorado Springs: Waterbrook Press, 2002.

Collins, Gary. "Evangelical Pastoral Care." In *Dictionary of Pastoral Care and Counseling,* edited by Rodney J. Hunter, 373-375. Nashville: Abingdon Press, 1990.

Fackre, Gabriel. "Ministry of Presence." In *Dictionary of Pastoral Care and Counseling,* edited by Rodney J. Hunter, 950-951. Nashville: Abingdon Press, 1990.

Foster, Richard. *Celebration of Discipline.* 20th annual edition. San Francisco: HarperSanFrancisco, 1998.

Gallup, George, and Timothy Jones. *The Next American Spirituality: Finding God in the Twenty-First Century.* Colorado Springs, CO: Victor/Cook Communications, 2000.

Hall, Todd W., and Mark R. McMinn. *Spiritual Formation, Counseling, and Psychology.* New York: Nova Science Publishers, Inc., 2002.

Hawkins, Ron, and Tim Clinton. *The New Christian Counselor.* Eugene, OR: Harvest House Publishers, 2015.

Hayes, Steven, and Kirk Strosahl. 『수용-전념치료 실무지침서』(*A Practical Guide to Acceptance and Commitment Therapy*), 손정락 · 이금단 옮김. 서울: 학지사, 2015.

Hindson, Edward, George Ohlschlager, and Tim Clinton. "Roots of Spirituality: Spiritual Formation in Scripture, the Church, and Counseling." In *Competent Christian Counseling*, edited by Tim Clinton and George Ohlschlager, 117-139. Colorado Springs: Waterbrook Press, 2002.

Humphrey, Edith. "It's Not About Us: Modern Spirituality Begins and Ends with the Self; Christian Spirituality, with the Alpha and Omega." *Christianity Today* 45, no.5(2001): 66-71.

Hunsinger, Deborah van Deusen. *Theology and Pastoral Counseling: A New Interdisciplinary Approach*. Grand Rapids, MI: William B. Eerdmans Publishing Company, 1996.

Lipka, Michael, and Claire Gecewicz. "More Americans Now Say They're Spiritual But Not Religious." *Pew Research Center*(Sep. 6, 2017). Accessed on Nov. 3, 2022. https://www.pewresearch.org/fact-tank/ 2017/09/06/more-americans-now-say-theyre-spiritual-but-not -religious.

McNeill, John T. *A History of The Cure of Souls*. New York: Harper & Row, 1965.

Meiburg, Albert L. "Care of Soul(*Cura Animarum*)." In *Dictionary of Pastoral Care and Counseling*, edited by Rodney J. Hunter, 122. Nashville: Abingdon Press, 1990.

Neff, Kristin D., Knox Marissa C., Long Phoebe, and Gregory Krista. "Caring for others without losing yourself: An adaptation of the Mindful Self-Compassion Program for Healthcare Communities." *Journal of Clinical Psychology* 79, no.9(2020): 1543-1562.

Nouwen, Henri. 『돌봄의 영성』(*A Spirituality of Caregiving*). 윤종석 옮김. 서울:

두란노, 2014.

_____. 『영성수업』(*Spiritual Direction*). 윤종석 옮김. 서울: 두란노, 2007.

Ohlschlager, George, and Tim Clinton. "Smorgasbord Spirituality Versus The Road Less Traveled." In *Competent Christian Counseling*. edited by Tim Clinton and George Ohlschlager, 1-7. Colorado Springs: Waterbrook Press, 2002.

Osmer, Richard. *Practical Theology: An Introduction*. Grand Rapids, MI: William M. Eerdmans Publishing Company, 2008.

Patton, John. *Pastoral Care in Context*. Louisville, KT: Westminster John Knox Press, 1993.

Sisemore, Timothy A. "Acceptance and Commitment Therapy: A Christian Translation." *Christian Psychology* 8, no.2(2014): 5-15.

Stratton, Stephen P. "Mindfulness and Contemplation: Secular and Religious Traditions in Western Context." *Counseling and Values* 60, no.1(2015): 100-118.

Sullivan, Winnifred Fallers. *A Ministry of Presence: Chaplaincy, Spiritual Care, and the Law*. Chicago: University of Chicago Press, 2014. Accessed November 3, 2022. https://search-ebscohost-com.fuller.idm.oclc.org/login.aspxdirect=true&db=e000xna&AN=796692&site=ehost-live &scope=site.

Tan, Siang-Yang. "The Spiritual Disciplines and Counseling." *Christian Counseling Today* 6(2) (1998): 8-21.

_____. *Counseling and Psychotherapy: A Christian Perspective*. Grand Rapids, MI: Baker Books, 2011.

Wachholtz, Amy B., and Kenneth I. Pargament. "Is Spirituality a Critical Ingredient of Meditation? Comparing the Effects of Spiritual Meditation, Secular Meditation, and Relaxation on Spiritual, Psychological, Cardiac, and Pain Outcomes." *Journal of Behavioral*

Medicine 28(2005): 369-384.

_____. "Migraines and Meditation: Does Spirituality Matter?" *Journal of Behavioral Medicine* 31(2008): 351-366.

Wilder, Jim. 『달라스 윌라드와의 마지막 영성 수업』(*Renovated: God, Dallas Willard, and the Church That Transforms*). 김주성 옮김. 서울: 두란노, 2020.

Willard, Dallas. *The Spirit of the Disciplines*. San Francisco: HarperSanFrancisco, 1988.

영성적 노인복지 실천 사례 연구
─ 한국교회의 노인복지 실천 사례를 중심으로

이현아 월드미션대학교 사회복지학과 교수

I. 연구의 필요성

세계 인구의 고령화가 빨라지고 있다. 특히 고령화 속도의 비율은 아시아 국가에서 두드러지는데 그중에서 한국의 고령화 속도는 세계에서 가장 빠르게 진행되고 있다. 한국은 지난 2000년에 고령화 사회로 진입했고, 향후 2025년에는 전체 인구 중 노인인구 비율이 20%가 넘는 초고령 사회에 진입하게 되어 26년 만에 초고령 사회가 된다. 가족 부양의 전통이 점점 사라지는 상황에서 인구 고령화는 노인 의료비, 장기요양보호 대상자의 증가로 인해 사회적·경제적 비용을 지불해야 하는 동시에 노인 개인들로 하여금 신체적·정신적 질환과 빈곤, 역할 상실과 소외 등의 복합적인 문제를 부추길 수 있다. 보건복지부의 노인 실태조사(2020)[1]에 따르면 전체 노인의 13.5%가 우울 증상이 있으며, 노인의 평균 만성질병수는 1.9개인 것으로 나타났다. 이 중 약 84%가

1개 이상의 만성질병을 가지고 있으며 3개 이상인 경우도 전체 노인의 27.8%로 조사되었다. 신체적 질환의 주요 유병률은 고혈압(56.8%), 당뇨병(24.2%), 고지혈증(17.1%) 순으로 연령이 높을수록 유병률이 증가하여 노년기 신체적·정신적 질환을 앓을 가능성이 더 높음을 예측할 수 있다.

이러한 고령화 위기와 더불어 경제 발전에 따른 사회적 불평등과 빈부격차의 심화, 디지털 격차 등의 문제는 삶의 중심부에서 주변부에 놓인 고령층들의 소외를 더욱 부추긴다. 전례 없는 신종 코로나바이러스(COVID-19) 감염증으로 인해 생명과 삶이 위협받는 상황에서 인간의 실존적 의미와 삶의 의미는 더욱 중요해지고 있으며, 평균수명 연장에 따라 늘어난 노년의 시간을 의미 있게 통합하려는 시도가 증가하고 있다.

최근 노인에 대한 연구에서 노화 개념은 질환에 초점을 둔 생의학적 모형에서 개인의 긍정적 건강과 안녕 상태(well-being)까지 고려한 전일적인 접근(wholistic approach)으로 변화하고 있다. 즉, 건강은 질병이나 허약함이 없는 것(physical)만이 아닌 한 개인이 신체적·정신적·사회적으로 건강하고 평안한 상태를 의미하고 있는 것이다. 최근 이 정의에 영적 안녕(Spiritual Well-being)의 차원까지 포함하여 영성을 중심으로 하는 전인 건강 상태를 지향하고 있다.[2] 영성은 외상 영역에서 자기 정체성, 자기 관리, 통찰력, 자기 의존, 탄력성(레질리언스)의 중요한 구성 요소임이 인정되었으며, DSM-5의 리서치 아젠다(Re-

---

1 이윤경 외, 『2020년도 노인실태조사』(세종: 보건복지부, 한국보건사회연구원, 2020), 264-69.
2 강연정, "전인건강과 영성상담," 「한국기독교상담학회지」 11(2006): 13.

search Agenda)에 영적 이슈가 등록3되어 매우 중요한 개념임을 살펴볼 수 있다.

인간은 노년에 이르러 지나온 생을 회고하면서 자신이 처한 현실의 삶을 긍정적으로 인식하며 삶과 고통의 의미를 깨닫고 타인과의 건설적인 관계 안에서 평화로운 삶과 죽음을 준비해야 하는데 이러한 것을 가능케 하는 것이 바로 영적 영역이다.4 노년기는 심리적이고 영적인 요구가 강해지는 시기로 상실과 허약감, 죽음에 직면하게 되며 신체적 질병으로 인한 위기 상황에 처하게 되면서 어느 시기보다 영적인 요구를 갖게 된다.5

노년기 영성에 대한 선행 연구에 따르면 노년기의 영성은 육체적인 활력과 건강의 쇠퇴에도 불구하고 영적 성숙과 사후의 삶을 준비할 수 있는 힘6이며, 생애주기에서 노년기에 차지하는 비중이 높은 것7으로 나타났다. 또한 영성은 내적 자원의 총체로서 신체적·정신적·사회적 영역을 통합하는 힘으로, 삶의 의미와 가치와 목적을 찾게 하고 인간이 현실을 초월하여 초월자, 자신, 이웃, 환경과 의미 있는 관계를 가질 수 있도록 연결하는 능력8으로 나타났다.

---

3 David J. Kupfer, Michael B. First, and Darrel A. Regier, *A Research Agenda for DSM-V*(Washington, DC: American Psychiatric Association, 2002), 289.

4 David, O. Moberg, "Subjective Measures of Spiritual Well-Being," *Review of Religious Research* 25(4): 351-364, 윤매옥, "영적 간호중재가 노인 말기 암환자의 삶의 의미와 영적 안녕에 미치는 효과,"「가정간호학회지」16(2)(2009): 136에서 재인용.

5 김순이, 이정인, "재가노인의 자기초월, 영적안녕, 죽음불안,"「한국보건간호학회지」27, no.3(2013): 480-81.

6 김성이 외,『영성사회복지개론』(서울: 학지사, 2022), 290.

7 이준우, 이현아, Jenny Hyun Chung Pak, "도시, 농촌, 재미 이민사회에 거주하는 한국 노인의 노화 경험에 관한 질적 연구,"「한국노년학」39, no.3(2019): 603-04.

이러한 관점에 기초하여 영적인 존재로서의 인간을 이해하고 원조하는 사회복지 실천에서 영성과 영성에 대한 개입의 중요성이 부각되고 있으며, 사회복지 실천가들에게도 인간을 개인적·사회적·영적 차원의 관점에서 균형 있게 이해하려는 필요성이 증대되고 있다.[9] 하지만 노년기 영성과 사회복지 실천을 중심으로 한 연구는 부족한 실정이다. 이는 영성이 가진 개념이 종교적이라는 특성 때문에 자칫 신앙을 주입하거나 전도의 목적으로 사용될 수 있다는 이유와 더불어 영성의 개념이 매우 모호하고 추상적이어서 양적인 수치로 환산하기 어렵다는 점에서 사회복지 교육과 실천에서 영성을 주목하기가 어려웠다. 또한 사회복지기관을 위탁 운영시 종교적 활동을 배제해야 한다는 특성상 영성이라는 개념을 사회복지 실천에 드러내는 것에 대한 거부감도 어느 정도 영향을 미치고 있을 것으로 예측된다.

본 연구는 '영성적 노인복지 실천은 어떤 형태로 실천되고 있는가?'라는 궁금증에서 시작한다. 노년기 영성을 위한 사회복지 실천의 중요성을 인식하고 영성적 노인복지 실천의 내용과 성격을 탐색적 수준에서 살펴보는 것에서 출발한다. 그리고 영성을 가장 가깝게 접근해볼 수 있는 교회의 노인복지 활동에 주목하여 영성이 어떤 형태와 모습으로 담겨지고 있는지 비판적으로 고찰과 검증을 시도하려고 했다. 교회는 사회봉사를 시작으로 영성적 노인복지 실천을 수행하고 있는 주체이며 그 비중이 사회복지 현장에서 적지 않다. 이는 영성적 노인복지 실천에 대한 연구가 미비한 상황에서 교회의 노인복지 실천에서 나타

---

8 오복자, 강경아, "영성 개념 분석," 「대한간호학회지」 30(5)(2000): 1147.
9 김도희, "사회복지실천과 영성에 관한 고찰 – 마음챙김과 강점관점 모델을 중심으로," 「사회과학연구」 32, no.1(2016): 80.

난 영성을 깊이 연구한다는 점에서 영성과 노인복지 실천에 대한 가능성과 대안을 모색하는 데 이점이 있을 것으로 생각한다.

따라서 본 연구는 교회의 영성적 노인복지 실천(사역)에 대한 사례 연구를 실시하여 영성이 가진 이론적 무게를 넘어 실천성이 담보된 영성적 노인복지 실천의 가능성과 대안을 탐색하고자 한다. 이를 위해 본 연구의 내용은 다음과 같다.

첫째, 노인의 영성과 영성 형성의 의미와 관계를 살펴본다.

둘째, 영성적 노인복지 실천 사례를 중심으로 영성이 어떤 형태로 담겨지고 있는지를 분석한다.

셋째, 연구 결과를 바탕으로 영성적 노인복지 실천을 위해 월드미션대학교의 교육적 · 실천적 · 정책적 제언을 도출한다.

II. 문헌 고찰

1. 사회복지 실천에서 영성의 의미와 중요성

영성의 어원은 영 혹은 영혼(spirit)을 뜻하는 라틴어 스피리투알리타스(spiritualitas), 그리스어 프뉴마(pnenuma), 히브리어 루아흐(ruah)에서 온 말이다. 이러한 말들은 공통적으로 호흡, 숨, 입김, 바람, 기운, 생명 등의 뜻을 담고 있다. 인간은 육체만으로 충분하지 않으며, 호흡을 통해 생기를 찾고 생명을 유지하게 된다.[10] 하나님께서 인간을 창조

---

10 유재봉, "교육에서의 영성회복: 학교에서의 영성교육을 위한 시론," 「교육철학연구」 35, no.1(2013): 103-04.

하실 때 흙으로 사람을 지으시고 그의 코에 '루아흐'를 불어넣으시니, 사람이 생명체가 되었다고 하는데(창 2:7), 새번역 성경은 '루아흐'를 생명의 기운으로 번역했다. 즉, 호흡하는 인간은 누구나 하나님의 영을 나누어 받는 영적 존재이고, 그런 의미에서 영성을 지닌 존재라고 볼 수 있다.[11] 즉, 영성은 '인간의 모든 측면과 차원을 관련지으며 생기를 불어넣어주는 통합적 에너지'인 것이다.[12]

신학적 관점에서 영성은 일상과 일상의 이면, 즉 인간이나 피조 세계의 내면 깊이에 있는 신비와 관련된 것을 말하는 것으로 사람의 영혼이 참 하나님과 만나는 경험을 의미하는 것이며, 동시에 하나님의 임재 가운데서 일상을 사는 것을 말하기도 한다.[13] 또한 하나님과의 관계를 내포하는 개념으로 성령에 따른 삶 혹은 성령 안의 삶을 의미한다.[14]

종교적 차원을 넘어 영성은 인간이라면 누구나 지니는 내면의 보편적인 본성이자 회복과 완성을 지향하게 하는 근원적 의지인 것이며, 이러한 관점에 기초하여 영적인 존재로서의 인간을 이해하고 원조하는 노인복지 실천 현장에서도 영성과 영성적 개입의 중요성이 점점 부각되고 있다.[15]

에드워드 칸다(Edward Canda)는 영성의 개념을 사회복지 이론 및 실천에 접목한 선구자다. 그에 따르면 영성은 의미부여, 타인, 지구,

---

11 채수일, "영성에 대하여," 재미한인기독선교재단: 성경공부 자료실, 2021년 12월 7일 게시, https://www.kcmusa.org/bbs/board.php?bo_table=mn03_1&wr_id=156.
12 유재봉, 103-04.
13 최봉기, 『깊은 영성으로 나아가는 길』(서울: 예영커뮤니케이션, 1999), 20, 26.
14 손신, 신효진, "사회복지실천에 있어서 종교와 영성의 의미와 역할에 대한 고찰," 「신학논단」 59(2010): 202.
15 김도희, 80.

환경 등과의 도덕적으로 완성된 관계 등 인간이 추구하는 것으로 정의한다. 그것은 우리의 관계, 타인과의 연결성에 영향을 줄 수 있기에 개인적인 것이 아니라 공유될 수 있다는 것을 강조한다.[16] 이와 관련하여 모스(Moss)는 영성을 우리가 선택한 세계관을 표현하는 것으로, 할러웨이(Holloway)는 영성이 의미와 목적을 찾고, 가치를 재설정하며, 개인적인 성장과 성숙을 다룬다는 면에서 영성과 사회복지를 구분할 수 없다고 여겼다.[17]

영성이 사회복지 학문과 긴밀한 관계를 가진 것은 사회복지가 전문 직으로 발전할 수 있었던 역사적 토대와 함께 살펴볼 수 있다. 1915년 플렉스너(A. Flexner)의 사회사업의 전문성에 대한 논의를 시작으로 사회복지학은 전문직으로서 조직체를 결성하고 케이스워크(사례 관리) 의 발전과 과학적 이론을 추구하는 시기를 거쳤기 때문이다. 플렉스너 의 신화가 사회복지의 발달에 지대한 영향을 미쳤던 것은 사실이지만 인간을 원조하는 사회복지 실천적 측면과 사회적 책임의 차원에서 보 다 깊은 과제를 남겨주게 된다.

영성과 사회복지에 대한 관심은 20세기 중반 미국의 사회복지사들 이 교육과 훈련의 교과 과정에서 비롯된 결핍에서 찾아볼 수 있다. 사 회복지 실천 환경이 더욱 복잡해져가고 사회가 다문화·다종교적 맥락 에 접어들수록 사회복지사들은 심각한 역량 부족 문제를 경험하기 시 작했다. 그들은 스스로 문화적 다양성에 녹아들 역량을 갖추지 못했다

---

16 Edward R. Canda, 『영성과 사회복지실천』(*Spirituality in Social Work*), 김용환, 김승돈, 최금주 옮김(서울: 양서원, 2008), 27.

17 Margaret Holloway and Bernard Moss, 『영성과 사회복지』(*Spirituality and Social Work*), 김용환, 김승돈, 정석수, 정현태, 오봉희 옮김(성남: 북코리아, 2014), 59-64.

고 여기는 상황에서 전례 없이 다양한 종교적 믿음과 신념을 지닌 사람들(서비스 이용자)에게 적절한 서비스를 제공해야 하는 도전 과제에 직면하게 된 것이다. 그러던 중 2004년 10월 사회복지사국제연맹과 국제사회복지대학협회는 호주 아델라이드 시에서 공동회의를 개최하여 최초로 영성에 초점을 둔 연구 논문을 발표했으며, 같은 해 새롭게 개정된 원칙에서 사회복지사국제연맹은 사회복지사들은 반드시 각 개인의 영적 존엄성과 웰빙을 존중해야 한다고 명시했다. 두 단체가 함께 만든 전 세계적 표준에서도 두 단체는 영적 이슈를 사회복지사들이 인간 행동과 발달을 이해하는 데 필수 지식 기반의 일부임을 확인했고, 사회복지의 주요한 주제로서 영성은 전 세계적 사회복지의 의제가 되었다.[18]

사회복지는 역사적으로 인간을 환경 안에서 이해하려는 노력을 해왔기 때문에 종교와 영성을 서비스 이용자가 이용할 수 있는 하나의 자원, 즉 장점으로 이해하고 받아들인다는 것은 환경 안의 개인에 대한 좀 더 깊은 이해를 반영한다고 볼 수 있다. 특히 영성은 다양성과 개별화의 사회복지 원칙이 강조되고 있는 포스트모던적인 현실을 반영할 때 원조 과정을 결정짓는 중요한 요소로 평가된다. 사회복지 실천에서 다양성을 인정하고 개별화를 추구한다는 것은 특정 문화의 속으로 들어가 문제를 사정하는 것을 의미하고 개인을 대상으로 생각할 때에는 개인이 속한 문화의 틀 그리고 영성의 틀 안에서 내면세계의 특수성을 고려하는 사회복지 접근법을 지칭한다고 볼 수 있다.[19]

또한 사회복지 실천의 궁극적인 목적은 사회가 개인에게 일방적이

18 *Ibid.*, 40.
19 손신, 신효진, 219.

고 무조건적인 원조를 제공하도록 하는 데에 있는 것이 아니라 개인이 자기의 역량을 최대한 발휘하며 살아갈 수 있도록 촉진하는 것이라면, 영성적 개입은 인간이 가진 잠재력과 강점, 역량 발전을 통해 효과성을 거두게 된다면 사회복지 실천의 목적 달성을 위한 의미 있는 실천적 도구가 될 수 있을 것이다.[20] 나아가 사회복지사가 영적 이슈의 중요성을 이해함으로써 여러 복잡한 문제 속에서도 서비스 이용자가 방향을 잡을 수 있도록 돕고, 사회복지사들로 하여금 어느 정도 이런 관점에 대해 개입할 수 있도록 하며 최대한 본인의 믿음을 편안하게 마주할 수 있도록 하는 것이다.[21]

2. 노인의 영성과 영성 형성

1) 나이 듦의 의미

노인이 된다는 것은 어떤 의미일까? 경제적 은퇴와 더불어 남은 노년의 삶을 어떤 자세와 생각으로 살아가게 될까?라는 질문을 스스로 하게 될 때가 많다. 노년의 삶을 연구하는 입장에서 이러한 질문은 스스로에게 막연하게만 느껴진다. 그럼에도 노년의 삶을 살아가고 있는 노인 당사자의 삶을 다양한 측면에서 살펴보고자 한다.

노인이 된다는 것은 개인적으로 인생의 마지막 단계에 접어드는 것이며, 사회적으로는 가족과 사회의 전면에서 물러나면서 삶의 제반 영역에서 역할이 제한되거나 소멸되는 과정을 뜻한다.[22] 이는 경제활

---

20 김도희, 85.
21 Holloway and Moss, 12.

동의 은퇴와 더불어 사회적 은퇴를 의미하기도 한다. 오랜 세월 몸담았던 직장에서 퇴직하여 남은 노년의 삶을 살아가야 하는 노인들이 많겠지만, 노년의 삶을 미처 계획할 여유가 없었거나, 갑작스런 은퇴로 비자발적 노년기를 보내는 이들에게는 노년으로서의 삶이 하나의 도전이 될 수 있다.

노년기에는 많은 변화를 마주하게 된다. 배우자와 자녀와의 관계의 변화, 사랑하는 이들을 떠나보내야 하는 경험과 외로움, 소외감, 역할 상실, 신체 질환 등의 여러 문제가 복합적으로 일어나기도 한다. 대개 가장 큰 변화는 노화 과정에서 나타나는 신체 질환과 그로 인해 수반되는 정신적 스트레스일 것이다. 더욱이 2020년 전 세계를 강타했던 신종 코로나바이러스(COVID-19) 감염증은 취약한 상황에 처한 노인들에게 지대한 영향을 미쳤으며, 세상과 단절된 삶이 일상이 되어버리는 형국이 되고야 말았다. 그나마 젊은 세대들은 비대면 소통이 자유로운 반면, 디지털 문화에 익숙하지 않은 노인들은 소통을 위한 수단인 줌(zoom)은 낯설고 무인 주문 기계인 키오스크(kiosk) 등은 사용이 쉽지 않아 일상생활이 제약되고 고립되어가는 문제가 발생했다. 『단절 이후의 삶: 노년이야기』 책에서 저자는 디지털 세상의 단절과 노년의 삶을 이렇게 설명한다.

코로나 팬데믹이 가한 일상생활 세계의 충격은 단절이었다. 연결되지 못하면 자아와 세상에 대한 의미가 사라지는 것을 체험하면서 소통이 존재의 기반임을 깨닫게 했다. 단절 속에서 존재의 위기를 체험하였기

---

22 양옥남 외, 『노인복지론』 3판(고양: 공동체, 2011), 43.

에 더 강렬하게 만남을 강구한다. 만남의 갈등을 해소하기 위해 비대면의 세상 만남이 가속화되었다. 그동안 디지털 세상의 장벽을 크게 느끼면서 오프라인 만남을 붙들고 있던 노인들도 연결된 존재가 되기 위해 디지털 세상을 클릭하고 있다. 선택이 아니라 살기 위한 결단이다.[23]

디지털 세상에 뛰어드는 것은 살기 위한 처절한 몸부림이자 자아와 세상을 연결 짓기 위한 노력이 되어버렸다. 노년으로서 버텨온 세상의 무게가 더욱 무거워지고, 사회와 소통하기 위한 노력이 필수가 되어버린 시대인 것이다. 이러한 현실에서 노인들의 삶의 무게를 덜어주기보다 "사회와 단절되지 않고 지속적으로 활동적이고 생산적인 노년이 성공적인 삶"[24]이라는 인식이 확대되고 있다. 노인의 삶을 활동적이고 주체적으로 바라볼 수 있도록 하자는 청사진 이면에는 배제되고 소외되는 노인들이 있음을 주목해야 할 것이다.

2) 영성과 영성 형성

세속적인 관점에서 노년이란 노쇠하고 서글픈 이미지를 갖는다. 저녁노을이 저물어 캄캄한 밤이 오기 직전의 마지막 잿빛 잔영이 길게 늘어지는 그러한 세대인 것이다. 그러나 성경적인 관점에서 노년이란 오히려 꿈과 희망을 상징한다. "저녁이 되며 아침이 되니⋯." 사람들은 하루가 아침에 시작되어 저녁으로 끝난다고 생각하지만 창세기에 설명된 하루는 저녁에 시작되어 아침으로 끝난다. 하나님이 설정하신 우

---

23 박경숙, 안경진, 『단절 이후의 삶: 노년이야기』(서울: 다산출판사, 2022), 17.
24 Ibid., 13.

리 인생의 하루는 그렇게 밝지 않다. 그것은 서글픈 저녁으로 시작되기 때문이다. 그 삶은 어두운 세상의 삶이다. 그래서 "내 발의 등과 내 길의 빛"(시 119:105)이 필요하다. 그 어두움은 깊어지고 짙어지고 더욱 캄캄해지다가 결국 새벽의 고통을 지나 아침으로 나아간다. 희망의 세계로, 행복의 세계로 나아간다. 노년이란 이렇게 아침을 맞이하는 새벽의 시대인 것이다. 그래서 우리는 "천국 문에서 만나자 그 아침이 될 때에…"라고 노래한다. 실제로 성경은 노인을 설명할 때 "영화"(잠16:32), "새로움"(고후 4:16), "지혜"(욥 12:12; 신 32:7; 잠 23:10), "면류관"(딤후 4:8), "결실"(시 92:14), "기쁨과 축복"(잠 16:31; 잠 20:29), "존경의 대상"(레 19:32; 욥 32:4) 등과 같은 단어들을 동원한다.

시편 92편 14절 "늙어도 결실하며 진액이 풍족하고 빛이 청정하여 여호와의 정직하심을 나타내심으로다"라는 성경 표현에서처럼 하나님과 함께하는 노년의 삶은 결코 인생의 황혼기가 아니며 소외와 슬픔과 상실의 시기도 아니다. 복음 선교를 위해 노년에 이르기까지 모든 고난과 역경을 헤쳐 나갔던 사도 바울의 "그러므로 우리가 낙심하지 아니하노니 겉사람은 후패하나 우리의 속사람은 날로 새롭도다"(고후 4:16)라는 고백 속에서 그 이해의 깊이를 더할 수 있다. 노년의 인생은 생물학적으로는 노쇠해가지만 신학적으로는 오히려 새로운 속사람의 생명이 약동하고 날로 새로워지는 시기로 파악되는 것이다. 또한 "만일 땅에 있는 우리의 장막집이 무너지면 하나님께서 지으신 집, 곧 손으로 지은 것이 아니요 하늘에 있는 영원한 집이 우리에게 있는 줄을 안다"(고후 5:1)는 것이 성경적인 노년의 인생관이다.[25] 영성 형성은

---

25 김중은, "성경에서 본 노년과 노인에 대한 이해," 『한국교회와 노인목회』, 대한예수교 장로회총회교육부 편(서울: 한국장로교출판사, 2000), 50.

"그리스도의 형상을 이루다"(갈 4:19)라는 말에서 나온 것으로 인간이 하나님에게 불순종함으로 말미암아 죽어 있던 영이 예수 그리스도의 철저한 순종으로 말미암아 영이 새롭게 다시 거듭나서 파괴되었던 하나님의 형상이 회복할 수 있게 됨을 말한다. 즉, 인간이 하나님의 형상으로 창조되었을 때의 온전한 모습으로 다시 형성된다는 뜻이다.[26]

　노인의 영성 형성의 출발은 바로 이와 같은 성경적 관점을 '노인 당사자 스스로 인식하는 것'이다. 그런 다음 노인 당사자가 남은 삶을 하나님의 형상을 회복하는 삶을 살아가야 함을 말한다. 이를 위해서는 자신의 지나온 삶을 회상하며 그 회상으로 도출된 인생 여정의 신앙적 성찰을 통한 깨달음의 영성이 필요하다. 여기서 '회상을 토대로 한 신앙적 성찰'이란 인생 전반의 경험들을 기독교 신앙 관점에서 들여다보고 왜곡된 의식을 수정하여 하나님 사랑과 사람 사랑을 향한 의미로 전환하게 돕는 사고라고 할 수 있다. 다윗의 주옥같은 시편들이 바로 이와 같은 신앙적 성찰에 의한 고백이다. 시편 131편의 "여호와여 내 마음이 교만하지 아니하고 내 눈이 오만하지 아니하오며 내가 큰 일과 감당하지 못할 놀라운 일을 하려고 힘쓰지 아니하나이다. 실로 내가 내 영혼으로 고요하고 평온하게 하기를 젖 뗀 아이가 그의 어머니 품에 있음 같게 하였나니 내 영혼이 젖 뗀 아이와 같도다. 이스라엘아 지금부터 영원까지 여호와를 바랄지어다"라는 회상으로 도출된 인생의 경험들을 신앙적 성찰로 재해석해 정리한 것과 같은 내용이라 할 수 있다.

　나아가 노인의 영성은 환대(hospitality)의 영성이 반영된다. 여기

---

26 윤난영, "제자훈련이 전인격적 영성형성에 미치는 영향," 「기독교교육정보」 28(2011): 258.

서 환대란 타자에 대한 존중 가운데 결코 나로 환원될 수 없는 그 '타자성'을 기쁜 마음으로 환영하는 것이다. 나의 나됨은 나로 인해서 되는 것이 아니라 나의 밖에 존재하면서 동시에 결코 나로 환원될 수 없는 타자에 의해서 내가 기꺼이 이끌어내어질 때, 존재의 잉여를 경험할 수 있게 된다. 노인이 도움을 받는 돌봄의 대상이 아니라 오히려 젊은 세대를 환대할 경우 노인은 더욱 큰 존경을 받게 되고 그 존재 가치가 향상될 것이다. 아울러 노인은 모든 세대에게 환대받게 될 것이다. 여기서 중요한 지점은 노인이 먼저 적극적인 환대를 삶 속에서 실행해가는 데에 있다. 어떻게 이것이 가능한가? 노인은 죽음을 향해 갈 뿐만 아니라 죽음과 가장 가까이 있는 존재인데 그 죽음 이후 영생의 세계로 환대하며 인도하는 분이 하나님이시라는 믿음을 갖게 될 때 노인이 주체적으로 모든 세대를 향해 환대를 실천할 수 있게 되는 것이다.

노년기는 영성 형성의 마지막 단계로 지나온 세월을 반추하여 돌이켜보는 시기다. 노년기 영성 형성은 앞으로 계발해야 하는 영성의 관점이 아니라 그동안 살아온 세월을 영적으로 의미를 규정하는 일이며, 죽음 앞에서 하나님께 가기 위한 풍성한 통로가 되는 길인 것이다. 그렇기에 노인의 영성과 영성 형성의 연구를 위해서는 세속적 관점이 아닌 성경적 관점을 반영한 교회에서 노인을 위한 영성적 사회복지 실천에 대한 접근을 해볼 수 있다.

3) 노인의 영적 욕구

노년기는 신체가 노쇠하는 것에 더불어 영적 욕구가 강해지는 시기다. 노년기에 자신의 삶을 내적으로 회상하고 정리하며 통합하려는 시도는 죽음을 앞둔 노년의 시기에 중요한 과업이다.

노인 정신과 전문의 케니그(H. G. Koenig)는 건강하든지 그렇지 않든지 모든 노인에게는 영적 욕구가 있다고 여기며, 이는 의미와 목적, 소망에 대한 욕구, 환경을 초월하려는 욕구, 상실을 다루는 욕구, 연속성의 욕구, 신앙적 행동에 대한 지지 욕구, 교회 활동에 참여하려는 욕구로 나타났다. 쉘리(Shelly)와 피쉬(Fish) 그리고 마버그(Moberg)는 노인들의 영적 욕구를 8가지로 제시했는데 이를 정리하여 살펴보고자 한다.[27]

첫째, 삶의 의미와 목적에 대한 욕구로 이는 인간 자신의 인격적인 위엄과 자존감을 유지하려고 하는 갈망과 연결된 욕구다.

둘째, 사랑과 관계의 욕구로 사람과의 교제와 대화, 포옹, 일과 봉사를 통해서 자신을 내어주는 경험 등을 충족하는 욕구다.

셋째, 용서에 대한 욕구로 지나온 삶을 되돌아보며 자신의 죄로 인한 수치감, 무가치성, 적대감, 심리적 스트레스 등의 정서를 경험하며 이에 대한 용서를 체험하는 욕구다.

넷째, 영적 통합의 욕구로 노인은 영적으로 통합된 인간이 되려고 하며, 하나님과 자기 자신의 양심과 평화롭기를 갈망하는 욕구다.

다섯째, 상실에 대한 대처의 욕구로 노년기에 건강, 배우자, 사회적 역할, 경제 능력 등 다양한 상실을 경험하며 이를 대처하는 것은 영적 성장과 발달의 기회가 될 수 있음을 의미한다.

여섯째, 죽어가는 과정과 죽음 준비에 대한 욕구로 죽음 자체보다는 죽음을 기다리는 과정 가운데 영적인 개입과 통합이 중요하며 기쁨

---

27 한성흠, "한국교회의 노인복지와 선교적 실천," 「복음과선교」 18(2012): 268-69.

으로 남은 삶을 살아갈 수 있는 개입이 필요하다.

일곱째, 유용해지고 싶은 욕구로 타인을 사랑하고자 하는 욕구인 동시에 타인에게 사랑받고자 하는 욕구다.

여덟째, 감사의 욕구로 지나온 삶에 하나님의 축복과 은총에 감사와 기쁨을 누리는 것이다.

이상의 여덟 가지 영적 욕구는 노인을 대상으로 하는 사회복지 실천에서 영적 개입과 대안을 요구하며 노년의 삶에 의미와 다양한 영역의 균형을 갖출 수 있는 개입이 필요함을 말해준다.

4) 선행연구 고찰

선행연구 고찰은 노년기 영성과 영성 형성이 어떤 방식으로 표현되는지와 노년의 삶에 영성이 주는 의미와 함의에 대한 연구로 나타났다.

미국의 루터 교회를 중심으로 한 연구(1994)에 따르면 65세 이상 여성들이 교회 참여, 개인적 기도, 종교적 믿음의 중요성, 성경 지식, 다른 사람에게 봉사하기, 개인적 신앙 그리고 영성의 다른 형태에서 높은 순위를 차지했다. 이 중 고령자 노인의 경우 다른 연령대의 노인들보다 주님에 대한 헌신과 영적인 삶의 중요성뿐만 아니라 개인적 신앙심, 하나님에 대한 믿음 그리고 다른 사람을 위한 배려와 기도 등 몇 가지 측정에서 더 높게 나타났다.[28] 이는 노년기 영성이 교회에서 나타나는 신앙심과 영적 행동 등으로 표현되고 있음을 의미하며,

---

28 David O. Moberg, *Aging and Spirituality*(New York: The Haworth Pastrol Press, 2001), 91, 김장은, "성공적인 노년생활을 위한 영성 연구"(박사학위 논문, 백석대학교, 2011), 72에서 재인용.

초고령 노인에게서는 주목할 만한 영성적 실천이 있다는 것을 알 수 있다.

이는 한국 노인을 연구한 "성공적인 노년생활을 위한 영성 연구"[29] 결과와 비슷하다. 연구 결과 노년기 삶에 의미를 두는 곳은 '신앙'이라는 응답이 높았으며, 노년기 고립과 상실을 극복할 수 있었던 이유로 '신앙'이라는 응답이 높게 나타났다. 또한 영성이 높은 사람일수록 죽음의 두려움이 없다는 응답이 높게 나타나 노년기 영성은 삶의 목적과 한계를 극복할 수 있는 원동력, 죽음을 초월하는 힘을 가진 것을 알 수 있다.

노인의 영성, 영성 형성을 측정한 선행연구에서 영성은 영적 안녕감(Spiritual Well-being), 영적 요구(Spiritual Needs) 등 다양한 용어로 조사되었다. 영적 안녕감은 자신과 초월적 존재와의 관계 속에서 얻을 수 있는 수직적 차원과 그 관계 안에서 인생의 의미와 목적을 발견할 수 있는 수평적 차원 등 두 개의 요소로 이루어진다. 팔로우진과 엘리슨(Paloutzian & Ellison, 1982)은 수직적 차원에서 '하나님과의 관계로부터의 안녕감'으로 종교적 영적 안녕감(religious spiritual well-being)과 수평적 차원에서 '자신의 삶의 목적과 의미가 분명한지'를 의미하는 실존적 영적 안녕감(existential spiritual well-being) 등 2개의 하위 요인을 갖는 영적 안녕감 측정 도구를 개발했다.[30] 선행연구 결과 영적 안녕감이 높을수록 죽음 불안 수준이 낮은 것으로 나타나[31] 영성

---

29 김장은, 211-21.

30 박승탁, "영적안녕감이 노인의 삶의 의미에 미치는 영향," 「신학과 목회」 50(2018): 217.

31 윤매옥, "영적 간호중재가 노인 말기 암환자의 삶의 의미와 영적 안녕에 미치는 효과," 「가정간호학회지」 16, no.2(2009): 142.

이 노년기 죽음의 고통과 불안을 줄이는 데 영향을 미치는 것을 알 수 있다. 또한 노인의 삶의 의미에 영향을 미치는 요인으로는 실존적 영적 안녕감이 긍정적인 영향을 미치는 것으로 나타났다.[32]

재가 노인의 영적 안녕감에 관한 연구에서 '나는 신과의 개인적인 기도에서 큰 만족을 얻는다'는 항목이 가장 높은 점수를 보여 노화 과정과 위기 상황에서 기도를 통해 극복할 수 있다는 믿음으로 영적 만족을 느끼는 것을 알 수 있어 영성이 한계를 극복하는 원동력으로 기능하고 있음을 확인할 수 있다. 한편, '나는 나의 장래를 좋게 본다'는 항목에는 낮은 점수를 보여 노년기 죽음에 대한 불안이 영적 안녕감에 영향을 미치는 것으로 나타났다. 이는 노화로 인한 질병과 상실, 소외 등의 다양한 현상을 반영하고 있다는 것을 알 수 있다. 또한 영적 안녕감이 높을수록 자기 초월이 높은 것으로 나타났다.[33]

영성은 영적 요구(Spiritual Needs)와도 연결되는데 이는 영적 요구가 충족되면 영적 안녕 상태로 변화시킬 수 있다는 점을 반영한다. 선행연구 결과 영적 요구의 항목 중 사랑과 유대감, 희망과 평화, 삶의 의미와 목적, 신과의 관계, 죽음의 수용 순으로 점수가 높게 나타났으며, 연령이 높을수록(80세 이상), 여성일수록 영적 요구도가 높게 나타났다.[34] 또한 영성은 회복탄력성,[35] 자아통합감[36]에 유의미한 영향을

---

32 박승탁, 235.

33 김순이, 이정인, 486.

34 김주옥, 류언나, 하은호, "일 지역 경로대학 노인의 외로움과 영적 요구," 「한국산학기술학회논문지」 13, no.4(2012): 1725.

35 Ipsit V. Vahia et al., "Correlates of spirituality in older women," *Aging & mental health* 15, no.1(2011): 99.

36 최금주, 제석봉, "노인의 영성이 자아통합감에 미치는 영향," 「노인복지연구」 38 (2007): 118-19.

미치며, 외로움과는 부정적 상관관계[37]를 보였다.

3. 영성적 노인복지 실천: 개념과 현장

영성적 노인복지 실천은 기독교 영성에 기반한 사회복지 실천이라는 큰 틀 속에서 작용한다. 이를 이해하기 위해서 기독교 사회복지 실천과 교회 사회복지 실천 그리고 영성적 사회복지 실천의 개념을 이해한 뒤 영성적 노인복지 실천을 정의하고자 한다.

기독교 사회복지 실천은 기독교적 세계관과 정신을 지닌 사람 또는 기관이 기독교의 다양한 생명 자원들을 동원하여 취약계층을 돕고 사회문제를 해결하며, 인간의 삶의 질을 향상시키기 위해 실천하는 일체의 활동을 말한다.[38] 기독교 사회복지 실천의 하위 개념으로서 교회 사회복지 실천은 기독교 영성을 기반으로 교회가 주체가 된 활동을 말한다. 이준우(2014; 2019)는 교회 사회복지 실천은 교회의 자원을 기초로 하여 기독교 신앙의 핵심인 '사랑 실천의 의지'와 성경의 가르침과 하나님을 믿어 구원하게 해야 한다는 '선교 의지', 이 두 가지 요인이 동기가 되어 사회복지 자원 동원에 일차적 책임을 지는 활동이라고 정의했다. 나아가 "사회복지적 관점을 가진 목회자, 교회 사회복지 실천가, 기독교적 가치관에 입각해 일하는 사회복지사"와 "교회의 자원봉사 인력을 활용하여 공식적인 종교복지법인 시설 혹은 기관, 교회 시설 또는 학교와 병원 등을 포함한 지역사회의 다양한 복지 자원들을 연계하면서 지역주민의 복지 욕구 충족과 복지 증진을 위해 사회적

---

37 김주옥, 류언나, 하은호, 1725.

38 유장춘, "기독교사회복지운동의 방향과 전략," 「연세사회복지연구」(2002, 8): 90.

문제 해결을 사회복지의 대상으로 삼아 실시되는 일련의 복지 활동"이라고 정의했다.[39]

특히 기독교 사회복지 실천과 교회 사회복지 실천을 구분하는 가장 큰 이유는 교회의 사회복지 실천이 정부의 지원 없이 순수한 교회의 자부담으로 이루어지면서 기독교적 영성 사역까지 직접적으로 하는 경우와 교회와 기독교 기관이 수행하는 사회복지 실천이 정부 보조금으로 진행되는 경우를 구분할 필요가 있기 때문이다. 이는 정부로부터 보조금을 지원받을 경우 영성적 사역을 직접적으로 프로그램에 반영하면 안 되기 때문에 철저하게 사랑과 섬김, 헌신과 희생의 기독교 영성으로 정부의 지침을 준수하면서 사회복지 실천을 수행해내야 한다.[40] 따라서 기독교 사회복지 실천은 정부 보조금 혹은 지원을 받아 (예: 정부로부터 시설이나 사업 혹은 프로그램 등을 위탁받아) 교회 혹은 기독교 기관(기독교사회복지법인, 기독교 NGO 단체 등)이 지역사회에서 사회복지 실천을 수행하는 경우로 정의하며, 교회 사회복지 실천은 정부의 지원 없이 교회가 주체가 되어 교회의 인적·물적 자원을 자부담하면서 부가적으로 다양한 사회 자원을 활용하여 지역사회에서 사회복지 실천을 수행하는 경우로 정의할 수 있다.[41]

그렇다면 영성적 사회복지 실천 혹은 영성 기반의 사회복지 실천은 어떻게 정의할 수 있을까? 영성적 사회복지 실천은 교회 사회복지 실천과 기독교 사회복지 실천을 포괄하는 개념으로 종교적 행위의 차원을 넘어 이 땅에 오신 예수 그리스도의 정신을 이어받아 사랑과 섬김을

39 이준우, 『한국교회 사회복지실천 들여다보고 내다보기』(서울: 밀알, 2019), 18.
40 김성이 외, 77-79.
41 Ibid., 79-80.

실천하는 사역이다. 즉, 사회복지 실천 활동의 배경과 목적, 내용과 결과 모두가 그리스도의 사랑과 헌신, 십자가 정신, 섬김과 나눔을 드러내는 목적을 갖고 이뤄지는 활동이다.

영성적 노인복지 실천은 노인들이 처한 다양한 개인적·사회적 문제를 해결하기 위한 노인복지 실천 활동이며, 나아가 노인 당사자가 자신의 삶을 이해, 수용하고 하나님의 형상대로 지음받은 모습을 살아갈 수 있도록 개입하는 전문적 사회복지 활동이라고 볼 수 있다. 그리고 영성적 노인복지 실천은 일반 기독교 노인복지 실천, 교회 노인복지 실천의 영역을 포함하여 노인의 영성을 함양하기 위한 총체적인 활동이다. 이러한 실천을 위한 현장은 사회복지 실천 현장에만 국한되지 않는다. 하나님의 형상을 회복하는 데 일차적 주체인 교회가 주요 현장이며, 나아가 영성은 인간의 신체, 심리, 사회적 요소와 긴밀히 연결되어 있고 그 기반이라고 정의할 수 있기에 노인을 위한 다양한 실천을 하는 현장을 포함한다.

III. 사례 연구

1. 연구 대상

본 연구는 '영성적 노인복지 실천은 어떤 형태로 실천되고 있는가?'라는 궁금증에서 시작했다. 이를 위해 영성적 노인복지 실천의 내용과 성격을 탐색적 수준에서 살펴보는 것이다. 이를 위해 교회 차원에서 수행하는 노인복지 사역을 연구 대상으로 삼았다. 여기서 영성적 사회복지 실천을 과연 교회 사회복지 실천으로 국한할 수 있는가라는 질문이 제기된다. 하지만 교회는 사회봉사와 헌신, 섬김의 정신으로 사회복지를 수행할 수 있는 적절한 기관이자 주체다. 일반 사회복지 실천기관에서 영성을 찾는 것은 쉬운 일이 아니다. 정부의 국고보조금으로 운영되는 일반 사회복지 기관은 종교적 색채를 드러낼 수 없기에 철저히 사회복지 사업 매뉴얼에 따른 복지를 실천하기 때문이다. 교회의 사회봉사, 구제와 섬김 사역은 교회의 영성적 사회복지 실천을 가장 잘 나타내는 활동이며, 철저하게 기독교 영성에 입각한 실천 사역을 수행한다는 가정하에 연구 대상을 교회로 선정했다.

2. 자료 수집

영성적 노인복지 실천을 수행하는 교회를 전수조사하기 위해 2차적 자료 수집 방법을 활용했으며 이때 자료 수집을 위해 다음의 단계를 거쳤다. 첫째, 한국 기독교윤리실천운동 사회복지위원회에서 발간하는 '지역사회와 함께하는 교회상'의 자료를 수집했다. 이 사업은 2003년부터 2019년까지 약 16년에 걸쳐 어려운 이웃을 내 몸과 같이 돌보고 살기 좋은 지역사회 만들기에 힘써온 교회를 선정하여 '지역사회와 함께하는 교회상'을 수여하고 있다. 1~10회(2003~2012)까지는 기독교윤리실천운동 사이트에 게시된 1~10회의 자료집을 수집했으며, 11~17회(2013~2019)는 기독교윤리실천운동 사회복지위원회 사이트 게시물과 수상 동영상 자료(신문 기사, 유튜브 동영상)를 수집했다. 둘째, 연구자는 자료 수집 과정에서 영성적 노인복지 실천에 초점을 두기 위해 '지역사회와 함께하는 교회상' 중에 노인복지 사업을 실천하는 교회를 추려내는 작업을 실시했다. 이를 위해 자료집과 유튜브, 신문 기사, 홈페이지 게시글을 바탕으로 노인복지 실천 사역에 중점을 둔 내용을 중심으로 별도의 리스트를 만들어 연구 대상 교회를 선정했다. 지난 16년 동안 총 155개의 교회가 '지역사회와 함께하는 교회상'을 수상했으며, 그중 98개의 교회를 최종 연구 대상[42]으로 선정했다. 자료 수집은 2022년 9월 중순부터 12월 초까지 이뤄졌다.

3. 연구 분석틀과 분석 방법

본 연구의 분석틀은 첫째, 영성적 노인복지 실천이 수행된 배경과 필요성, 둘째, 사업의 목적, 셋째, 사업의 대상과 내용, 넷째, 사업에서 반영된 영성적 노인복지 실천의 결과다. 이를 위해 '지역사회와 함께하는 교회상'을 수상한 교회의 사역이 소개되어 있는 909쪽 분량의 자료집과 유튜브, 신문 기사, 기윤실 홈페이지 수상 교회 게시 내용의 자료를 토대로 자료를 분석했다.

첫째, 교회명, 지역, 수상 회차, 교회 비전(목회 철학), 중점 사역(목적, 대상, 내용, 결과), 기타 사항의 항목에 맞춰 자료를 엑셀 파일에 정리하는 작업을 실시했다. 둘째, 98개 교회를 정리한 엑셀 파일을 여러 번 읽어내려 가면서 중심 주제가 되는 항목과 내용을 분류, 범주화했다. 셋째, 4가지 분석틀에 따라 중심 주제 내용을 분류해나갔으며 세부 하위 주제를 도출하고 교회 간 공통점과 차이점을 비교 분석했다.

---

42 본 연구의 대상인 98개 교회와 노인복지 사업의 현황은 〈부록〉에 자료를 첨부했다.

4. 연구의 엄격성

자료 수집과 분석에서 영성적 노인복지 실천 사역을 수행하는 교회를 선정하는 것과 그것을 분석하는 데 연구자의 주관적 개입이 일어나지 않기 위해 노력했다. 이를 위해 연구자가 수집한 자료의 본연의 내용에 충실하려고 노력했다. 자료 분석의 타당성 확보를 위해 사회복지학 교수이자 목회활동 경험이 풍부한 연구자 1인과 목회자 1인에게 자료 분석 결과를 공유하여 의견을 주고받음으로써 엄격성을 확보하려고 노력했다.

IV. 연구 결과

1. 영성적 노인복지 실천의 동기와 배경

1) 고령화 사회의 위기로부터 시작

영성적 노인복지 실천을 시작한 계기는 교회가 위치한 지역사회의 심각한 노인 문제와 노인 인구 증가 때문이다. 이는 교회가 위치한 지리적 특성을 잘 반영하고 있었는데 농촌 교회의 경우 이농현상으로 교회에 출석하거나 지역사회에 거주하는 노인 인구의 비율이 높아지는 현실을 직시하게 되었고, 재개발 지역에 위치한 교회는 저소득층 노인인구가 밀집되어 있는 특성을 보여 자연스럽게 노인복지 사역을 시작하게 되는 계기를 마련했다. 또한 고령화 시대에 위기에 처한 노인

문제는 교회가 마땅히 감당해야 하는 과업이라는 인식으로 노인복지 실천 사역을 시작한 교회도 있었다.

고령화 문제와 더불어 지역이 처한 다양한 사회 문제가 관심이 되어 노인복지 사역을 실천하게 되기도 했다. 일례로 노인 인구 급증과 더불어 노인 부양 문제를 해결하고자 시작된 실버 빌리지 사역(청주율랑교회), 노인 인구의 급증과 지역사회 문화적 소외 현상을 해결하고자 시작한 노인대학 사역(낙원교회), 저소득층 노인 인구의 증가와 더불어 치매와 중풍 노인의 보호와 돌봄이 필요한 욕구가 결합한 사역(소사제일교회), 독거노인 밀집 지역에서 돌봄을 위한 복지사역(부천밀알교회), 공단 빈민 지역에서 빈곤 가정들의 사회적 안전망으로 사역(한무리교회) 등이 있다.

청주율랑교회는 1996년부터 지역사회의 필요를 깨닫고 어린이집 시설을 개소하는 것을 시작으로 어렵고 홀로 계신 무의탁 노인 8명을 아파트와 빌라를 임대하여 모시면서 노인 사역을 시작했다. 고령화 사회가 급속도로 진행되어 노인 부양 문제가 사회문제로 대두되는 시기에 교회 안에서도 자녀들을 다 출가시켜 홀로 사시는 권사님, 집사님들이 많이 계시면서 그들을 살피게 되었다. 더 나아가 교회 식구들뿐 아니라 지역사회에서 타인의 도움이 필요한 어르신들이 많음을 알고 2003년 10월 실버 빌리지를 건축하여 어르신들을 섬겨왔다. 그러던 중 타인의 도움 없이는 거동할 수 없는, 모든 일상생활에서 수발이 필요한 어르신들이 늘어가면서 실버 빌리지를 2007년 2월 요양원으로 전환하여 운영해오고 있다. 이는 지역 주민들에게 좋은 호응을 얻어 교회에 대한 좋은 사역의 본보기가 되고 있다.[43]

소사제일교회는 주거가 밀집된 재개발 지역으로 타 지역에 비해 저소득층 노인 인구가 많은 편에 속한다. 교회는 치매와 중풍 노인이 사회와 소통하지 못하고 점점 고립되고 폐쇄되는 문제를 인식하고 2006년 은빛사랑채를 위탁받아 운영하게 되었다. 현재는 일반 노인에게까지 사역을 확대하여 건강증진 프로그램을 운영하고, 복지 사각지대 노인들에게 복지 정보를 전달, 서비스를 연계하는 사업을 펼치고 있다.[44]

2) 소외 계층에 복음 전달을 위한 목적으로 시작

영성적 노인복지 실천의 시작은 교회가 지향하는 비전과 목회철학에 오롯이 담겨 있었다. "너희 땅의 곡물을 벨 때에 밭모퉁이까지 다 베지 말며 떨어진 것을 줍지 말고 너는 그것을 가난한 자와 객을 위하여 버려두라. 나는 너희 하나님 여호와니라(레 23:22)"(남원제일교회), "마음은 하나님께 손길은 이웃에게"(진보교회), "하나님을 섬긴다는 의미 부여는 이웃을 섬길 때 찾을 수 있다. 행함이 없는 믿음은 죽은 믿음이라고 진리는 규정하고 있다. 교회는 산자의 공동체로 사신 하나님의 자녀 공동체다. 주님이 오실 때까지 떡과 복음은 이웃에게 나누어 주어야 하는 선물이다. 그러므로 교회가 교회답기를 위하여 교회가 모든 이들의 안전지대, 안전망이 되어야 할 것이므로 이를 교회복지 목회의 계기로 말하고 싶다"(하남은광교회), "영혼 구원"(작은샘골사랑의교회)의

---

43 기독교윤리실천운동 사회복지위원회, 「제6회 지역사회와 함께하는 교회상 자료집」
(서울: 기독교윤리실천운동 사회복지위원회, 2008), 60.

44 기독교윤리실천운동 사회복지위원회, 「제7회 지역사회와 함께하는 교회상 자료집」
(서울: 기독교윤리실천운동 사회복지위원회, 2009), 32-33.

비전에서 엿볼 수 있듯이 교회의 존재 이유는 바로 가장 가까운 이웃 사랑을 실천하고 복음을 전달하는 데 목적을 두고 있었다.

소외된 계층을 향한 영성적 노인복지 실천은 98개 교회 중 26개 교회[45]에서 찾아볼 수 있을 만큼 높은 비중을 차지하고 있었다. 대표적으로 전주안디옥교회는 교회 사회복지야말로 "세상에 대한 교회의 적극적인 관심과 참여인 동시에 교회가 세상 속에서 구원을 이루려는 사회선교"라고 말하며, "하나님은 어디에나 계시며 우리 안에서 이웃 안에도 계시는 하나님이시기에 어려운 형편에 있는 분을 대접하는 것은 곧 하나님을 대접하는 것"이라 하였다. "하나님은 네 이웃을 네 몸과 같이 사랑하라고 말씀하시며, 하나님과 이웃과 나는 하나이며, '당신은 나'라는 생각으로 섬기고 나누고 있다"라고 교회 사회복지 실천의 동기를 제시했다. 이는 그리스도의 몸 된 교회가 세상과 자신을 구분하는 것이 아니라 지치고 어렵고 힘들고 소외된 영혼을 돌보는 것이 바로 하나님을 극진히 대접하는 것, 즉 우리를 돌보는 길임을 고백하는 것이다.

3) 지역사회와 동행하는 사역으로 시작

영성적 노인복지 실천의 시작은 곧 지역사회와 함께하는 사역[46]이

---

45 산음교회, 안성성결교회, 송전교회, 순복음푸른초장교회, 동두천 낙원교회, 오중제일교회, 일산은혜교회, 북일교회, 안산제일감리교회, 남원제일교회, 하남은광교회, 신기교회, 과천소망교회, 경동교회, 전주안디옥교회, 예닮교회, 송탄중앙침례교회, 정자교회, 강남교회, 구세군 진보교회, 화천벌말교회, 영신교회, 작은샘골사랑의교회, 주안장로교회, 곡강교회, 보광교회가 해당한다(기윤실 자료집 순서대로 작성했음).
46 구세군 모산교회, 고척교회, 해인교회, 효성중앙교회, 장항성일교회, 당진감리교회, 부천밀알교회, 신명교회, 울산교회, 홍성제일감리교회, 소사제일교회, 거룩한빛광성

었다. 지역사회는 교회가 속한 지리적 특성을 반영하고 있으며, 다양한 욕구와 사회문제가 반영된 현장이기도 했다. 교회가 복지 사역을 시작하는 것은 지역사회 안에서 함께 숨 쉬고 그 아픔과 힘듦을 같이 감내해나가겠다는 의지가 반영된 결과였다. 여기에는 "지역사회에 늘 열려 있는 교회", "지역사회를 섬기는 교회"의 모습으로 나타났다. 교회가 지역사회에 열려 있는 교회가 되기 위해서는 교회 시설을 개방하고, 복지 사역의 대상에 교인 유무를 구분하지 않고 사회복지를 실천하는 섬기는 사역으로 나타났다.

인천 계양구에 있는 해인교회는 박스를 주워 생계를 이어가는 노인 80여 명이 매일 교회에서 식사를 하고 상담을 받을 수 있도록 열려 있는 교회다. 교회의 십분의 일을 떼어 교회 밖의 시민사회 단체를 지원하고, 실직자 쉼터 및 자활모임터로 내일을 여는 집을 세워 가난하고 억압받는 이웃들의 터전이 되어왔다.[47] IMF 외환위기 이후 실업대란 속에서 빈곤으로 인한 노숙자를 위한 쉼터와 가정폭력 피해자 상담소, 결식노인을 위한 경로식당 등 지역사회의 필요를 채우며 동행하는 사역을 이어오고 있다.

완도성광교회는 1982년 평신도 사역을 지향하는 교회로 출발하여, 교인의 은사를 교회 안에서 활용하도록 750여 위원회를 조직했으며, 목사는 설교만 담당하고 거의 대부분의 사역은 평신도가 담당하도록 하여 평신도가 곧 교회의 사역자이자 목사의 동역자로 섬김 사역을

교회, 광양대광교회, 예닮교회, 성광교회, 삼산교회, 강남교회, 계명성교회, 시냇가푸른나무교회, 부산 동래중앙교회, 선산중앙교회, 초동교회, 주안장로교회, 효성중앙교회, 성암교회가 해당한다(기윤실 자료집 순서대로 작성했음).

47 기독교윤리실천운동 사회복지위원회, 「제2회 지역사회와 함께하는 교회상 자료집」 (서울: 기독교윤리실천운동 사회복지위원회, 2004), 46-47.

실천해왔다. 성광교회의 750여 개 위원회에는 지역사회의 필요에 부응하기 위해 지역의 문제점, 주민들의 요구사항 등을 조사하는 위원회가 50여 개가 있으며, 이 중 주민들의 눈높이에 맞는 것을 선별하여 우선순위를 결정하고 사업에 착수한다. 성광교회의 복지 사역 3단계 목표를 살펴보면 지역사회와 함께하는 교회의 모습을 찾아볼 수 있다. 그것은 성광교회가 하는 복지 사역들을 통해 주민들이 사랑과 희생과 헌신과 섬김과 봉사를 직접 경험하고 고백하게 하는 것이다.

1단계: 예수 믿지 않는 주민들이 자기들끼리 있는 술자리에서 "성광교회가 하는 걸 보니 교회가 없는 것보다는 있는 게 더 낫겠지?"라고 말하게 하는 것이다.

2단계: 성광교회가 더 지속적으로, 더욱 사랑으로 복지 사역을 잘 감당하여 주민들이 "역시 교회가 하니까 다르네. 혹시 내가 앞으로 교회에 다닌다면 나도 성광교회에 다니고 싶네"라고 말하게 하는 것이다.

3단계: 주민들도 이제는 이 봉사에 동참하고, 섬기는 삶을 살고, 예수를 구주로 영접하여 함께 행복한 세상을 만들어나가게 하는 것이다.[48]

전남 여수에 위치한 신명교회는 "지역사회를 섬기는 교회다운 교회로의 거듭남"이라는 비전을 가지고 제자 훈련과 말씀을 통하여 성도들의 사역과 비전을 공유하는 목적을 가지고 있다. 담임목사는 제자훈련을 위하여 사역 현장을 바라보는 안목이 필요함을 느끼게 되었고, 그것은 바로 이웃 사랑이라는 삶의 현장임을 깨닫고 노인 섬김 사역을

---

48 기독교윤리실천운동 사회복지위원회, 「제8회 지역사회와 함께하는 교회상 자료집」 (서울: 기독교윤리실천운동 사회복지위원회, 2010), 90-91.

시작하게 되었다.

4) 신뢰 회복을 위한 목적에서 시작

교회가 사회로부터 신뢰 회복을 위해서 사회복지 실천을 통한 교회의 위상과 신뢰를 회복하는 것이 주요 목적으로 나타났다. 실제 기독교윤리실천운동에서 2020년에 조사한 〈한국교회의 사회적 신뢰도〉 연구 결과에 따르면 한국교회의 전반적 신뢰도에 대한 문항에서 신뢰한다가 31.8%, 신뢰하지 않는다가 63.9%로 나타났으며, 특히 무종교인은 78.2%가 신뢰하지 않는다고 답변하여 교회의 신뢰도가 좋지 않음을 극명하게 보여주고 있다.[49] 장신근(2008)은 교회가 사회와의 소통의 어려움, 개교회주의, 기복주의, 신앙과 영성의 사사화, 암묵적 차원에서 교회의 정치세력화 등을 지적하면서 교회를 향한 사회의 비판과 질타는 격렬해지고 있다고 언급했다. 이준우(2019)는 교회가 사회적활동을 하느냐 하지 않느냐의 문제가 아니라 근본적으로 사회적 존재감을 상실했다는 데 문제점을 지적하며, 사회복지 실천을 수행하는 것만으로 사회적 신뢰를 얻기가 어렵게 되었다는 것은 한국교회가 공공성이라는 사회적 존재감 내지 사회적 인가를 확보하지 못했음을 지적[50]했다.

본 연구 결과 교회가 복지 목회를 수행하는 이유는 바로 교회의 교회됨을 세상에 보여줄 수 있는 가장 효과적인 방법 중 하나라는 걸 증명

---

49 기독교윤리실천운동, 「2020년 한국교회의 사회적 신뢰도 여론조사 결과 발표세미나」(서울: (사)기독교윤리실천운동), 10.

50 이준우, 『한국교회 사회복지실천 들여다보고 내다보기』(서울: 밀알, 2019), 18.

하는 것으로 나타났다. 즉, 복지 사역을 통해 교회됨의 가치와 의미, 나아가 신뢰를 부여하는 것이 필요하다는 점이다. 이를 비전으로 삼은 교회는 봉동시민교회, 도원동교회, 덕수교회, 빛과소금교회, 수원중앙침례교회로 나타났다.

5) 나눔과 헌신이 바탕이 됨

교회의 목회철학과 비전에 섬김과 나눔, 헌신은 곧 노인복지 실천 사역을 시작하게 하는 계기가 되었다. 교회가 돌봄과 섬김의 원리를 가지고 사회적 약자를 보듬고 친구가 되어주는 교회로 감당해냄을 알 수 있다. 그러나 몇몇 교회에서는 이러한 섬김의 사역이 전도의 목적, 즉 교인의 양적 증대라는 부차적인 목적으로 이어지는 것을 볼 수 있었다. 이러한 비전과 전도의 목적을 같이 꾀하는 것이 잘못된 것은 아니지만, 사회봉사라는 나눔과 헌신이 자칫 전도의 목적으로 이용될 수 있다는 점을 유의해야 할 것이다. 〈한국교회 사회봉사 국민의식 조사〉 결과[51]에 따르면 '사회봉사 활동을 가장 적극적으로 하는 종교'라는 질문에 개신교라는 응답이 29.2%(천주교 20.2%, 불교 3.8%)로 높았으나 '사회봉사 활동을 가장 진정성 있게 하는 종교'는 천주교(29.3%), 개신교(13%), 불교(6.5%)로 조사되었다. 이 같은 이유는 개신교의 봉사 활동에 대한 비호감 이유에서 찾아볼 수 있는데 '봉사활동을 전도 수단으로 삼아서'가 65.2%, '보여주기 식으로 활동해서'가 24.7%로 나타나 진정성 있는 사회봉사 활동을 실천하는 데 노력할 필요가 있음을 말해

---

51 김경한, "국민 10명 중 6명 '한국교회 봉사는 전도 수단일 뿐,'" 〈데일리굿뉴스〉, 2017년 12월 4일. https://www.goodnews1.com/news/articleView.html?idxno=78095.

준다. 한편 본 연구에서 나눔과 헌신이 바탕이 되어 노인복지 사역을 시작한 교회는 고척교회, 덕수교회, 도고중앙교회, 율곡교회, 일산세광교회, 완도제일교회, 큰사랑교회, 과천교회, 영신교회, 곡강교회, 군포제일교회가 해당된다.

6) 하나님의 선교 사역으로 동참하는 길

사회복지와 선교적 사명은 동전의 양면과 같은 관계로서 이는 교회가 사회복지 사역을 시작하게 하는 원동력이자 존재의 목적으로 나타났다. 영성적 노인복지 실천은 바로 교회가 한 영혼을 구제하고 양육하며 하나님 나라를 소망하게 하는 실천 사역임을 확인할 수 있다. 선교적 사명을 잘 나타낸 교회를 살펴보면 "하나님 나라와 선교에 목적을 두고 보이지 않고 드러나지 않게 영구적으로 사역하는 것"(아산성결교회), "온 천하보다 한 영혼을 주님께 인도하기 위해 사회복지 사역을 시작하게 된 것"(세계비전교회), "사회복지 사역의 기본적 원칙을 충분히 살리면서 구제로 끝나는 것이 아니라 복음 전파의 사명을 감당하는 선교적 사명을 녹이는 것"(녹양교회), "교회의 선교가 아닌 선교를 위한 교회를 지향하며, '하나님-세상-교회' 구조를 통해 세상을 향해 열려 있고 세상을 섬기는 교회로서 복지 사역 시작"(풍기성내교회)의 사례가 이를 잘 담고 있다.

2. 영성적 노인복지 실천의 목적

본 연구 결과 영성적 노인복지 실천의 목적은 첫째, '하나님께서 인간을 창조하신 본래의 모습(하나님의 형상)으로 회복'하는 것, 둘째, '인격적이고 존엄하며 주체적인 존재로서 살아가도록 돕는 것', 셋째, '기본적 욕구 충족을 기반으로 한 전인적 성장을 도모'하는 것으로 나타났다. 영성적 노인복지 실천은 경건, 기도, 예배 등의 종교적 활동에 국한하는 것이 아니라 한 사람이 사회에서 기능하기 위해 돕는 모든 활동을 가리키며, 특히 교회가 주체가 되어 행하는 노인을 위한 총체적인 복지 활동인 것이다.

> 가난한 이웃들이 하나님께서 인간을 창조하신 본래의 모습을 회복하여 인격적이고 존엄한 존재로서 삶을 살아갈 수 있도록 돕는 일이다. (한무리교회)

> 사랑으로 노인을 돌보아 드리고 복음을 전함으로 비록 질병으로 고통 중에 있지만 주님 만나 구원받고 행복하게 영생 복락을 누릴 수 있도록 최선을 다해 섬김을 목적으로 한다. (세계비전교회)

> 복지 목회는 신앙과 삶을 지원하고 치료하는 전인적인 성장을 가져다 준다. (수원중앙침례교회)

> 먹는 것과 잠자리 그리고 일터가 우리 모두에게 필요하지만, 정작 세상이 줄 수 없는 평안이 필요하다. 그것은 육적인 양식뿐만 아니라 영적으로 갈망하는 이들에게 해인교회라는 신앙공동체는 얼마나 소중한 영역인지 이루 말로 표현하기 어렵다. 해인교회에 오면 하나님의 사랑과 은혜와 감사가 있고, 살아 움직이는 생명이 있고, 아픈 곳을 싸매주는

손길이 있고, 불의에 항거하는 정의의 외침이 있고, 서로를 배려하는 따뜻한 사랑이 있다. 하나님의 형상으로 창조된 인간이 그 존엄성을 잃은 곳에서 다시 하나님의 형상을 회복하게 하는 사역에 부름 받은 해인교회는 예수님의 친구였던 소외된 사람들의 해방을 위해, 하나님의 정의와 평화와 창조세계의 회복을 위해 끊임없이 주님의 일을 할 것이다. (해인교회)

하나님의 형상대로 지은바 된 사람들을 찾고 창조의 복을 회복시키며 영·혼·육이 강건함으로 말미암아 이 땅에 건강한 사회인, 리더로 세워 나가기 위해 노력하고 있다. (세계로교회)

3. 영성적 노인복지 실천의 내용

1) 영성적 노인복지 실천 프로그램 분석

98개 교회에서 수행하는 노인복지 실천 프로그램의 현황을 분석하면 다음 〈표 1〉과 같다. 프로그램을 분류하기 위해 각 기관에서 수행하는 노인복지 프로그램을 목적에 맞게 분류했으며, 비율이 높은 순으로 정리했다. 분석 결과 경로 식당, 푸드 뱅크, 밑반찬 나눔 사역 등의 식사 제공 사역이 68회로 전체 프로그램 중 24.3%를 차지하여 가장 높은 비율을 보였다. 다음으로 교회 자체 복지재단을 설립하거나 양로원, 주간보호센터, 재가복지센터 등의 기관을 위탁 운영하는 등의 시설 운영 형태가 53개로 총 18.9%를 차지했다. 노인대학, 평생교육원, 노인교실 등의 교육 사업(17.5%), 이미용 및 목욕(7.1%), 어르신 초청 잔치 및 지역주민 잔치(6.1%), 효도 관광, 문화 체험(5.7%) 순으로 나타났다.

〈표 1〉 영성적 노인복지 실천 프로그램 비율

순위	주요 노인복지 사업	횟수	비중(%)
1	경로 식당, 푸드 뱅크, 밑반찬 나눔 사역	68	24.3
2	시설 운영(복지재단 설립 및 운영, 시설 위탁 운영)	53	18.9
3	노인대학, 평생교육원, 노인교실	49	17.5
4	이미용, 목욕	20	7.1
5	어르신 초청 잔치, 지역주민 잔치	17	6.1
6	효도 관광, 문화 체험	16	5.7
7	후원 결연금 지원	12	4.3
8	독거노인 안부 및 돌봄	9	3.2
9	집수리, 연탄 나눔, 난로/광열비 지원	7	2.5
10	일자리, 자활근로사업, (노인) 자원봉사단	7	2.5
11	의료봉사(한방 침구 봉사, 건강검진, 수술비 지원)	5	1.8
12	호스피스	5	1.8
13	상담	3	1.1

종합해보면, 교회에서 영성적 노인복지 실천 사역으로 식사와 교육에 초점을 둔 활동이 눈에 띄게 나타나는 것을 알 수 있다. 대개 많은 교회가 노인대학, 노인교실, 문화센터 등의 이름을 걸고 지역에 많은 노인들이 주 1~2회 교회에서 다양한 교양 강좌와 여가문화 강좌를 배우고 식사 교제를 하는 것을 알 수 있다. 이는 교회가 가진 인적, 물적 자원을 활용할 수 있는 최적의 방안이며, 자연스럽게 교회에 출석하게 되는 전도 효과도 꾀할 수 있기 때문이다. 또한 결식노인, 독거노인을

위한 밑반찬과 김장김치와 쌀 나누기, 푸드 뱅크와 경로 식당 등의 운영이 매우 활발하게 진행되고 있었다. 지역사회에서 돌봄이 필요한 노인에게 식사를 제공함으로써 노인들의 건강을 보살피고, 안부 확인과 필요한 도움을 확인할 수 있다. 나아가 이미용, 목욕, 의료봉사 등의 신체 활동 지원과 상담, 위로 방문과 안부 및 돌봄 사역을 통한 정서적 안정 지원 등의 사역이 이뤄지고 있었다. 한편 호스피스 사역을 수행하는 교회가 5개 정도로 조사되었다. 이는 죽음을 앞둔 임종 환자를 위한 영적 돌봄 사역으로 기능하고 있다는 것을 확인할 수 있다.

2) 영성적 노인복지 실천의 형태와 의미

영성적 노인복지 실천의 프로그램을 분석한 결과 다음 다섯 가지 영성적 노인복지 실천 핵심 개념을 도출했다.

첫째, 식사와 교제의 영성이다. 교회의 존재 이유는 사회적 취약계층, 즉 돌봄이 필요한 이들의 필요를 채우는 사역이다. 교회는 가장 우선적인 사역으로 배를 채우는 영성, 즉 밥의 영성을 통해서 돌봄이 필요한 노인들에게 생활의 일부가 되어주었다. 밥퍼나눔운동으로 잘 알려진 다일공동체도 이와 같은 긍휼한 마음에서 사역을 시작했다고 해도 과언이 아니다. 한 노숙자의 배고픔을 해결하기 위해 버너로 라면을 끓이기 시작한 것에서 시작해서, 라면에서 밥으로 배고픈 사람들을 섬기는 일을 묵묵히 실천한 다일공동체는 바로 배고픔과 아픔에 함께 동참하고, 함께 괴로워하는 것에서 예수님의 사역이 시작되었고 예수님의 긍휼히 여기는 마음이 이 사역에 오롯이 담겨 있다고 볼 수 있다.[52] 세계로교회에서 제공하는 무료 급식은 소외된 이웃을 섬기기 위해 교회의 문턱을 낮추고 인생의 마지막을 향해 가는 노인들에게 삶의 질을 높여드리며 천국의 소망을 심어드리기 위한 목적에서 실시되었다.[53] 이렇듯 오늘날 교회의 노인복지 실천의 가장 큰 핵심은 굶주림을 채워 주는 영성이라고 볼 수 있다. 매일 무료 급식 형태의 경로 식당을 운영 하는 사역, 매주 경로당에 식사를 제공하는 사역, 매주 독거노인을 위 해 밑반찬을 정성껏 만들어 제공해주는 사역, 때마다 사랑의 쌀과 김장 김치를 나누는 등의 사역 속에서 교회가 돌봄과 치유의 사역을 묵묵히 감당하고 있다는 것을 알 수 있다. 영성적 노인복지 실천은 종교적 행 위를 드러내는 것이 아니라 천국 소망을 위하여 노인들의 삶 가까이에 다가가 서비스를 제공하는 것, 사회복지 실천을 하는 것이다. 그렇기 에 특별한 돌봄보다 기본적 욕구를 채워주는 사역이 우선인 것이다.

둘째, 배움의 영성이다. 노인대학은 가난한 어린 시절 제대로 한글 교육을 받지 못한 비문해 노인을 대상으로 한 한글교실에서 시작되었 다. 늦은 나이에 엉성하게 한글을 써가며 인생의 즐거움을 느끼는 노인 들을 위한 노인교실에서 점차 다양한 교양 강좌로 확대하게 되었고 많은 교회에서 노인대학이라는 이름으로 매주 1회 노인들에게 교육과 식사를 제공하는 사역으로 운영하고 있다. 충주제일감리교회는 "100 년의 은혜를 이웃과 함께"라는 비전을 내걸고 섬김, 나눔, 돌봄, 치유 사역에 초점을 둔 복지 목회를 지속해오고 있다. 충주노인대학에 참석 하는 노인들이 하루 600명에 이를 정도로 큰 규모를 자랑하며, 노인대

---

52 홍인종, "다일공동체의 치유 사역과 회복 사역," 『다일의 영성과 신학』, 김경호 외(가 평: 도서출판 다일, 2008): 59-64.

53 기독교윤리실천운동 사회복지위원회, 「제5회 지역사회와 함께하는 교회상 자료집」 (서울: 기독교윤리실천운동 사회복지위원회, 2007), 23.

학 커리큘럼의 하나로 경건회를 30분간 진행한다. 노인대학에서의 경험은 노인들이 자녀에게 이야기함으로써 직간접적인 전도 효과를 볼 뿐만 아니라 새로운 지혜와 지식을 통해 노인들의 소외감과 무료감을 해소하는 효과를 보였다.[54] 홍성제일교회는 노인대학을 통해서 교인인 노인들이 교회에 대한 자부심과 자긍심을 갖게 하고, 교인들이 자원봉사할 수 있는 기회를 만들어주며, 자연스럽게 교회 현장과 예배 분위기에 적응함으로써 전도의 효과를 보이며, 노인들로 하여금 여가 선용과 평생 교육의 혜택을 주는 데 크게 기여한다고 보았다.[55]

셋째, 돌봄의 영성이다. 많은 교회가 노인들의 신체적·정서적 돌봄 사역을 감당하고 있는 것으로 나타났는데, 신체적 돌봄은 이미용, 목욕, 의료 봉사 형태로, 정서적·영적 돌봄은 상담, 안부, 위로 방문, 호스피스 형태로 나타났다. 북일교회는 익산기독교 호스피스 사역을 실시하고 있는데, 말기 환자들을 위한 사회적·영적 지지를 위한 봉사를 위해 호스피스 교육을 이수한 성도들이 월 1회 재가 방문 서비스와 이동 목욕 차량으로 재가 목욕 봉사를 실시하고 있다. 말기 환우들에게는 복음을 제시하고 영접시켜 천국의 소망을 주고 개종하는 환우들이 있어 자연스런 선교 활동이 이루어지고 있다. 풍기성내교회는 노인목회 간호사 제도로 잘 알려져 있다. 고령 세대가 대부분을 차지하는 중소도시에서 지역주민의 대부분이 환자라는 점을 감안하여 이들을 위해 기도만이 아니라 환자를 구체적으로 도와줄 수 있는 방안을 고민하던 중 목회 간호사 제도를 도입하게 되었다. 이는 부목사가 감당하기에 전문적 지식을 필요로 하고, 부목사가 교회를 옮기는 등의 상황에서

---

54 기독교윤리실천운동 사회복지위원회,「제8회」, 47.
55 기독교윤리실천운동 사회복지위원회,「제7회」, 22-23.

돌봄 사역의 연속성이 어렵다는 점을 인식한 결과였다. 노인목회의 간호는 목회의 한 부분을 맡아 사역하는 전문 목회 사역자로 간호사로서 전문직을 갖고 있을 뿐 아니라 신학을 공부한 동역자다. 목회 간호사의 주 사역은 주로 지역의 특성상 병원을 제대로 찾지 못하는 노인들의 건강을 관리하고 질병을 예방하는 일이다. 물론 매일 노인들의 혈압과 당뇨를 체크하고 병원에 가야 할 경우에는 직접 병원 예약까지 도와준다. 그리고 소외된 이들을 찾아가 기도하며 그리스도의 사랑을 전하는 일이 모두 목회 간호사의 역할이다.[56] 이런 사례를 통해서 교회는 돌봄의 영성, 나아가 영적 돌봄의 영성을 보여주고 있다.

넷째, 재생산의 영성이다. 나이가 든다는 것은 삶의 중심부에서 주변부로 밀려나는 것이 아니라 직업을 얻거나 경력, 지혜, 지식을 사회에 환원하는 등의 모습을 보였다. 교회는 노인일자리사업, 자활근로사업 형태로 노인들에게 일자리를 제공하여 사회에 기여할 수 있도록 하였으며, 또한 노인들이 자원봉사자로 활동하게 함으로써 주체적인 모습으로 삶을 살아갈 수 있도록 해주었다. 동면교회는 세이브더칠드런 복지재단(Save the Children Foundation)과 연계하여 아프리카에 저체온증으로 죽어가는 아이들을 살리기 위해 노인들과 함께 뜨개질 사업을 진행했다. 한무리교회는 독거노인을 대상으로 하는 작은 나눔 사업을 일원화해 한국헬프에이지(한국노인복지회)의 파트너 기관이 되어 노인 참여 나눔터를 운영하고 있다. 이 기관의 특징은 빈곤하고 소외된 노인이 건강한 노년 생활을 영위할 수 있도록 지원하고, 이들을 수혜자 입장에서 벗어나 자발적이고 주체적으로 생산성과 독립성을 가진

---

56 김영구. "한국 고령사회 속에서의 노인복지목회를 통한 교회 성장 전략 연구"(박사학위논문, 총신대학교, 2015), 139-40.

노인 자치 공동체로 성장하게 돕는 것이다. 이곳의 사업 중 하나인 느티나무 자원봉사 활동은 활동이 가능한 노인을 중심으로 자원봉사단을 구성하여 빈곤 가정 아동을 위한 공부방, 전통음식 만들기, 민속놀이 전승 등의 주체로 활동하도록 지원하고 있다.[57]

다섯째, 축제와 화합의 영성이다. 그동안 노인복지 실천 영역에서 노인은 주체자가 아니고 섬김과 돌봄을 받은 객체이며, 소극적인 대상으로 인식되었다. 영성적 노인복지 실천은 음지에 있는 노인을 돌보고 섬기는 것뿐만 아니라 지역사회에서 대화하고 교제하며 울고 웃는 화합과 축제의 대상이 될 수 있다. 이를 위해 교회는 어르신 잔치, 지역사회 한마당 축제, 문화나눔 활동 등 지역사회와 함께 어우러지는 규모 있는 행사를 매년 진행하고 있다. 이런 행사를 통해 교회가 지역사회의 필요를 채워주고 함께 화합하는 존재로 부각되고 있었다.

4. 영성적 노인복지 실천을 위한 전략

1) 자발적 실천이 이뤄지는 교회

영성적 노인복지 실천을 위한 전략으로 자발적인 움직임은 교회가 '크고 작은 자발적 결사체를 결성', '평신도의 적극적인 참여', '자발적 실천에서 위탁 운영으로 확대'로 나타난다.

자발적 결사체는 교회가 필요에 의해 모임을 결성하는 것을 말하는데 세계로교회는 사랑의 지팡이라는 이웃 사랑 자원봉사 단체를 창립

---

57 기독교윤리실천운동 사회복지위원회, 「제5회」, 42-43.

하고, 희년교회는 희년신앙공동체를, 춘천동부교회는 사단법인 춘천 동부 디아코니아, 거진성결교회는 다비고 섬김이회 등의 형태로 나타 난다. 공통점은 교회가 세상의 문제를 해결하기 위해 섬김의 정신을 갖고 움직여야 한다는 생각으로 결성된 것이며, 이러한 움직임이 영성 적 노인복지 실천을 수행할 수 있는 전략 중 하나가 되었다.

평신도의 적극적인 참여를 보여주는 창원한빛교회는 평신도의 사 역 참여율이 50%를 보이며, 전원성결교회는 온 동네 주민 초청 잔치 에서 마을주민 스스로가 행사를 준비하는 것으로 나타났다.

교회 자체 사역에서 위탁 운영으로 확장된 사례는 자발적 결사체나 교회의 프로그램으로 시작된 사역이 위탁 운영 형태로 규모가 확장되 는 형태를 보였다. 평창동산교회는 연세가 많은 교인과 독거노인을 대상으로 하던 반찬 서비스를 2002년 2월 군으로부터 푸드 뱅크 위탁 단체로 지정받아 운영하게 되었으며, 영월서머나교회는 여전도회 중 심으로 밑반찬을 만들어 가가호호 방문하여 안마도 해드리고 말벗도 해가며 접촉을 유지했으며, 신체적으로 도움이 필요하신 분들은 차량 을 이용해 교회로 모시고 와서 목욕도 해드리고 식사를 제공하며 섬김 을 실천하던 중 사역이 입소문을 타고 지역사회에 알려져 지방자치단 체에서 실시하는 가정봉사원 파견센터와 접목되어 위탁 운영하게 되 었으며, 방문 목욕 차량을 지원받아 전문적인 봉사를 실시하게 되었 다. 또한 기아대책기구에서 실천하고 있는 자선가게인 '행복한 나눔' 영월매장을 개소하여 지역사회의 활력과 근검절약하는 문화를 조성 하고 있었다.

2) 재정 마련을 통해 복지 사역의 기틀을 마련

교회가 자체 사역을 진행하기 위해서는 재정을 마련하는 방안이 중요하게 나타났다. 특히 농촌 교회의 경우 복지 사역을 수행할 만한 재정 자립도가 높지 않고, 지역의 낙후와 이농현상으로 인해 교회의 재정을 마련할 수 있는 돌파구가 필요했다. 후영순복음교회의 경우 농산물 직거래를 지원하면서 얻어지는 수수료가 많아지면서 교회가 지역사회를 위해 섬길 수 있는 일을 할 수 있는 토대를 마련했다. 재정을 마련하여 장학사업, 마을노인회 지원, 미자립교회 지원, 독거노인 지원 등의 복지 사역을 수행할 수 있게 되었다.

또한 교회 예산의 일부를 비기독교인이나 선교비를 위해 사용하는 전략도 도움이 되었다. 계명성교회는 헌금의 50%를 구호와 선교를 위해 내어놓았으며, 춘천동부교회도 교회 예산의 21%를 국내외 교회와 기관, 선교사를 지원하는 데 사용하겠다는 비전을 두었다. 목민교회, 남원살림교회도 해당된다.

3) 사회복지 영역 구축과 목회자의 사회복지 전문성

교회가 노인복지 실천 사역에 집중할 수 있었던 전략으로 사회복지를 교회의 주요 사역으로 인식하고, 사회복지위원회를 구성하는 등의 독립된 사역으로 분류하는 전략이었다. 본향교회는 복지의 중요성을 인식하고 복지를 독립된 사역으로 인식했으며, 복지 담당 목회자를 세웠다. 대길교회도 사회복지학을 전공한 목회자를 초빙하여 전문성을 극대화했으며, 홍성제일감리교회 담임목사는 사회복지사 자격을 소유하고 있었다.

4) 사회복지의 방향성

영성적 노인복지 실천을 위한 전략은 교회가 사회복지 사역의 방향성을 확고히 하는 것에 있었다. 즉, 교회가 적극적으로 복지재단을 설립하고, 위탁 운영을 통해 전문적이고 규모 있는 복지 사역을 실천해나갈 것인지, 아니면 소규모의 사회봉사 형태로 사회복지를 실천해나갈 것인지를 결정하고 움직이는 전략이 필요했다.

예컨대 동면교회의 경우 시스템을 갖춘 사회복지보다 교회의 있는 그대로를 살리려는 데 의미를 둔 사역을 중요시했으며, 영서교회도 재정 능력과 시기상 위탁 운영보다는 교회 안에서 자원봉사자들과 할 수 있는 한에서 사회복지를 실천하는 데 중점을 두었다.

한편 주안장로교회는 주안에 복지재단을 설립하고 종합복지관 등의 다양한 시설을 위탁 운영하는 형태로 규모 있는 복지사업을 체계적으로 진행하고 있었다. 평안교회도 노인 요양과 재가 복지에 사역의 초점을 두어 평안전문요양원과 재가노인복지센터를 운영하고, 케어복지사를 양성하기 위한 아카데미를 운영하는 형태로 확고한 노인복지의 방향성을 세우고 움직이고 있었다. 아산성결교회의 경우 청노대학(노인대학), 아산종합사회복지관, 아산JPC요양원, 아산JPC요양보호사교육원, 아산JPC 요양·간병사취업정보센터 등의 기관을 운영함으로써 규모 있는 노인복지 사역을 감당하고 있었다.

5. 영성적 노인복지 실천의 결과

1) 전인적 돌봄의 기능 담당

영성적 노인복지 실천을 통해서 노인들에게 신체적·지적·정서적 안정을 제공해주며, 남은 노년의 삶에 소망과 희망을 부여해주는 영적 돌봄이 가능해졌다. 교회에서 제공하는 노인 교육은 노인들에게 새로운 지혜와 지식을 주며, 무료감과 소외감을 해소시키며 활기찬 노년의 삶을 살 수 있는 자긍심을 제공해주기도 하였다. 경건회와 신앙 교육을 통하여 구원의 도리를 가르치며 내세의 소망을 갖게 하였으며, 남은 생에 대한 긍정적인 의미를 부여해주는 효과를 가져왔다. 교회에 오는 것을 손꼽아 기다리는 노인들과 교회에서 여가 문화를 누리고 친교와 교제를 나누는 공동체를 형성했다. 또한 노인들이 교회에서 돌봄을 받는 것에 기쁨과 감사함을 느끼며, 교회 입장에서는 소외받는 노인들에게 희망을 제공해주는 역할을 하는 것으로 나타났다.

다양한 욕구를 충족시켜 삶의 질을 향상시키고, 인간과 자연을 사랑하며 학습과 취미생활을 생활화하여 영과 육이 건강하고 노후를 아름답고 행복하게 사는 파급 효과를 누리고 있다. (큰사랑교회)

친교, 취미활동, 봉사, 급변하는 새 세대의 이해에 대한 교육 등을 통하여 노인에게 오는 소외감과 고독감을 해소시키고 건강한 정신을 갖게 한다. 또한 교양 및 전문 교육과 영적인 양육을 통하여 노후 건강관리를 돕는다. (정자교회)

2) 주체적인 노년의 삶

최근 베이비붐 세대가 노년기에 진입하면서 노인 문화와 세대 간 가치관 변화에 따라 신노년 문화라는 말이 등장했다. 신노년 문화는 자신의 삶을 주체적이고 긍정적으로 바라보고 남은 노년의 삶을 창조적인 생활을 영위하는 것을 가리킨다. 본 연구 결과 영성적 노인복지 실천은 서비스를 받는 자로서의 노인이 아니라 경험, 지혜, 지식을 후세대에게 전수해주는 서비스 제공자로 훨씬 주체적인 노년의 삶을 그려나가고 있었다. 신기교회는 노인 여가 생활 서비스의 일환으로 군에서 예산을 지원받아 게이트볼장을 개장, 운영하게 되었고, 별다른 여가활동이 없었던 농촌에서 게이트볼을 계기로 노인들이 건강과 활력을 되찾게 되었다. 노인들이 게이트볼회를 조직하여 자발적으로 참여하고 조직을 자율적으로 운영하게 함으로써 자아 존중감을 향상시키고 주체적으로 여가 생활을 누릴 수 있는 효과를 가져왔다. 영신교회는 노인교실과 지역 기관과 연계하여 노인들의 일자리를 창출하는 효과를 보였는데, 노인들 가운데 유치원생과 독거노인들에게 이야기를 들려주는 이야기보따리 대원을 선정하여 운영하고 있으며, 전통놀이와 짚공예 강사가 되어 학생들에게 잃어버린 우리 문화를 계승하는 역할을 다하고 있다. 실버순찰대는 등하교시 학생들을 지켜주는 안전대원으로 활동하고 있어 노인들에게 새로운 역할 부여와 자긍심을 고취해주는 효과를 보였다. 마지막으로 빈곤노인자치공동체를 설립한 한무리교회는 빈곤 노인이 주체적으로 공동체를 조직, 운영한다는 신념과 비전을 주는 데 큰 역할을 했다.

3) 긍정적인 이미지와 전도의 효과

교회가 지역사회를 향해 섬김의 정신으로 영성적 노인복지 실천 사역을 수행함으로써 자연스럽게 지역사회에서 교회의 위상이 높아지고, 교회에 대한 주민들의 인식이 변화되는 경험을 하게 된다. 노인교실에 출석하는 노인들의 입소문을 통해 많은 노인이 교회 노인교실에 출석하면서 자연스럽게 예배에 참석하는 전도 효과를 보여주었다. 전원성결교회는 온 동네 주민 초청 잔치를 실시하여 주민들의 자발적 참여와 전도를 함께 꾀한 사례다. 처음에는 전도를 목적으로 주민 잔치를 했지만, 두 번째 해부터는 주민 위로 잔치로 목적을 바꾸고 장소를 교회가 아닌 마을에서 실시했다. 5년이 지난 후 달라진 것이 있다면 주민 스스로가 행사를 준비하게 된 것이다. 전도라는 말을 한 마디도 쓰지 않았는데 전도 목적도 달성되었다.[58] 세계비전교회는 방문 요양 서비스를 제공하며 노인들에게 주님을 영접하게 하여 영적 돌봄의 효과를 보여주기도 하였다.

매주 목요일마다 600여 명의 어르신이 모여서 즐거운 시간을 보낸 후에 집으로 귀가하여 자녀들에게 그리고 만나는 사람들에게 제일노인대학에서 있었던 일과 사랑으로 대접 받은 것을 이야기함으로 직간접으로 전도의 효과를 보고 있다. (충주제일감리교회)

친자식보다도 잘 보살펴준다고 마음 문을 활짝 열고 90% 이상이 주님

---

58 기독교윤리실천운동 사회복지위원회, 「제6회」, 38.

을 영접하였으며 성탄절, 추수감사절 등 절기행사 때는 교회를 방문하여 함께 예배드리고 있어 방문요양센터는 오지마을 선교 도구로 크게 쓰임 받고 있다고 생각한다. 오지마을 방문 요양을 시작한 지 2년도 채 안 되어 이미 3명이 주님을 영접하고 하늘나라로 가셨다. 참으로 다행한 일이다. (세계비전교회)

1995년부터 매년 열리는 경로대학은 지역에 계시는 어르신들에게 입소문으로 퍼져 어른을 존중하고 잘 섬기는 교회로 소문이 나 있다. 신자와 비신자 구분 없이 교회를 칭찬하는 모습을 통하여 선교와 이웃 섬김의 의미를 발견하게 된다. 더욱이 경로대학에 참여하는 부모님께서 자식들에게 동신교회를 자랑하고 새로 이사 온 이웃에게 '동신교회에 가라'는 말을 해서 그 얘기를 듣고 교회에 오신 분들이 점점 많아지고 있다. 지역 어르신들의 섬김이 자연스럽게 전도로 이어지는 결과를 가져왔다. (전주동신교회)

본 교회 교인이라면 당연하게 그리스도인으로 사랑을 실천하여야 한다는 마인드를 고취하게 되었고 온 교인들이 사랑의 현장 갖기에 지대한 관심을 가지게 되었다. 그리고 이러한 파급 효과는 이를 통한 전도의 열매가 하나둘씩 맺어짐으로 나타나고 있다. (녹양교회)

교회가 소외 받은 어르신들에게 관심을 가짐으로써 지역사회에서 교회의 이미지가 개선되고 전도의 통로가 되고 있다. (영신교회)

4) 사회복지를 실천하는 통로

지역사회의 복지 욕구를 채워주는 사회복지의 기능을 자연스럽게 담당하게 되며, 주변에 사회복지 사역을 시작하지 않은 교회에게 귀감이 되어 지역의 사회복지 리더로 기능하게 하였다. 또한 교회 성도들이 사역에 참여함으로써 사회봉사를 할 수 있는 기회를 제공하고 있었다. 또한 교회가 지역사회의 사회적 안전망으로 지역 기관들과 협력적 복지체계를 구축하고 복지안전망으로 기능하는 효과를 보였다.

지역에 사회복지를 시작하게 하는 시발점(으로 기능한다). 인가받은 복지 단체들이 수혜 대상자를 못 찾고 있을 때 이웃 사랑 봉사단체(교회)를 통해 복지 대상자를 발굴하였다. (세계로교회)

불우이웃 돕기와 고아원, 양로원을 방문하여 봉사하는 계기를 마련하고 참여 의식을 갖게 한다. (정자교회)

저소득 주민의 복잡하고 다양한 욕구에 대응하여 질 높은 복지 서비스를 개발하여 제공하는 토대가 되었다. (강남교회)

물질을 나누는 것에서 끝나지 않고, 직접 지역의 어려운 현실을 확인하고 나누어주는 사역이기에 성도들이 도전을 받고 감사와 기쁨을 나누게 된다. (빛과소금교회)

5) 섬김과 나눔 문화 조성

교회의 영성적 노인복지 실천은 성도들로 하여금 도전과 감사의 기회를 제공해주었다. 어려운 이웃들을 돌아볼 수 있는 기회와 나눔을 실천할 수 있는 장을 마련하여 자연스럽게 교회의 섬김과 나눔의 문화를 조성하게 되었다. 강남교회는 교인들이 월 1회 1시간 자원 활동에 참여하게 함으로써 실천하는 신앙생활을 할 수 있는 토대를 마련했다.

본 교회 교인이라면 당연하게 그리스도인으로 사랑을 실천하여야 한다는 마인드를 고취하게 되었고 온 교인들이 사랑의 현장 갖기에 지대한 관심을 가지게 되었다. (녹양교회)

지역사회를 섬기는 교회공동체로서 강남교회 교인들이 '월 1회, 1시간 자원활동'에 참여함으로써 가난한 이웃을 섬기고 함께 나누는 실천적인 신앙생활을 통하여 교회가 세상의 빛과 소금으로서의 사회적 역할을 다하고자 하였다. (강남교회)

6) 지역사회와 협력적 관계로 변화됨

교회가 노인복지 사역을 실천하는 동기 중 하나는 바로 지역사회의 아픔과 문제를 외면하지 않고 지역사회와 함께 걸어가는 목적을 가졌기 때문이다. 본 연구 결과 교회의 영성적 노인복지 실천은 지역 주민들에게 믿음과 신뢰를 가져다주었고, 시·군·구청 등의 공적 복지 전달체계와 협력적 관계를 맺는 데 큰 역할을 하였다. 교회의 영성적 노인복지 실천은 성도들에게 도전과 감사의 기회를 제공해주었다. 또한 복지 대상자를 발굴하는 데 교회가 중요한 통로로 기능하고 있었으며, 교회 시설 개방으로 지역사회와 친목을 다질 수 있는 기회를 마련하고 협조할 수 있는 환경을 조성하는 효과를 가져왔다.

6. 결론 및 제언

1) 결론

본 연구는 한국교회의 노인복지 실천 사역을 중심으로 영성적 노인복지 실천의 개념과 특징을 이해해보았다. 본 연구의 결과로 도출된 내용은 다음과 같다.

첫째, 교회의 노인복지 실천은 고령화 사회에의 위기의식과 노인문제를 둘러싼 다양한 사회문제 속에서 시작되었으며, 소외 계층을 향한 섬김 사역을 교회가 당연히 해야 할 과업으로 여겼다. 교회의 노인복지 실천 사역은 지역사회와 함께하는 사역이었고, 지역사회의 협력과 연계가 바탕이 되었다. 나아가 교회의 노인복지 실천 사역은 나눔과 헌신을 바탕으로 하나님의 선교에 동참하는 인식에서 출발했다. 둘째, 영성적 노인복지 실천의 목적은 하나님께서 인간을 창조하신 본래의 모습으로 회복하는 것이며, 인격적이고 존엄하며 주체적인 존재로 살아가도록 돕는 데 있었다. 이는 노인 당사자의 기본적 욕구 충족과 여가, 문화, 상담 등 전인적인 성장을 도모하기 위한 다양한 형태의 섬김 사역으로 나타났다. 경건, 기도, 예배 등의 종교적 활동에 국한한 사역이 아닌 노인 당사자 한 사람이 사회에서 일상적 삶을 살아가도록 돕는 모든 활동이며, 교회가 주체가 되어 노인을 대상으로 한 총체적인 사회복지 활동이었다. 셋째, 98개 교회 노인복지 실천 사역을 분석한 결과 식사와 교제의 영성, 배움의 영성, 돌봄의 영성, 재생산의 영성, 축제와 화합의 영성으로 나타났다. 넷째, 영성적 노인복지 실천을 위한 전략으로 자발적 실천, 재정 마련, 독자적인 사회복지 영역 구축과 목회자의 사회복지 전문성, 확고한 사회복지의 방향성으로 나타났다. 마지막으로 영성적 노인복지 실천의 결과는 노인 당사자의 전인적 돌봄과 주체적인 노년으로서 삶을 살아가도록 도왔고, 교회는 지역사회에서 긍정적 이미지를 갖고 전도의 효과를 보았다. 주변 교회와 민간단체가 사회봉사와 사회복지를 실천할 수 있는 통로 역할로 기능하게 되고, 교인들로 하여금 섬김과 나눔의 마음을 갖는 문화를 조성했으며, 교회가 지역사회와 협력적인 관계로 발전하는 결과를 낳았다.

2) 제언

(1) 교육적 제언

본 연구 결과를 토대로 교육적 제언을 제시하면 다음과 같다.

첫째, 영성과 영성적 사회복지 실천 그리고 사회복지사의 영성적 접근 교육이 개발되어야 할 필요가 있다. 본 연구 결과 영성적 사회복지에 대한 이론적 연구는 다양한 종교 안에서 이뤄져왔으나 기독교 영성과 사회복지에 관한 연구는 아직 활발한 수준이 아니었다. 그 이유는 영성에 대한 학자들의 개념이 다르고, 기독교 사회복지에 대한 명확한 이해와 개념이 정리되어 있지 않기에 영성적 사회복지 실천에 대한 이론적 정립이 되어 있지 않은 것으로 판단된다. 하지만 사회복지 실천 현장은 사회복지사로 하여금 영성적 사회복지 실천이 무엇인지, 그것을 위한 가치와 윤리의식을 어떻게 가져야 하는지 끊임없이 물어오고 있다. 옥산들러(Oxhandler) 외(2015)는 442명의 임상 사회복지사를 대상으로 사회복지 실무에서 서비스 이용자의 종교와 영성을 통합하는 연구를 실시한 결과 많은 사회복지사가 종교와 영성적 통합이 실현 가능하다고 인식한 반면 참여 수준은 낮다고 보고했다.[59] 이는 사회복지 실천 현장에서 서비스 개입과 전문성에 영성이 필요하다는 것을 인식하지만, 그것을 적용하고 개발하는 방법에 대한 지식 부족과 모호함을 반영한다. 이런 차원에서 월드미션대학교는 기독교 종합대학으로서 사역 현장에서 탁월한 전문가를 양성하는 데 목적을 둔 학교다. 기독교 영성적 사회복지사를 양성한다는 사회복지학과의 목표에서 알 수 있듯이 본교 사회복지학과는 신학과 사회복지 학문의 전문성을 통합한 기독교 사회복지사로 성장해나가는 데 중요한 역할을 하고 있다. 학교가 가진 학문적 정통성과 역사, 이념을 살펴보았을 때 영성적 사회복지 실천을 위한 교육 과정 개발과 영성 사회복지사의 가치와 윤리에 관한 이론과 실천 지식을 제공할 수 있도록 지속적인 연구와 교육이 이뤄져야 할 것이다.

둘째, 노인 영성 전문가 혹은 영성적 노인복지 상담 전문가 등의 양성을 위한 교육 과정을 제안한다. 한국의 경우 한국영성노년학연구소에서 영성노년학 전문가(Professional Certificate in Spirituality Gerontology) 교육 훈련 과정을 개설해 운영하고 있다. 신앙인의 노화 문화

---

59 Holly K. Oxhandler, Danielle E. Parrish, Luis R. Torres, and W. Andrew Achenbaum, "The Integration of Clients' Religion and Spirituality in Social Work Practice: A National Survey," *Social work* 60, no.3(2015): 228-37.

를 바로 세우고 중노년 사역을 지원하기 위한 목적으로 2017년 설립된 한국영성노년학연구소는 다양한 교육 훈련, 돌봄 프로그램, 영성 리뉴얼, 영성 형성 프로그램, 시니어 영성학교 프로그램을 연구하여 보급하고 있다. 영성 노년학 전문가 교육 훈련 과정의 기본 틀은 미국 존슨 연구소(Johnson Institute)를 창립한 심리학 박사이자 전문 노년 상담사인 리처드 존슨 박사가 30여 년에 걸쳐 실행해온 PCSG 과정이며, 연구소에서 이를 한국 상황에 맞추어 새롭게 구성한 것이다. 이 교육은 11개 코스와 4개 프로파일 검사, 해석 상담 방식으로 이뤄진다. 현재 목회자, 상담사, 사회복지사, 노인 시설 관리사 및 운영자 등이 이 교육을 수강한 것으로 나타났다.[60] 미주 한인 사회에서도 노인을 대상으로 럼 영성, 돌봄, 복지에 많은 관심을 가지고 있으며, 노인을 더욱 잘 섬기며 돌보기 위한 전문 지식과 영성적 접근이 함께 이뤄진다면 지역사회에 큰 기여를 할 수 있을 것으로 기대한다.

셋째, 교회의 영성적 노인복지 실천을 위한 협력과 지원이 요청된다. 월드미션대학교는 지식을 제공하는 교육기관으로 영성적 노인복지 실천의 중요성을 지역사회에 알리고, 교회가 복지 사역을 감당해낼 수 있도록 인식 변화를 유도해야 할 것이다. 또한 영성적 노인복지 실천 사역을 수행하는 교회나 단체와 협력할 수 있는 구조를 마련하고, 지속적인 사역을 할 수 있도록 사역자 세미나, 힐링 캠프 등의 사역자 격려 프로그램을 마련해볼 수 있다. 학교가 지식 전달에만 그치는 것이 아니라 지역사회 노인복지 목회 활동을 지원하고 격려하며 서로가 성장할 수 있는 구조를 만드는 것이 필요할 것이다.

---

60 이대웅, "한국교회 시니어 돌봄 '영성노년학 전문가' 교육과정 개설," 〈크리스천투데이〉, 2022년 4월 7일, https://www.christiantoday.co.kr/news/346716.

넷째, 복지선교적 모델을 개발하고 연구하는 작업이 필요하다. 영성적 노인복지 실천을 위해서는 교회가 사회복지적 마인드를 가지고 선교에 참여할 수 있는 인식과 변화가 요구된다. 이는 사회복지와 선교가 융합된 복지선교적 관점으로 이해할 수 있다. 복지선교는 하나님의 선교에 참여하는 실제적이고 실천적인 사회복지 사역이다. 이는 교회가 사회적 신뢰와 공공성을 회복하기 위해서 지역사회의 필요를 채우고, 공공 영역의 사회복지 실천이 해결하지 못하는 부분에 책임을 가지고 섬김의 사역을 실천해야 하는 당위성을 말한다. 이를 위해 복지선교적 모델과 방향, 실천적 접근을 담보한 연구가 이뤄져야 하며, 월드미션대학교는 복지선교적 모델 개발과 보급 사역에 기여해야 할 것이다.

(2) 실천적 제언

사회복지 관점에서 실천적 제언을 제시하면 다음과 같다.

첫째, 영성적 노인복지 실천을 위해서는 노인 친화적 환경을 마련하고 고령자들이 안심하고 지역사회에 거주할 수 있는 환경을 구축할 필요가 있다. 본 연구 결과 교회의 영성적 노인복지 실천에서는 노인을 섬기는 사역에서 벗어나 노인이 스스로 선택하고 행동하며 주체적인 삶을 살 수 있는 당사자라는 인식이 강하게 나타났다. 또한 교회의 성도와 지역 주민이 노인을 바라보는 시선이 변화되고, 지역이 사회적 안전망으로 기능하는 지역사회 중심의 사회복지 실천이 수행되고 있었다. 이러한 활동의 범위를 교회에서 지역사회로 넘어서서 노인이 거주하는 지역사회에서 안심하고 살아가기 위한 환경을 조성하는 차원의 실천이 요구된다. 이와 관련하여 세계보건기구(WHO)의 고령친화도시(aging-friendly city) 지침과 고령친화도시 국제네트워크(Global Network for Age-Friendly Cities and Communities)는 세계적인 고령화 추세에 효과적으로 대응하기 위해 추진된 프로젝트로 전 세계의 도시, 지역사회 및 조직을 연결하여 지역사회를 노인이 성장하기 좋은 곳으로 만든다는 비전을 갖고 1,300명의 회원과 51개국이 가입된 네트워크[61]다. 모든 세대의 시민이 함께 어우러지며 노인이 불편하지 않고 건강하게 살아갈 수 있도록 환경을 조성하는 노력은 연령주의를 줄일 뿐만 아니라 고령화 문제의 대안으로 요구된다.

둘째, 노인의 전인적 돌봄을 위한 서비스 구축이 시급히 요청된다. 본 연구 결과 영성적 노인복지 실천은 노인들의 기본적인 의식주의 욕구를 포함한 신체적·정서적·영적 건강과 여가, 문화, 경제적 욕구를 아우르는 전인적 돌봄으로 나타났다. 대개 많은 교회에서 노인교실이나 노인대학의 형태로 교육적 욕구에 치중한 사역에 집중하고 있는데 이와 더불어 노인들의 신체적·정서적·영적 돌봄을 아우를 수 있는 서비스가 필요하다. 영적 돌봄과 관련하여 호스피스 사역, 사별자 모임과 지원, 독거노인 위로 방문 사역, 전인치유센터 등의 사역을 고려할 수 있다.

셋째, 노인들의 정서적 지원을 위한 노인복지 상담 서비스를 마련할 필요가 있다. 본 연구에서 영성적 노인복지 실천의 일환으로 수행되는 프로그램 중 상담은 1개의 교회에서만 수행되고 있었으며, 그 밖에 위로 방문이나 안부 확인 수준의 정서적 돌봄이 이뤄지고 있었다. 코로

---

61 "WHO Global Network For Age-Friendly Cities And Communities," GENEVA CITIES HUB, acceded February 26, 2023 https://www.genevacitieshub.org /en/who-global-network-for-age-friendly-cities-and-communities/#:~ :text=The%20Global%20Network%20for%20Age,members%20are%20fro m%2051%20countries.

나 팬데믹으로 배우자 또는 지인과 사별하거나 급격한 건강 악화 등으로 정신건강적 어려움을 경험하고 있는 노인들이 증가할 것으로 우려되는 가운데 노인들의 영적 돌봄의 기능을 수행하는 교회 차원에서 노인 상담 전문가를 배치하여 노인들의 상처와 아픔을 위로하고 치유할 수 있는 상담 창구가 마련되어야 하며, 노인복지 상담을 효과적으로 수행하기 위해서 동료상담제도를 만들어 전문적 훈련을 받은 노인들이 상담사로 봉사할 수 있는 방안을 마련할 필요가 있다.

넷째, 교회 차원에서 노인들이 신앙 교육을 받고 공동체 모임에 참여하며, 예배드릴 수 있는 노년부를 신설할 필요가 있다. 최근 노인 목회의 구체적 방법론으로 교회학교 안에 노년부의 설치 필요성이 대두되고 있다. 구체적으로는 첫째, 노년기 인지 발달에 따른 체계적 성경 공부의 필요성, 둘째, 인생-역사-세계 이해에 관한 심도 있는 교육의 필요성, 셋째, 가정-교회-사회에서 원로로 역할을 담당할 필요성, 넷째, 젊은이에게 신앙의 전통과 삶의 지혜를 전수할 필요성이다. 이는 경로대학이나 평생대학의 틀을 벗어나 좀 더 체계적인 교육 목표, 과정, 내용을 갖는다.[62] 베이비붐 세대가 노년으로 편입되는 시기에 노인 목회는 고령 시대에 부응하는 중요한 교회 역할이 되었다. 노인 성도의 특성과 욕구에 맞춰 프로그램을 개발할 수 있도록 교회학교 안에 노년부를 신설할 필요가 있겠다.

다섯째, 디지털 시대에 노인 목회와 복지 선교의 온라인 플랫폼을 구축할 필요가 있다. 코로나 팬데믹으로 인해 교회가 대면 예배에서 비대면 예배로 전환하면서 많은 변화를 직면했다. 몇몇 교회는 노인

---

62 김성이 외, 289.

목회에 초점을 두어 디지털 플랫폼을 구축하여 유튜브상에서 노인을 위한 다양한 복지 목회 활동을 실시하고 있었다. 지구촌교회는 '행복한 청년시니어' 유튜브 채널을 개설하여 시니어 예배, 목장 모임, 시니어 스쿨을 운영하고 있으며, '필그림하우스'라는 영성센터를 개소했다. 할렐루야교회는 '뉴시즌 공동체'라는 시니어 목회를 주도하며, 시니어 전도 폭발, 뉴시즌공동체 뉴스, 비전 설교, 개성만두(소그룹 모임), 건강 체조 등 다양한 노인복지 목회 사역을 주도하고 있었다. 이러한 디지털 노인 사역으로의 전환은 교회에 나오지 못하는 노인이나 비기독교인들이 교회에 참여할 수 있는 참여의 통로가 되며, 교회가 예배와 기도만이 아닌 건강, 여가 등에 기여하는 복지공동체로 기능하도록 도움을 줄 수 있을 것으로 기대된다.

(3) 정책적 제언

본 연구 결과를 토대로 정책적 제언을 제시하면 다음과 같다.

첫째, 노인복지 대상자 선정의 원칙과 대안을 모색할 필요가 있다. 본 연구 결과 영성적 노인복지 실천의 대상은 독거노인을 대상으로 하는 사역이 많은 비중을 차지했다. 독거노인의 경우 거동이 불편하거나 돌봄 환경이 충분하지 못할 경우 교회에 참여가 어렵고 지역사회 서비스에 접근하는 데 어려움이 있기 때문이다. 더욱이 대부분의 지역사회 노인복지 서비스 수혜는 그 자격 기준을 소득 수준을 기반으로 하고 있어 독거노인이나 돌봄 체계가 충분하지 못한 노인은 복지 사각지대로 전락할 위험이 있다. 특히 노인의 경우 다양하고 복합적인 욕구를 가지고 있다는 점을 감안하여 신체·심리·사회·주거·영적 차원을 고려한 서비스 자격 기준을 마련하고, 위기 상황의 경우 예외 규정을 두어 일시적 서비스를 제공하는 복지정책적 방안을 검토할 필요가 있다.

둘째, 고령 친화 정책을 수립하고 지역사회에 적극 반영할 필요가 있다. 고령 친화 도시와 에이징인플레이스(Aging in Place)는 지역사회가 노인을 향해 열린 시각을 갖고 다양한 면에서 안전하고 편리한 삶을 살아갈 수 있도록 지원하는 데 목적이 있다. 그러나 이 같은 용어는 하나의 구호에 불과할 뿐 실제 지역사회에서 변화를 이끌어내려면 적극적인 정책적 반영이 뒷받침되어야 한다. 이를 위해 공공 차원에서 고령 친화 정책을 도모하고, 고령 친화 우수도시를 선정하는 등의 적극적인 노력이 이뤄져야 할 것이다.

〈부록〉 연구 대상: 교회와 노인복지 사업

순번	회차	수상 교회	주요 노인복지 사업
1	1	강북구세군교회	상담, 노인대학(민요 부르기, 컴퓨터, 교양강좌, 노래교실, 한글교실), 경로 식당
2	1	대구신암교회	신암평생교육원: 어린이부터 노년에 이르기까지 비문해자를 위한 사회교육기관으로 수업료, 입학금 없이 자원봉사자들에 의해 운영 만나 푸드 뱅크: 가난한 독거노인을 위해 60여 명의 노인에게 사랑의 건강식 배달
3	1	대길교회	독거노인 무료 급식, 대길 사회복지재단 설립
4	1	도림교회	도림노인학교, 도림문화교실, 도림한글학교, 도림경로식당, 어르신 잔치
5	1	목민교회	경로당 활성화 사업, 노인대학 사업, 센터 운영사업(장례, 치매단기, 고령자 취업, 신월복지센터)
6	1	봉동시민교회	무의탁 독거노인 식사용 밑반찬 배달, 봉동노인대학 운영, 화요노인교실, 지역노인문화축제, 재가복지(가정봉사원 파견사업)
7	1	안성성결교회	매화학당(노인교실), 재가노인복지센터, 무료 경로 식당, 경로당 활성화 사업
8	2	구세군 모산교회	무료 급식, 도시락 배달, 반찬 나누기, 푸드 뱅크
9	2	송전교회	독거노인 반찬봉사, 노인대학
10	2	순복음푸른초장교회	송전이미용 서비스, 독거노인 섬김, 숙식 제공, 무의탁 노인숙소 위로방문공연
11	2	남원살림교회	살림노인주간보호센터 운영, 노인일거리사업, 자활근로사업
12	2	동두천 낙원교회	은빛노인대학, 푸드 뱅크
13	2	오산침례교회	경로대학, 목욕 봉사, 사랑의 도시락, 무료 급식
14	2	고척교회	노인정 광열비 지원, 어르신 초청 잔치, 경로대학, 독거노인 사역
15	2	대구남산교회	노인 무료 급식, 호스피스 선교사업, 남산복지재단 운영
16	2	도원동교회	무료 급식, 무의탁노인 밑반찬 배달, 노인학교
17	2	해인교회	결식노인 경로 식당, 푸드 뱅크
18	2	덕수교회	노인학교, 경로 식당, 독거노인 후원 결연, 도시락

			배달, 경로잔치, 개안 수술
19	3	도고중앙교회	독거노인 밑반찬 나누기, 노인복지센터 운영
20	3	오중제일교회	노인대학, 교양 강좌, 경로 관광, 한방 침구봉사, 무료 급식
21	3	일산은혜교회	쉼터(암환자들을 위한 공간)
22	3	제천명락교회	명락노인종합복지관, 명락경로대학(원)
23	3	창원한빛교회	실버교육원, 주간보호센터, 결연 사업
24	3	효성중앙교회	노인 무료급식소, 이/미용 봉사, 경로 여행, 사랑의 쌀 나누기, 마을 축제
25	4	구세군여주교회	무료 반찬, 푸드 뱅크, 정보화 교육, 추수감사 잔치, 이미용 서비스
26	4	율곡교회	가정봉사원파견센터(목욕, 부식 지원, 병원 차량 지원, 야외 나들이, 집수리, 물품 전달, 경로 식당) 운영, 완주이동사회복지관 운영
27	4	장항성일교회	경로 식당, 효도 관광, 6.25 참전용사 효도 관광, 독거노인 김치 담아 드리기
28	4	본향교회	노인학교, 한글학교, 무료 경로 식당
29	4	북일교회	노인대학, 익산기독교 호스피스, 독거노인 말벗, 노인전문병원 섬김 사역
30	4	안산제일감리교회	경로 식당, 노인학교
31	4	일산세광교회	무의탁 노인 반찬 배달, 구제 사역, 문화센터
32	4	평안교회	평안전문요양원, 재가노인복지센터, 아카데미(케어복지사 양성), 무료 휴식처, 전문요양원 운영
33	4	평창동산교회	푸드 뱅크, 독거노인 음식 배달, 사회복지재단 비전파크 설립
34	5	거진성결교회	독거노인 반찬 봉사, 집수리, 연탄 공급, 난로 설치, 미용 및 목욕 봉사, 김장 봉사
35	5	구세군 남안성교회	경로 식당, 무료 급식, 실비노인요양원
36	5	당진감리교회	노인대학, 이동목욕 봉사대, 무료 급식, 평안마을(무의탁 노인을 위한 주거, 의료, 여가 복지 제공)
37	5	세계로교회	푸드 뱅크, 경로 일터, 재가복지 서비스, 노인 무료 급식, 경로잔치
38	5	완도제일교회	완도제일노인대학, 푸드뱅크사랑나눔은행, 고금

			노인전문요양원
39	5	부천밀알교회	밀알노인대학
40	5	한무리교회	노인 참여 나눔터(행복한 밥집, 정기 물품 나눔, 도시락 배달, 어르신 배움터, 결연 도우미, 문화 나눔 활동)
41	5	신명교회	노인 여가 및 문화 사역(노인대학, 평생교육, 실버 합창단, 문화축제, 경로당 사역)
			재가노인 복지 사역(가정봉사원파견센터, 청소년 토요봉사학교)
			시설 복지 사역(그룹홈)
42	6	전원성결교회	건강 노래교실, 이미용 서비스, 주민 초청 잔치
43	6	후영순복음교회	독거노인 사랑의 반찬 나누기, 마을 노인회 지원
44	6	남원제일교회	무료 급식, 노인요양원 운영
45	6	빛과소금교회	독거노인 김치 봉사, 명절 독거노인 선물 보내기, 경로당 점심식사 봉사, 독거노인 빵 나눔 봉사
46	6	청주율량교회	노인요양원 운영, 한자학당(입주 노인-지역 주민 연계 교육프로그램 운영)
47	6	울산교회	경로대학, 실버복지관 운영
48	6	하남은광교회	노인복지센터(독거노인 돌봄 사역)
49	6	희년교회	나눔선교센터(무의탁 노인 반찬, 쌀, 생필품 지원, 사랑의 김장 나누기, 어르신 초청 성탄 축하의 밤)
50	7	신기교회	독거노인 반찬 배달, 노인 여가생활 봉사
51	7	영월서머나교회	가정봉사원파견센터, 영월사회복지회(목욕 봉사, 밑반찬 서비스, 치매 예방사업)
52	7	홍성제일감리교회	노인대학, 독거노인돕기사업
53	7	소사제일교회	소사제일치매·중풍주간보호센터
54	7	아산성결교회	노인대학, 지역 어울림 문화마당
55	7	과천소망교회	호스피스 사업, 노인복지관, 경로의원, 주간보호센터, 장기요양센터
56	7	거룩한빛광성교회	노인주간보호센터, 노인요양홈
57	7	광양대광교회	재가노인복지센터, 요양원, 노인일자리사업
58	7	경동교회	푸드 뱅크
59	7	전주안디옥교회	경로대학, 노인복지센터(재가 노인시설), 노인복지회관(이용 시설)
60	8	보길중앙교회	꿈꾸는 학교(섬사랑 글사랑-문해교육), 경로잔치,

			이미용 봉사, 문화탐방, 은퇴목회자 및 사모 섬김 사역
61	8	금산평안교회	연탄은행, 이미용 봉사, 목욕 봉사
62	8	강진읍교회	노인전문요양원, 노인복지센터 운영
63	8	충주제일감리교회	노인대학, 경로잔치
64	8	큰사랑교회	노인대학(실버라이프)
65	8	세계비전교회	오지마을 노인 방문 요양 서비스
66	8	예닮교회	호스피스 봉사
67	8	완도성광교회	독거노인 도시락 배달, 노인전문요양원, 노인복지센터 운영
68	8	송탄중앙침례교회	중앙노인복지센터, 재가노인복지센터, 이동 목욕 차량, 이미용 봉사, 푸드 뱅크, 사랑의 김장 나누기
69	9	물금읍교회	경로잔치, 효도 관광, 무료 급식, 반찬 나누기
70	9	동면교회	노인들과 함께하는 뜨개질
71	9	삼산교회	경로대학
72	9	정자교회	노인대학
73	9	녹양교회	노인대학, 주간보호센터, 방문 요양 목욕센터, 사랑의 쌀, 김장, 케이크, 밑반찬 나누기, 경로잔치
74	9	영서교회	무료 급식, 독거노인 돌봄 및 용돈 드리기, 경로 여행
75	9	강남교회	결식노인 도시락 배달, 독거노인 가사 지원, 한방치료, 치매노인 이미용 및 목욕 봉사
76	10	구세군진보교회	효나눔복지센터(사회교육 사업, 이미용 서비스, 경로 식당)
77	10	동련교회	어르신초청큰잔치, 사랑의 김장 나누기
78	10	풍기성내교회	무료급식, 목회간호사 제도 도입(2001년), 경로대학, 사랑방(무료 급식, 건강검진, 상담, 전도)
79	10	계명성교회	광명시노인종합복지관 위탁 운영, 지역 어르신 초청 식사 대접
80	10	과천교회	노인대학, 안마 봉사, 무료 진료, 경로잔치
81	10	전주동신교회	경로대학, 무료 식사
82	10	화천벌말교회	경로잔치
83	10	영신교회	노인교실
84	10	수원중앙침례교회	사랑의 반찬 나누기, 중앙경로대학-예닮대학
85	10	작은샘골사랑의교회	북완주 경로대학

86	11	오수교회	독거노인 대상 사랑요양원 운영, 노인복지기금 마련(빈병과 폐품 수거 사역, 바자회)
87	12	서교동교회	잔다리노인대학, 독거노인 가정 돌봄 사역
88	13	시냇가푸른나무교회	실버대학
89	13	목동제일교회	반찬 배달, 돌봄 사역, 가정방문 사역, 실버행복아 카데미
90	14	세계로교회	노인정 방문 및 자매결연, 생필품 지원
91	14	부산 동래중앙교회	노인문화 프로그램
92	15	선산중앙교회	노인 행복학교 운영
93	15	초동교회	독거노인 목욕 봉사, 밑반찬 나눔, 1-3세대 통합 사역, 한글 교육
94	16	주안장로교회	호스피스 봉사단, 주안에 복지재단 설립
95	16	곡강교회	사랑의 집짓기, 독거노인 돌봄, 구제 사역
96	17	춘천동부교회	춘천시남부노인복지관 운영
97	17	효성중앙교회	목요경로교실, 경로 식당, 이미용 봉사, 효성1004 마을축제
98	17	성암교회	어려운 형편의 노인을 위한 도시락 사역, 안부 사역

참고문헌

강연정. "전인건강과 영성상담." 「한국기독교상담학회지」 11(2006): 9-36.

기독교윤리실천운동 사회복지위원회. 「지역사회와 함께하는 교회상 자료집」(1-10 회). 서울: 기독교윤리실천운동 사회복지위원회, 2003-2013.

기독교윤리실천운동. 「2020년 한국교회의 사회적 신뢰도 여론조사 결과 발표세미 나」. 서울: (사)기독교윤리실천운동, 2020.

김도희. "사회복지실천과 영성에 관한 고찰: 마음챙김과 강점관점 모델을 중심으로." 「사회과학연구」 32, no.1(2016): 79-104.

김성이, 김동배, 유장춘, 이준우, 김선민, 정지웅. 『영성사회복지개론』. 서울: 학지사, 2022.

김순이, 이정인. "재가노인의 자기초월, 영적안녕, 죽음불안." 「한국보건간호학회지」 27, no.3(2013): 480-489.

김영구. "한국 고령사회 속에서의 노인복지목회를 통한 교회 성장 전략 연구." 박사학 위논문. 총신대학교, 2015.

김장은. "성공적인 노년생활을 위한 영성 연구." 박사학위논문. 백석대학교, 2011.

김주옥, 류언나, 하은호. "일 지역 경로대학 노인의 외로움과 영적 요구." 「한국산학기 술학회논문지」 13, no.4(2012): 1721-1727.

김중은. "성경에서 본 노년과 노인에 대한 이해." 『한국교회와 노인목회』, 대한예수교 장로회총회교육부 편. 서울: 한국장로교출판사, 2000: 45-57.

박경숙, 안경진. 『단절 이후의 삶: 노년이야기』. 서울: 다산출판사, 2022.

박승탁. "영적안녕감이 노인의 삶의 의미에 미치는 영향." 「신학과 목회」 50(2018): 211-240.

손신, 신효진. "사회복지실천에 있어서 종교와 영성의 의미와 역할에 대한 고찰." 「신 학논단」 59(2010): 201-226.

양옥남, 김혜경, 김미숙, 정순둘. 『노인복지론』 3판. 고양: 공동체, 2011.

오복자, 강경아. "영성 개념 분석."「대한간호학회지」30, no.5(2000): 1145-1155.

유장춘. "기독교사회복지운동의 방향과 전략."「연세사회복지연구」8(2002): 86-135.

유재봉. "교육에서의 영성회복: 학교에서의 영성교육을 위한 시론."「교육철학연구」35, no.1(2013): 97-117.

윤난영. "제자훈련이 전인격적 영성형성에 미치는 영향."「기독교교육정보」28(2011): 247-283.

윤매옥. "영적 간호중재가 노인 말기 암환자의 삶의 의미와 영적 안녕에 미치는 효과."「가정간호학회지」16, no.2(2009): 135-144.

이윤경, 김세진, 황남희, 임정미, 주보혜, 남궁은하, 이선희, 정경희, 강은나, 김경래.『2020년도 노인실태조사』. 세종: 보건복지부, 한국보건사회연구원, 2020.

이준우, 이현아, Jenny Hyun Chung Pak. "도시, 농촌, 재미 이민사회에 거주하는 한국노인의 노화 경험에 관한 질적 연구."「한국노년학」39, no.3(2019): 589-612.

이준우.『한국교회 사회복지실천 들여다보고 내다보기』. 서울: 밀알, 2019.

채수일. "영성에 대하여." 재미한인기독선교재단: 성경공부 자료실, 2021년 12월 7일 게시. https://www.kcmusa.org/bbs/board.php?bo_table=mn03_1&wr_id=156.

최금주, 제석봉. "노인의 영성이 자아통합감에 미치는 영향."「노인복지연구」38(2007): 109-126.

최봉기.『깊은 영성으로 나아가는 길』. 서울: 예영커뮤니케이션, 1999.

한성흠. "한국교회의 노인복지와 선교적 실천."「복음과선교」18, no.2(2012): 255-284.

홍인종. "다일공동체의 치유 사역과 회복 사역."『다일의 영성과 신학』, 김경호·박종삼·서원모 외 옮김. 가평: 도서출판 다일, 2008: 59-61.

Canda, Edward R.『영성과 사회복지실천』(*Spirituality in Social Work*). 김용환·김승돈·최금주 옮김. 서울: 양서원, 2008.

Moberg, David O. "Subjective Measures of Spiritual Well-Being." *Review of*

Religious Research 25, no.4(1984): 351-364.

Holloway, Margaret and Bernard Moss. 『영성과 사회복지』(*Spirituality and Social Work*). 김용환·김승돈·정석수 외 옮김. 성남: 북코리아, 2014.

Kupfer, D. J., Michael B. First, and Darrel A. Regier. *A Research Agenda for DSM-V.* Washington, DC: American Psychiatric Association, 2002.

Moberg, David O. *Aging and Spirituality.* NY: The Haworth Pastrol Press, 2001.

Oxhandler, Holly K., Danielle E. Parrish, Luis R. Torres, and W. Andrew Achenbaum. "The Integration of Clients' Religion and Spirituality in Social Work Practice: A National Survey." *Social Work* 60, no.3(2015): 228-237.

Vahia, Ipsit V, Colin A. Deppab, Barton W. Palmerb, Ian Fellowsb, Shahrokh Golshanb, Wesley Thompsonab, Matthew Allisonc and Dilip V. Jeste. "Correlates of spirituality in older women." *Aging & mental health* 15, no.1(2011): 97-102.

지은이 알림

남종성

월드미션대학교 학부 학장, 영성센터 원장, 신약학 교수이다. 충남대학교(경영학)와 서울신학대학교 신학대학원(M. Div.)을 졸업 후 미국 탈봇신학(Talbot School of Theology)에서 신약학으로 신학석사(Th. M.) 학위를, 풀러신학대학원에서 신약학으로 박사(Ph. D.) 학위를 취득했다. 박사학위 논문은 랄프 마틴(Ralph Martin) 교수의 지도하에 "Roots and Tensions: Worship Patterns Developed from the Synagogue to the Jerusalem Church"라는 제목으로 썼다. LA 디사이플 교회에서 담임목사로 17년간 사역했으며(2003~2020), 세계복음선교연합회(World Evangelical Mission Alliance)의 총회장을 역임했다(2017~2019). 학문적 관심분야는 신구약 성서의 통합적 연구, 성서해석학 그리고 실천적 영성이다.

송경화

월드미션대학교의 상담심리대학원 학과장, 한인기독교상담센터 센터장 및 감독, 상담학 교수이다. 서울대학교(심리학 B. A.)와 아세아연합신학대학교(기독교상담학 M.A.)를 졸업하고 이화여자대학교에서 목회상담학 박사과정 수료 후 도미하여, 미국 클레어몬트신학대학교(Claremont School of Theology)에서 실천신학으로 석사(M. A.)와 박사(Ph. D.)학위를 취득했다(세부 전공: 목회상담학, 영성통합심리치료). 박사학위 논문은 듀엔 비드웰(Duane Bidwell) 교수의 지도하에 "Pastoral Care and Counseling for Korean Samonims Informed by Interdisciplinary Dialogue"라는 제목으로 썼다. 한국 샤론정신건강연구소, 목회상담센터, 신촌세브란스병원 원목실, 인구보건복지협회, 미국 Methodist Hospital Chaplain, The Clinebell Institute 등에서 채플린과 상담사로 훈련을 받았으며, 현재 한국복음주의상담학회 감독상담사이다. 대한예수교장로회 합동교단 목사인 남편과 함께 남가주섬김의교회 담임 사역을 하고 있다. 학문적 관심 분야는 영성통합 심리치료, 기독교적 트라우마 개입, 내면가족 체계치료, 기독교/목회 상담학이다.

송인서

역사신학을 전공했으며 현재 월드미션대학교, 풀러신학대학원, 미주장로회신학대학교, 베데스다대학교에서 겸임교수로 사역하고 있다. 고려대학교(독어독문학 B. A.)
와 연세대학교 연합신학대학원(M. Div.)에서 공부했고, 이후 도미하여 듀크 대학
교 신학대학원에서 교회사로 석사(M. T. S.)를, 프린스턴 신학대학원에서 교회사
(종교개혁사)로 철학박사(Ph. D.) 학위를 받았다. 박사학위 논문으로 "Dynamics
of the Sense of Scripture: Luther and Calvin on the Book of Isaiah"를 썼으
며, "'Baptism' in T&T Clark Companion to Anabaptists" 외 다수 논문을 여러
학술지에 기고했다.

윤임상

월드미션대학교 학생처장, 음악과(MAM) 디렉터, 지휘과 교수이다. 중앙대학교(음
악대학, 성악 전공) 졸업 후 미국으로 유학, LA의 서던캘리포니아대학교(University
of Southern California)에서 Choral Conducting(MAM), 시카고의 미국음악원
(American Conservatory of Music)에서 Conducting(DMA) 학위를 그리고 아
주사(Azusa)의 해가드신학교(Haggard Theological Seminary)에서 박사학위
(M. Div.)를 취득했다. LA 한국교향악단 상임지휘자(2017~2021)를 역임했고,
지난 2011년부터 현재까지 LAKMA Philharmonic Orchestra& Choral 음악감독
겸 상임지휘자로 사역하고 있다. 그는 지난 12년 동안 LA 소재 월트디즈니 콘서트
홀, 세리토스 소재 세리토스 퍼포밍 아트센터(Cerritos Performing Arts Center)
등에서 유대인 공동체, 아프리카계 미국인 공동체 등 다른 커뮤니티와 음악으로 문
화를 교류하고, 한민족의 얼을 타 민족에 알리는 중요한 행사들을 계속 해오고 있다.
그는 또 보리스 마리노비치 국제 성악 콩쿠르(Boris Marinovich International
voice Competition) 등 국제 음악 콩쿠르의 심사위원으로도 활동하고 있다.

이현아

월드미션대학교 사회복지학과장, 웰테크 콜라보레이션센터(Wel-Tech Collaboration
Center) 센터장, 사회복지학과 교수이다. 강남대학교에서 사회복지학부(B.A.)를
졸업하고 동대학원에서 사회복지학 석사(임상사회사업학 M. S. W.), 박사(D. S.
W.) 학위를 취득했다. 한국연구재단, 한국전자통신연구원, 서울시복지재단 등으로
부터 디지털 복지기술, 휴먼증강기술, 다중감각 융합기술, 노화 연구 프로젝트에 참
여한 바 있으며, 학술논문으로는 "노인자살 예방서비스 성과의 의미에 관한 사례연
구", "도시, 농촌, 재미 이민사회에 거주하는 한국노인의 노화 경험에 관한 질적연
구", "농인 부모를 둔 청인 자녀의 정체성 형성 경험에 관한 질적연구", "청각장애인

의 청각언어재활 경험에 관한 질적연구" 등이 있다. 이 밖에 『사회복지학 개론』, 『노후생활설계』, 『노인일자리사업』, 『사회복지 용어사전』 등의 저서가 있으며, 학문적 관심 분야는 장애, 노화, 문화, 영성, 정신건강, 복지기술, 질적연구이다.

정재현

월드미션대학교 석좌교수로서 Ph. D. Program Director 직책을 맡고 있으며 종교철학과 신학적 인간학을 가르치고 있다. 연세대 철학과를 졸업하고 미국 에모리 대학(Emory University)에서 종교철학 전공으로 박사학위(Ph. D.)를 받았다. 성공회대학교(1992~2004)와 연세대학교(2004~2022)에서 교수를 역임했고, 30년의 교수 재직 중 12권의 저서와 3권의 역서, 7권의 공저를 출간했으며 60여 편의 학술논문을 발표했다. 특히 한국에서 우수도서를 선정하는 대한민국학술원, 교육부 한국연구재단, 문화관광부 세종도서에 5권의 저서가 우수도서로 선정된 바 있다. 아울러 연세대학 연구처의 우수연구자 지원에도 2권이 선정되어 도합 7권의 우수도서 선정 기록을 지니고 있다. 연세대 재직시 연구 업적과 연구비 수주의 실적으로 현재 교무처 특임교수로 임명되어 연구단을 운영하고 있다. 최근에는 전인적 영성에 대한 철학적 성찰을 주제로 연구하고 강의하며 조만간 이 분야의 학술서를 출간할 예정이다.